Merce Cunningham

FUNDACIÓ
ANTONI TÀPIES

BARCELONA

FUNDAÇÃOSERRALVES

CASTELLO DI RIVOLI

MUSEUM MODERNER KUNST
STIFTUNG LUDWIG WIEN

Merce

Cunningham

a cargo de / edited by
Germano Celant

CHARTA

Director de la publicación/General Editor
Germano Celant

Directores adjuntos/Associate Editors
Melissa Harris
David Vaughan

Coordinación de la publicación
Coordination of the publication
Fundació Antoni Tàpies, Barcelona

Recerca/Research
Anna Costantini

Diseño/Design
Gabriele Nason

Coordinación redaccional
Editorial Coordination
Emanuela Belloni

Correcciones/Editing
Elena Carotti
Harlow Tighe
Marta Graña

Traducciones/Translations
Isabel Núñez (inglés-castellano/
English-Spanish); Josephine Watson
(inglés-castellano/English-Spanish);
Carlos Manzano de Frutos (italiano-
castellano/Italian-Spanish); Meg Shore
(italiano-inglés/Italian-English)

Gabinete de prensa de Charta
Charta Press Office
Silvia Palombi Arte & Mostre, Milano

Realización técnica/Production
Amilcare Pizzi Arti grafiche,
Cinisello Balsamo

En portada/Cover
Jeff Slayton en/in RainForest, 1968
Photo James Klosty

P. 2-3
Merce Cunningham, 1973
Photo Penny Brogden

ISBN 88-8158-216-3
ISBN 88-8158-214-7 (Fundació Antoni
Tàpies, Barcelona y distribución en
España)
Printed in Italy

Edizioni Charta
Via della Moscova, 27 – 20121 Milano
Tel. +39-026598098/026598200
Fax +39-026598577
e-mail: edcharta@tin.it
www.artecontemporanea.com/charta

Merce Cunningham

Fundació Antoni Tàpies, Barcelona
5 febrero - 4 abril 1999
5 February - 4 April 1999

Fundação de Serralves, Porto
10 septiembre - 7 noviembre 1999
10 September - 7 November 1999

Castello di Rivoli, Museo d'Arte
Contemporanea, Rivoli-Torino
20 enero - 2 abril 2000
20 January - 2 April 2000

Museum moderner Kunst Stiftung
Ludwig, Wien
28 abril - 11 junio 2000
28 April - 11 June 2000

Comisario/Curator
Germano Celant

Comisarios adjuntos/Associate Curators
Melissa Harris
David Vaughan

Organización y coordinación
Organization and coordination
Fundació Antoni Tàpies, Barcelona

Diseño e instalación
Design and installation
Aurora Herrera

Con la colaboración de
With the collaboration of
Fundación Duques de Soria

Fundació Antoni Tàpies

Patronato/Board of Trustees
Antoni Tàpies Puig, Presidente
Miquel Barba Fàbregas
Teresa Barba Fàbregas
Raimon Bergós i Civit
Oriol Bohigas Guardiola
Manuel J. Borja-Villel
Jacques Dupin
Josep-Miquel Garcia i Garcia
(delegado de la Generalitat
de Catalunya)
Joaquim de Nadal i Caparà
(delegado del Ajuntament
de Barcelona)
Antoni Tàpies Barba
Clara Tàpies Barba
Miquel Tàpies Barba
Ramon Viladàs Monsonís

Director
Miquel Tàpies

Gerente/Manager
Guillem Peiró

Responsable de exposiciones
Chief-Curator
Nuria Enguita Mayo

Coordinación de exposiciones
Exhibition Coordinator
Noemí Cohen

Registro/Register
Sandra Fortó Fonthier

Publicaciones/Publications
Clara Plasència

Producción/Production
Anna Ramis
Clàudia Faus

Conservación técnica
Technical Conservation
Jesús Marull
Irene Civil

Comunicación/Public Programs
Mònica Muñoz-Castanyer

Biblioteca/Library
Glòria Domènech
Javier Anguera

Administración/Administration
Montserrat Roigé
Marta Amela

Mantenimiento/Maintenance
Sebastià Guallar
Yones Amtia

Acogida/Reception Staff
Oscar Abril
Sandra Águila
Martina Hita
Ana Lop
Rosa Ma. Lucas
Anna Ma. Merino
Cristina Palomo
Sílvia Pérez

Patrocinador de la
Fundació Antoni Tàpies, Barcelona

La exposición Merce Cunningham *no habría sido posible sin la generosa colaboración de las siguientes personas e instituciones/The exhibition* Merce Cunningham *would not have been possible without the collaboration of the following individuals and institutions:*

Coleccionistas/Collectors
Archives de la Fondation Erik Satie, Paris
Dove Bradshaw, New York
David N. Bradshaw, New York
John Cage Trust, New York
Merce Cunningham, New York
Cunningham Dance Foundation, New York
Kristin Jones & Andrew Ginzel, New York
Paul Kaiser, New York
Mark Lancaster, Jamestown
Robert Rauschenberg, New York
Margaret Roeder Gallery, New York
Barbara Schwartz, New York
Marsha Skinner, New York
David Vaughan, New York
The Andy Warhol Museum, Pittsburgh

Fotógrafos/Photographers
Aigles
Jonathan Atkin
Charles Atlas
Oscar Bailey
JoAnn Baker Paul
J. Barrington
Radford Bascome
Morris Beck
Art Becofsky
Werner Bischof
Wicher van den Brandeler
Penny Brogden
Chris Callis
Dee Conway
Larry Colwell
Ralph Crane
Jed Downhill
Arnold Eagle
Johan Elbers
Bruce R. Feeley
Betty Freeman
Claude Gafner
Marc Ginot
Hervé Gloaguen
Lois Greenfield
Timothy Greenfield Sanders
Farrell Grehan
François Hers
Robert Hill
Ara Ignatius
Lawrence Ivy
Douglas H. Jeffery
Clemens Kalischer
Stig Karlsson
Theresa King
Helma Kloos
James Klosty
Hazel-Frieda Larsen
Eleanor Lauer
Saul Leiter
Rebecca Lesher
Manfred Leve
John Lindquist
Hans Malmberg
Babette Mangolte
Colette Masson
Fannie Helen Melcer
Nan Melville
Edward Halter Meneeley

Herbert Migdoll
Jack Mitchell
Barbara Morgan
Michael O'Neill
Nancy Palmer
Gerda Peterich
Robert Propper
Robert Rauschenberg
Renzo Reiss
Richard Rutledge
Edward Santalone
Beatriz Schiller
Marvin Silver
W.H. Stephan
Louis A. Stevenson
Terry Stevenson
Walter Strate
Niklaus Stauss
Harold Swahn
Nathaniel Tileston
C. Gregory Tonning
Nicolas Treatt
Jack Vartoogian
Thomas Victor
Hans Wild
John Wulp
Matthew Wysocki

Presentación

*La Fundació Antoni Tàpies de Barcelona, el Castello di Rivoli,
Museo d'Arte Contemporanea, Rivoli-Torino, la Fundação de
Serralves de Oporto, y el Museum moderner Kunst Stiftung
Ludwig de Viena se complacen en presentar* Merce Cunningham,
*una muestra que inaugura la colaboración entre nuestras
instituciones. La panorámica expositiva sobre la trayectoria
completa del mayor protagonista de la danza moderna
y contemporánea se ha organizado mediante la selección
y recopilación de material original y de documentos producidos
a raíz de la actividad artística de Merce Cunningham, en el
transcurso de su investigación. Una antología dirigida por
Germano Celant, con la aportación de Melissa Harris y David
Vaughan, que comprende imágenes y objetos, vestuario y diseños
escenográficos, filmaciones y grabaciones.
El conjunto refleja la complejidad y el radicalismo de las
innovaciones mediante las cuales Cunningham entrelazó los
movimientos del cuerpo y la música de John Cage y de Gordon
Mumma con la obra de Robert Rauschenberg, Jasper Johns
y Andy Warhol, logrando nuevos descubrimientos coreográficos
que han entrado en la historia de la performance, no sólo con
la rúbrica del pasado sino también anticipándose al futuro.*

Nuria Enguita Mayo
Responsable de exposiciones
Fundació Antoni Tàpies, Barcelona

Vicente Todolí
Director
Fundação de Serralves, Oporto

Ida Gianelli
Directora
Castello di Rivoli, Museo d'Arte Contemporanea,
Rivoli-Torino

Lóránd Hegyi
Director
Museum moderner Kunst Stiftung Ludwig, Viena

Foreword

The Fundació Antoni Tàpies, Barcelona, the Castello di Rivoli,
Museo d'Arte Contemporanea, Rivoli-Torino, the Fundação
de Serralves, Oporto and the Museum moderner Kunst Stiftung
Ludwig, Vienna are extremely pleased to present Merce
Cunningham, an exhibition that represents the first
collaborative project for these institutions. This comprehensive
survey of the career of the leading figure in modern and
contemporary dance features original material and documents
selected from the entire span of Cunningham's career.
An anthology, edited by Germano Celant, with the contribution of
Melissa Harris and David Vaughan, contains images and objects,
costumes and drawings, films and recordings that attest to the
complexity and radical nature of Cunningham's innovative
approach, which has interwoven movement, music by John Cage
and Gordon Mumma and sets by Robert Rauschenberg, Jasper
Johns and Andy Warhol, resulting in groundbreaking choreography
that was to become part of the history of performance, leaving
its mark on the past as well as the future.

Nuria Enguita Mayo
Chief Curator
Fundació Antoni Tàpies, Barcelona

Vicente Todolí
Director
Fundação de Serralves, Oporto

Ida Gianelli
Director
Castello di Rivoli, Museo d'Arte Contemporanea,
Rivoli-Torino

Lóránd Hegyi
Director
Museum moderner Kunst Stiftung Ludwig, Vienna

Agradecimientos

Una muestra sobre Merce Cunningham es un evento de significación internacional en cualquier momento y circunstancia, pero en este caso, presenta un aspecto único. Debido a la amplia presentación de obras, que alternan documentos y filmaciones, diseños y esbozos, vestuario y elementos escenográficos, proyectos y partituras, músicas y videografía, en el plano expositivo, se trata de la panorámica más exhaustiva realizada hasta el momento sobre la compleja y riquísima obra de este protagonista de la danza moderna y contemporánea.

La realización de este proyecto, alternando material y recuerdos de una aventura que encuentra en el movimiento corporal y coreográfico una fuente de exploración continua, no habría sido posible sin la total colaboración de Merce Cunningham, quien a través de la Merce Cunningham Dance Foundation, ha puesto a nuestra disposición su tiempo y su historia, siempre orientada hacia la experimentación y a la discusión de los resultados obtenidos para el desarrollo del lenguaje de la danza. Nuestra gratitud, ante todo, por su valor y su perseverancia, su disponibilidad y su generosidad.

A David Vaughan, de la Merce Cunningham Dance Foundation, y a Melissa Harris, de la Aperture Foundation de Nueva York, con quienes he tenido el placer de compartir esta exposición, mi agradecimiento por la amistad y la aportación intelectual. Gracias a ellos, he podido acceder a los documentos importantes y a las fuentes originales que constituyen el material más valioso de la muestra. El continuo intercambio de ideas e iluminaciones sobre la selección del material y sobre la organización han enriquecido mis conocimientos técnicos y mi experiencia como comisario artístico. También quiero expresar mi más sentida gratitud a William B. Cook, ex director de la Merce Cunningham Dance Foundation, y a Manuel J. Borja-Villel, ex director del museo de la Fundació Antoni Tàpies, que desde el principio apoyaron con entusiasmo el proyecto, así como a Miquel Tàpies, director de la Fundació Antoni Tàpies, a Vicente Todolí, director de la Fundação de Serralves de Oporto, a Ida Gianelli, directora del Castello di Rivoli, Museo d'Arte Contemporanea, Rivoli-Torino, y a Lóránd Hegyi, director del Museum moderner Kunst Stiftung Ludwig, de Viena, por haber plasmado la realización de la exposición.

Mi agradecimiento también a todos los autores de los textos incluidos, que han autorizado la publicación de sus testimonios y de sus aportaciones teóricas y afectivas, confiriendo un carácter único a este volumen, que tiene una lógica editorial muy distinta del imprescindible libro de David Vaughan, Merce Cunningham Fifty Years, editado por Melissa Harris y publicado por Aperture Books. En este caso, se trataba de ofrecer al público europeo una historia de las vicisitudes críticas de la obra de Merce Cunningham, documentada mediante los escritos esenciales de teóricos y compañeros de viaje.

La tarea de dirigir una muestra de esta envergadura con más de trescientas imágenes fotográficas, horas y horas de película y cintas de vídeo, y otras tantas obras de arte y de diseño, así como la realización de un volumen tan rico y articulado, implica la ayuda de investigadores dedicados a este empeño de forma continuada y profesional. David Vaughan ha podido contar con la asistencia de Anna Brown y Stacy Sumpman de la Merce Cunningham Dance Foundation, de Nell Farrell, de la Aperture Foundation, cuyo esfuerzo ha sido esencial para facilitar el trabajo de Melissa Harris. En cuanto a la Fundació Antoni Tàpies, ha sido decisiva la aportación de Nuria Enguita Mayo, apoyada por Noemí Cohen, Clara Plasència, Sandra Fortó Fonthier, Anna Ramis y Clàudia Faus, que han superado semana tras semana las dificultades y contratiempos, trabajando en la organización y la búsqueda de datos y material. Su presencia constante ha contribuido de forma determinante al éxito de la empresa, tanto en el ámbito expositivo como editorial. Mi agradecimiento a Aurora Herrera por la riqueza y la sensibilidad de las ideas que han contribuido a la calidad de las instalaciones.

En mi estudio de Génova, Anna Costantini, con su disciplina científica, apoyada por Marta Leger y Lucia Brignano, han resultado decisivas para la selección de los textos teóricos. Un agradecimiento particular a Paul Kaiser que, ayudado por Marco Steinberg, ha seguido y proyectado el aspecto inédito de la exposición, como el programa Hand-drawn Spaces (1998), la manifestación electrónica de los movimientos reales de los bailarines de Merce Cunningham.

Además, debo expresar un agradecimiento especial al Walker Art Center de Minneapolis, al Institut del Teatre de Barcelona, por la documentación y el material que nos han suministrado, y a Philippe Vergne, Gwen Bitz, Louis Mazza, Lisa Miriello, Benedicte Pesle, Sheldon Schwartz y Anna Vilà, por su colaboración en distintos aspectos de la muestra. Hago extensiva mi gratitud a todos aquellos que han prestado las obras, haciendo posible este importante evento. A todos ellos, nuestro agradecimiento por la confianza que implica el préstamo de bienes tan preciados. Los documentos visuales constituyen una parte fundamental, ya que ofrecen una idea de la complejidad de la obra creativa de Merce Cunningham. Por consiguiente, quiero expresar desde aquí mi gratitud a todos los fotógrafos que han autorizado la reproducción de las imágenes. En lo que respecta a la publicación del volumen, debemos al trabajo de Charta, y en concreto a Giuseppe Liverani y su cualificado equipo, con Emanuela Belloni y Gabriele Nason, la concreción de este libro.

Y por último, mi más sentida gratitud a los diversos equipos de cada museo, de la Fundació Antoni Tàpies de Barcelona, el Castello di Rivoli, Museo d'Arte Contemporanea de Rivoli-Torino, la Fundação de Serralves, de Oporto, y el Museum moderner Kunst Stiftung Ludwig de Viena, que con su valioso trabajo cotidiano han logrado concretizar el proyecto. A todos, muchas gracias.

Germano Celant

Acknowledgements

Under any circumstances, at any time, an exhibition on Merce Cunningham would be an event of international importance, and yet this particular exhibition is unique. The extensive and interwoven presentation of documents and film, drawings and sketches, costumes and props, projects and scores, music and videos, is the most exhaustive survey ever compiled on the complex and extremely rich body of work by this leading figure of modern and contemporary dance.

This undertaking – a gathering and interweaving of materials and memories of an adventure that views movement and choreography as a continuous investigation – would not have been possible without the total collaboration of Merce Cunningham. Through his Merce Cunningham Dance Foundation, I have had access to both his history and experimental approach and a debate on the results achieved toward the development of a language of dance. I am particularly grateful for his courage and perseverance, as well as his availability and generosity.

I am grateful for the friendship and intellectual support of David Vaughan of the Merce Cunningham Dance Foundation and Melissa Harris of the Aperture Foundation in New York, with whom I had the pleasure of working on the research of Cunningham's pieces and documents and on the organization of the exhibition. With their help, I had access to important documents and original sources, which constitute an invaluable part of this exhibition. The continuous exchange of ideas and insights into the selection and organization of material has enriched my vocabulary as a curator and scholar. My sincere thanks go to William B. Cook, former Director of the Merce Cunningham Dance Foundation, and to Manuel J. Borja-Villel, former Director of the Fundació Antoni Tàpies, who, from the beginning, enthusiastically supported my project, and to Miquel Tàpies, Director of the Fundació Antoni Tàpies, Barcelona, to Vicente Todolí, Director of the Fundacão de Serralves, Oporto, to Ida Gianelli, Director of the Castello di Rivoli, Museo d'Arte Contemporanea, Rivoli-Torino and to Lóránd Hegyi, Director of the Museum moderner Kunst Stiftung Ludwig, Vienna – all of whom helped make this exhibition possible.

I am grateful to all the authors of the individual texts, who have allowed the publication of their observations and their theoretical and critical contributions, which give this volume its unique character. The editorial logic behind this publication has not been the presentation of another catalogue of images or annotated chronology, such as David Vaughan's invaluable book, Merce Cunningham Fifty Years, edited by Melissa Harris and published by Aperture Books, New York. Rather, my goal has been to offer the European public a history of the critical developments in Merce Cunningham's work, documented through the essential writings of theoreticians and fellow travelers.

The task of curating an exhibition of this size, with more than three hundred photographic images, hours and hours of film and video tapes, works of art and drawings, and initiating a complex publication of this type, implies the help of dedicated and professional researchers. Within the Merce Cunningham Dance Foundation, David Vaughan was able to count on the support of Anna Brown and Stacy Sumpman; Melissa Harris at Aperture received crucial assistance from Nell Farrell. At the Fundació Antoni Tàpies, I drew upon the wonderful staff, Nuria Enguita Mayo, along with Noemí Cohen, Clara Plasència, Sandra Fortó Fonthier, Anna Ramis and Clàudia Faus, who overcome all difficulties and went to tremendous effort, spending week after week locating and organizing information and materials. Their loyal presence has contributed in crucial fashion to the success of this undertaking, both the exhibition and the publication. I am grateful to Aurora Herrera for her thoughtful ideas and flexibility, which have contributed to the quality of the installation.

In my office in Genoa, the scholarly efforts of Anna Costantini, assisted by Marta Leger and Lucia Brignano, were essential for the selection of theoretical texts. My particular thanks go to Paul Kaiser, who, with Marco Steinberg, researched and planned Handdrawn Spaces, 1998, the electronic presentation of Merce Cunningham dancers' real movements, seen here for the first time.

I would like to express my deepest gratitude to the Walker Art Center, Minneapolis and the Institut del Teatre, Barcelona, for the information and materials they made available, and to Philippe Vergne, Gwen Bitz, Louis Mazza, Lisa Miriello, Benedicte Pesle, Sheldon Schwartz and Anna Vilà, for their collaboration. My sincere thanks go to the lenders of works, whose tangible generosity made this important event possible. We are grateful to them for the confidence that the loan of such precious works implies. The visual documents constitute an essential part of the exhibition and offer an idea of the complexity of Merce Cunningham's creative work, and so I must also offer my thanks to all the photographers who have authorized the reproduction of their images. I am grateful to Charta, in the person of Giuseppe Liverani and his talented team, from Emanuela Belloni to Gabriele Nason, whose efforts made it possible to bring this complex book to fruition.

Finally, my most heartfelt thanks go to the various staffs at the individual museums, the Fundació Antoni Tàpies, Barcelona, the Castello di Rivoli, Museo d'Arte Contemporanea, Rivoli-Torino, the Fundação de Serralves, Porto and the Museum moderner Kunst Stiftung Ludwig, Vienna. Their invaluable work, day after day, enabled this project to become a reality. To all, thank you.

Germano Celant

Índice
Contents

p. 16-17
*Bailarines de la Ballet Society en/Ballet Society dancers
in The Seasons, 1947. Photo Larry Colwell*

Hacia lo imposible: Merce Cunningham

Germano Celant

"Encontrar los límites de la danza": ése es el impulso que desde siempre ha caracterizado el trabajo de Merce Cunningham, quien desde el decenio de 1940, siendo aún muy joven, ha centrado su investigación en estas preguntas: ¿Qué son los movimientos? ¿Qué son el tiempo y el espacio? ¿Qué son la materia y la realidad del gesto? ¿Qué soy yo?, a las que ha respondido, hasta hoy, procurando anular toda jerarquía entre los componentes que dan forma a la danza. Se trata, por tanto, de una anulación de cualquier tradición y cualquier prejuicio a favor de una racionalidad que puede hacer prevalecer el movimiento y los gestos por encima de cualquier otra cosa para conducirlos hasta el punto en que la danza se transforma en algo imposible pero real, racional pero irracional, ordenado pero caótico.

En ese sentido, podemos considerar a Cunningham un *iconoclasta* de las figuraciones coreográficas, ya que reivindica una idea *pura* de la danza, en la que cualquier representación resulta inadecuada. A eso se debe su rechazo, desde *The Seasons* (1947), de una relación normal entre música, danza y arte. En efecto, junto con Cage, rechaza la razón de ser de una relación entre movimiento y sonido que siempre ha iluminado y revelado el destino entre esos dos lenguajes, para crear, en cambio, un espectáculo que no se basa en la vinculación y la limitación recíprocas, sino que vive en la *afinidad*, en una relación *íntima*, en la que la danza y la música están libres de subordinación mutua, llegan más bien a producir algo independiente, pero cargado de sintonías y semejanzas. Se trata de la afirmación de una subjetividad absoluta y radical que se rebela contra la ostentación de una fusión entre las artes. Con Cunningham, la danza tiene la pretensión de ser *algo diferente* de la música, *algo diferente* del arte, representar una substancia autónoma que pueda viajar con independencia del sonido o de la imagen visual. En esa búsqueda de identidad y diferencia estriba la afirmación de un gesto o un movimiento que se materializa en su originalidad. No se trata de una construcción artificiosa ni pasiva, sino del prototipo de un ser real, que se puede *encontrar* con los demás lenguajes, ir acompañado de ellos, pero con respeto recíproco, y correr paralelo a ellos. Mediante la exagerada y extremista afirmación de una realidad de la danza como movimiento prototípico y original, carente de referencia alguna a algo preexistente, como la música o la escenografía, comienza a establecer una premisa y una garantía de su identidad. La consideración positiva del movimiento en cuanto tal es una perspectiva nueva, que entraña la clausura de una metafísica de su ser en pro de una completa aceptación de su presente.

Cuando, en 1953, Cunningham, comienza a organizar y definir sus movimientos aleatorios y después a hacer converger, sin programación alguna, los lenguajes de la danza y de la música, de la escenografía y del arte de modo que se encuentren por primera vez el día del estreno, llega a sostener que las artes son acreedoras al mismo *honor*, es decir, que cada una de ellas está dotada de autonomía y especificidad propias. Rompe la relación entre movimiento y sonido, movimiento y objeto visual, movimiento y traje, de modo que el valor de los signos particulares no dependa ya de una dimensión exterior, sino de su dimensión intrínseca, concreta e histórica, en el sentido de un presente absoluto. Adoptando el azar como condición constitutiva de la danza, renuncia a la afirmación ideal de los movimientos y los gestos, de las secuencias y los ritmos, los transforma en objeto *indiferente* y, por tanto, en un elemento disponible para aceptar, elegir y desear cualquier forma histórica, sin atribuirle un valor absoluto. Pasan a ser experiencias interiores, ligadas a procesos autónomos, de una aplicación de sentido que rechaza las soluciones afísicas. De ese modo, existe la posibilidad de utilizar cualquier movimiento, cualquier sonido, cualquier imagen, cualquier estilo. Gracias a esa falta de prejuicios su danza ha pasado, a lo largo de cincuenta años, por todas las experiencias propias del espectáculo del vaudeville a la danza étnica y moderna, del drama a la narración, de la gestualidad a la electrónica, del sonido al silencio.

Al mismo tiempo, el valor de su obra coincide con la afirmación del valor de otros: de Erik Satie a John Cage, de David Tudor a Morton Fieldman en el caso de la música; de Robert Rauschenberg a Jasper Johns, de Bruce Nauman a Andy Warhol, en el del arte; de Viola Farber a Carolyn Brown, de Steve Paxton a Douglas Dunn, en el de la danza. En todos ellos la conciencia de la independencia de su expresión recíproca es total: en efecto, toda arte rechaza un original exterior para postularse a sí misma como original.

Así ocurre en la coreografía de Cunningham, en el sentido de que la concepción del lenguaje se desplaza en la aplicación de un ser que corre paralelo a los otros, con la posibilidad de un reflejo recíproco. Su búsqueda es la de una *contemporaneidad* entre las expresiones del ser en que todo lo posible sea aceptado. Si es así, el enlace entre danza, música y arte vive en los intersticios recíprocos, existe *en movimiento*, como si cada una de ellas estuviera sometida a un *paso epiléptico* que la llevara incesantemente de un lugar a otro, sin cristalización ni congelación de los procesos. Sobre esa dislexia entre las partes nace en el espectáculo de danza un movimiento que parece lanzado al azar, regresa al punto de partida o se aleja sin haber concluido nada o sin dar una respuesta que parezca lógica y racional o inconsciente e irracional.

Tras el desarrollo de una praxis abierta, toda imagen, tan pronto como es remotamente aludida, resulta brutalmente anulada o como mínimo puesta en entredicho por su contraria. De modo que todo su repertorio –de *Minutiae* (1954) a *Ocean* (1994)– será una búsqueda de lo *indefinible*: crear o realizar una obra que no existe ni puede existir porque está destinada automáticamente a ser negada por la siguiente. Si la danza para Cunningham es la representación totalmente posible, lo es también de lo imposible, el intento de hacer lo que no es posible hacer. Si interpretamos correctamente su evolución desde un lenguaje aleatorio en 1953 a la definición en 1990 de una gestualidad imposible por estar inspirada en la lógica de la computadora, que impone soluciones imposibles para el cuerpo humano, comprenderemos que el modo de hacer va, como en el caso de Beckett, encaminado a la dimensión del *fracaso*. Para seguir existiendo, la danza, como la escritura, debe proponerse fracasar, llegar a una realización tan extrema, que resulte inalcanzable. La realización de ese objetivo sin esperanza es la propensión a arrojarse al *vacío*, como Cage se había arrojado al *silencio*, a fin de alcanzar lo imposible, con la esperanza de poder descubrir una nueva dimensión del movimiento libre del tiempo y del espacio y sobre todo del lenguaje de la danza. La lucha y el esfuerzo van encaminados a un aniquilamiento que constituye una promesa continua de renacimiento de una nueva dimensión de su actividad y su existencia.

Al leer el texto en que Cunningham explica los *Four Events that Have Led to Large Discoveries*,[1] vemos que las articulaciones de su *transmutación* corresponden a la separación entre música y danza, a su utilización del procedimiento aleatorio, al recurso al cine y al vídeo, hasta su más reciente experimentación con la computadora. Esa peregrinación por la abstracción pura, es decir, en una dimensión que no corresponde a la danza y a su "realismo" y que lleva al bailarín hacia una desintegración de las líneas conocidas para conducirlo a un *vacío* y una *nada* desconocidos es el material básico para una danza que se veda la comprensión de quién y qué es: una danza fascinada por los números y el azar, por la matemática y las permutaciones, por las grabaciones y las navegaciones impersonales vinculadas con una cámara y un monitor, con una pantalla y un monitor, que permite a Cunningham lanzar un ataque racional contra la fortaleza de lo inconcebible y lo infinito, de lo desconocido y lo imposible.

A fin de cuentas, desde el principio, tras el comienzo con Martha Graham, ha *repudiado* la existencia de la danza. Junto con Cage y después con Rauschenberg, ha logrado crear una antidanza, basada en la nulidad de una imagen, de un cuerpo, de un sueño. Un vacío y un silencio, una anulación (recuérdese *Erased de Kooning Drawing* [1953] de Rauschenberg) y una ausencia de gestos que han de conducir por fuerza a la creación de enigmas, como las combinaciones de música-pintura-danza, que han servido para alejar la música, el arte y la danza de los confines de una realidad con vistas a acercarse a una *nada* o, mejor dicho, a una reducción al grado cero de los lenguajes que no se puede expresar. Juntos han intentado decir lo que no se puede decir: el vacío respecto de la plenitud en el caso de Rauschenberg (los *White Paintings*, a partir de comienzos de 1950); el *silencio* respecto del sonido, en el de John Cage; y la imposibilidad frente a la realidad de la danza, en el de Merce Cunningham.

También la perspectiva respecto del cuerpo es inhabitual. Para Cunningham, su función es la de un objeto, más que la de un sujeto. Eso le permite hacer avanzar más que nadie el estudio de la desestructuración de los gestos y los movimientos, como si el bailarín pudiera volverse una *tercera persona*, maleable y transparente, a la que se pudiese someter a cualquier técnica. Su utilización *impersonal* está en relación con el intento de resolver el conflicto entre conciencia de la imposibilidad y posible extensión concreta en el tiempo y el espacio. La conciencia no es apta para definir lo absoluto, por lo que Cunningham intenta superarla llevándola, mediante la *chance* y la computadora, allende sus posibilidades de comprensión y viabilidad: allí donde el cuerpo no tiene una realidad propia, salvo en sentido utópico. Se plantea entonces la profunda dialéctica entre la conciencia de estar encarcelado en el tiempo y el espacio, en la escena y el perímetro carnal, y el deseo de huir de esos límites para ir allende el tiempo y el espacio, allí donde sólo existe la nada desconocida, allí donde el cuerpo es nada y, por tanto, lo puede todo.

Esa rebelión contra la intolerable reclusión del cuerpo acompañada del rechazo del pensamiento contra sus sensatas y motivadas limitaciones marca toda la aventura de Cunningham desde *Idyllic Song* (1944) a *Hand-drawn Spaces* (1998) y es un peregrinaje en busca del significado de la danza. Está en marcha permanente, guiado por el obscuro impulso que todos los creadores experimentan y siguen, pero que ninguno de ellos sabe explicar. Su reflexión puede ser, en términos esenciales, la siguiente: el cuerpo humano es lo que separa la danza del *continuum* sin forma, típico del universo. que podría ser. La primera característica de un bailarín es la de *identificar* ese lenguaje que no está hecho de elementos distintos, sino de un devenir hacia una nada que es cósmica, en cuanto abarca todas las posibilidades y las imposibilidades del movimiento. De éste no se puede conocer sino las partes experimentadas y realizadas, por lo que Cunningham continúa su búsqueda o, mejor dicho, su conocimiento de los movimientos relativos a los fenómenos de danza que ya ha experimentado. Sabe que debe seguir siempre adelante para encontrar otros gestos y otras imágenes. Por eso, en los últimos años se ha interesado por la informática. Tras haber identificado a lo largo de los decenios una estructura de movimientos y, para expresarla, su infinita articulación, ahora intenta confiar su memoria a todas las posibles combinaciones electrónicas para que de esas combinaciones imprevisibles resulten otros gestos y movimientos allende la danza. Nada le resulta misterioso y hostil, ni la edad ni la tecnología, nada le da miedo, siempre que existan posibilidades de moverse para "explicar" otra ampliación del universo de la danza.

Para Cunningham, los gestos o movimientos, secuencias o coreografías particulares, carecen de valor absoluto. Las últimas son más estimulantes, pero las nuevas también lo son: ¿cuál es la correcta? Una es tan válida como otra y todas son igualmente arbitrarias, toda combinación tiene la misma validez que otra. Hay decenas de explicaciones, pero la única vía de salida es la de darlas todas o implicar su infinitud, teniendo en cuenta que una es la posible, pero las otras imposibles son igualmente válidas. En esa dirección, el ordenador que utiliza desde 1990, por mediación de LifeForms, y con la que ha encontrado expresiones desde *Trackers* (1991) hasta *Ocean* (1994), desempeña la función de una memoria de todos los gestos y los movimientos que Cunningham ha realizado. Son listas interminables que pueden dar combinaciones simples y despiadadas, grotescas y extenuantes, en las que el cuerpo no dispone de posibilidades concretas y reales, porque los movimientos adquieren una lógica absurda e inconcebible. No obstante, la búsqueda de una situación incontrolable e imponderable del lenguaje de la danza sigue atrayéndolo, porque hasta hoy ha logrado darle una explicación exorcizante a fin de superar la barrera del lenguaje, por lo que: "Mi obra siempre ha sido un trabajo en proceso. Cuando acabo una danza tengo una vaga idea de cómo será la siguiente. En este sentido, no concibo cada danza como un objetivo, sino como una breve pausa en el camino".[2] Aún hoy, en 1999, el viaje continúa: hacia lo imposible.

Nueva York, enero 1999

1. Merce Cunningham, "Four Events that Have Led to Large Discoveries (19 September 1994)", *Merce Cunningham, Fifty Years* (Nueva York: Aperture, 1997): 276.
2. Merce Cunningham, *op. cit.*: 276.

Toward the Impossible: Merce Cunningham

Germano Celant

"Finding the limits of dance" has always been the impulse that has distinguished the work of Merce Cunningham. Since the '40s, while still very young, his research has centered around the questions: What are movements? What are time and space? What are the material and the reality of gesture? What am I? And his response, up to the present time, has sought to annul any hierarchy among the components that shape dance. This is an annulment of every tradition and every preconception, in favor of a rationality that can place movement and gestures above every other thing, to lead them to a point where dance is transformed into something impossible but real, rational but irrational, organized but chaotic.

In this sense Cunningham can be considered an *iconoclast* of choreographic figurations, since he can lay claim to a *pure* idea of dance, where every representation becomes inadequate. Since *The Seasons*, 1947, this has been the basis for his rejection of a normal relationship between music, dance and art. Indeed, along with Cage, he has renounced the necessity for a relationship between movement and sound that has always illuminated and revealed the destiny between these two languages, to create, instead, a *performance* based, not on reciprocal ties and limitations, but on *affinity*, on an *intimate* relationship where dance and music are free from mutual subordination and are able to produce something independent, but charged with syntonies and similarities. He has arrived at an affirmation of an absolute and radical subjectivity that rebels against the pretense of a compromise between the arts. With Cunningham, dance has the claim of being *other* than music, *other* than art, of representing a separate substance that can voyage independently from sound or visual image. The affirmation of a gesture or a movement that materializes in its originality lies in this search for identity and difference. It is neither artificial nor passive construction, but a prototype of a real existence, which one can *encounter* with other languages, which can accompany them, but in mutual respect and on parallel paths. It is through the exaggerated and extremist affirmation of a reality of dance as prototypical and original movement, without any reference to something that pre-exists, such as music or set design, that Cunningham's work begins to establish a premise and a guaranty of its identity. The positive consideration of movement as movement is a new perspective and implies the termination of a metaphysics of its being in favor of a complete acceptance of its presence.

In 1953, when Cunningham began to organize and define his movements *by chance*, and then, without any planning, began to bring together the languages of dance and music, set design and art, in such a way that they first encountered each other only on the day of a work's première, he succeeded in asserting that all the arts were due the same *honor*, that is that each was endowed with its own autonomy and specificity. He breaks the relationship between movement and sound, movement and visual object, movement and costume, so that the worth of the individual signs no longer depends on an external dimension, but on their intrinsic, concrete and historical dimension, in the sense of their absolute presence. Adopting *chance* as a constituent condition of dance, he renounces the ideal affirmation of movements and gestures, sequences and rhythms, and transforms them into *indifferent* objects, thus into elements that one can accept, select, desire, as any historical form, without attributing to them any absolute value. Tied to autonomous processes, they become interior experiences of an application of meaning that rejects aphysical solutions. Consequently it is possible to use any movement whatsoever, any sound, any image, any style. And over the course of fifty years, it has been this open-mindedness that has led his dance to pass through all performance experiences, from vaudeville to ethnic and modern dance, from the dramatic to the narrative, from the gestural to the electronic, from sound to silence.

At times his work's value coincides with the affirmation of the value of others, from Erik Satie to John Cage, from David Tudor to Morton Feldman for music, from Robert Rauschenberg to Jasper Johns, from Bruce Nauman to Andy Warhol for art, from Viola Farber to Carolyn Brown, from Steve Paxton to Douglas Dunn for dance. With all these, the awareness of the independence of reciprocal expression is total; indeed, each art rejects outside origins to position itself as its own original.

This also occurs in Cunningham's choreography, in that the concept of language shifts into the application of an existence that runs parallel to the other languages, with the possibility of a reciprocal reflection. His research is one of *contemporaneity* between expressions of being where everything possible is accepted. The interweaving between dance, music and art exists in the reciprocal interstices, exists *in movement*, almost as if each were subjected to an *epileptic step* that incessantly drags it along from place to place, with neither crystallization nor congealment of processes. Within the dance performance, this dyslexia among parts gives rise to a movement that seems splintered at random, that returns to its point of departure or wanders off without conclusion, or without giving a response that seems logical or rational, unconscious or irrational.

Having developed an open praxis, every image, even remotely alluded to, is brutally annulled or at least called into question by its opposite. His entire repertoire, from *Minutiae*, 1954, to *Ocean*, 1994, is thus a search for the indefinable: the creation or performance of a work that doesn't exist and cannot exist because it is automatically destined to be negated by subsequent work. If for Cunningham, dance is the representation of what is entirely possible, it is also the representation of what is impossible, the attempt to do what cannot be done. If one interprets his process correctly, from the chance language of 1953 to the 1990 definition of a gesturalism that is impossible, because it is inspired by a computer logic that imposes solutions that are impossible for the human body, one can understand that, similar to Samuel Beckett, his way of working addresses the dimension of *failure*. In order to continue to exist, dance, like writing, must resolve to fail, it must come to a realization that is so extreme it cannot be achieved. The attainment of this goal, without hope, is a propensity to throw oneself into a *void*, as Cage threw himself into *silence*, in order to achieve the impossible. The hope is to be able to reveal a new dimension of movement that is free from time and space, and above all from the language of dance. The struggle and effort are directed toward its annihilation, which constitutes a continuous promise of rebirth of a new dimension of activity and existence.

If one reads the text where Cunningham explicates *Four Events That Have Led To Large Discoveries*,[1] the work's *transmutation* hinges upon the separation between music and dance, the use of the chance method, recourse to cinema and video, and finally to his latest experiments with the computer. This roaming within pure abstraction, that is within a dimension that does not pertain to dance and to its "realism," and that brings the dancer toward a disintegration of known lines, toward a *void* and an unknown *nothingness*, is the basic material for a dance that is prevented from understanding who and what it is. It is a dance fascinated by numbers and by chance, by mathematics and permutations, by recording as well as by impersonal navigations tied to a room and to a monitor, to a screen and to a window, which allows Cunningham to carry out a rational attack on the stronghold of the inconceivable and the infinite, the unknown and the impossible.

Finally, from the start, after his beginnings with Martha Graham, he has *repudiated* the existence of dance. Allying himself with Cage and then with Rauschenberg, he has succeeded in creating an anti-dance, based on the nullity of an image, a body, a sound. There is void and silence, erasure (Rauschenberg's *Erased de Kooning Drawing*, 1953, comes to mind) and non-gesture, which can lead only to the creation of enigmas, such as the music-painting-dance *combines*, which function to distance the music, art and dance from the boundaries of a reality, to approach a *nothingness*, or better a zero setting of languages, which cannot be expressed. Together, they sought to say that which cannot be said: Rauschenberg's void versus solid (his *White Paintings* from the early '50s), John Cage's *silence* versus sound, and Merce Cunningham's investigation of the impossibility versus the reality of dance.

Even his perspective with regard to the body is unusual. For Cunningham, its function is that of an object, more than a subject. This allows him, more than anyone else, to advance the study of the deconstruction of gestures and movements, almost as if the dancer could become a *third person*, malleable and transparent, able to be subjected to any technique whatsoever. His *impersonal* technique concerns the attempt to resolve the conflict between awareness of the impossibility and the possible concrete extension in time and space. This awareness is unsuited for defining the absolute, a situation that Cunningham seeks to overcome by bringing it, through chance and the computer, beyond its possibilities for comprehension and feasibility: to a place where the body has no true reality, other than in a utopian sense. Here, then, is the strong dialectic between an awareness of being imprisoned in time and space, on the stage and within the perimeters of the flesh, and the desire to escape these limitations to go beyond time and space, where there is only the unknown, where the body is nothing and thus can be everything.

This rebellion against the intolerable prison of the body, accompanied by the rejection of the idea of its sensate and reasoned limitations, marks Cunningham's entire adventure, from *Idyllic Song*, 1944, to *Hand-drawn Spaces*, 1998, and is a pilgrimage in search of the meaning of dance. He is constantly on the move, guided by that obscure impulse that all creators experience and pursue, but that none knows how to explain. In basic terms, the reasoning might be as follows:

the human body that separates dance from being is a *continuum* without form, typical of the universe. The first characteristic of a dancer is to *identify* this language, which is not made of distinct elements, but is a becoming toward nothingness that is cosmic, in that it contains all possibilities and the impossibilities of movement. One cannot know anything about this other than what is tested and tried out, so that Cunningham continues his research, or better his knowledge, of movements related to the phenomena of dance with which he has already experimented. He knows he must continue to move on, in order to find other gestures and other images. This is why, in recent years, he has approached the computer. Over the decades, having identified a structure of movements and having found an infinite articulation to express that structure, he is now seeking to entrust to memory all possible electronic combinations, so that these unpredictable combinations might result in other gestures and movements, beyond dance. Nothing is mysterious or hostile to him, neither age nor technology; he is afraid of nothing, when there are possibilities of movement to "explain" a further expansion of the universe of dance.

For Cunningham, individual gestures or movements, sequences or choreography have no absolute value. The last ones are more comforting, but the new ones are equally so, so what is right? One is as valid as the other and all are equally arbitrary, every combination as valid as another. There are scores of explanations, but the only way out is to give them all, or to imply their infinitude, bearing in mind that one is possible, but the other impossible ones are equally valid. This is how Cunningham has used the computer since 1990, through LifeForms, and with which he has found expressions, from *Trackers*, 1991, to *Ocean*, 1994, having it fulfill the function of a memory of all the gestures and movements that he has created. There are interminable lists that can give combinations — simple and inexorable, grotesque and laborious, where the body does not avail itself of concrete and real possibilities, because the movements become a sort of absurd and inconceivable logic. Nevertheless he continues and is drawn to the search for a situation that is the uncontrollable and imponderable language of dance, because until now he has succeeded in giving it an exorcising explanation, in order to move beyond the barrier of language: "My work has always been in process. Finishing a dance has left me with the idea, often slim in the beginning, for the next one. In that way, I do not think of each dance as an object, rather a short stop on the way."[2] The voyage still continues today, in 1999: toward the impossible.

New York, January 1999

1. Merce Cunningham, "Four Events That Have Led To Large Discoveries (19 September 1994)", *Merce Cunningham, Fifty Years* (New York: Aperture, 1997): 276.
2. Merce Cunningham, *op. cit.*: 276.

La antología de textos 1945-1997 responde a la idea
de documentar las vicisitudes críticas en torno a Merce
Cunningham, seleccionando solamente las producciones
teóricas y participativas de escritores, historiadores,
artistas, músicos y bailarines, que se produjeron
contemporáneamente respecto a su trayectoria creativa.

The anthology of texts 1945-1997 reflects the idea
of documenting critic reviews on Merce Cunningham,
selecting only emerging theories and contributions
by writers, historians, artists, musicians and dancers
who joined his creative course.

Merce Cunningham

Barbara Frost

Como dijo el músico Louis Horst, muy poca gente llega a conocer de verdad a Merce Cunningham. Del mismo modo que las secuencias de una pesadilla especialmente fantástica escapan retrospectivamente a nuestra comprensión, resulta difícil captar unas cualidades específicas de la personalidad de este joven bailarín que nos permitan presentarle con un "perfil" convencional. Recurriendo a otra analogía, en términos de filosofía contemporánea, podríamos decir que Merce Cunningham siempre está en proceso. Su naturaleza volátil y fluida no puede definirse uniendo fragmentos estáticos de movimientos de sus danzas o ejemplos de su propia vida, conectándolos con frases de transición y ensamblando así un retrato compuesto del artista. Pero aunque en cierto modo se nos escapa y no nos permite una comprensión absoluta, eso no nos impide apreciar su trabajo. Dada su particular naturaleza, Merce Cunningham es el mejor preparado de sus contemporáneos para alcanzar y tocar aquellos aspectos de nuestra naturaleza que rara vez logran verbalizarse o articularse físicamente.

La conciencia de su origen eslavo-irlandés nos ofrece ciertas claves para entender su obra. Esta herencia sugiere una explicación que va más allá del nivel superficial de la apreciación. Cuando presenciamos una danza acabada de Cunningham, no nos sorprende particularmente su intensidad. La música y el movimiento parecen evolucionar con simultánea facilidad. Sin embargo, la base en la que arraiga ese efecto es intensa, lenta y precisa. En sus incansables revisiones coreográficas y su paciente proceso de prueba y criba para encontrar el movimiento preciso y correcto, podríamos identificar su parte eslava. Pero si este aspecto puede ser excesivamente sutil, su temperamento irlandés es mucho más evidente para cualquiera que se haya familiarizado con su danza. *Mysterious Adventure* (1945) es un ejemplo de la influencia de ambas tradiciones. Donde otros se habrían limitado a tomar el simple encuentro con un incidente extraordinario e inexplicable en medio de la actividad diaria y traducirlo al denso y complejo vocabulario de la danza, Cunningham juega con la idea, intenta sondear la aventura, y no concluye con una angustiada desesperación, sino con una resigna-

ción casi humorística de que las cosas quedan más allá de su alcance.

El humor de su danza no puede calificarse de satírico. Cunningham no sólo se burla de la propia aventura, sino también de las proporciones de misteriosa complejidad que la mayoría de la gente se permite asumir mentalmente. En consecuencia, resulta al mismo tiempo demasiado afable y demasiado extravagante como para calificarle de satírico. Por ejemplo, la aventura se representa mediante una pieza de escenario surrealista. En contraste con lo que ocurría en *Dark Meadow*, donde los bailarines de la compañía de Martha Graham describían neuróticas contorsiones en decorados similares de Noguchi, la interpretación de Cunningham es infinitamente más atractiva para nuestra comprensión, con su confusión casi bufa. A veces, la comedia de la flaqueza humana podría aparecer vana o trillada, pero se salva gracias al cuidado y el trabajo que antes mencionábamos, que traducen su ingenuidad psicológica a unos movimientos de danza realmente únicos.

Hay que remitirse a la experiencia educativa de Cunningham para aclarar la temática de sus danzas. Tal vez inicialmente no habría que decir "temática", sino mejor "punto focal", ya que Cunningham no pretende transmitir un mensaje. El artista intenta "mostrar" más que "decir". Su interés en las ideas ha sido siempre –y sigue siendo– curioso y diverso. En la Cornish School of Acting de Seattle, estudió un año de interpretación, y se interesó por el movimiento en la interpretación. Para desarrollar este interés, asistió al curso de verano de Bennington, donde conoció a Martha Graham, y en seguida se unió a su grupo. En esa época, su énfasis se había desplazado hacia el movimiento en la danza, y muchos recuerdan los papeles creados por Cunningham en aquel grupo, particularmente el de March en *Letter to the World*, y el del predicador de *Appalachian Spring*.

En la actualidad, podemos decir que la perfección de movimientos predomina en la trayectoria de Cunningham, como bailarín y como maestro. Su trabajo con los estudiantes es laborioso y cauto. Para ser un bailarín tan joven, ha logrado un éxito y un reconocimiento notables, completamente merecidos.

Es difícil intentar atribuir a Cunningham el viejo

cliché, la universalidad de su atractivo, y al mismo tiempo resulta esencial. La experiencia individual, si es sentida, difícilmente puede verbalizarse. Lo que Cunningham ilustra de un modo bastante consistente en sus danzas son las variaciones, los vagabundeos, las conjeturas de la mente humana sobre las experiencias individuales, generalmente triviales. *The Open Road* (1947) ejemplifica deliciosamente este hecho. Bajo un título que indica perfectamente la experiencia externa, Cunningham derrocha en esta obra la más caprichosa imaginación de un vagabundo recalcitrante. De este modo, nos transporta fuera del escenario de la realidad para llevarnos con él a un reino de ensueños y fantasías, un mundo capaz de poseer completamente (y así lo hace) a un hombre ordinario que deambula por una calle ordinaria.

En *Root of an Unfocus* (1944), Cunningham ha aplicado una técnica similar a un tema más serio. La danza se acerca sobre todo a un estudio psicológico. Con secuencias coreográficas estrechamente entretejidas, el artista describe con su danza el flujo asecuencial y disociado de las ideas en una mente desequilibrada. Los cambios de nivel y dirección y el movimiento evasivo de su cabeza enfatizan el foco constantemente cambiante que caracteriza la inestabilidad mental.

Así pues, la universalidad de Cunningham residiría en su contacto sensitivo con la mente y las emociones humanas. No se trata de un recurso intelectualizado. Tanto cuando el tema que el artista desea encarnar con su movimiento es simple como cuando es complejo, siempre es característico de la experiencia humana. Las experiencias se traducen al espectador en los propios términos fantásticos de Cunningham. La fantasía es el medio del artista, igual que lo es la coreografía, y en ese medio, la descripción de la experiencia humana se convierte, para el público de Cunningham, en una visión hábilmente tratada de la experiencia, válida desde el punto de vista artístico y personal.

Barbara Frost, "Merce Cunningham", *Vassar Brew* (1948). Reeditado en Richard Kostelanetz, ed., *Merce Cunningham. Dancing in Space and Time* (Chicago: Cappella Books, Chicago Review Press, 1992): 25-27.

Merce Cunningham

Barbara Frost

As the musician Louis Horst has said, very few people can really know Merce Cunningham. Just as the sequences of an especially fantastic nightmare elude our understanding in retrospect, so it is difficult to fasten on specific qualities in the personality of this young dancer that might enable us to present him in the usual "profile" syntax. To use another analogy, in contemporary philosophical terms, Merce Cunningham is always in process. The volatile, fluid nature of the artist can never be defined by collecting static fragments of movement from his dances or instances from his own life, connecting them with transition sentences, thus assembling a composite portrait of the artist. If he escapes our complete understanding, however, he does not defy our appreciation of what he gives. His nature being such as it is, Merce Cunningham is the most effectively equipped of his contemporaries to reach out and touch the sides of our natures that seldom find verbalization or physical articulation.

An awareness of his Irish-Slavic descent offers much insight into his work. His heritage offers explanation below and beyond the superficial level of appreciation. When we witness a finished dance of Cunningham's we are not particularly struck by its intensity. The music and the movement seem to evolve with a simultaneous facility. The groundwork for such an effect is, however, intense, slow, and precise. In his tireless choreographic revisions and patient trial upon discard and trial to find the precisely correct movement, we find perhaps the Slav. While this might be overly fine-drawn, the Irish temperament is more obvious to one who is familiar with his dancing.

Mysterious Adventure (1945) is an example of the influence of both traditions. Where the simple action of, in everyday activity, coming upon an extraordinary and inexplicable occurrence could have been translated into ponderously complex dance vocabulary, Cunningham plays with the idea, tries to probe the adventure, concludes, not in broken desperation, but in almost humorous resignation that it is all beyond him.

The humor of his dancing cannot be called satirical. He not only makes fun of the adventure itself, but of the proportions of mysterious complexity most people would allow it to assume in their minds. Consequently he is at the same time too good natured and too fantastic to be called a satirist. For example, the adventure is represented by a surrealistic stage piece. In contrast to the neurotic contortions of the Graham dancers around similar Noguchi sets in *Dark Meadow*, Cunningham's interpretation is infinitely more appealing to our understanding in its near slapstick confusion. Where the comedy of human foibling might in this case appear empty or trite, it is saved by the above-mentioned care and work which translates his psychological ingenuity into unique dance movements.

Something of Cunningham's educational background is necessary to clarify the subject matter of his dances. Initially, perhaps, we should not say "subject matter," but rather, focal point, since he does not plan to convey a message. He is more "showing" than "saying." His interest in ideas was always and is now, curious and diverse. At the Cornish School of Acting in Seattle he studied acting for a year, becoming preoccupied with acting movements. To follow up this interest, he attended the Bennington summer session where he first met Martha Graham and joined her group. By this time, the emphasis had shifted to movement for dance and many can recall the roles created for Cunningham in that group, notably March in *Letter to the World* and the preacher in *Appalachian Spring*.

Perfection in movement now predominates in Cunningham's career as an independent dancer and teacher. His work with students is painstaking and cautious. For so young a dancer he has achieved remarkable success and recognition. But justifiably.

To attempt to pin down the old cliché, universality of appeal, is difficult but essential in Cunningham's case. The individual experience, if sensed, can hardly be adequately verbalized. What Cunningham illustrates almost consistently in dances, are the variations, the wanderings, the conjectures, of the human mind on individual human experiences, usually commonplace. *The Open Road* (1947) is a very delightful example of this. The external experience being exactly indicated by the title, Cunningham lav-

Martha Graham en/in Appalachian Spring, *1944*
Photo Arnold Eagle

ished upon it all the whimsical imagination of the most confirmed vagabond. Consequently we are carried off the stage of reality with him into a realm of daydreams and fantasies which could (and do) totally take possession of an ordinary man walking down an ordinary road.

In *Root of an Unfocus* (1944), Cunningham has applied a similar technique to a more serious theme. The dance most nearly approaches a psychological study. With tightly-woven choreographic sequences, he dances the unsequential, disassociated flow of ideas in an unbalanced mind. The change of level and direction, the shifting movement of his head, emphasize the constantly changing focus characteristic of unstable mentality.

Cunningham's universality, then, would lie in his sense contact with human emotions and mentality. This appeal is not intellectualized. Whether the subject the artist wishes to embody in his movement is simple or complex, it is characteristic human experience. The experiences are translated to the spectator in Cunningham's own fantastical terms. Fantasy is this artist's medium as equally as is choreography, and in this medium the description of human experience becomes, for the Cunningham audience, a deftly treated view of experience, valid artistically and personally.

Barbara Frost, "Merce Cunningham," *Vassar Brew* (1948). Reprinted in Richard Kostelanetz, ed., *Merce Cunningham. Dancing in Space and Time* (Chicago: Cappella Books, Chicago Review Press, 1992): 25-27.

La coreografía y la danza

Merce Cunningham

Sr. Cunningham, ¿podría describir su modo de enfocar la danza?

En mi trabajo coreográfico, la base de las danzas es el movimiento, es decir, el cuerpo humano moviéndose en el tiempo y en el espacio. La escala de este movimiento varía desde el reposo hasta la cantidad máxima de movimiento (actividad física) que una persona es capaz de producir en un momento dado. Las ideas de la danza proceden del movimiento y, a la vez, están en el movimiento. No tiene ninguna otra referencia. Una determinada danza no se origina en un pensamiento mío sobre una historia, un estado de ánimo o una expresión; las proporciones de la danza proceden de la actividad en sí. Cualquier idea respecto a estados anímicos, historia o expresión considerada por el espectador es un producto de su mente, de sus sentimientos; y es libre de actuar en consecuencia. Así pues, al comenzar a coreografiar, empiezo con movimientos, pasos por así decir, trabajando sólo o con los miembros de mi compañía, y de ahí prosigue la danza.

Ésta es una afirmación simplificada, para describir algo que puede llevar muchas horas diarias durante semanas y meses, pero esencialmente se trata de un proceso de observar y de trabajar con gente que utiliza el movimiento como una fuerza vital, no como algo que deba ser explicado por referencias o empleado como ilustración, sino como algo si no necesariamente grave, desde luego constante en la vida. Lo fascinante e interesante del movimiento es el hecho de que, a pesar de ser todos criaturas de dos piernas, todos nos movemos de forma diferente, en función de nuestras proporciones físicas, así como de nuestros temperamentos. Esto es lo que me interesa. No la igualdad entre una persona y otra, sino la diferencia, no un *corps de ballet* sino un grupo de individuos actuando juntos.

Esta no referencia del movimiento se prolonga en una relación con la música. Esencialmente, es una no relación. La danza no se interpreta siguiendo la música. Para las danzas que nosotros presentamos, la música es compuesta e interpretada como una identidad en sí misma, separada. Casualmente tiene lugar al mismo tiempo que la danza. Las dos coexisten, como lo hacen la visión y el sonido en nuestras vidas

cotidianas. Y, a pesar de eso, la danza no depende de la música. Esto no significa que yo preferiría bailar en silencio (aunque lo hemos hecho, en una ocasión memorable, un programa completo, debido a una disputa sindical), porque me daría la impresión de la vida cotidiana sin sonido. Acepto el sonido como una de las zonas sensoriales, junto a la visión, el sentido visual.

¿Cómo se elige la música para los bailes, en vista de la separación entre danza y música?

En algún momento del trabajo en una pieza nueva, antes o después, hablo con John Cage, David Tudor y Gordon Mumma, los músicos relacionados con mi compañía, sobre los compositores que ellos puedan haber sugerido como posibilidades. Normalmente, la música que uso es contemporánea, la mayoría de veces son encargos. Los músicos me preguntan algo relacionado con la pieza, pero yo les puedo decir poco, dado que no trata de nada concreto. Quizá la consideren con naturalidad, pero eso no siempre ayuda, pues no está acabada y nosotros, los bailarines, no podemos mostrarla con claridad. Por supuesto, hay ciertos detalles –la posible duración, el número de bailarines, sus velocidades, etc. A partir de esto, los músicos toman alguna decisión respecto a quién podría intervenir como compositor, o yo mismo podría tener a alguien en mente. Entonces le preguntamos al compositor si le interesaría trabajar con ello. Si es así, podría tener algunas preguntas. Las dos preguntas que me formuló Christian Wolff respecto a *Rune* eran cuánto debía durar, y cuántos bailarines intervendrían. Pero la música está diseñada para ser algo separado de la danza. Para llevarlo un poco más lejos, en varias ocasiones los bailarines, de hecho, no han llegado a oír la música hasta la primera representación; es decir, hasta que la oye el público. No hay ninguna necesidad de ensayar con ella. Si lo hacemos, si está a nuestra disposición, pues bien, pero este caso no se ha dado con las obras más recientes, ya que no suele estar terminada antes de subirse el telón, si es que lo está entonces. Como dijo una vez David Tudor, no es música con danza, es música y danza.

La mayoría de las partituras que tengo ahora, las

obras de los últimos seis o siete años, tienen finales abiertos. La naturaleza de las estructuras temporales de las partituras es tal que pueden tener cualquier duración, como la tienen algunas de las danzas. Por consiguiente, en una obra como *Canfield* o *Field Dances*, tomé una decisión antes de las representaciones respecto a la duración de una determinada pieza en esa actuación. Entonces comenzamos a medida que sube el telón, y terminamos cuando baja.

¿Su coreografía implica mucha estructura?
Nuestro repertorio cubre desde danzas estrictamente coreografiadas, y repetidas en cada representación, hasta danzas en las que, aunque los movimientos han sido coreografiados para el bailarín, éste es libre de interpretarlas, en el curso de la actuación, de manera más rápida o más lenta, en parte o en su totalidad, de salir o regresar a la escena libremente. La duración del baile varía de una representación a otra. Pero los movimientos han sido realizados. Esto no es, por supuesto, improvisación, aunque los bailarines sí tienen distintas libertades con los materiales entregados.

¿Y qué hay de la relación entre la estructura de los bailes, y la elección del bailarín?
Intento encontrar en un bailarín algo que le haga bailar a su manera particular. Con esto no quiero decir nada psicológico. Simplemente quiero decir que el cuerpo de una persona es distinto al de otra. Y por tanto, cada uno adopta las formas y las figuras de modo diferente. No significa que las formas estén distorsionadas. Él las ejecuta a su manera. Al igual que vemos a la gente que se mueve por la calle, y reconocemos sus diferencias. Así, al formar a los bailarines en clase, intento ver la singular manera en que una determinada persona se mueve. Por ejemplo, aquí hay una fotografía de dos bailarines. Se puede apreciar la particular manera de ser de cada uno en el movimiento-forma que muestra. Ahora bien, si fuesen personas diferentes, podrían crear las mismas formas. En cambio, si la chica es más baja, no tiene la misma apariencia. Pero la búsqueda de un poco de impulso con la chica más baja podría llegar a descubrir la manera en que golpea las formas. No una imitación, sino una realidad.

Aquí hay otras dificultades. Al ser una compañía escénica, estamos a menudo de gira. Esto a veces significa que algunos bailarines no pueden ir, y otros han de asumir algunas partes, provocando las dificultades que toda compañía tiene. Uno tiene que encontrar una manera de dejar que el nuevo bailarín haga lo mismo, y al mismo tiempo, no exigirle cosas que no se adecuen a su estructura y ritmo. Así que es un proceso constante de tratar con la persona, no con una idea sino con la persona en una situación física determinada.

En mi coreografía es más probable que piense en términos de estructura, de estructura en el tiempo. Suelo tener alguna idea respecto de la duración de un baile, y dentro de ese límite, el baile es estructurado por lo que se refiere al tiempo. Así, si la danza dura veinte minutos, una sección puede ser de cuatro minutos y medio, otra de cinco, la siguiente de dos, y así sucesivamente, aunque estas duraciones cambiarán en el curso de la elaboración de la danza. Es como tomar un camino: lo sigues. Si te encuentras un árbol, no es probable que lo atravieses. Tienes que bordearlo. Puede ser que pases encima de él. Pero eso es más complicado. Así que prevés esos incidentes a medida que avanza el procedimiento de trabajo.

¿Cuáles son los orígenes de las formas y los movimientos que encuentra para sus bailarines?
Hay muchas cosas que pueden hacer los bailarines. Por ejemplo, una chica puede mantenerse en equilibrio contra un hombre que la sostenga. Las dos personas pueden mantenerse en equilibrio mutuamente, y dado que normalmente él es el más fuerte de los dos, ella puede alejarse mucho más, y él seguir teniendo eso en cuenta. Esta clase de acción es posible en distintas direcciones –en el aire y en la superficie, o por la superficie. Yo pienso en términos de movimiento. Los seres humanos se mueven sobre dos piernas por la superficie, por la tierra. No hacemos mucho en el suelo. No disponemos de esa clase de poder. Y no podemos avanzar tan de prisa como lo hace la mayoría de animales cuadrúpedos. Cuando se piensa en caer, en morir o en una pérdida de conocimiento, se trata de condiciones que están fuera del alcance habitual del impulso humano. Con el

salto, aunque todos intentamos hacerlo, nos encontramos de nuevo atrapados, porque no podemos permanecer allí arriba mucho tiempo. Así que pasa a ser virtuoso, ¿sabe?, cuando alguien salta muy alto y permanece así durante el tiempo suficiente para permitir que esta imagen se nos quede grabada, se convierte en una hazaña virtuosa. Ésta es la manera en que he pensado en el movimiento humano, en términos del hecho de que nos erguimos y movemos sobre dos piernas, y cada persona se mueve de forma diferente. Existe una enorme variedad de movimiento de la que ocuparnos.

Mi coreografía forma parte de un proceso de trabajo. No necesariamente siempre con la compañía. Puede ser conmigo mismo. Pero es un proceso de trabajo. Empiezo, en el estudio, por probar algo. Si por alguna razón no funciona, o si no me resulta físicamente posible, pruebo otra cosa. Y entonces lo hago conmigo mismo, o con la compañía, o con todo a la vez. Ayer mismo tuvimos un pequeño problema con una persona que chocaba con otra, porque yo quería investigar ciertos impulsos en el espacio, y la única manera de hacerlo es haciéndolo.

Como ve, me interesa experimentar con los movimientos. Bueno, puede ser que vea algo con el rabillo del ojo −la manera delicada en que una persona sube un bordillo, la forma especial en que un bailarín emprende un paso familiar en clase, una zancada desconocida en un deportista, algo que ignoro, y entonces lo pruebo. Los niños hacen unos movimientos asombrosos, y uno se pregunta cómo llegaron a realizar esa forma determinada.

He creado danzas que emplean distintas continuidades compositivas. Por ejemplo, ahora raras veces hago una danza en la que empiezo al principio y sigo hasta el final. Es más probable que haga una serie de cosas, secuencias cortas, pasajes largos, en las que sólo intervengo yo, y quizá uno o más bailarines, a veces la compañía entera. Entonces, por azar o por otros métodos, tomo una decisión respecto al orden. Así que no puedo tener ninguna idea específica que empiece aquí y que continúe, que alguien pueda concretar de esa manera. No obstante, después de que alguien haya interpretado una pieza durante un período de tiempo, por muy extraña que pudiese haber

parecido al principio, ésta asume su propia continuidad. Es como entrar en una casa extraña y tener que seguir unos caminos desconocidos. Pasado cierto tiempo, los caminos han dejado de ser extraños.

A menudo empleo un método fortuito para descubrir el orden de las diversas secuencias de una danza. Esto puede servir para hacer saltar la continuidad de la danza fuera de mis sensaciones personales respecto al orden, o fuera de mi recuerdo de las coordinaciones físicas. Esto se ha realizado fraccionando el movimiento en pequeños fragmentos, o dividiéndolo en grandes secciones. En algunas ocasiones he cambiado el orden de las danzas después de haberlas representado. Es un proceso que consiste en tomar el material dado y cambiar el orden, cosa que hicimos muy recientemente con una pieza titulada *Scramble*. Otra obra, *Canfield*, no sólo cambia el orden de representación a representación, sino que las diversas secciones interpretadas en una actuación pueden ser sustituidas por otras en la siguiente, de manera que aunque el talante de la pieza sea el mismo, los detalles (material, tiempo, espacio) son diferentes.

¿Intenta expresar los estados anímicos o los sentimientos en sus danzas?
No hay ninguna intención expresiva concreta en las danzas, aunque un espectador individual que contemple alguna pueda decidir que posee algo particular. Le puedo ofrecer la descripción de una pieza que tenemos en el repertorio, titulada *Winterbranch* y creada en 1964, que ha sido acogida por los espectadores de múltiples maneras. El material que compone la danza es el de una persona que, de un modo u otro, se cae. La estructura de la pieza consiste en que uno o varios de los bailarines entran en una escena, andando, y al llegar a cierto punto, originalmente calculado por métodos fortuitos, interpretan una determinada configuración de caída. El número de bailarines de cualquiera de las secuencias varía de uno a seis. Normalmente, los bailarines terminarán la secuencia y saldrán andando de la escena. Pero para favorecer la variedad, vi que existían diversas posibilidades de arrastrar a una chica fuera del escenario. Luego, también está el problema de las astillas. Tenemos que actuar en muchos tipos de escenario. Así que antes de

convertir eso en un problema, pensé que tal vez ella podría caer encima de algo antes de ser arrastrada. Practiqué con toallas, lo probé con los bailarines y decidí que sí podía emplearse algún tipo de material.

Robert Rauschenberg realizó los diseños para la danza, y le dije que la ropa que llevásemos debía ser práctica para las caídas. También le dije que debíamos llevar algo en los pies. Guarda relación con la naturaleza del movimiento. También pensé en la pieza teniendo lugar de noche antes que de día, no a la luz de la luna sino con una iluminación artificial que se pudiese encender y apagar. La iluminación podía cambiar de una representación a otra (al igual que hacía la danza originalmente).

Así que el Sr. Rauschenberg se fue, y algún tiempo después volvió con la idea de que llevásemos sudaderas y bailásemos en la oscuridad. Nos aplicó pintura negra debajo de los ojos, como la que llevan los esquiadores y los jugadores de fútbol. Teníamos zapatillas blancas de lona. El material sobre el que caemos son viejos trozos de lienzo. La luz cambia cada vez, en cada representación. A veces la luz se dirige directamente a los ojos del público. Puede ser intensa o tenue, en función de lo que haya disponible en cuanto a iluminación. La iluminación cambia cada vez. El orden de la danza también podía cambiar, salvo cuando debíamos representarla a menudo, ya que nos resulta difícil ensayar un cambio con rapidez. Descubrí que es físicamente cansado, y que puede haber accidentes. Intento evitarlos.

Respecto a la música, le llevé eso al Sr. Cage y él pensó que tal vez el compositor La Monte Young querría trabajar en semejante situación. Hablamos con el Sr. Young. Él sugirió que podríamos utilizar la pieza titulada *Two Sounds*, que tiene un sonido de decibelio grave y otro agudo. Estos sonidos prosiguen continuamente al mismo nivel durante aproximadamente la mitad de la danza, unos diez o doce minutos.

Son tres cosas separadas que han sido juntadas. La iluminación no guarda relación alguna con el movimiento. Es decir, ni revela ni disfraza ningún movimiento concreto. Hay veces en que el escenario está en completa oscuridad, que para nosotros es también difícil, ya que tenemos la sensación de que podemos caernos del escenario.

¿Cómo se produjo ese tratamiento de la iluminación?
Pensé que tal vez se podría probar algo relacionado con la noche antes que con el día. Eso fue el detonante. Pero entonces el encargado de la iluminación era libre de hacer lo que quisiese, de mostrar o no mostrar cualquiera de las partes de la pieza. Por supuesto, es evidente que tiene una sorprendente fuerza dramática, simplemente al encender y apagar las luces. Ahora disponemos de equipos que hace cincuenta años no estaban disponibles. En esa época no podíamos hacerlo exactamente así. Pero ahora esas cosas son posibles en el teatro. Y espero que en el futuro vaya a haber unas cuantas más.

¿Tuvo en cuenta anteriores danzas sobre el movimiento de la caída al escribir Winterbranch?
Para empezar, yo no escribo una danza. Yo coreografío una danza. La caída es una de las formas de movimiento. A veces las danzas implican muchos tipos de movimiento, otras veces, pocos. *Winterbranch* entraba en distintas clases de caídas. En cuanto a por qué surgió eso en lugar del salto, no lo sé. ¿Por qué una manzana en lugar de una naranja?

Como he intentado señalar antes, me interesan más los *hechos* del movimiento que mi sensación respecto a ellos. Naturalmente, las posibilidades del movimiento son, para mí, limitadas, puesto que estoy limitado por lo que puedo hacer físicamente, o lo que puedo concebir para que lo haga otra persona. Pero siempre tengo la esperanza de encontrar algo que desconozco. Preferiría dar con algo, por medios fortuitos o de otra índole, que no sé resolver, e intentar descubrirlo. Quizá fue esa situación la que se produjo con el tema de la caída. No sabía mucho al respecto, y ésta era una forma de descubrir cosas.

¿Su coreografía más formal guarda relación con la obra de Ann Halprin?
Una de las principales diferencias entre Ann Halprin y yo es que yo trabajo con una compañía de danza formalmente preparada. Acepto esta situación más o menos como la base sobre la que trabajo. Por lo que conozco de su trabajo, ella ha tratado tanto con bailarines formados como con otros inexpertos, en distintas situaciones ambientales. Pero yo diría que una

de las cosas que tenemos en común es que no nos interesan las maneras o formas antiguas de crear. Ella a menudo se enfrasca en un ambiente determinado y la reacción que suscita en el individuo. Bueno, en cierto modo, yo también hago lo mismo, pero es distinto porque somos un conjunto de bailarines. Somos una compañía de repertorio, y salimos de gira e interpretamos las piezas una y otra vez, en situaciones teatrales diferentes, así que tenemos que estar adaptándonos de nuevo, para una danza determinada, continuamente.

¿Cómo se interesó por la coreografía?
Cuando llegué a Nueva York me uní a la compañía de Martha Graham. Ese trabajo dejó de interesarme, y decidí trabajar para mí mismo, y empecé a crear solos y a ofrecer programas. Luego ya no quise trabajar sólo conmigo mismo. Quería trabajar con otros bailarines, tener una compañía. Me interesaba crear piezas con otras personas que interviniesen junto a mí. Empecé a mirar a mi alrededor, y descubrí que no me gustaba la manera en que bailaban. No era una clase de danza que me interesase. Fui un poco más lejos, imaginándome maneras de formarlos. Si a uno no le gusta lo que hace otro, lo único que se puede hacer es crear algo propio, en lugar de quejarse. Con el tiempo, empecé a enseñar, para poder tener a unos bailarines formados a la manera que me parecía interesante. Básicamente fue así, con unos pocos años de por medio.

En la preparación, me he preocupado por hacer el cuerpo tan flexible, fuerte y resistente como fuera posible, y en tantas direcciones como pudiese encontrar. El cuerpo humano es el instrumento con el que trata la danza. El cuerpo humano se mueve de maneras limitadas, muy pocas a decir verdad. Pero dentro de las limitaciones del cuerpo, quería ser capaz de aceptar todas las posibilidades. También pensaba que la danza que se interesaba por los estados anímicos comprometía a uno con sus propios problemas y sentimientos personales, que a menudo tenían poco o nada que ver con las posibilidades de la danza; y me empecé a interesar más en extender eso a la sociedad, y en relacionarlo con el panorama contemporáneo, en lugar de encerrarlo.

Seguramente, ésa fue una de las razones por las que empecé a usar los métodos fortuitos en la coreografía, para romper las pautas de las coordinaciones físicas que personalmente recordaba. En ese momento había otras maneras que se consideraron viables. Cuando les hablo a los alumnos de estas ideas sobre el azar, me preguntan: Si surge algo que no te gusta, ¿lo descartas? No, antes que emplear un principio de simpatías y antipatías, prefiero probar lo que va surgiendo, ser flexible al respecto, en lugar de estático. Si yo no lo puedo controlar, quizá otro bailarín sí pueda, y además siempre existe la posibilidad de prolongar las cosas mediante el uso de películas o de la electrónica visual. No quería un trabajo plegado hacia dentro, lo prefería plegado hacia fuera, desplegado, como los bailarines.

¿Su interés por el movimiento y por la fuerza corporal tiene que ver con algún aspecto de su propia trayectoria vital?
El trabajo de cualquiera está relacionado con su vida. Pero no me quiero parar ahí. Confío en que al trabajar de la manera en que lo hago, pueda colocar al bailarín (y esto también interviene en mi trabajo con los alumnos) en una situación en la que dependa de sí mismo. Debe ser lo que es. Tiene las guías o normas que estrictamente necesita. Él encuentra su camino. Tiene que ver con su descubrimiento. En mi opinión, un buen profesor no se mete. Por esa razón, en el trabajo de clase, aunque haya determinados ejercicios que se repiten todos los días, no se trata de repeticiones exactas. Varían ligera, o radicalmente. El bailarín tiene que fijarse de nuevo cada vez. Entran en juego la inventiva y la resistencia de la persona. No sólo las de un cuerpo, sino las de la persona entera. Lo mismo da respecto a la simplicidad o a la complejidad. Cuando se presenta un ejercicio a un grupo de alumnos, cada uno debe resolverlo por sí mismo, pero también con todos aquellos que se encuentren en la habitación, para evitar, entre otras cosas, que choquen entre sí. Es como el yoga. La mente tiene que estar allí.

¿Quién ha influido en su trabajo coreográfico?
John Cage ha sido una influencia fuerte, debido a sus ideas sobre las posibilidades del sonido y del tiempo.

Y tuve una profesora de claqué maravillosa en la escuela secundaria. Tenía un sentido del ritmo extraordinario, y una energía tremenda para actuar. Creo que las influencias son difíciles de concretar, ya que probablemente haya muchas. Existen muchas cosas en la vida de una persona que sirven para influir en sus ideas o sus acciones. Pero, desde luego, las ideas del Sr. Cage sobre la separación de las identidades de la música y de la danza fueron, desde el principio, influyentes. Cuando empezamos a trabajar juntos (durante los días de los programas de solos), él componía la música totalmente separada de la danza, aunque en esas danzas iniciales había algunos puntos de la estructura musical que guardaban relación con la danza. Ahora, incluso eso ha desaparecido. Empezamos como si fuésemos a despegar de la tierra, ¡y luego vamos a la luna!

Sería erróneo pensar que mi trabajo no está estructurado. Está claramente estructurado, pero de una manera distinta. La estructura radica en el tiempo, antes que en los temas o a través de una idea. No es diferente de la manera en que actúa la continuidad en la televisión. Los programas de televisión ocupan el tiempo entre los anuncios, que están espaciados dentro del período asignado de treinta o de sesenta minutos. La televisión tiene problemas con las películas y los anuncios, ya que las películas fueron creadas de otra forma. Ahora los compositores escriben según la duración de las grabaciones. Acoplan la composición al tiempo de un disco. La expresión se ajusta al tiempo.

En mi trabajo, una danza puede durar cuarenta y nueve minutos, y la estructura, veintiuno, diez y dieciocho. Éste es el caso de *Walkaround Time*. La primera parte son veintiún minutos, el entreacto, diez, y la segunda mitad, dieciocho. El total, cuarenta y nueve, es una estructura de siete por siete. Antes, cuando el Sr. Cage y yo trabajábamos juntos, él solía tener música escrita que duraba tanto como la danza. Actualmente, sería más probable que crease una situación de sonidos que pudiese tener cualquier duración, y que para el propósito de la danza, terminase cuando terminase ésta.

¿Sería correcto afirmar que cada vez que su compañía interpreta una danza, y llegado cierto punto, cuando en la música suena una nota determinada, los bailarines estarían ejecutando determinado movimiento?

Para responder a su pregunta, no. El movimiento de la danza y el sonido musical no coincidirían igual, de representación a representación. Puedo ilustrarlo otra vez mediante una de las danzas. La pieza se llama *How To Pass, Kick, Fall, and Run*. Dura veinticuatro minutos. Le pregunté al Sr. Cage si haría algo para ella. Él me preguntó cómo estaba creada. Yo le expliqué la duración y los puntos estructurales. Después de ver la danza, el Sr. Cage decidió crear un acompañamiento sonoro que consistía en unos relatos. La narración de cada relato duraría un minuto. Él narra una media de quince relatos en el curso de los veinticuatro minutos, de manera que hay períodos de silencio a medida que prosigue la danza. Utilizando un cronómetro, controla la velocidad de cada narración; un relato de pocas palabras es espaciado a lo largo de un minuto, un relato de muchas, tiene un ritmo más rápido. Puesto que nunca cuenta la misma historia en el mismo momento, no podemos confiar en que establezca, de una interpretación de la danza a otra, una conexión con nosotros. Con frecuencia, el público, habiendo establecido una relación para sí mismo, dirá: "Qué curioso, cuando contaba la historia de mi madre y de un policía, mientras [yo] hacía un solo". Pero la próxima vez, si contase la misma historia de nuevo, quizá yo no esté ni en el escenario.

Una de las mejores cosas que se pueden hacer en los viajes en avión que atraviesan el país es ver a Joe Namath en las repeticiones del fútbol profesional, y conectar el sonido de la cadena musical. Crea una danza absorbente. Probablemente eso sea algo nuevo para el espectador. Ahora tiene que elegir. Por supuesto, siempre tuvo que hacerlo. Podía levantarse y salir, y a menudo lo hacía.

Esto debe hacer que los críticos de danza lo pasen mal, en vistas de la desviación de la danza tradicional.

Bueno, ahora se están acostumbrando, aunque no escriben mucho sobre el baile, y muy pocas veces les gusta la música. En ocasiones escriben sobre los bailarines, pero tienen dificultad con la danza, así que escogen otras cosas. Por ejemplo, una de las danzas,

Variations V, es una obra en la que intervienen danza, cine, proyecciones de diapositivas y sonido electrónico, y se presentó por primera vez en el Lincoln Center en 1965. Ahora lo llamarían multimedial. Los bailarines tenían que bailar sobre unos alambres fijados al suelo mediante cinta adhesiva, y sujetados a una docena de palos, que parecían micrófonos dispuestos sobre el escenario y que funcionaban como antenas de sonido siempre que nos encontrábamos en un radio a menos de dos metros de alguno de ellos. Nosotros activábamos el sonido, y entonces los músicos y los eléctricos situados sobre la plataforma detrás nuestro podían cambiar, distorsionar, prolongar y retrasar ese sonido. Detrás de eso había una pantalla con películas y diapositivas. Los bailarines realizaban algunas acciones especiales que desencadenaban sonidos; por ejemplo, dos de nosotros colocamos una planta en una maceta que se cableó, y al ser tocada, producía un sonido. La pieza dura cuarenta y cinco minutos, y durante unos treinta y cinco, bailan uno o más bailarines. Seguramente, en medio del resto de la pieza los críticos no podían ver la danza, pero todos me vieron montar en bicicleta durante un minuto y medio aproximadamente al final de la obra. Tal vez los espectadores no puedan contemplar una danza difícil si no guarda relación con la música. Pero ahora, en esta sociedad debemos relacionarnos diariamente con las cosas de múltiples maneras, no sólo de una. Claro que el sonido de nuestra pieza es difícil también para el público. Primero porque es desconocido y, en ocasiones, porque es estrepitoso. Principalmente, porque es electrónico, y de una clase a la que a lo mejor no están acostumbrados. En cambio, siento que el trabajo que hemos hecho está de acuerdo con la sociedad que nos rodea.

¿Podría contarnos algo respecto a la influencia que ejerció su entorno familiar en su carrera en la danza?
Mi familia nunca se opuso a mi deseo de dedicarme al teatro. Mi padre era abogado, y a mi madre le gustaba viajar. Pero no tenían ninguna conciencia especial de las artes. No me prohibieron el claqué cuando era adolescente. Mi padre dijo: "Si quieres hacerlo, estupendo. Lo único que tienes que hacer es trabajar con tesón". No hubo ninguna objeción personal.

Puede que sea curioso, puesto que mis dos hermanos lo siguieron, uno convirtiéndose en abogado, el otro en juez.

Creo que es difícil hablar de danza, aunque sea de forma convencional, porque con mucha facilidad pasa a ser una especie de chismorreo sobre un bailarín concreto en una obra determinada, y sus puntos buenos y malos. Más aún hoy en día, debido a los enormes cambios en la manera en que actuamos en el espacio y en el tiempo. Ya no podemos equiparar los minutos con los pasos, más que con los continentes. Más que haber un punto de interés principal, y otros relacionados con él, como por ejemplo el colonialismo, ahora cualquier punto es interesante. Cualquier lugar en el que se coloca algo es tan interesante como cualquier otro. Así que con el paso del tiempo, no se está preparando el terreno: cualquier lugar en que te encuentres, está bien.

La danza me parece un arte fascinante, y también intuyo que en este momento se encuentra en un punto de transformación importante. Hoy en día los bailarines están explorando tantas esferas diferentes, y nuestras alteraciones visuales han sido tan intensas durante los últimos años, que a la danza se le ha concedido una oportunidad de ser algo más que la expresión de un interés privado, y de penetrar en el mundo cotidiano de las actividades de la gente de la calle o del escenario.

Merce Cunningham, "Choreography and the Dance", en Stanley Rosner, Lawrence E. Abt., eds., *The Creative Experience* (Nueva York: Grossman, 1970). Reeditado en Cobbett Steinberg, ed., *The Dance Anthology*, (Nueva York: A Plume Book of New American Library, Inc., 1980): 52-62.

Choreography and the Dance

Merce Cunningham

Mr. Cunningham, could you describe your approach to dance?

In my choreographic work, the basis for the dances is movement, that is, the human body moving in time-space. The scale for this movement ranges from being quiescent to the maximum amount of movement (physical activity) a person can produce at any given moment. The ideas of the dance come both from the movement, and are in the movement. It has no reference outside of that. A given dance does not have its origin in some thought I might have about a story, a mood, or an expression; rather, the proportions of the dance come from the activity itself. Any idea as to mood, story, or expression entertained by the spectator is a product of his mind, of his feelings; and he is free to act with it. So in starting to choreograph, I begin with movements, steps, if you like, in working by myself or with the members of my company, and from that, the dance continues.

This is a simplified statement, describing something that can take many work-hours daily for weeks and months, but it is essentially a process of watching and working with people who use movement as a force of life, not as something to be explained by reference, or used as illustration, but as something, if not necessarily grave, certainly constant in life. What is fascinating and interesting in movement, is, though we are all two-legged creatures, we all move differently, in accordance with our physical proportions as well as our temperaments. It is this that interests me. Not the sameness of one person to another, but the difference, not a corps de ballets, but a group of individuals acting together.

This non-reference of the movement is extended into a relationship with music. It is essentially a non-relationship. The dance is not performed to the music. For the dances that we present, the music is composed and performed as a separate identity of itself. It happens to take place at the same time as the dance. The two co-exist, as sight and sound do in our daily lives. And with that, the dance is not dependent upon the music. This does not mean I would prefer to dance in silence (although we have done that, on one notable occasion an entire program owing to a union dispute), because it would strike me as daily life without sound. I accept sound as one of the sensory areas along with sight, the visual sense.

How is the music chosen for the dances in view of the separation between dance and music?

At some point earlier or later in the work on a new piece, I will discuss with John Cage, David Tudor, and Gordon Mumma, the musicians connected with my company, the composers they might suggest as possibilities. Ordinarily the music I have is contemporary, more often than not a commission. The musicians ask me something about the piece, but I can tell them little, since it is about no specific thing. They may look at it naturally, but that isn't always helpful, as it isn't finished, and we, the dancers, are unable to show it clearly. There are details of course, the possible length, the number of dancers, its speeds, and so forth. The musicians make some decision from this as to who might be involved as the composer, or I myself may have someone in mind. Then we ask the composer if he would be interested in working with this. If he is, he may have a few questions. The two questions that Christian Wolff asked me about *Rune* were how long is should be and how many dancers would be involved. But the music is made to be separate from the dance. To push this a little further, the dancers on several occasions have not actually heard the music until the first performance; that is, until the audience hears it. There is no necessity for us to rehearse with it. It is okay if we do, if it is available, which with recent works hasn't been the case since it is usually not completed before curtain time, if then. As David Tudor once said, it's not music with dancing, it's music and dancing.

Most of the scores I now have, the works in the past six or seven years, are open-ended. The time structures of the scores are such that they can be any length, as are some of the dances. Therefore, in a work such as *Canfield* or *Field Dances*, I made a decision prior to the performance as to how long a given piece will be for that playing. Then we begin as the curtain goes up and end when it comes down.

Is there a great deal of structure involved in your chore-ography?
Our repertoire ranges from dances which are strict-ly choreographed, and repeated at each perfor-mance, to dances in which, though the movements have been choreographed for the dancer, he is free in the course of the performance to do them faster or slower, in the part or in toto, to exit from or return to the area freely. The length of the dance varies from performance to performance. But the movements have been given. This is not, of course, improvisation, although the dancers do have vari-ous freedoms with the materials given.

What about the relationship between the structure of the dances, and the choice of dancer?
I attempt to find in a dancer something that makes him dance in his particular way. I don't mean any-thing psychological about this. I mean simply that one person's body is different from another's. And each therefore takes forms and shapes differently. It doesn't mean that the shapes are deformed. He does them the way he does them. Just as you see people moving in the streets and recognize their differ-ences. So, in training dancers in class, I attempt to see the unique way in which a given person moves. For instance, here is a photograph with two dancers in it. You can see the particular way each is in the movement-shape he shows. Now, if the two were different people, they could make the same shapes. But if the girl is shorter, it doesn't happen to look the same. But a little searching in momentum with the shorter girl might bring out the way she hits the shapes. Not an imitation, but a reality.

There is a further involvement here. Being a per-forming company, we are often touring. This means, at times, that some dancers can't go, and other dancers have to take over parts. This makes for dif-ficulties which all dance companies have. One has to find a way to let the new dancer do the same thing, and at the same time not make demands upon that dancer which aren't suitable to his struc-ture and timing. So, it is a constant process of deal-ing with the person, not with an idea, but with the person in a given physical situation.

In my choreography I am more likely to think in terms of structure, structure in time. I will have some awareness as to the length of a dance, and within that limit, the dance gets structured time-wise. So, if the dance is twenty minutes long, one section may be four and a half minutes, another five, the next two, and so on, although these lengths will change in the course of working the dance out. It's like going down a path: you follow it. If there's a tree in the way, you're not likely to go through it. You have to go around it. You might go over it. But that's more complicated. So you allow for these occurrences as the working procedure goes along.

What are the origins of the shapes and movements you find for your dancers?
There are many things dancers can do. For exam-ple, a girl can balance against a man who is holding her. The two people can balance with each other, and because he is stronger than she is normally, she can move much further away, and he can still allow for that. This kind of action is possible in different directions — into the air and on or across the floor. I think in movement terms. Human beings move on two legs across the floor, across the earth. We don't do very much on the ground. We don't have that kind of power in us. And we can't go as fast as most four-footed animals do. Our action is here on our two legs. That's what our life is about. When one thinks of falling, dying, or a loss of consciousness, this is a condition that is out of the normal range of human momentum. With jumping, although we all try to do it, we are again caught, because we can't stay up there very long. So it becomes virtuoso. You know, when someone jumps high and stays long enough for it to register, it becomes a virtuoso feat. This is the way I've thought of human movement, in terms of the fact that we stand and move on two legs, and every person moves differently. There is an enormous variety of movement to deal with.

My choreography is part of a working process. It is not necessarily always with the company. It may be with myself. But it is a working process. I begin, in the studio, to try something out. If it doesn't work for some reason or if it's physically not possible for me, I try out something else. And then I do with myself, or with the company, or with all together. Just yesterday we had a little problem about one person's running into another, because I wanted to find out about certain momentums in space, and the only way to do it is to do it.

As you see, I am interested in experimenting with movements. Oh, I may see something out of the corner of my eye — the slight way a person climbs a curb, the special attack of a dancer to a familiar step in class, an unfamiliar stride in a sportsman, something I don't know about, and then I try it. Children do amazing kinds of motions, and one wonders how they got into that particular shape.

I have made dances that employ different compositional continuities. For instance, now I rarely make a dance in which I start at the beginning and go on through to the end. More likely I make a series of things, short sequences, long passages, involving myself alone, and maybe one or more of the other dancers, sometimes the entire company. Then by chance or other methods I make a decision about the order. So I cannot have a specific idea which starts here and goes through, that someone could pin down that way. After one performs a piece for a period though, however strange it may have seemed at the beginning, it takes its own continuity. It's as if one enters a strange house and has to follow unfamiliar paths. After a time, the paths are no longer strange.

I often use a random method to find out the order of the various sequences in a dance. This can act to jump the continuity of the dance out of my personal feelings about order or out my memory of physical coordinations. This has been done by breaking the movement into small fragments or dividing it into big sections. I have on occasion changed the order of dances after we have performed them. This is a process of taking the given material and changing the order, which we did most recently with a piece called *Scramble*. Another work, *Canfield*, not only changes the order from performance to performance, but the various sections done at one performance can be replaced by others

at the next, so though the temper of the piece is the same, the details (material, time, space) are different.

Do you attempt to express moods or feelings in your dances?
There is no specific expressive intent in the dances, although an individual spectator looking at one may decide there is something particular in it. I can give you a description of a piece we have in the repertoire called *Winterbranch*, made in 1964, which has been received by spectators in many different ways. The material of the dance is made up of a person's falling in one way or another. The structure of the piece is that one or more dancers enter an area, walking, and at a point in the area, originally figured out by random means, perform a certain kind of falling configuration. The number of dancers in any sequence ranges from one to six. Ordinarily the dancers will finish the sequence and walk out of the area. But to allow for variety in this, I saw there were several possibilities of a girl's being dragged off the stage. Then there's this terrible problem about splinters. We have to play on many different kinds of stages. So rather than make that a problem, I thought, perhaps she could fall on something, and be dragged off. I practiced with towels, tried it with the dancers, and decided some kind of material could be used.

Robert Rauschenberg did the designing for the dance, and I told him that the clothes we wore should be practical for falling. I also said we had to have something on our feet. It has something to do with the nature of the motion. I also thought of the piece as taking place at night rather than during the day, not with moonlight, but with artificial illumination which can go on and off. The lighting could change from performance to performance (as did the dance originally).

So Mr. Rauschenberg went away and came back some time later with the idea that we wear sweat clothes and dance in the dark. He put black paint under our eyes, such as skiers and football players wear. We had white sneakers. The materials on which we fall are old pieces of canvas. The light changes every time at each performance. Sometimes the light is turned directly into the eyes of the audi-

ence. It may be strong or weak, depending upon what is available in the lighting situation. The lighting changes each time. The order of the dance could change too, except when we have to perform it often, since it is hard for us to rehearse a change quickly. I found that it's physically tiring, and there can be accidents. I try to avoid them.

As to the music part, I brought this to Mr. Cage, and he thought the composer La Monte Young might work in this particular situation. We spoke to Mr. Young. He suggested that we could use this piece which is called *Two Sounds*, which has one low decibel and one high decibel sound in it. These sounds go on continuously at the same level for about half the dance, ten to twelve minutes.

These are three separate things put together. The lighting does not relate to the movement at all. That is, it does not reveal or disguise any particular movement. There are times when the stage is in total darkness, which is difficult for us too, since we feel we might fall off the stage.

How did this treatment of lighting come about?
I thought that perhaps something about night rather than day could be tried. That's what brought that on. But then the lighting man was free to do what he liked with it, to show or not to show any particular part of the piece. It's evident, of course, that it has a striking dramatic punch to it, simply because of turning on and off lights. We have equipment available now which was not available fifty years ago. We couldn't do it quite that way then. But now these things are possible in the theater. And I hope in the future that there are going to be a few more.

Did you have any thoughts as to the origins of writing dance about falling when you wrote Winterbranch?
First of all I don't write a dance. I choreograph a dance. Falling is one of the ways of moving. Sometimes the dances involve many kinds of movement, sometimes few. *Winterbranch* got into different kinds of falling. As to why that came up instead of jumping, I don't know. Why an apple instead of an orange?

As I have tried to indicate earlier, I am more interested in the facts of moving rather than my feeling about them. Naturally, movement possibilities are limited for me, since I am limited by what I can do physically or can think up for someone else to do. But I always hope to find something I don't know about. I would prefer to come upon something, whether by random means or other, that I don't know how to do, and try to find out about it. Perhaps that was the situation with falling. I didn't know much about it, and this was one way to find out.

Is your more formal kind of choreography related to the work of Ann Halprin?
One of the major differences between Ann Halprin and myself is that I work with a formally trained dance company. I accept this situation as more or less the base on which I work. From what I know of her work, she has dealt with both trained and untrained dancers in different kinds of environmental situations. But I would think that one thing we have in common is that we are not interested in the old ways or forms of making things. She is often concerned with a particular environment and the individual's reaction to it. Well, I do that in a certain way too, but it is different because we are a troupe of dancers. We are a repertory company, and we tour and do pieces over and over in changing theater situations, so that we have to keep adjusting ourselves in a given dance anew.

How did you become interested in choreography?
When I came to New York, I was in the company of Martha Graham. I became disinterested in that work and decided to work for myself, and I began to make solos and give programs. Then I did not want to work just with myself. I wanted to work with other dancers, to have a company. I was interested in making pieces with other people involved along with myself. I began to look around and discovered that I didn't like the way they danced. It was not a kind of dancing that interested me. I went a little further in thinking of ways to train them. If one doesn't like what someone else does, then the only thing to do is to make something oneself, rather than complaining. In time, I began to teach in order to have dancers trained in the way I thought interesting. Basically it was that with just a few years in between.

In training, my concern has been to make the body as flexible, strong, and resilient as possible, and in as many directions as I could find. The human body is the instrument that dancing deals with. The human body moves in limited ways, very few actually. There are certain physical things it can't do that another animal might be able to do. But within the body's limitations, I wanted to be able to accept all the possibilities. I also felt that dancing concerned with states of mind involved one with one's own personal problems and feelings, which often had little or nothing to do with the possibilities in dancing; and I became more interested in opening that out to society and relating it to the contemporary scene, rather than hedging it in.

That was surely one of the reasons I began to use random methods in choreography, to break the patterns of personal remembered physical coordinations. Other ways were then seen as possible. When I talk about these ideas of chance to students, they ask if something comes up you don't like, do you discard it? No, rather than using a principle of likes and dislikes, I prefer to try whatever comes up, to be flexible about it rather than fixed. If I can't handle it, perhaps another dancer can, and further there's always the possibility of extending things by the use of movies or visual electronics. I did not want the work turned in, preferably turned out, like dancers.

Is your interest in movement and body strength related to anything in your particular personal life history?
Anyone's work is involved with his life. But I don't

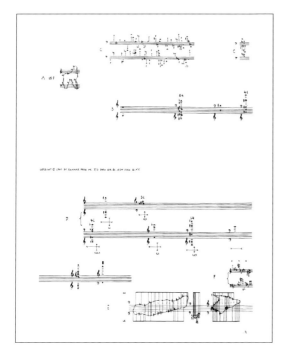

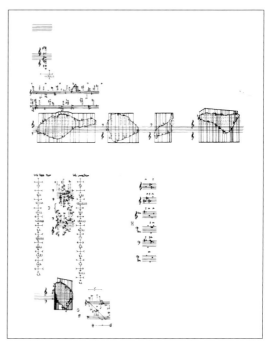

want to stop there. My hope is that in working the way I do, I can place the dancer (and this is involved in my student work too), in a situation where he is dependent upon himself. He has to be what he is. He has a few guides or rules as need be given. He finds his way. It's concerned with his discovery. I think a good teacher keeps out of the way. That's why, in the classwork, although there are certain exercises which are repeated every day, they are not exact repetitions. They are varied slightly or radically. Each time the dancer has to look again. The resourcefulness and resiliency of a person are brought into play. Not just of a body, but a whole person. It doesn't make a difference as to simplicity or complexity. When an exercise is presented to a group of students, each has to deal with himself, but also with everyone else in the room, to avoid, among other things, running smack into another. It's like yoga. The mind has to be there.

Who influenced your work in choreography?

John Cage has been a strong influence because of his ideas about the possibilities of sound and time. Then I had a marvelous tap-dancing teacher when I was in high school. She had an extraordinary sense of rhythm and a brilliant performing energy. I think influences are difficult to pinpoint since there are probably many of them. There are many things in one's life that serve to influence one's ideas and one's actions on them. But certainly Mr. Cage's ideas concerning the separate identities of music and dance were influential from the beginning. When we began to work together (these were during the solo program days), he would compose the music quite separately from the dance, although in those early dances, there were structure points in the music that related to the dance. Now even that has vanished. We start as though to take off from the earth and then go to the moon!

It would be erroneous to think that my work is not structured. It's clearly structured, but in a different way. The structure is in time, rather than themes or through an idea. It's not dissimilar to the way continuity in television acts. Television shows fit the time between the commercials, which are spaced so many within the allotted half or hour period. TV has trouble with movies and commercials, as the movies were made another way. Composers now write for the length of recordings. They gear the composition to be within the time of a record. The expression fits the time.

In my work a dance may be forty-nine minutes long, and the structure twenty-one, ten, and eighteen. This is the case in *Walkaround Time*. The first part is twenty-one minutes, the entr'acte ten, and the second half is eighteen. The total, forty-nine, is a seven by seven structure. In the past when Mr. Cage and I worked together, he would have written music that would be as long as the dance. At present, he would more likely make a sound situation which could be of any length, and then for the purpose of the dance, it would end when the dance ended.

Would it be correct to say that every time your company performs a dance, that at a certain time when a certain note is played in the music, that the dancers would be performing a certain movement?

In answer to your question, no. The dance movement and the musical sound would not coincide the same from performance to performance. I can illustrate this again by one of the dances. The piece is called *How To Pass, Kick, Fall, and Run*. It's twenty-four minutes long. For this I asked Mr. Cage if he would do something. He asked me how it was made. I explained the length and the structure points. After seeing the dance, Mr. Cage decided to make a sound accompaniment of stories. Each story in its telling would take a minute. He tells on an average of fifteen stories in the course of the twenty-four minutes, so there are lengths of silence as the dance continues. Using a stopwatch, he governs the speed of each telling, a story with few words being spaced out over the minute, a story with many having a faster rhythm. Since from one playing to another playing of the dance he never tells the same story at the same point in time, we cannot

count on it to relate to us. Often audiences, having made a relationship for themselves, will say, it is funny when he told the story about my mother and a policeman, and I was doing a solo. But the next time, if he told the story again I might not be on stage at all.

One of the better things to do on plane trips across the country is to watch Joe Namath on the professional football reruns, and plug the sound into the music channel. It makes an absorbing dance. Probably that's something new for the spectator. He has choices to make now. Of course, he always did. He could get up and leave, and often did.

This must give dance critics a hard time in view of the departure from traditional dance.

Well, they are getting used to it now, though they do not write a great deal about the dance, and they rarely like the music. They sometimes write of the dancers, but they have trouble with the dancing so they pick out other things. For instance, one of the dances, *Variations V*, is a work involved with dance, movies, slides, electronic sound, and was given first at Lincoln Center in 1965. Now it would be called mixed-media. The dancers had to dance over wires taped to the floor because these were attached to a dozen microphone-type poles on the stage which were antennae for sound when we came within a six-foot radius of any one of them. We triggered the sound, then the musicians and electricians on the platform behind us could change, distort, extend, and delay that sound. Behind this on screens were movies and slides. There were a few special sound-producing actions the dancers did; for example, two of us potted a plant, which was wired and, when touched, produced sound. The piece is forty-five minutes long, and for about thirty-five minutes of that there is dancing by one or more. Probably in the middle of all the rest, the reviewers could not see the dancing, but they all saw me riding a bicycle for about a minute and a half at the end of the work. Perhaps spectators cannot see a difficult dance if it doesn't relate to the music. But we now have to relate daily to things in a variety of ways in this society, and not in just one way. Of course, the

p. 50-51
Ellen Cornfield en/in Minutiae, *1954*
Photo Herb Migdoll, 1976

sound in our piece is difficult for audiences, too. First because it is unfamiliar, and sometimes, because it is loud. It is primarily electronic and a kind they may not be accustomed to. Yet my feeling is that the work we have done goes along with the society around us.

Could you tell us something about the influence of your family background on your career in dance?
My family was never against my wanting to be in the theater. My father was a lawyer, and my mother enjoyed traveling. But they had no particular awareness of the arts. They didn't stop me from tap-dancing when I was an adolescent. My father said, "If you want to do it, fine. All you have to do is work at it." There was no personal objection. It is curious perhaps, since my two brothers followed him, one being a lawyer, the other, a judge.

I think it is difficult to talk about dancing even conventionally, because it so easily becomes a kind of gossip about a particular dancer in a given work and her good and bad points. Even more so now because of the enormous changes in the way we act in space and time. We can't equate minutes with footsteps now, so much as continents. Rather than one point being the most interesting, and others relating to it, say like colonialism, any point is interesting now. Any place that something is put, is as interesting as any other place. So with time, you don't lead up to something: whatever place you are in, is fine.

I think dancing is a fascinating art, and I also feel that it lies at this moment at a great point of change. So many different areas are being explored by the dancers now, and our visual shifts have been so sharp in recent years, it gives dancing a chance to be more than just an expression of a private concern, and moves more into the everyday world of activity of people in the streets or on the stage.

Merce Cunningham, "Choreography and the Dance," in Stanley Rosner, Lawrence E. Abt, eds., *The Creative Experience* (New York: Grossman, 1970). Reprinted in Cobbett Steinberg, ed., *The Dance Anthology* (New York: A Plume Book of New American Library, Inc., 1980): 52-62.

Libertad de la música:
Cunningham, Cage y otros colaboradores

Stephanie Jordan

Con motivo del premio honorífico concedido por el alcalde de Nueva York al coreógrafo Merce Cunningham durante su temporada de Broadway de 1977, se le elogió, entre otras cosas, por "haber liberado la danza contemporánea de la tiranía de la música".[1] Aunque se trata de una sola entre las múltiples referencias a este aspecto del trabajo de Cunningham, esta declaración en particular plantea múltiples preguntas. ¿Puede decirse que la música haya ejercido una tiranía? Y si es así, ¿en qué sentido? ¿La ha ejercido también a su manera la propia danza? Las implicaciones son incalculables, pero este artículo sólo pretende concentrarse en aclarar la función que la música ha jugado en la obra de Cunningham, dado que la naturaleza revolucionaria de su enfoque es ampliamente reconocida.

Un hecho pertinente y particularmente irónico es que Cunningham hizo sus descubrimientos –"liberar la danza contemporánea de la tiranía de la música"– en gran medida como resultado de su contacto con las vanguardias musicales, en especial con John Cage, pero también con compositores como Earle Brown, Gordon Mumma, David Tudor, Christian Wolff y La Monte Young, todos ellos músicos influidos por Cage, que entraron en contacto con la danza por su mediación.

Cunningham utilizó la música de Cage que la de ningún otro compositor. Se conocieron en 1937 en la Cornish School de Seattle, donde Cage acompañaba y componía para las clases de Bonnie Bird. Su colaboración produjo los primeros frutos en 1942, con la primera serie de conciertos, y ha continuado hasta la actualidad. Durante muchos años, Cage fue asesor musical de la compañía de Cunningham (formada en 1953), interpretando y componiendo para ella, y en la actualidad, aún compone ocasionalmente para sus danzas: por ejemplo, *Telephones and Birds* para *Travelogue*, que se estrenó en la temporada de Broadway de 1977.

Estos contactos musicales influyeron no sólo en el enfoque musical de Cunningham, sino también en su actitud hacia la propia danza. Y es precisamente esa actitud, la estética Cage revelada en términos coreográficos, lo que debemos ilustrar en primer lugar, ya que ofrece claves significativas para comprender las nuevas relaciones entre la música y la danza.

Es obvio que Cunningham asumió los principios estéticos de John Cage, pues él mismo lo afirmó así desde el principio. Como Cage, Cunningham abandonó los símbolos artísticos convencionales asociados a la psicología, la narrativa o la estructura jerárquica: "Sobre los métodos formales de la coreografía –algunos debidos a la convicción de que la comunicación entre uno y otro orden es necesaria; otros, a la sensación de que la mente sigue al corazón, es decir, de que la forma sigue al contenido; algunos debidos a la impresión de que lo más lógico es seguir la forma musical–, para mí, lo más curioso es la impresión generalizada en la danza moderna de que las formas del siglo XIX, derivadas de anteriores formas preclásicas, son las únicas formas aconsejables, o incluso las únicas que pueden adoptarse [...] Estas formas consisten principalmente en tema y variación, e instrumentos asociados: repetición, inversión, desarrollo y manipulación. También hay una tendencia a señalar una crisis hacia la que uno se acerca y de la que luego, en cierto modo, se aleja. Pero yo ya no creo que esa crisis siga significando un clímax [...] Nuestras vidas [...] están tan llenas de crisis que ya ni siquiera somos conscientes de ellas".[2]

"Una cosa es sólo esa cosa [...] No [...] tenemos que preocuparnos por ofrecer relaciones y continuidades ni órdenes o estructuras; no podemos evitarlos. Constituyen la naturaleza de las cosas".[3]

Cage consideraba que el tiempo era el elemento más fundamental en la música, y que englobaba el tono, el volumen y el timbre, así como el silencio. Cunningham dice: *"La danza es un arte en el espacio y el tiempo* [...] *Si se liberase más el espacio que la composición y se suprimiera la manipulación sería una estructura formal basada en el tiempo".*[4]

En los años treinta y cuarenta, mientras Cage experimentaba fijando un elemento musical y variando los demás (como por ejemplo, utilizar patrones rítmicos fijos o fragmentos de series de notas), Cunningham se preocupaba de la manipulación de elementos básicos de danza. Carolyn Brown, que durante años fue una de las primeras bailarinas de Cunningham, analiza los métodos que utilizaba Cunningham a finales de la década de los cincuenta: 'Merce trabajaba con el cronómetro desde la creencia de que el ritmo surge de la naturaleza del movimiento en sí mismo y de la naturaleza del movimiento de cada bailarín. A veces, coreografiaba el movimiento y luego preguntaba: ¿cuánto tiempo tarda este movimiento en particular, esta frase en particular?' Lo ensayábamos repetidamente hasta que tardaba su tiempo 'inevitable' en el espacio designado. Entonces se establecía y ensayaba en ese tiempo […]

La exactitud con el tiempo es necesaria para mantener el espacio designado. Si cambias el tiempo y el espacio, entonces el movimiento cambia. Merce trabaja con todas esas posibilidades".[5]

A partir de los años cincuenta, elementos como el tiempo y el espacio a veces se veían determinados por el azar, o quedaban sin determinar: una característica del método creativo que Cunningham tomaba de Cage y un reflejo de la filosofía del "arte es vida, vida es arte" que no sólo asume el signo, gesto o sonido cotidiano ocasional, sino sobre todo, la complejidad de la propia vida. Cunningham explica esta filosofía refiriéndola al presente y a la respuesta del público: "Una cosa no debe necesariamente seguir a la otra. O mejor dicho, cualquier cosa puede seguir a cualquier otra. Lo vemos continuamente en la televisión.

En el siglo XX, esta nueva continuidad forma parte de la vida que vivimos. A mí me interesaba la complejidad, no la confusión, de nuestras vidas diarias".[6]

"En la vida, no puedes concentrarte en todo. Tienes que escoger. Nos encontramos en una situación en la que pasan muchas cosas y tenemos que escoger opciones. Si volviéramos a ver lo mismo, la experiencia sería completamente distinta".[7]

Evidentemente, estos principios estéticos ya se habían formulado antes. Carolyn Brown nos dice que a principios de siglo, no sólo algunos dadaístas como Duchamp, Tzara y Arp habían intentado entretejer el arte y la experiencia utilizando el azar, sino que más tarde descubrieron que los científicos, filósofos y psicólogos se enfrentaban a los mismos problemas al mismo tiempo, y que esas ideas han continuado en el arte hasta la actualidad.[8] Pero Cage

y Cunningham fueron los primeros en aplicar significativamente el concepto del azar a la música y la danza, y supieron utilizarlo de una forma realmente innovadora.[9]

Los métodos de trabajo de Cage y Cunningham empezaron a coincidir en 1944, época en que ambos utilizaban estructuras temporales válidas para las dos formas artísticas. La primera pieza de Cunningham con estas características fue *Root of an Unfocus* (1944). Esta pieza compartía la estructura temporal de la música de Cage que la acompañaba. Sin embargo, Cage ya había hecho su primera tentativa musical en 1939 con *First Construction (In Metal)*.

Cage, influido por el *I Ching*, empezó a experimentar con el azar en 1950, antes de que Cunningham lo intentara por primera vez (por segunda vez para Cage) en 1951, *con Sixteen Dances for Soloist*

and Company of Three. La danza en conjunto tenía una estructura temporal, pero al final, Cunningham echó una moneda al aire y dividió la secuencia precisa de las 16 secciones. Los tres solos que compuso para él en los años cincuenta –*Untitled Solo, Lavish Escapade* y *Changeling*– representan la aplicación más extrema del azar en su obra. Dividió el cuerpo en partes, hizo una lista de las posibilidades de cada parte y fue echando monedas al aire para decidir la yuxtaposición de las acciones. Echar monedas al aire y trazar las imperfecciones del papel estaban entre los recursos aleatorios que compartían Cage y Cunningham.

Ambos artistas experimentaron con la indeterminación en la interpretación en 1953, aunque las piezas de Cunningham de los cincuenta restringían la indeterminación en gran medida a ordenar en el último minuto las principales secciones. *Dime-A-Dance* (1953), por ejemplo, utilizaba la idea lúdica de unos bailarines que sacaban elementos de decorado de una cesta, de modo que cada elemento indicaba qué danza se bailaría a continuación. El uso radical de la indeterminación se reservó para *Field Dances* y para *Story* (1963): ambas coreografías incluían oportunidades para que los bailarines improvisaran dentro de unos límites, y en *Story*, cualquier aspecto de la obra se veía afectado. Así pues, ¿dónde dejó de ser coherente la aplicación de la estética compartida por Cunningham y Cage?

A Cunningham siempre le ha interesado la apertura de nuevas posibilidades que implica el azar, pero nunca hasta el punto de utilizarlo flexiblemente a su antojo: "Mi uso de los métodos de azar […] no es una postura que yo quiera establecer y defender hasta la muerte. Es una forma presente de liberar mi imaginación de sus clichés, e implica una maravillosa aventura".[10]

Durante su experiencia con *Lavish Escapade*, descubrió que algunos movimientos encontrados por azar resultaban imposibles de representar, y en el caso de la indeterminación en la representación, intuyó riesgo físico si se utilizaba más allá de la ordenación de las secciones. Su pieza más indeterminada, *Story*, fue rápidamente eliminada del repertorio, y desde entonces, Cunningham ha ido reduciendo progresivamente el uso de la indeterminación. También descubrió que, al improvisar, los bailarines cansados tendían a caer en sus viejos hábitos. En cualquier caso, se ha dicho que, para su uso de la indeterminación, Cunningham se inspiró en jóvenes coreógrafos de vanguardia, y concretamente en Yvonne Rainer. Sin embargo, difería claramente de la mayoría de ellos, porque ante todo, exigía mayor complejidad de movimientos. Debido a la naturaleza de la danza, Cunningham siempre se ha preocupado por la practicidad tanto como por la filosofía, no sólo reconociendo el elemento de peligro, sino también el hecho de que un bailarín tiene que descansar y no bailar continuamente, que un bailarín puede lesionarse y tener que dejar de bailar, que los espacios de representación varían considerablemente, etc. En mayor medida que sus compositores, Cunningham ha trabajado desde el ángulo del intérprete: el análisis de Carolyn Brown sobre sus métodos de trabajo que citábamos más arriba subrayaba esta prioridad. Marcia Siegel también ha señalado que sus obras recientes parecen mucho menos intelectuales que las primeras, destacando la dependencia física entre los bailarines.[11]

Algunos críticos han aludido descaradamente a un elemento de "expresión" en la obra, mientras que Cunningham ha negado con vehemencia que tuviera ninguna intención expresiva. Según su libro *Changes*, los tres solos de piano que Christian Wolff hizo en los cincuenta "trataban de la posibilidad de que la contención y la explosión fueran instantáneas" aunque hubiera que permitir más que forzar que se desplegara su inconfundible intensidad dramática.[12] Earle Brown lo confirma, afirmando que todas las piezas que ha visto con música de Wolff eran "muy extrañas, y parecían tener una orientación psicológica".[13]

Cunningham rara vez ha explicado sus piezas de ese modo. Sin embargo, los críticos se han visto recientemente sorprendidos por la calidad dramática de la obra de Cunningham, ausente en la producción de muchos coreógrafos de vanguardia actuales que comparten su influencia. Carolyn Brown cita el caso extremo de *Second Hand* (1970), donde Cunningham remitía a una imagen programática distinta y tomada de la música. Dado que tenían los derechos de interpretación de los arreglos de Cage para la partitura elegida, el *Socrate* de Satie, Cage compuso la primera de tres versiones de *Cheap Imitation*, siguiendo la fraseología de Satie. En el ensayo de vestuario y las representaciones subsiguientes, Cunningham adoptaba una expresión angustiada en el punto preciso de la partitura original en que Sócrates se prepara para enfrentarse a la muerte.[14] Michael Snell va más allá, sugiriendo una conexión explícita entre los personajes Sócrates y Cunningham y entre cada sección de la danza y el texto de *Socrate*.[15] Probablemente, Cunningham tenía sus razones para no ofrecer el programa original al público.

Por su parte, Cage establece una cuidadosa distinción entre su producción "deliberadamente expresiva" hasta 1951 y su obra posterior, en la que el público es libre de leer las cualidades que desee.[16] Probablemente, la propia presencia del cuerpo humano favorece, en cierta medida, la presencia de imágenes claras y armónicos psicológicos en la danza, y ciertamente, no es de extrañar que una obra de imágenes muy fuertes de un tipo muy determinado pueda conectar de forma similar con un gran número de gente.

En los últimos años, Cunningham ha compuesto una línea de *Events* donde trabajaba muy separadamente de cualquier evolución musical. Uniendo fragmentos de obras existentes y nuevo material en distintas combinaciones, fragmenta el material para descontextualizarlo, afirmando así que cada sección del material puede verse como lo que es, con una apariencia nueva, al revelarse en nuevas situaciones. En los *Events*, el orden de las secuencias de movimientos sigue siendo indeterminado hasta inmediatamente antes de cada representación. La nueva "imagen" de los materiales se ve aún más favorecida mediante la introducción de nueva música en cada ocasión, y con un cambio constante en la danza y la música, de modo que se garantiza una experiencia nueva para el público.

En efecto, en esta forma de utilizar la música y la danza estriba el máximo radicalismo de Cunningham, ya que los avances más trascendentes y con efectos de mayor alcance que hizo (o mejor dicho, que hizo junto con Cage), no tienen ningún precedente. Los primeros experimentos de estructura temporal contenían el embrión de ideas posteriores. Cunningham y su compositor (en aquel estadio, Cage, que inventó la estructura temporal), decidían una estructura temporal previa, o bien Cunningham utilizaba la estructura temporal de una pieza anterior. Como ambas se concebían métricamente, música y danza coincidían enfáticamente en los extremos de unidades de tiempo, pero cada una funcionaba independientemente dentro de cada unidad: en otras palabras, no había intención de conjugar la danza y el gesto melódico o el ritmo musical y la pauta de pasos. Desde la perspectiva de crear música para la danza, se trataba de una orde-

Yvonne Rainer en/at Judson Memorial Church,
New York, 29 enero/January 1963
Photo Al Giese

nación matemática de acontecimientos en el tiempo, una extensión del método habitual de danza
moderna, que requería música compuesta según la
fraseología del azar y dictados de la danza.

Antes, otros coreógrafos habían trabajado en
intervalos de tiempo, conscientemente o no:
L'Après-midi d'un faune de Nijinski se cita como una
obra innovadora por ese motivo, y Anthony Tudor
es célebre por haber utilizado esa perspectiva. Sin
embargo, la ordenación matemática del tiempo previamente a la creación, de modo que la proporción
de pequeñas secciones correspondiera a la de las
largas, suponía llevar esas ideas mucho más lejos.
Cunningham y sus compositores disfrutaban de la
libertad que esto implicaba: "El uso de la estructura
temporal […] libera la música en el espacio y con-

vierte la conexión entre danza y música en una
autonomía individual conectada en puntos estructurales. El resultado es que la danza es libre de
actuar a su antojo, como la música. La música no
tiene que esforzarse hasta morir para subrayar la
danza, ni la danza crea destrucción intentando ser
tan deslumbrante como la música".[17]

Lógicamente, la llegada de la total independencia
entre música y danza es el siguiente paso en esta
evolución, a medida que cualquier punto focal sur-
gido de las estructuras temporales se va disfrazando
y disolviendo gradualmente, y el azar se asume
como el instrumento estructurante. Muy pronto,
Cunningham empezaba a ensayar (como en la
actualidad) sus piezas en silencio, contando y trabajando con un cronómetro (en esa época, su música

no solía ser métrica) y esperando hasta la primera representación para unir música y danza. Después de todo, en cuanto aparecen elementos indeterminados en la música o la danza, ya no puede existir ningún sistema de apunte entre ambas. A menudo, los compositores subrayaban su independencia en este estadio, asignando títulos distintos a sus partituras. Cunningham había descubierto, junto con Cage, que "en el fondo, música y danza no tenían arbitrariamente nada en común salvo la costumbre, y que su combinación era […] una opción lógica que podía invertirse provechosamente".[18]

Las instrucciones de Cunningham a todos sus colaboradores siguen siendo mínimas, probablemente para asegurar la independencia artística. Algunos piden más información, pero no ven nada de la danza antes de crear su composición, o incluso hasta la primera representación. A veces, Cunningham utiliza una pieza de música ya existente; en otras ocasiones, encuentra una pieza de música después de haber acabado la coreografía de una obra: así, utilizó *Burdocks*, de Wolff, para *Borst Park* (1972) y *Vespers*, de Alvin Lucier, para *Objects* (1971). Pero está claro que el método coreográfico de Cunningham no depende de cómo o cuándo encuentra su música, y cuando hay indeterminación, las distinciones van incluso más allá.

Una relación tan independiente entre la música y la danza constituye un deliberado reconocimiento y un énfasis del hecho de que la música y la danza se colorean mutuamente en la interpretación. El hecho de que la música pueda afectar a la danza en forma dramática fue analizado mucho antes por la pionera de la danza moderna, Doris Humphrey, en su libro *The Art of Making Dances*.[19] Pero esta autora intentaba señalar sutilezas de expresión a sus estudiantes. Cunningham convierte las ideas de Humphrey en una declaración artística, y eso resulta muy innovador.

Cuando la música y la danza operan independientemente se produce una extremada frescura. La espontaneidad de las coincidencias ocasionales se transmite de forma misteriosa. Según menciona Wolff, en la música original que compuso para *Rune* (1959), un impactante solo de trompeta acompaña-

ba a un impresionante solo de danza.[20] Wolff no había visto la pieza, pero un espectador admirado le comunicó el acontecimiento. Similarmente, yo disfruté de un momento en el *Event No. 116* con música de Robert Ashley (8 febrero 1975) en que Cunningham bailó un vivaz solo con un tango español que un músico sintonizó casualmente en una radio. En los primeros ensayos, *Place* (1966) impresionó a los bailarines como una pieza briosa y festiva. Nadie, ni siquiera Cunningham, había previsto que, al añadir la inquietante partitura de Gordon Mumma (así como su iluminación y coreografía), el tono y el peso de la pieza cambiarían violentamente.[21] Carolyn Brown sugiere que parte de la intensidad teatral que hace única la obra de Cunningham es un resultado de los conflictos y tensiones de los bailarines al enfrentarse espontáneamente a nuevas situaciones, tanto en el decorado como en la música.[22]

Es bastante obvio que la decisión de Cunningham de trabajar con música de esa forma representa sin embargo otra faceta de la filosofía que domina su obra. No sólo muestra el aspecto más radical del artista, sino también probablemente uno de los aspectos más coherentes de su trabajo. Sólo un puñado de obras con música de Satie representan un retorno a la práctica anterior.

¿Pero es Cunningham realmente tan riguroso y estricto al permitir la coincidencia casual de la música y la danza como podríamos creer? En sus *Events*, donde aparentemente se favorece la relación definitivamente casual de música y danza, Wolff sugiere que se ponen realmente en juego los juicios artísticos. Cita un *Event* de 1976 cuya música compuso, incluyendo varias canciones del American Labour Movement sobre un fondo instrumental que apenas guardaba ninguna relación. Esta partitura representaba una nueva fase en la trayectoria de Wolff. Para aquella velada, Cunningham interpretó movimientos que, según opinaron muchos, tenían serios armónicos, consistentemente intensos. Para la mayoría de los presentes, incluyendo Wolff y Cage, las colisiones de ánimo eran desafortunadas, y por tanto, el *Event* no fue logrado. Wolff sospecha que Cunningham había seleccionado secuencias de danza según una imagen del tipo de música que

Wolff había producido en momentos anteriores de su trayectoria.[23] Irónicamente, si la danza de la velada no se hubiera preordenado (y debo suponer que ese fue el caso), aquel *Event* habría quedado mejor. Pero el resultado sugiere que, probablemente, un compositor que trabajara fuera de la estética de Cunningham intentaría ampliar la estética hasta su límite, más que uno que trabajara dentro de ella, precisamente para no dar lugar a una pieza que la mayoría del público considerase fallida. Es sabido que un *Event* con el compositor Palestine disgustó al propio Cunningham.[24] Palestine ofreció una serie de observaciones abusivas sobre la danza, expresando una declaración cáustica sobre la filosofía en lugar de trabajar dentro de ella.

Algunas de las piezas de danza de Cunningham con música que funciona dentro de su estética han revelado interdependencia a otros niveles. A menudo, los compositores son invitados a dejarse ver por el público, convirtiéndose en parte del aconteci-miento visual, y la calidad única de cada representación se ve subrayada cuando las propiedades del espacio del auditorio se utilizan para lograr un efecto musical. Pauline Oliveros, que compuso *In Memoriam Nikola Tesla, Cosmic Engineer*, para *Canfield* (1969), explicaba: "El problema compositivo era incluir, extender, expandir, explorar, comparar, almacenar y manipular el espacio del auditorio dentro de la filosofía de Cunningham, que permite el afloramiento de una relación natural y no impuesta entre la música y la danza".[25]

También hay que considerar el concepto de los bailarines como músicos, un rasgo introducido en *Variations V* (1965; partitura de Cage) y *TV Rerun* (1972; partitura de Mumma). En *Variations V*, las antenas verticales proyectándose desde el suelo reaccionan a la situación de los bailarines en el suelo, enviando señales electrónicas a los músicos; asimismo, hay un sistema de células fotoeléctricas que responden con intensidad de luz cuando los bailarines pasan junto a ellas. Los músicos responden manipulando diales en una serie de reproductores de sonido electrónico, aunque los métodos aleatorios niegan cualquier conexión reconocible entre música y danza: una estrategia de la estética utilizada para disfrazar tal asociación. Como dice Gordon Mumma: "Esta obra establecía simultáneamente una coexistencia de la interdependencia tecnológica y la independencia artística".[26]

En *TV Rerun*, los bailarines llevaban cinturones elásticos con sensores de aceleración y radiotransmisores: éstos traducían sus movimientos a sonidos manipulados por un equipamiento electrónico que a su vez manipulaban los músicos.

Hasta ahora, Cunningham no ha hecho una sola secuencia de danza dependiente en ningún grado de los sonidos, sin duda porque no cree que ese grado de indeterminación pueda conjugarse con el medio de la danza tal como él lo utiliza. Pero luego, la aceptación de Cunningham de una estética se ve constantemente afectada por la propia interpretación que hace de ella para la danza.

A veces, los problemas de practicidad determinan el resultado; otras veces es la opción personal (aunque raramente se admita como tal) la que entra en juego, y entonces vemos que Cunningham no comparte la objetividad estética, pongamos por caso, de Cage. Pero el hecho de que una estética reivindicada inicialmente por el mundo musical haya influido en la danza para alcanzar este punto es innegable. Que ha servido y afectado radicalmente a la evolución de la danza posterior a Cunningham es evidente en sí mismo, como lo es el hecho de que ha afectado al panorama musical de muchos coreógrafos para escoger entre una gran variedad de fuentes, para utilizar la música más sensitivamente y con mayor libertad, para crear collages de sonido e incluso para no utilizar sonido alguno. El trabajo de Cunningham señala todas esas posibilidades.

Tampoco hay que olvidar que este artista ha servido a la música al ofrecer una importante plataforma para muchos compositores de vanguardia que, frente a la hostilidad general, descubrieron que los bailarines apreciaban y daban la bienvenida a lo que ellos estaban haciendo. Así por ejemplo, su reciente serie de *Events* ha ofrecido a unos 40 compositores de vanguardia la oportunidad de trabajar con él. Cunningham fue también el primer coreógrafo importante que utilizó música concreta (en 1952, utilizó extractos de la *Symphonie pour un homme seul* de Pierre Henry y Pierre Schaeffer) y música puramente electrónica (la partitura de Wolff para *Suite by Chance* en 1953).

Sin embargo, el desarrollo de nuevas formas de

combinar ambas formas artísticas es ciertamente un esfuerzo compartido y no una particularidad exclusiva de Cunningham. A la luz del papel que Cage y otros compositores han desempeñado en los logros

de Cunningham, la tal vez emotiva sugerencia de que Cunningham "liberó la danza contemporánea de la tiranía de la música" podría ser algo confusa, o en cualquier caso, deja mucho por decir.

1. Citado en Noel Goodwin, "An Appetite for Motion: Creations and Revivals by Merce Cunningham and Dance Company: Style and Content", *Dance and Dancers* 28, no. 5 (mayo 1977): 28.

2. Merce Cunningham, "Space, Time and Dance", *Trans/formation* 1, no. 3 (1952): 150.

3. Citado en Carolyn Brown, "McLuhan and the Dance", *Ballet Review*, 1, no. 4 (1966): 15.

4. Cunningham, *op. cit.*: 150-151.

5. Carolyn Brown, "Essays, Stories and Remarks about Merce Cunningham", *Dance Perspectives*, no. 34 (verano 1968): 35.

6. Citado en Anna Kisselgoff, "A Dance Revolutionary on Broadway", *The New York Times* (16 enero 1977), sección "Arts and Leisure": 2.

7. Cunningham, en una entrevista con la autora, febrero 1975.

8. Véase Carolyn Brown, "On Chance", *Ballet Review* 2, no. 2 (1968): 11-14.

9. Sin embargo, obsérvese que la indeterminación en la representación se realizó primero en las partituras gráficas de Morton Feldman, la serie *Projections*, en 1950-1951, antes de que Cage utilizara esta aplicación de los procedimientos aleatorios, y de que la colección *Folio* de Earle Brown se llevara a cabo en 1952-1953.

10. Citado en Brown, *op. cit.*: 24.

11. Marcia Siegel, *Watching the Dance Go By* (Boston: Houghton Mifflin, 1977): 281.

12. Merce Cunningham, *Changes: Notes on Choreography* (Nueva York: Something Else Press, 1969): sin paginar.

13. De un artículo de Earle Brown en James Klosty, ed., *Merce Cunningham* (Nueva York: Saturday Review Press, 1975): 76.

14. De un artículo de Carolyn Brown en Klosty, ed., *op. cit.*: 25.

15. Michael Snell, "Cunningham and the Critics", *Ballet Review* 3, no. 6 (1971): 32-33.

16. *John Cage* (Nueva York: Henmar Press, 1962): 5.

17. Cunningham, "Space, Time and Dance", *op. cit.*: 151.

18. Cunningham quoted in Snell, *op. cit.*: 23

19. Doris Humphrey, *The Art of Making Dances* (Nueva York: Grove Press, 1959): 79-80.

20. Entrevista con la autora, diciembre 1977.

21. Véase Calvin Tomkins, "An Appetite for Motion", en M.H. y C.G. Nadel, eds., *The Dance Experience* (Nueva York: Praeger Publishers, 1970): 282.

22. De un artículo de Carolyn Brown en Klosty, ed., *op. cit.*: 28.

23. Wolff, en una entrevista con la autora, diciembre 1977.

24. Ibid.

25. De un artículo de Pauline Oliveros, en Klosty, ed., *op. cit.*: 79.

26. De un artículo de Gordon Mumma, en Klosty, ed., *op. cit.*: 66.

Stephanie Jordan, "Freedom from the Music: Cunningham, Cage & Collaborations", *Contact* (otoño, 1979).

Freedom from the Music:
Cunningham, Cage & Collaborations

Stephanie Jordan

A certificate of appreciation presented by the Mayor of New York City to choreographer Merce Cunningham during his 1977 Broadway season praised him, among other things, for having "freed contemporary dance from the tyranny of music."[1] Only one of a multitude of similar references to this aspect of Cunningham's work, this particular statement poses many questions. Has music really been tyrannical? If so, in what way? Has dance in different ways perhaps been equally so? The implications are enormous, but this article seeks to concentrate on clarifying the role that music has played in Cunningham's own work, given that the revolutionary nature of his approach is widely recognized.

Pertinent and particularly ironical is that Cunningham made his breakthroughs, "freed contemporary dance from the tyranny of music," largely as a result of his contact with the musical avant-garde, especially with John Cage, and with composers such as Earle Brown, Gordon Mumma, David Tudor, Christian Wolff and La Monte Young, all of whom have been influenced by Cage and all of whom, through him, have been brought into contact with dance.

It is, however, Cage's music that Cunningham has used more often than that of any other composer. They first met in 1937 at the Cornish School in Seattle where Cage accompanied and composed for Bonnie Bird's dance classes. Their collaboration achieved early fruition in 1942 with their first series of concerts and has continued until the present. For many years Cage was musical adviser to the Cunningham company (formed in 1953), performing as well as composing for them, and he still provides music occasionally: for example, *Telephones and Birds* for *Travelogue* created for the 1977 Broadway season.

Such musical contacts as Cunningham made influenced not only his musical approach but also his attitude to dance itself. It is this attitude, the Cagean aesthetic revealing itself in dance terms, that first needs to be illustrated, for it sheds important light on how the new relationships between music and dance resulted.

That Cunningham espoused the aesthetic principles of John Cage is clear from his voicing of them.

Like Cage, he abandons conventional artistic symbols associated with psychology, narrative or hierarchical structure: "About the formal methods of choreography — some due to the conviction that a communication of one order or another is necessary; others to the feeling that mind follows heart, that is, form follows content; some due to the feeling that the musical form is the most logical to follow — the most curious to me is the general feeling in the modern dance that nineteenth-century forms stemming from earlier pre-classical forms are the only formal action advisable, or even possible to take. . . These consist mainly of theme and variation, and devices — repetition, inversion, development and manipulation. There is also a tendency to imply a crisis to which one goes and then in some way retreats from. Now I can't see that crisis any longer means a climax [. . .] Our lives . . . are so full of crisis that one is no longer aware of it."[2]

"A thing is just that thing [. . .] We don't [. . .] have to worry ourselves about providing relationships and continuities and orders and structures — they cannot be avoided. They are the nature of things."[3]

Cage considered time the most fundamental element in music, embracing pitch, loudness and timbre as well as silence. Cunningham says: *"The dance is an art in space and time* [. . .] More freeing into space than the theme and manipulation 'hold-up' would be a formal structure based on time."[4]

Just as Cage experimented in the '30s and '40s with fixing one musical element and varying the others (such as, for example, using fixed rhythmic patterns or note-row fragments), Cunningham preoccupied himself with the manipulation of basic dance elements. Carolyn Brown, for many years one of Cunningham's leading dancers, discusses methods Cunningham had arrived at by the late '50s: "Merce worked with the stop-watch from the belief that rhythm comes out of the nature of the movement itself and the movement nature of the individual dancer. At times, he choreographed the movement, then asked. 'What time does this particular movement take?' We would rehearse it repeatedly until it took its own 'inevitable' time in the designed space. It was then fixed and rehearsed in that time [. . .].

Accuracy of time is necessary to maintain the designed space. Change the time and the space, and the movement changes. Merce works with all these possibilities."[5]

From the '50s onwards, elements such as time and space would sometimes be determined by chance, or left undetermined: a feature of creative method that Cunningham again took from Cage and a reflection of the "art is life, life is art" philosophy which admits not just the occasional everyday sign, gesture or sound but, more importantly, the complexity of life itself. Cunningham explains the philosophy in terms of the present and of audience response: "One thing must not necessarily follow another. Or rather, anything can follow anything. We see it on television all the time.

In the 20th century, this new continuity is part of the life we live. I was interested in the complexity, not the confusion, of our daily lives."[6]

"You can't concentrate on everything in life. You make a choice. So we make a situation in which multiple things go on and you have to make choices. If you saw it again it could be quite a different experience."[7]

Of course these aesthetic principles had been voiced before. Carolyn Brown mentions that in the early 1900s not only did Dadaists such as Duchamp, Tzara and Arp attempt to intertwine art and experience by using chance, but they also later discovered that scientists, philosophers and psychologists were facing the same problems at the same time, and these ideas have continued in art into the present day.[8] Yet Cage and Cunningham were the first to make important application of the chance concept to music and dance, and the manner in which they used it was innovatory.[9]

The working methods of Cage and Cunningham began to coincide in 1944, by which time both were employing time structures valid to both art forms. Cunningham's first piece of this kind was *Root of an Unfocus* (1944) which shared the time structure of Cage's accompanying music, but Cage had already made his first purely musical attempt in 1939 in *First Construction (In Metal)*.

Likewise Cage, having come under the influence

of the *I Ching*, began to experiment with chance in 1950, before Cunningham first attempted to use it (again to Cage's music) in 1951 in *Sixteen Dances for Soloist and Company of Three*. The dance as a whole had a time structure, but tossing a coin finally divided the precise sequence of the 16 sections. Three solos he made for himself in the '50s — *Untitled Solo, Lavish Escapade and Changeling* — represent the most extreme application of chance in Cunningham's work. He divided the body into parts, listed possibilities for each part and tossed coins to decide the juxtaposition of actions. Coin tossing and plotting of paper imperfections were among the chance devices Cunningham and Cage shared.

Both artists experimented with indeterminacy in performance in 1953, though Cunningham's pieces of the '50s restricted indeterminacy largely to the last-minute ordering of principal sections. *Dime-A-Dance* (1953), for instance, used the game idea of dancers drawing props from a basket, each prop indicating which dance was to be performed next. Any radical use of indeterminacy was reserved for *Field Dances* and *Story* (1963): both included opportunities for dancers to improvise, within limits, and in *Story* every aspect of the work was affected. Where, then, does the application of the aesthetic shared by Cunningham and Cage cease to be consistent?

Cunningham has always been interested in the opening up of new possibilities by chance, but never at the expense of using it flexibly if he so chooses: "My use of chance methods [. . .] is not a position which I wish to establish and die defending. It is a present mode of freeing my imagination from its own cliches and it is a marvelous adventure attention."[10]

During his experience with *Lavish Escapade*, he realised that some movements found by chance proved impossible to perform and, in the case of indeterminacy in performance, he foresaw physical danger if it were used beyond the ordering of sections. His most indeterminate piece, *Story*, was dropped quite quickly from the repertory, and he has used indeterminacy less and less since. He also discovered that, when improvising, tired dancers tended to fall back on old habits and, in any case, it is said that Cunningham took his cue for using indetermi-

nacy in individual movement sequences from other younger avant-garde choreographers, notably from Yvonne Rainer. However, he differed crucially from many of them in requiring greater movement complexity in the first place. Cunningham, because of the nature of dance, has always been as preoccupied with practicality as with philosophy, not only recognizing the danger element, but also the facts that a dancer must have rest rather than dance continuously, that a dancer may be injured and unable to perform, that performing spaces differ considerably, and so on. Much more than his composers, Cunningham has worked from the angle of the performer: Carolyn Brown's discussion of his working methods quoted above emphasizes this priority. Marcia Siegel has also noticed that his recent works appear much less intellectual than earlier ones, stressing physical dependence between dancers.[11]

Some writers have even referred blatantly to an element of "expression" in work which Cunningham would vehemently deny had any expressive intent. According to Cunningham's own book, *Changes*, the three solos to piano music by Christian Wolff made in the '50s were all "concerned with the possibility of containment and explosion being instantaneous" even if their unmistakable dramatic intensity should be allowed to happen rather than forced,[12] and Earle Brown verifies this in saying that all the pieces he saw to music by Wolff were "very strange, seemingly psychologically oriented."[13]

Cunningham has rarely explained his pieces in such a fashion. Yet the fact is that writers have recently been struck by the dramatic quality in Cunningham's work, absent in the output of may avant-garde choreographers today who share his influence. Carolyn Brown cites the extreme case of *Second Hand* (1970) in which Cunningham referred to a distinct programmatic image taken from music. Because performing rights were withheld for Cage's arrangement of the chosen score, Satie's *Socrate*, Cage composed the first of three versions of *Cheap Imitation* following Satie's phraseology. At the dress rehearsal and subsequent performances Cunningham assumed an anguished expression at the particular point in the original score when Socrates is preparing to meet death.[14] Michael Snell goes further to suggest an explicit connection between the personae of Socrates and Cunningham and between each section of the dance and the text of *Socrate*.[15] Presumably Cunningham had his reasons for withholding the original programme from the audience.

Cage, on the other hand, carefully draws a distinction between his "intentionally expressive" output up to 1951 and his later work into which the audience is free to read what qualities it wishes.[16] Possibly the very presence of the human body encourages, to a certain extent, the presence of clear images and psychological overtones in dance and, certainly, it is not surprising that a work with very strong images of a particular kind should speak similarly to a large number of people.

Where Cunningham has worked quite separately from any developments in music is the line of *Events* of which he has composed a long series over the past

few years. Here, by putting together chunks from existing works and new material in different combinations, he fragments the material in order to shake it out of its old contexts, thereby making the statement that each section of the material can be seen for what it is, appearing new as it reveals itself in new situations. The order of movement sequences in *Events* remains indeterminate until immediately before each performance. The new "look" of the materials is further encouraged by introducing new music each time, and with the constant change in both dance and music, a continually new audience experience is ensured.

Indeed, it is in his use of music with dance that Cunningham has proved most radical of all, for in the momentous advances, far-reaching in their effect, that he made (or rather, made with Cage), he has no precedents at all. The early time structure experiments contained later ideas in embryo. Cunningham and his composer (usually at this stage Cage, who invented the time structure), would decide on a time structure in advance, or Cunningham would use the time structure of an existing piece. As both were conceived metrically, music and dance would coincide emphatically at the ends of time units, but each would run independently inside each unit: in other words, there was no attempt to match dance and melodic gesture or musical rhythm and step pattern. From the point of view of creating music for dance, this was a mathematical ordering of events in time, an extension of the customary method in modern dance that required music composed according to the haphazard phraseology and dictates of the dance.

Other choreographers had worked in time spans before, either consciously or not: Nijinsky's *L' Après-midi d'un faune* is cited as a breakthrough work for this reason, and Antony Tudor is renowned for using this approach. Yet the mathematical ordering of time in advance of creation so that the proportion of small sections matched that of larger ones took these ideas much further. Cunningham and his composers enjoyed the freedom that resulted: "A use of time structure [. . .] frees the music into space, making the connection between the dance and the music one of individual autonomy connected at structural points. The result is the dance is free to act as it chooses, as is the music. The music doesn't have to work itself to death to underline the dance, or the dance create havoc in trying to be as flashy as the music."[17]

The arrival of complete independence between music and dance is logically the next stage of development, as any focal points provided by time structures gradually become disguised and dissolved and as chance is assumed as the structuring device. Very soon Cunningham was, as he is now, rehearsing his pieces in silence, counting and working with a stopwatch (by this time his music was often non-metrical) and waiting until the first performance before he brought music and dance together. After all, as soon as indeterminate elements appear in either music or dance, no cueing system can exist between the two. Quite frequently composers emphasised their independence at this stage by providing different titles for their scores. Cunningham had discovered, with Cage, that "*au fond*, music and dance have nothing arbitrarily in common but custom, and that their combination was [. . .] a logical choice which could be fruitfully reversed."[18]

Cunningham's instructions to all his collaborators now remain minimal presumably in order to ensure artistic independence. Some ask for further information but many do not see any of the dance before their part or even, indeed, before the first performance. Sometimes Cunningham uses an existing piece of music; on other occasions he finds a piece of music after he has finished choreographing a work: thus Wolff's *Burdocks* was used for *Borst Park* (1972) and Alvin Lucier's *Vespers* for *Objects* (1971). Clearly, though, Cunningham's choreographic method does not depend on how or when he finds his music, and when indeterminacy is involved the distinctions break down even further.

Such independent relationships between music and dance constitute a deliberate acknowledgement and pointing up of the fact that music and dance color one's interpretation of the other. The fact that music can affect dance in dramatic ways was discussed much earlier by the modern dance pioneer Doris Humphrey in her choreographic primer *The Art of Making Dances*.[19] But she was attempting to point out subtleties of expression to students. Cunningham turns her ideas into an artistic statement, which is quite new.

A remarkable freshness can occur when music and dance operate independently. The spontaneity of occasional coincidences is mysteriously communicated. Wolff mentions how in the original music that he wrote for *Rune* (1959), a striking trumpet solo accompanied a long, distinguished dance solo.[20] Wolff did not see the piece but an impressed spectator reported the event to him. Likewise, I enjoyed a moment in *Event No. 116* to music by Robert Ashley (8 February 1975) when Cunningham danced a sprightly solo to a Spanish tango which a musician happened to tune into on a radio. In early rehearsals,

Place (1966) impressed its dancers as a lighthearted, spirited piece. No one, including Cunningham, foresaw when he added the menacing score by Gordon Mumma (as well as lighting and choreography for himself) that the tone and weight of the piece would change violently.[21] Carolyn Brown suggests that some of the unique theatrical intensity in Cunningham's work is a result of the dancers' conflicts and tensions in dealing spontaneously with new situations, in décor as well as in music.[22]

It is, of course, quiet obvious that Cunningham's decision to work with music in the way he does represents yet another facet of the philosophy that dominates his work. Not only does it show Cunningham at his most radical but it is also possibly one of the most consistent aspects of his work. Only a mere handful of works to music by Satie represents a return to previous practice.

Yet is Cunningham really as rigorous and strict in allowing casual coincidence of music and dance as one is given to believe? In the *Events* where, to all appearances, the ultimately casual relationship of music and dance is encouraged, Wolff suggests that artistic judgements do in fact come into play. He cites a 1976 *Event* for which he supplied the music, including several American Labour Movement songs above an instrumental background that bore little

the audience. An *Event* with the composer Charlemagne Palestine is known to have disturbed Cunningham himself.[24] Palestine provided a series of abusive remarks about the dance, thereby making a caustic statement about the philosophy rather than working within it.

Some of Cunningham's dance pieces to music that does work within his aesthetic have revealed interdependence at other levels. Quite frequently composers are invited to be visible to the audience, thus becoming a part of the visual event, and the unique quality of each performance is emphasised when properties of the auditorium space are themselves used for musical effect. Pauline Oliveros, who *composed In Memoriam Nikola Tesla, Cosmic Engineer for Canfield* (1969) explains: "The compositional problem was to include, extend, expand, explore, compare, store, and manipulate the auditory space within Cunningham's philosophy, which allows a natural rather than an imposed relationship to arise between the music and the dance."[25]

There is also the notion of dancers as musicians to consider, a feature introduced in *Variations V* (1965; score by Cage) and *TV Rerun* (1972; score by Mumma). In *Variations V* vertical antennae projecting from the floor react to the location of the dancers on the floor by sending electronic signals to the musicians; so does a system of photo-electric cells which respond in light intensity as the dancers move past them. The musicians respond by manipulating dials on a variety of electronic sound producers, though chance methods negate any recognizable link between music and dance: a strategy of the aesthetic being used to disguise such an association. As Gordon Mumma says: "This work established at once a co-existence of technological interdependence and artistic independence."[26]

In *TV Rerun* dancers wore elastic belts that contained acceleration sensors and radio transmitters: these translated their movements into sounds that were manipulated by electronic equipment handled by musicians.

So far, Cunningham has not made a dance sequence dependent to any extent on sounds, undoubtedly because he does not consider such a

obvious relation to them. Such writing represented a new stage in Wolff's career. For that evening, Cunningham performed movements that appeared to many as having consistently intense, serious overtones. For the majority of those present, including Wolff and Cage, the collisions of mood were unhappy and the *Event* consequently unsuccessful. Wolff suspects that Cunningham had selected dance sequences according to an image of the type of music Wolff had produced earlier in his career.[23] Ironically, if the evening's dance had not been preordained (and I am assuming that this was the case) the *Event* might have worked better. But the result also suggests that a composer working outside the Cunningham aesthetic is more likely than one within it to stretch the aesthetical to its limit, if not to provide an *Event* that is considered unsuccessful by a large proportion of

p. 68-69
Carolyn Brown, Steve Paxton, Merce Cunningham, Barbara Dilley en/in Suite for Five, *1956. Photo Marvin Silver*

degree of indeterminacy is suitable to the dance medium as he uses it. But then, Cunningham's acceptance of an aesthetic is constantly affected by his own interpretation of it for dance.

Sometimes problems of practicality determine this; at other times personal choice, though rarely admitted as such, comes into play and we see that Cunningham does not share the aesthetic objectivity of, for instance, Cage. But the fact that an aesthetic voiced initially by the musical world influenced dance to reach this point is undeniable. That it has radically served and affected the course of post-Cunningham dance per se is self-evident, as is the fact that it has affected the musical outlook of many choreographers to choose from a wider variety of sources, to use music more sensitively and with more freedom, to devise sound collages and even to use no sound at all. Cunningham points to all these possibilities.

One must not forget too that he has also served

music in providing an important platform for many avant-garde composers who, amid hostility elsewhere, found that dancers appreciated and welcomed what they were doing. His recent *Event* series, for instance, has provided opportunities for about 40 avant-garde composers to work with him. Cunningham was also the first important choreographer to use *musique concrète* (excerpts from *Symphonie pour un homme seul* by Pierre Henry and Pierre Schaeffer were used in 1952) and purely electronic music (Wolff's score for *Suite by Change* in 1953).

Yet the development of new ways of combining the two art forms is certainly a shared effort rather than the property of Cunningham alone. In the light of the role that Cage and other composers have played in Cunningham's achievements, the somewhat emotive suggestion that Cunningham "freed contemporary dance from the tyranny of music" is perhaps misleading. Certainly it leaves much unsaid.

1. Quoted in Noel Goodwin, "An Appetite for Motion: Creations and Revivals by Merce Cunningham and Dance Company: Style and Content," *Dance and Dancers* 28, no. 5 (May 1977): 28.
2. Merce Cunningham, "Space, Time and Dance," *Trans/formation* 1, no. 3 (1952): 150.
3. Quoted in Carolyn Brown, "McLuhan and the Dance," *Ballet Review* 1, no. 4 (1966): 15.
4. Cunningham, *op. cit.*:150-151.
5. Carolyn Brown, "Essays, Stories and Remarks about Merce Cunningham," *Dance Perspectives*, no. 34 (Summer 1968): 35.
6. Quoted in Anna Kisselgoff. "A Dance Revolutionary on Broadway", *The New York Times* (January 16, 1977), "Arts and Leisure" section: 2.
7. Cunningham in interview with the author, February 1975.
8. See Carolyn Brown, "On Chance," *Ballet Review* 2, no. 2 (1968): 11-14.
9. Note, however, that indeterminacy in *performance* was first realized in Morton Feldman's graphic scores, the *Projections* series, in 1950-51, before Cage began to use this application of chance procedures, and that Earle Brown's *Folio* collection was put together in 1952-53.
10. Quoted in Brown, *op. cit.*: 24.
11. Marcia Siegel, *Watching the Dance Go By* (Boston: Houghton Mifflin, 1977): 281.
12. Merce Cunningham, *Changes: Notes on Choreography* (New York: Something Else Press, 1969), unpaginated.
13. From an article by Earle Brown in James Klosty, ed., *Merce Cunning-*

ham (New York: Saturday Review Press, 1975): 76.
14. From an article by Carolyn Brown in Klosty, ed., *op. cit.*: 25.
15. Michael Snell, "Cunningham and the Critics," *Ballet Review* 3, no. 6 (1971): 32-33.
16. *John Cage* (New York: Henmar Press, 1962): 5.
17. Cunningham, "Space, Time, and Dance," *op. cit.*: 151.
18. Cunningham, quoted in Snell, *op. cit.*: 23.
19. Doris Humphrey, *The Art of Making Dances* (New York: Grove Press, 1959): 79-80.
20. In interview with the author, December 1997.
21. See Calvin Tomkins, "An Appetite for Motion," in M.H. and C.G. Nadel, eds., *The Dance Experience* (New York: Praeger Publishers, 1970): 282.
22. From an article by Carolyn Brown in Klosty, ed., *op. cit.*: 28.
23. Wolff in interview with the author, December 1977.
24. Ibid.
25. From an article by Pauline Oliveros in Klosty, ed., *op. cit.*: 79.
26. From an article by Gordon Mumma in Klosty, ed., *op. cit.*: 66.

Stephanie Jordan, "Freedom from the Music: Cunningham, Cage & Collaborations," *Contact* (Autumn, 1979).

Merce Cunningham y John Cage

Germano Celant

Asimilar el aspecto vital y ritual de la danza no significa conferirle de improviso un significado absoluto y, si bien lo que Martha Graham indica es una puesta en entredicho y una nueva dirección[1] de la danza, su regreso a las condiciones desdibujadas y malentendidas del "pensamiento mítico"[2] presenta aún limitaciones.

Al buscar en la danza ese juego de ósmosis entre exigencias primordiales y realidad, Graham tiende a la eliminación de las estratificaciones simbólicas que acompañan al ballet clásico; sin embargo, su esfuerzo permanece encerrado en una serie de operaciones históricas e ideológicas, espaciales y musicales, que las generaciones de bailarines procedentes en general de las filas de su compañía intentan hacer entrar en crisis y superar.

Con su anhelo de "conquistarse", Graham reviste, en efecto, de intencionalidad expresiva toda actividad producida en la escena, por lo que sigue trasponiendo la individualidad en el plano de la abstracción, al negar la realidad efectiva, y no sólo comunicativa, de la vida. La conciencia de la vida la hace avanzar hacia el gesto real, para moverse y manifestar libremente sus energías, pero, al pretender "definirse", propone substancialmente una visión de sí, fuera de sí misma. Espera, en efecto, salvarse en la historia y en la mitología. Su danza evoca una catarsis tendencialmente religiosa y mística. Así pues, en todas sus ejecuciones se racionaliza una ilusión de libertad, que, al aparecer representada como hecho lineal y unitario, niega la esfera de la realidad, para "imaginar" una posible salvación.

Los acontecimientos evocados por Graham carecen de significado práctico en el momento en que son presentados de forma orgánicamente organizada, que excluye la incoherencia y la casualidad de la vida. Si a lo que se llega es a un enfoque determinado y unívoco de los episodios vitales, se niegan y se limitan los espacios multidireccionales y equívocos de la experiencia. No se puede asimilar la individualidad "existente" a un mito o a una imagen, porque aquélla elude de la representación en la medida en que se despliega sobre sí misma y para sí misma y no se deja "transformar" ni "organizar".

Así pues, la exigencia de la afirmación espontánea no es reducible a un momento cerrado ni a un recuerdo mítico, sino que se desarrolla fundamentalmente fuera de toda representación. De ello se deduce que Graham, al concebir la danza según una visión representativa, la niega nuevamente. Por eso, en el decenio de 1950 su subjetivismo, al pretender realizarse en la angustia del viaje por lo primitivo y en la lógica de un discurso sobre sí mismo, pudo pasar con todo derecho, para los bailarines interesados y críticos respecto de su obra, como otra manifestación metafórica.

En su intento de superar y radicalizar las indicaciones de Graham, aspiraron a abandonar el "sentimiento imaginado"[3] para sumirse en la trivial efectividad del gesto cotidiano.

En efecto, en el decenio de 1950, desde la *action painting* hasta el neodada, se propone la fuga de la literalidad y del ilusionismo y la vinculación del arte con la esfera de lo mundano y con la inconmensurabilidad de la realidad y de la vida. El teatro y la música, la danza y el arte, empiezan a considerar al individuo concreto en su realidad objetiva. Se empieza a luchar contra los dualismos y a pensar en la existencia humana como un todo inseparable. El sujeto se inscribe en las cosas y considera sospechosa toda mediación y todo privilegio. Su presencia real se mezcla con la realidad de los objetos, por lo que también la comunicación artística se instituye como actividad "real" o, mejor dicho, práctica, no imita los efectos, sino los procesos de la vida. Representar los efectos, como había hecho Graham, resultó entonces una forma de ilusionismo y de "falsificación". Las manifestaciones de la danza son sólo investigaciones en plena actuación cotidiana, en la que se hace realidad el contenido, libre de fetichismo, de la existencia. La experiencia transmite a la danza sus luces y contribuye a debilitar las historias "lineales", auténticas excepciones de la vida, para hacer surgir las situaciones casuales.

La profundización de la casualidad, tal como se llevó a cabo en la cultura posterior a la segunda guerra mundial, demuestra la imposibilidad de establecer en el marco del arte, como en el de la vida, una escala de prioridades. Nada es subordinable *a priori*, nada es determinante; todas las entidades son equivalentes entre sí. Se trata, por tanto, de constituir síntesis horizontales en las que los lenguajes específicos (danza, teatro, música, arte...) o sus materiales (sonido, color, telas, objetos, gestos...) se desarrollen libremente.

Esa totalización, basada en la indeterminación y en la multidireccionalidad de los métodos compositivos, además de en la liberalización de los lenguajes, se afirma para permanecer en el ámbito de la *performance* mediante la obra complementaria de John Cage y Merce Cunningham, cuyo trabajo ha avanzado desde 1943 paralela y osmóticamente.

No cabe duda de que, como ha señalado McDonagh en su encomiable –y hasta ahora única– historia de la danza americana contemporánea,[4] en el desarrollo cronológico de Graham a Cunningham, no conviene olvidar a personajes particularmente interesantes, desde el punto de vista de la calidad y de la conciencia de los problemas de la danza, y, en particular, a Sybil Shearer, a Katherine Litz y a Merle Mexicano. En cualquier caso, debería resultar evidente que nuestro análisis de la evolución histórica se ocupa, por falta de espacio, tan sólo de las revoluciones metodológicas y las aportaciones esenciales hasta 1960: las de John Cage y Merce Cunningham precisamente, músico el primero y bailarín el segundo.

En efecto, para presentar toda la complejidad y apreciar el alcance real del método y de la acción de Merce Cunningham, es fundamental considerar el radio de influencias que se abren a su danza con la aceptación de una posición "equivalente" entre las demás artes.

Una explicación exhaustiva sólo será posible teniendo en cuenta el mosaico de todos los factores de desarrollo de su danza. En éste destacan las razones musicales y teatrales de Cage, el compositor que con sus lecturas, sus escritos y trabajos, podemos considerar la clave de bóveda de veinte años de cultura americana.[5]

Para Cage, la música debe acercarse a la vida o identificarse con ella, es decir, con una sucesión arbitraria de hechos alógicos y un sistema totalizante.

Considerada desde esa perspectiva, no tiene límites de ninguna clase y se puede materializar o vivir en su relación de multiplicidad con la esfera de lo real y toda relación vivida de esa multiplicidad práctica establece la posibilidad de su existencia, lo que entraña la transgresión de todo límite musical y sonoro constituido, la adopción de instrumentos inusitados e inventados y la creación de temporalizaciones alógicas y casuales. Es decir, que la música, como dice Cage, pasa a ser una "entidad sólida", totalmente indeterminada e imprevisible. Con esa forma de pensar, no hay absurdo lógico o práctico alguno que no pueda ser música o, más generalmente, arte, danza, teatro, literatura.

Desde el momento en que se dispone del "todo" concreto, es posible, sencillamente, establecer una comunicación (artística) que adopte todo tipo de material.

Ese aspecto totalizante de las tesis de Cage vuelve insuficiente todo dato o sistema musical anterior, descubre, en una palabra, en la aniquilación sus infinitas posibilidades materiales. Sobre esa base se realizan al final del decenio de 1930, para satisfacer la necesidad musical de una gran orquesta o de una música subacuática, el piano preparado y el gong de agua.[6]

El impulso directo de la necesidad incita a Cage a cambiar las cualidades sonoras de un piano normal insertando, entre las cuerdas, trozos de madera, goma y papel, o a inventar un instrumento cuyas vibraciones sonoras sean perceptibles en una piscina por los bailarines que actúan bajo el agua.

De modo que la invención musical nace del proceso vital que la engendra. Al ir dictada por el momento de la exigencia, carece de finalidad, pero requiere que se realice sólo cuando sea "necesaria", no como producto suplementario, sino como estratificación de experiencia.

Su expansión material no puede ser negada por interés o límite particular alguno, por lo que cualquier material puede contribuir a ella, como también se puede producir tanto en estado de actividad como de inercia y de inactividad.

Es el reconocimiento de la posibilidad de utilizar todo tipo de material (películas, texto, gesto, libro, fotografía...) y todo tipo de sonido, entre ellos el silencio. Se trata, en resumen, de hacer surgir de la materia diferentes "materialidades" musicales.

La música se vuelve irreducible e indefinible, tiene, por tanto, un desarrollo autónomo. Hay que dejarla sola o, como dice Cage, "dejemos que los sonidos sean ellos mismos en lugar de ser vehículos de teorías artificiales o expresiones de sentimientos humanos".

Semejante descubrimiento revela el concepto zen de una vida, o música y arte, sin constricciones. Pero, para que pueda realizarse, ninguna operación "compositiva" deberá asecharla, sólo se podrá confiar al azar o, para Cage, al método aleatorio. Sólo así la experiencia de la música como praxis sin autor encontrará el significado en sí misma y se realizará.

El conjunto musical está construido en última instancia por una acción pasiva y el músico resulta ser, de hecho, tan sólo un mediador entre las exigencias de la materia sonora y las de la totalidad de la esfera mundana. Como en todo momento se pueden oír sonidos o ruidos de procedencias desconocidas, la misión del compositor consistirá en facilitar su percepción y revelar su aspecto musical. La eliminación de la interpretación, confiada al método aleatorio, obtenido por Cage en 1951 del *I Ching*, libera la música de la obligación de afrontar problemas que no le incumben (sentimientos, angustias, representaciones naturales...) para ofrecerse como proceso transparente a sí misma, en el momento en que se realiza en la unidad de una acción que escapa a la lógica, pero es al mismo tiempo comprensible.

Ese proceso de "reunión", pasivo y activo, de sonidos y silencios, gestos e imágenes, palabras y espacios, que desintegra los conceptos restrictivos de la música, tal como se había desarrollado desde el Renacimiento hasta el siglo XX, y recupera las "unidades negativas" medievales y de las vanguardias futuristas y dadaístas, en particular Russolo y Satie,[7] contribuye a determinar dentro de la cultura americana una actitud de "inercia" que, contra la exaltación del intérprete, hace surgir la realidad de las cosas y de los acontecimientos, cuya "representación" se realiza después, desde el neodada hasta el *happening*, en la reunión y el *assemblage* de objetos y gestos "liberados".

Al plantearse la realidad como campo práctico polivalente para la comunicación, se determina entre los lenguajes artísticos una posibilidad indiferenciada de síntesis unificada. Y, desde este punto de vista, volvemos a encontrarnos con el *assemblage* de Cage y Cunningham, a los que se unirán de vez en cuando Rauschenberg y Johns.

La forma de su colaboración, iniciada en 1943, se presenta aún hoy indeterminada. En efecto, nunca se ha dado a partir de un método único, sino que se vive en relaciones de libre reciprocidad operativa. Como ha dicho Cage, "trabajamos de diversas maneras. Se elige una pieza de música ya existente y se hace la coreografía, o se hace una danza y yo compongo para ella o bien se elige una pieza existente, o invitamos a algún otro compositor a que escriba algo. Nuestra colaboración ha sido de tal forma que ninguno de nosotros se sitúa en una posición fija".[8]

No obstante, conviene entender cómo puede darse esa integración abierta. El simple poder práctico de unificar en su multiplicidad matérica la música y la danza va determinado por el único denominador común del tiempo, que Cage había situado ya en la base del descifre de la música como conjunto de silencio y sonido, cuando había afirmado: "Cuando analizas la naturaleza física del sonido, descubres que tiene otras características además del tono. Tiene timbre, volumen y duración. La única de esas cuatro características que se relaciona tanto con el sonido como con el silencio es obviamente la duración. Y así llegué a darme cuenta de que cualquier estructura para música de percusión –para una situación en la que no exista la armonía– debe basarse en la duración, o el tiempo".[9]

En la práctica esa definición contribuye a asignar a la música una realidad disponible para cualquier tipo de "coexistencia", que en relación con la danza Cunningham ha definido así, en su libro *Changes*: "La relación entre la danza y la música es de coexistencia, es decir, se relacionan simplemente porque existen al mismo tiempo".[10]

El efecto de la acción común del tiempo tiene la capacidad de revelar una unidad unificadora que no depende de la "voluntad", casi siempre transgresora, de un lenguaje, sino que, al contrario, desde un punto de vista práctico, lo libera.

La música y la danza, en una superación "sintética y simultánea" (ahí tenemos de nuevo el futurismo) que permita su reciprocidad, llegan a comprenderse a sí mismas en su autonomía y autosignificación de términos y de procesos.

Respecto a Graham, que había sugerido los medios y la autonomía expresiva del material corpóreo, pero había mantenido un lenguaje representativo y metafórico, con dimensión espacial e histórica, Cunningham

y Cage llegan a una praxis que suprimiendo la mediación expresiva se burla de toda alegoría y dimensión
representativa y se disuelve en la vulgaridad y en la tri-
vialidad de la actuación cotidiana. Con el despertar de
la objetivación neutral de la danza, se elimina la
seductora presencia de la exigencia individual de
expresión, que hace converger toda la atención en
uno solo (Graham), y se hace brotar la polirrealidad
de la danza, calificada de conectora, invertible y ajus-
table hasta el infinito, de moléculas multilaterales en
relación recíproca.

De ese modo se hace entrar en crisis la idea de
simulación y de imitación ilusoria de la realidad, con
lo que la danza y la música pueden "anularse" en ella
y llegar a "tocarla" sin "fijarla".

En efecto, como ha señalado agudamente Calvesi,
"para Cunningham, bailar es introducirse por un
tiempo en un movimiento que es la vida misma,
entrar en un círculo, que es la razón de ser de sí mismo" ("La danza", explica Cage, "se apoya a sí misma y
no necesita el apoyo de la música") y que seguirá
girando cuando el bailarín haya salido de él.[11]

El efecto de semejante concepción es el descubrimiento del aspecto teatral de todo acontecimiento físico, por lo que si "hay cosas que oír y cosas que ver,
eso es el teatro".[12]

Lo que importa entonces es revelar el acontecimiento en su autonomía, ya sea lógica o alógica, para
no correr nunca el riesgo de atribuir a su realidad una
característica que no le pertenezca. Por ese motivo,
surge la exigencia de un método que no suprima el
carácter de expresión de los materiales particulares
(sonido, silencio, tiempo, estasis, movimiento...) que
contribuyen a constituir una representación: el método aleatorio. Éste ofrece en 1951 a Cage y a Cunningham un proceso, indiferenciado y alógico, de organización estructural de las moléculas expresivas, que en
1952 se acumulan para formar *Music of Changes* de
Cage y *Sixteen Dances for Soloist and Company of Three*
de Cunningham.

En efecto, esos dos trabajos, fundamentales en su
producción recíproca, están basados en el empleo del
azar, siguiendo el antiguo método chino consistente
en tirar seis veces tres monedas para obtener oráculos
y, para Cage y Cunningham, combinaciones gráficas.
Cage descubrió ese sistema en 1950 con la publicación en Estados Unidos del *I Ching*,[13] o libro de los
cambios, y lo aplicó por primera vez en el otoño de
1951 a la composición de *Music of Changes*.

Adopta el proceso compositivo basado en un complejo sistema de diagramas[14] "para construir", como
escribe el propio Cage, "una composición musical
cuya continuidad sea totalmente independiente del
gusto y de la memoria individual, así como de la literatura y de las 'tradiciones' del arte. Los sonidos entran
en el espacio-tiempo centrados en sí mismos, sin deber
prestarse a abstracción alguna y permaneciendo disponibles los trescientos sesenta grados de su circunferencia para un nuevo infinito de interpretaciones. Los juicios de valor son ajenos a la naturaleza misma de este
trabajo por lo que se refiere a la composición, la ejecución y la escucha y, al estar ausente la idea de relación,
cualquier cosa puede suceder. No hay posibilidad
alguna de 'error', porque, una vez que sucede una cosa
cualquiera, automáticamente existe".[15]

Ese método no tiene otro contenido ni otro funda-
mento que la organización casual de relaciones objeti-
vas entre los materiales, es el mismo utilizado por
Cunningham, también en 1951, para dar un nivel de
indiferenciación a las relaciones entre el tiempo, los
movimientos y las luces de *Sixteen Dances for Soloist*

and Company for Three. Dejemos que sean las palabras del propio coreógrafo las que describan las danzas: "Esto fue muy especial para mí en mi obra. Era una pieza larga concebida para abarcar toda una actuación. También era la primera vez que el uso del azar entraba en la técnica compositiva. Trataba de las cualidades expresivas, las nueve emociones permanentes del teatro clásico hindú: cuatro emociones claras y cuatro oscuras, la novena con calma y saturada. […] No pude encontrar ninguna razón para explicar que una determinada emoción clara tuviera que seguir a una determinada emoción oscura, así que arrojé una moneda al aire. Después venía un cuarteto con una reducida gama de movimientos, distintos para cada bailarín, y esto se coreografió mediante métodos aleatorios. Es decir, la secuencia de movimiento, la longitud temporal y las direcciones en el espacio de cada una se obtenían arrojando monedas. La danza se estructura en el tiempo, y la música se escribe para esa estructura, generalmente después de la danza".[16]

De hecho, la aplicación del método aleatorio en *Sixteen Dances* no se refiere al proceso del movimiento, sino sólo a la determinación del orden que los conjuntos de movimientos deberían seguir. En realidad, ese método no se aplicó dentro de la totalidad de la danza hasta 1953, en *Suite by Chance*.

Pero desde el punto de vista de nuestra investigación, lo que se expresa en la reciprocidad entre Cunningham y Cage reveló su contenido más significativo en los años 1952 y 1953.

En 1952, en el Black Mountain College, Cage presentó un acontecimiento (*Event*) basado en un sistema de relaciones alógicas o casuales de danza, teatro, música, literatura y arte.

Ese *Event*, que ofrece varios niveles de lectura simultáneos, constituye una auténtica "ruptura" en la forma de concebir el asunto teatral. En efecto, la libertad organizadora de Cage produce una acumulación de acciones en las que el sujeto (Cunningham, Cage, Rauschenberg, Richards, Olsen y Tudor) es unidad y pluralidad al mismo tiempo, al ser objetivamente libre en su actuación, pero estar vinculado por la temporalización común.

Las condiciones especiales en las que se realizó ese trabajo, sin título, iban dadas por una disposición particular de la platea. Se había dividido el comedor del colegio, de forma rectangular, según las diagonales y se habían obtenido los espacios para los espectadores con los triángulos resultantes de la división, pero dejando espacios recorribles y utilizables a lo largo del perímetro de la sala y de las diagonales de la platea.

De modo que las acciones se desarrollaban entre el público y en torno a él y, aunque Cage había establecido su escansión temporal, indicada en paréntesis temporales, las acciones de cada uno de los intérpretes eran libres. En los lados mayores del espacio rectangular se proyectaban películas y diapositivas. Cage, con traje y corbata oscuros y subido a una escalera de mano, leía una conferencia sobre el maestro Johannes Eckhart, que comprendía también silencios. En determinados períodos, Mary Caroline Richards y Charles Olsen, subidos a otra escalera, se alternaban en la lectura de sus poemas.

David Tudor tocaba el piano. Robert Rauschenberg escuchaba discos en un viejo gramófono con bocina, mientras que sus *White Paintings* estaban colgados en diversos ángulos por encima del público. Merce Cunningham improvisaba movimientos, un perro salió de entre el público y se puso a seguirlo y fue aceptado e introducido en la acción.[17]

Esa acumulación de "materiales" ofrece a Cage la prueba definitiva de que el teatro, tal vez más que la música, es la forma de expresión que más se acerca a la vida, hasta el punto de poder "producirse todo el tiempo estés donde estés y el arte simplemente te convence de que es así".[18]

Una afirmación que incita a Cage a subrayar cada vez más el aspecto teatral de la música, como se puede comprobar en su famosa pieza silenciosa *4' 33"*, compuesta también en el Black Mountain College. El título indica la duración, en minutos y segundos, de toda la pieza, dividida en tres partes. La ejecución fue confiada por primera vez a David Tudor. El pianista, tras haber entrado en la escena, se acercó al piano y cerró la tapa del teclado. Permaneció inmóvil, sin hacer la menor ejecución durante determinados segundos, después abrió nuevamente la tapa del teclado. Repitió esa acción en las otras dos partes de la composición.

También el mismo año, Cunningham realizó *Colla-*

ge I & II, para el Brandeis University Creative Arts Festival. El propio director del Festival, Leonard Bernstein, le pidió que preparara una danza sobre la *musique concrète* de Schaeffer, *Symphonie pour un homme seul*.

Dada la novedad del trabajo musical, compuesto directamente en cinta magnética, Bernstein propuso que se repitiera la pieza, una audición tras otra. Cunningham, si bien veía una razón para una ejecución repetida de la música, no la veía para la danza. De modo que ideó para las piezas por separado dos danzas, un "solo" y una representación para un grupo de 17 personas, entre ellas bailarines profesionales y estudiantes de la universidad, sin preparación como bailarines o actores. Al no poder aspirar a una ejecución profesional, Cunningham pidió a cada uno de ellos que realizara movimientos tomados de la vida cotidiana, entre ellos tocar, ver, comer, mirar el reloj, o salir corriendo, lavar ropa y estrecharse las manos. A dichos movimientos, reagrupables durante 15" con música de vals, charleston, can can, tango, danzas escocesas y otras músicas, Cunningham aplicó el método aleatorio, de modo que los movimientos por separado no se efectuaran nunca al unísono.

Ese proceso "liberó a los actores inmaduros de tener que apoyarse ni depender en ningún modo los unos de los otros. Así, el tiempo se convirtió en un territorio mutuo donde progresaban sonido y movimiento. Este hecho y el movimiento encontrado les liberaba también de la vergüenza o el miedo; el *Event* era realista en lugar de forzado, y podían disfrutarlo".[19]

El resultado de esa fase de totalización lingüística es el de liquidar las jerarquías estructurales y procesales de la actividad artística. En efecto, el nuevo "ser", cuya existencia va determinada por la simple temporalización de las relaciones recíprocas entre los materiales artísticos, alcanza el objetivo de hacer entrar en crisis las relaciones de espacio, movimiento y visión que la cultura occidental había heredado del Renacimiento. El momento de revelación de ese cambio de signo puede atribuirse fundamentalmente al proceso de "descolocación" (Sartre), verificable en los trabajos de Cage y de Cunningham a partir de 1952.

La exigencia de salir de una situación limitada para pasar a la totalidad de lo real produce en los dos el fin común de localizar una situación espacio-motora "abierta". Entonces se revela, con su policentralidad, la indeterminación espacial y motora del actor y decae su enfoque de tipo prospectivo.

Se hace hincapié en su situación de "primero entre iguales"[20] y se le deja actuar por doquier por el escenario. Eso significa que cada uno de los bailarines se colocan y buscan un lugar según un centro propio, es decir, por citar de nuevo a Cunningham, "en un momento dado, el bailarín está en la zona de la danza. Ese punto en el espacio o ese particular momento en el tiempo es a la vez el centro para él, y él permanece allí o se mueve al siguiente punto, al siguiente centro. Todas las danzas tienen esa posibilidad. Así, de momento a momento y de un punto a otro, los bailarines se mueven separadamente".[21]

Así pues, bailar significa liberar una fuerza indeterminada que posibilita la realidad de todo gesto en un espacio indiferenciado y dialogar simultáneamente con el campo de energías diferenciadas e individualizables entre los demás bailarines y el público.

En ese momento, la danza se manifiesta como "inmersión" en la realidad, un proceso de integración con la esfera de lo mundano que Calvesi, en su atento estudio sobre la ceguera prospectiva de los nuevos dadá y de Cunningham, describe así: "Si la realidad fuera inmóvil y unívoca, dotada de un centro, bastaría, para poseerla, con recorrerla con la mirada, parte tras parte, tomar una porción central y examinarla con una luz inmóvil.

En cambio, la realidad es una maraña de remisiones, una fuerza que explota por doquier con igual intensidad y tiene innumerables centros de desplazamiento continuo. No podemos detenerla, debemos ponernos a su paso, individuar uno de esos centros, una de esas marañas, y seguir sus movimientos".[22]

Por consiguiente, teniendo presentes las motivaciones consideradas, es posible dar una idea más detallada del carácter absoluto atribuido por Cunningham a los enunciados de Graham. Además de las divergencias generales ya observadas, falta por precisar ante todo que con Cunningham la danza asume la tarea de reflexionar sobre su propia naturaleza, sobre sus disponibilidades realizativas y sobre el carácter de sus presupuestos. En efecto, al eliminar los valores ilusorios que se introducen subrepticiamente en el procedimiento de convergencia entre sueño y realidad, la danza adquiere una dimensión real, que la incita a reflexionar sobre sí misma y a volverse consciente de sus límites y de sus procesos, como conclusión de los cuales se plantea su "reconstrucción".

Así, mientras que Graham, partiendo precisamente de sí misma, había contribuido a una reconstrucción objetiva de la danza, Cunningham intenta su reconstrucción objetiva e impersonal. Se trata, como resulta patente, de un punto de vista tan radical como el de Graham, según el cual la danza tendería a acabar en meras acumulaciones de hechos, espacios, objetos, sonidos y acciones, constituyentes de los fines, ya no subjetivos, sino independientes. Con Cunningham "todo es danza" y "la danza es todo" y, como todo es significativo en todo instante, no es necesario, como hace Graham, poner orden en él ni superponerle interpretaciones subjetivas ni representarlo: para reconocerle propiedades humanas bastará con vivirlo y dejarlo actuar.

No obstante, eso no significa que se deban pasar por alto las enunciaciones subjetivas ni que se deba renunciar a ellas, sino simplemente que se deben situar en el mismo plano que las otras.

La infinita multiplicidad del todo como danza se manifiesta, de 1953 a 1958, en la complejidad de las diversas *Suite*, en las que se da la adopción de objetos y hechos casuales para la determinación direccional, espacial y temporal. Por ejemplo, "el plano espacial para la danza", escribe Cunningham, "que era el procedimiento inicial, se hallaba numerando las imperfecciones sobre un trozo de papel (uno para cada danza) y mediante una acción aleatoria, el orden de los números. El tiempo se obtenía tomando papel pautado, donde cada línea representaba intervalos de 5 segundos. Las imperfecciones se marcaban de nuevo sobre el papel y la duración temporal de las frases se obtenía numerando aleatoriamente las imperfecciones con relación al número de segundos".[23] Se trata de un procedimiento mediante hechos concretos en virtud del cual su trabajo, además de colaborar con el de Cage y Rauschenberg, colabora con el Living Theatre, para el cual realiza en 1956 la coreografía de *The Young Discipline* de P. Goodman.[24]

Un encuentro entre "escrituras" diferentes que, en aquellos años, es inevitable o, mejor dicho, necesario, en la medida en que está basado en la decisión común de trabajar con hechos y con ilaciones interpretativas y literarias, como demuestran sus combinaciones de pintura y objetos comunes, de sonido y silencio, de teatro y espectáculo cotidiano, de movimiento coreográfico y gesto trivial.

Las diversas refracciones de la misma praxis, en la que se unen objetos y personas, encuentran su razón de ser también en la consiguiente búsqueda común de la participación del espectador, y ya no como entidad pasiva, sino como coprotagonista. Si el arte, la música, la danza y el teatro son un campo de energías, en el que todo está comprendido, todo puede suceder y todo es expresivo, el público es un componente suyo que, como los demás, puede expresarse autónomamente. Eso significa que no está obligado a centrarse en la obra para interpretar el pensamiento del autor, vuelto ya indeterminado por los autores antes citados, sino a obtener de ella un significado propio, que desde ese momento será otro significado de la obra. Como ha escrito Cage en varias ocasiones, "con estas danzas y con esta música no estamos diciendo algo. Somos lo bastante ingenuos como para pensar que, si dijéramos algo, emplearíamos palabras. Más bien estamos haciendo algo. El significado de lo que hacemos va determinado por quien lo vea y lo escuche"; en efecto, "en Europa se procura centrar la atención del público en una obra que expresa el pensamiento y la sensibilidad de un autor. En Estados Unidos queremos indicar a los espectadores cómo pueden transformar su vida cotidiana en una serie continua de experiencias artísticas. Nosotros somos intermediarios".[25]

La "caída" en lo real introduce una modificación de todas las referencias internas y externas de la danza. En la medida en que cada bailarín vive su "condición" en el escenario, ya no en relación con una estructura ordenada y limitada, sino en relación con la experiencia del espacio continuo, su gesto no se concreta en un ámbito formal, sino que se realiza en un presente concreto, donde nada está establecido, excepto su ser. Pero, al verse liberado de las circunstancias espaciales y de las necesidades representativas, se constituye como "ser común" y "signo neutral". Por eso, tiene la posibilidad de "usarse y definirse, no como instrumento, sino como modo de actuar". De ese modo, por sí solo y para sí mismo, emprende la liquidación de las superestructuras coreográficas, que, al revelarse como entidades "diferentes", se le "declararán" en su autonomía. El espacio, la música, el público, las luces, los trajes y demás, saldrán entonces al descubierto y se determinará una reflexión sobre su esencia y relación recíproca.

Esas observaciones conducen a trabajos de reflexión sobre la reciprocidad interna, *Variations V*, y externa, *Tread*. El primero, realizado en 1965 en el Philarmonic Hall de Nueva York, nace de la idea de Cage, que ya en 1960 había utilizado micrófonos suprasensibles para amplificar el sonido producido por personas y objetos, de hacer que los bailarines produzcan directamente música y luces. La relación dialéctica entre gesto, espacio, luz y sonido se obtuvo mediante la construcción en el escenario de complejos aparatos electrónicos. La música iba determinada por antenas electrónicas, en número variable en relación con el espacio, con un campo magnético correspondiente a un sonido y a diversos sonidos. Cada bailarín, al entrar en el campo, producía sonidos. En cambio, la luz iba determinada por células fotoeléctricas dispuestas en forma de malla, que, al ser atravesada, regulaba la coreografía luminosa. Mientras los ocho bailarines con sus gestos triviales de caminar, moverse, transportar objetos, salir del escenario y entrar en él, determinaban la "elección" del sonido, de los músicos Cage y Tudor dependían la duración y la repetición.[26] La indeterminación estaba controlada recíprocamente. Las relaciones internas entre los diversos materiales era de naturaleza lógica y alógica y la tarea de la representación estaba estrechamente vinculada con el establecimiento de todas las conexiones internas entre música, danza y coreografía. En cambio, la conexión visual se podía obtener mediante la especularidad ofrecida por una película que mostraba detalles de movimientos del cuerpo de los bailarines, mezclados con imágenes tomadas de la televisión y de películas normales. Se aplicaba a la película el método aleatorio. La actuación terminaba con Merce Cunningham atravesando en bicicleta todo el campo magnético y la malla de células fotoeléctricas.

La necesidad de descubrir empírica y pragmáticamente las estructuras de relación para hacer que surjan el autosignificado y nuevas posibilidades de reciprocidad es la razón de ser de *Tread*, de 1970.

Mientras que *Variations V* está basado en situaciones internas y contingentes, *Tread* depende de situaciones anteriores y externas; dicho de otro modo, "sufre" la preparación "no condicionada" de música, coreografía y escenografía, imaginadas por Christian Wolff, Merce Cunningham y Bruce Nauman y que se juntan tan sólo la noche de la primera ejecución pública, en la Brooklyn Academy de Nueva York. De ese modo, cada material y cada proceso siguen sus propias inclinaciones y de sus choques moleculares se obtiene el complejo resultado de la danza.

Así pues, la danza, de receptáculo de prácticas reducidas a la pasividad, se transforma en una praxis activa, que, por estar indisolublemente ligada al proceso vital, renueva las condiciones materiales y los significados inertes de sus componentes. Su "unidad" se rehace y se redescubre continuamente. Existe gracias a sí misma y a la función activa de sus materiales constitutivos, cuya existencia ya no va determinada por la razón única, sino por las razones por separado. Al no ser delineable una razón común, "la lógica de un *Event*", afirma Cunningham, "como respuesta a otro parece ahora inadecuada. Contemplamos y escuchamos varios a la vez. Para la danza, todas esas palabras sobre el significado se habían convertido en un obstáculo. Ahora se han acabado; ya no encajan, tenemos que barajar y volver a repartir las cartas".[27]

Además, conviene considerar que en ese proceso de azar participa también la técnica, que, para Cunningham, si no se quiere que vuelva a ser una ley, aunque extraordinariamente expresiva, o una entidad superindividual, debe proceder de los bailarines, que, "conociéndola", podrán utilizarla u olvidarla para moverse con mayor naturalidad por el escenario.

La danza se vuelve, así, una continuidad de gestos, profesionales y no profesionales, como en *Winterbranch*. La secuencia, presentada en 1964, es simple. Los bailarines solos o en pareja entran, caminando normalmente, en el espacio de la representación, se colocan uno junto al otro y ejecutan, de puntillas y durante unos segundos, diversas configuraciones y, al terminarlas, se interrumpen bruscamente y vuelven a salir, a paso normal, del escenario.

Esa contaminación resulta más declarada y compleja en *How to Pass, Kick, Fall and Run*, de 1965. Los movimientos básicos de la danza van indicados en el título, mientras que la música corre a cargo de Cage, que, sentado en un ángulo del escenario, recita una serie de historias, cuya duración, con variación de la velocidad de lectura según la longitud, es de un minuto.[28]

Evidentemente, resulta fácil argüir que esa orientación operativa, destinada a influir de forma profunda en todo el desarrollo de la danza y de la música americana del decenio de 1960, cuenta con precedentes destacados en las vanguardias históricas. Algunos de ellos son particularmente dignos de mención. Ante todo, la "coexistencia", alógica y casual, de materiales lingüísticamente heterogéneos recibe una defensa resuelta en las afirmaciones futuristas y dadaístas de "una confusión de las categorías estéticas (Tzara) y de las artes ya existentes (Marinetti)".

Afirmación general que, en relación con nuestro asunto concreto, recibe mejor definición, además de en el arte de los ruidos de Russolo, ya mencionado, también en el *Manifesto della Danza Futurista*, en el que se propugna una danza "inarmónica, desgarbada, antigraciosa, asimétrica, sintética, dinámica, parolibre",[29] definición que de forma destacada conserva su importancia fundamental respecto a la "ruptura" lingüística de Cunningham.

Pero, por lo que se refiere al proceso de ósmosis entre representación y gesto cotidiano, el precedente que se puede aducir con mayor convicción es sobre todo el dadaísmo. Baste para confirmarlo recordar, junto al Teatro Merz de Schwitters, el ballet *Relâche* de Picabia, representado en 1924 en el Théâtre des Champs Elysées con músicas de Satie.

El ballet, en su acumulación "sin matriz", por usar una definición de Kirby, de conjuntos lingüísticos diversos –desde los dos desnudos en posición de Adán y Eva, según las crónicas, hasta Man Ray, que paseaba libremente por la escena, desde los faros de automóviles hasta un bombero– es, en efecto, el complemento histórico implícito de las afirmaciones sobre el teatro y la danza casuales e indeterminados de Cage y Cunningham.

Pero hacia quien los dos dirigen la mirada sobre todo es hacia Duchamp, con su indiferencia por una elección subjetiva y cualitativa, con su lento descubrimiento de la igualdad entre actividad e inercia, entre ruido y silencio, entre imagen y objeto, hasta el punto de dedicarle en 1968 un trabajo como *Walkaround Time*. Tras una serie de paralelepípedos, móviles y transparentes, en los que estaban reproducidas, por separado, las imágenes del *Grand Verre*, los bailarines, vestidos con trajes corrientes, tenían libertad para realizar todos los gestos que desearan, durante un período determinado por las luces y el entreacto. Al final del "entreacto", Cunningham interpretaba un solo, en el que ejecutaba un "entreacto", durante el cual se cambiaba el traje por otro idéntico. En esa representación se adivina la problemática, propia de Duchamp, del extrañamiento y la transparencia entre arte y vida, pero más aún la conciencia crítica y analítica de Cunningham sobre lo que se manifiesta en el escenario, como presentación de una realidad y de una imagen de la realidad. Así pues, en los atributos antes indicados, existen motivaciones y relaciones complejas que atestiguan la importancia de Cage y Cunningham en el desarrollo lingüístico de la danza contemporánea americana. Desde luego, su negación de la expresividad, de la historia, del espacio prospectivo, del método lógico y determinado, pone en jaque todos los conceptos teatrales, musicales y artísticos. Pero dentro de su totalización estética se pueden apreciar infinitas variantes y otras tantas modalidades de acción y sobre ella trabaja la generación del decenio de 1960.

---

1. La exaltación del aspecto emocional de la danza tiene en Martha Graham cierto carácter excepcional, pero no conviene olvidar los precedentes de Isadora Duncan, al final del siglo XIX, y de Mary Wigman, en el decenio de 1920. En particular esta última, alumna de Rudolf Van Laban, en el ámbito del clima cultural alemán, había intentado conseguir una danza expresionista, en la que la deformación del gesto pudiera lograr la comunicación de los sentimientos de la bailarina y del bailarín. Arthur Michel, en *The Modern Dance in Germany*, citado por Langer (*Feeling and Form*. Nueva York: Scribner's Sons, 1953), la describe así: "Cuando baila, su torso y sus miembros parecen gobernados por un poder natural que actúa conforme a leyes secretas".

2. B. Cassirer, *Die Philosophie der symbolischen Formen*, 3 vol. (Berlín: B. Cassirer).

3. S. Langer, *op. cit.*

4. D. McDonagh, *The Rise and Fall and Rise of Modern Dance* (Nueva York: Mentor, 1970).

5. Véase una bibliografía esencial del aspecto relevante del trabajo de John Cage en la cultura americana contemporánea en H.W. Hitchcock, *Music in the United States* (Englewood Cliffs, NJ: Prentice Hall, 1969); M. Kirby, *Happening* (Nueva York: Dutton, 1965); M. Kirby, "The New American Theatre", *Tulane Drama Review* (Nueva York: Tulane University, 1965); R. Kostelanetz, *The Theatre of Mixed Means* (Nueva York: Dial, 1968); B. Rose, *American Art Since 1900* (Nueva York: Praeger, 1967); S. Sontag, "The Esthetics of Silence", *Styles of Radical Will* (Nueva York: Farrar, Straus and Giroux, 1969).

6. C. Tomkins, *The Bridge and the Bachelors* (Nueva York: Penguin Books, 1962).

7. El propio Cage ha subrayado reiteradamente la conexión con Russolo, Satie y Varèse. Véase una bibliografía esencial de sus relaciones con el futurismo y el dadaísmo en M. Bortolotto, *Fase seconda* (Turín: Einaudi, 1968); M. Calvesi, *Le due avanguardie* (Milán: Lerici, 1966); R. Kostelanetz, "John Cage: Some Random Remarks" *The Denver Quarterly* 3, no. 4 (Denver, 1969); M. Kirby, *Futuristic Performance* (Nueva York: Dutton, 1971).

8. R. Kostelanetz, *John Cage* (Nueva York: Praeger, 1969): 20-21.

9. Citado por C. Tomkins, *op. cit.*: 89-90.

10. M. Cunningham, *Changes: Notes on Choreography* (Nueva York: Something Else Press, 1968).

11. M. Calvesi, "Un pensiero concreto", *Collage*, no. 3/4 (Palermo: diciembre 1964).

12. R. Kostelanetz, *op. cit.*: 22.

13. C. Baynes (trad. de), *I Ching, Book of Changes* (Nueva York: Pantheon Books, 1950).

14. C. Tomkins, *op. cit.*: 108, describe así el proceso: "En su *Music of Changes*, Cage empezó dibujando veintiséis grandes gráficos con los que planificar los distintos aspectos de los sonidos de las composiciones, duración, dinámica, tiempo e incluso silencios, que recibían un valor equivalente a los sonidos. Cada notación en cada uno de esos gráficos estaba determinada por operaciones aleatorias basadas en el *I Ching*. Para decidir una sola nota, por ejemplo, Cage tiraba tres monedas seis veces; el resultado, cuidadosamente anotado sobre el papel, le llevaba a un determinado número correspondiente a una posición en el gráfico; sin embargo, esto sólo determinaba el tono de la nota, y todo el procedimiento tenía que repetirse una y otra vez para obtener la duración, el timbre y otras características. Como la pieza dura cuarenta y tres minutos, el número total de monedas que se tiraban era astronómico".

15. J. Cage, "To Describe the Process of Composition Used in *Music of Changes* and *Imaginary Landscape no. 4*", *trans/formation* 1, no. 3, (Nueva York: 1962).

16. M. Cunningham, *op. cit.*: 43-44.

17. R. Schechner - M. Kirby, "Interview with John Cage", *Tulane Drama Review* 10, no. 2 (Nueva Orleáns:Tulane University, 1965); C. Tomkins, *op. cit.*: 113-114; M. Kirby, *Happening* (Nueva York: Dutton, 1965).

18. Citado por C. Tomkins, *op. cit.*: 14.

19. M. Cunningham, *op. cit.*: 13.

20. Citado por D. McDonagh, *op. cit.*: 57.

21. M. Cunningham, *op. cit.*: 28.

22. M. Calvesi, *op. cit.* Confirman el análisis de Calvesi las propias palabras de Cage: "Nuestra experiencia actual no se centra en un punto. Vivimos en el espacio que nos rodea, y cada vez somos más conscientes de vivir en él. Las tendencias actuales en el teatro están cambiando la noción de la arquitectura renacentista por otra cosa más relacionada con nuestras vidas", en R. Schechner - M. Kirby, *op. cit.*: 51.

23. M. Cunningham, *op. cit.*: 57.

24. P. Biner, *The Living Theatre*, (Lausanne: Editions l'Age d'Homme, 1968).

25. J. Cage, "In this day..." *Dance Observer* (Nueva York: 1957).

26. La extraordinaria variedad de los gestos y los movimientos de cada uno de los bailarines aparece descrita detalladamente por McDonagh en su historia (*op. cit.*: 60): "La danza ha contrastado gestos de ritmo extremadamente lento y ordinario, como sentarse y andar frente a danzar a una velocidad temeraria. La danza se abre con un simple paseo en diagonal a través de las varas de metal. La pareja de Cunningham entra a actuar deliberadamente por el escenario mientras él coloca una planta con su maceta cerca de la parte delantera del escenario. Salen de la misma forma. Entran un chico y una chica. Al principio, hay proyecciones filmadas de una danza en el estudio y los equipos de sonido ofrecen un telón de fondo a los bailarines. La chica hace el pino mientras el chico la mira. Cunningham vuelve a ejecutar un solo en el escenario y pone una maceta con periódicos junto a la otra maceta. Entonces ella baila un dueto con Cunningham. Tres chicos de la compañía ejecutan una serie de variaciones de solos, que se superponen a los solos de tres de las chicas. La mayor parte de los solos son ejecutados por tres personas simultáneamente. Las proyecciones han mostrado los movimientos de bicicleta de los chicos y ahora muestran pies. Diversos individuos de la compañía entran y salen del escenario con una rápida y brillante alteridad. Todo el impulso de su danza es un *allegro forte*. Es un paso cruzado e interrumpido que contrasta fuertemente con los episodios de paseo deliberadamente casual. La pareja de Cunningham reaparece para romper la maceta original y plantar la flor en la suya. Después de arreglar las hojas de plástico, sale. Poco después, Cunningham ejecuta una secuencia de ejercicios de solo sobre una estera electrónica. El vestuario cambia a medida que la danza va progresando. Las chicas aparecen de vez en cuando con ropa de vestir en lugar de las aerodinámicas mallas de baile. Toda la compañía y el movimiento de la danza se acelera hasta un nivel aún más rápido en una serie de carreras y cruces con saltos. De pronto, dos hombres se sientan en unas sillas a contemplar un *pas de trois*. Las sillas son retiradas y la compañía despliega una cuerda formando con ella un gran zigzag que serpentean y deshacen. Al final de esta variación, todos salen corriendo. De pronto, Cunningham aparece montado en una bicicleta pasando por entre las varillas magnéticas haciendo sonar la bocina sujeta al manillar. Consigue deshacer todos los campos magnéticos, cambiando el sonido y el decorado visual rápidamente mientras baja el telón".

27. Citado en D. McDonagh, *op. cit.*: 58-59.

28. Publicamos algunas de las muchas historias recogidas por Cage en *Silence* y que acompañaban a *How to Pass, Kick, Fall and Run*.

29. F.T. Marinetti, *Manifesto della Danza Futurista*, 8 de julio de 1917.

Germano Celant, "Merce Cunningham & John Cage", *La Scrittura Scenica/Teatroltre* 17 (Roma: Bulzoni Editore, 1978): 109-128.

Merce Cunningham & John Cage

Germano Celant

Taking possession of the vital and ritual aspect of dance does not mean suddenly bestowing absolute significance upon it, and if Martha Graham opens up debate and a renewed direction[1] for dance, her return to clouded and misunderstood conditions of "mythical thought"[2] presents further limitations.

In her quest in dance for a place of osmosis between primordial needs and reality, Graham tends toward the elimination of the symbolic stratifications that accompany classical ballet, and yet her effort remains closed within a series of operations — historical and ideological, spatial and musical — which the generation of dancers that generally emerged from the ranks of her company seeks to challenge and move beyond.

In fact, in her anxiety to "take over," Graham cloaks every activity produced on stage with expressive intentionality and consequently still transposes individuality on the level of abstraction, since she negates the actual reality, and not just the communicative reality, of life. Her awareness of life causes her to advance toward the real gesture, in order to move and freely manifest her energies. However in her desire to "define" herself, she substantially proposes a vision that lies outside her being, and indeed, she hopes for salvation in history and mythology, her dance evoking a potentially religious and mystical catharsis. Thus in her every execution, she rationalizes an illusion of freedom, which, represented as linear and unitary fact, negates the sphere of reality, in order to "imagine" a possible salvation.

The events evoked by Graham are without practical significance, since they are presented in an organically organized form that excludes the incoherence and chance nature of life. If she comes to a definite and unambiguous focus on vital episodes, multidirectional and equivocal spaces of experience are negated and limited. "Existent" individuality cannot be assimilated to a myth or to an image; it escapes representation to the extent in which it happens to itself and for itself, and to the extent in which it doesn't allow itself to be "transformed" and "organized."

Thus the need for spontaneous affirmation cannot be reduced to a closed moment or to a mythical memory, but rather develops fundamentally outside any representation. It follows that Graham, conceiving dance according to a representational vision, negates it anew. Thus for the dancers and critics in question, the subjectivism in her work, claiming creation in the anxiety of the voyage into the primitive and in the logic of a discourse on self, justifiably can pass, in the Fifties, as a further metaphorical manifestation.

In their attempt to move beyond and radicalize Graham's suggestions, these dancers and critics aspire to abandon "imagined sentiment,"[3] to become immersed in the banal reality of the quotidian gesture.

From action painting to the new dada, the Fifties proposed a flight from literalness and illusionism and an anchoring of art to the worldly sphere and to the incommensurability of reality and life. Theater and music, dance and art began to consider the concrete individual in his objective reality. Dualisms began to be challenged and human existence thought of as an inseparable whole. The subject is inscribed in things and considers suspicious any mediation or privilege. Its real presence is mixed with the reality of objects, so that artistic communication is also established as a "real" activity or practice and imitates, not the effects, but rather the processes of life. Representing effects, as Graham had done, resulted in a form of illusionism and "falsification." The manifestations of dance are only investigations into the totality of everyday activity, where the non-fetishized content of existence is carried out. Experience brings its insights to dance and contributes to weakening the "linear" stories, true exceptions of life, in order to bring out chance situations.

Postwar culture's probing into the nature of chance shows the impossibility of establishing a scale of priorities within an art context as well as in life. Nothing can be subordinated a priori, nothing is determining, all entities are equivalent. Thus it is a matter of setting up horizontal syntheses, where either specific languages (dance, theater, music, art, etc.) or their materials (sound, color, canvas, objects, gestures, etc.) freely develop on their own.

This totalization, based on the indeterminacy and multidirectionality of compositional methods, as well as on a liberalization of languages, is asserted within the realm of performance through the complementary work of John Cage and Merce Cunningham, who, since 1943, have worked osmotically and in parallel.

There is no doubt that, as Donald McDonagh has pointed out, in his excellent, and thus far unique, history of contemporary American dance,[4] a discussion of the chronological development of Graham and Cunningham, in terms of the quality and awareness of problems of dance, should include exceptionally interesting personalities, particularly Sybil Shearer, Katherine Litz and Merle Mexicano. However space limitations obviously will restrict our analysis of the historical evolution of dance until 1960 to methodological revolutions and essential contributions. The composer John Cage and the dancer Merce Cunningham are a case in point.

Indeed, to convey the entire complexity and evaluate the true impact of Merce Cunningham's method and activity, it is essential to discuss the range of influences that became available to his dance with its acceptance of an "equivalent" position among the other arts.

An exhaustive explanation will be possible only by taking into consideration the mosaic of all the factors of development in his dance, and among these, the musical and theatrical arguments of Cage stand out. Indeed this composer, with his readings, writings and musical works, can be seen as the keystone to twenty years of American culture.[5]

For Cage, music must approach or identify itself with life, that is, with an arbitrary succession of alogical facts and an all-encompassing system.

Considered from this viewpoint, his music cannot be limited by type and can be materialized or experienced in a multiplicity of relationships with reality, and every relationship of this practical multiplicity establishes its possibility for existence. This implies the infraction of every constituent musical or sound limitation, the adoption of unusual and invented instruments and the creation of alogical and chance-related temporalizations. This means that music, as Cage says, becomes a "solid entity," totally non-determined and unpredictable. Thinking in this

manner, there is no logical or practical absurdity that cannot become music, or more generally art, dance, theater or literature.

As soon as one can take advantage of the concrete "whole," it indubitably becomes possible to establish (artistic) communication that adopts every type of material.

This all-encompassing or totalizing aspect of Cage's work makes every given precedent or musical system insufficient, finally discovering, in their annihilation, infinite material possibilities. In the late Thirties, this led to the "prepared piano" and the "water gong,"[6] created in response to his need for, respectively, a large orchestra and music performed underwater.

The direct stimulation of his musical requirements pushed Cage to change the sound qualities of a normal piano, inserting pieces of wood, rubber and paper between the strings, or inventing an instrument whose sound vibrations could be perceived by dancers moving underwater in a swimming pool.

Thus musical invention emerges from the vital process that generates it. Dictated by the moment of need, the music has no finality, but demands to be created only when it is "necessary," not as a supplementary product, but as a stratification of experience.

The music's material expansion cannot be negated by any particular interests or limitations, since any material can contribute to its expansion. Likewise it can be produced either in a state of activity or in a state of inertia and inactivity.

This music entails a recognition of the possibility for using any type of material (films, text, gesture, books, photographs, etc.) and any type of sound, including silence. It is substantially a matter of letting the material give rise to different musical "materialities."

Music becomes irreducible and indefinable, and thus has an autonomous development. It must be left alone or, as Cage says, "let sounds be themselves rather than vehicles for manmade theories or expressions of human sentiments." This discovery reveals the Zen concept of a life, or music or art, without constrictions. But in order for this to take place, any "compositional" operation must be entrusted solely to chance, or, for Cage, to the chance method. It is only in this way that the experience of music as praxis, without an author, will achieve significance in and of itself and be accomplished.

At most, the musical totality is constructed from a passive action and the musician finds that he or she is only a mediator between the demands of the sound-material and those of the worldly setting as a whole. Since at any moment sounds or noises can be heard that come from unknown sources, it becomes the task of the composer to facilitate their perception and to reveal their musical aspect. Interpretation is eliminated and instead entrusted to the chance method, which Cage took, in 1951, from the *I Ching*. Music is thereby freed from dealing with extraneous problems (feelings, anguish, natural representations, etc.), and can offer itself as a transparent process, since it is accomplished within a unified action that escapes logic, yet is comprehensible.

This process of "assemblage" — both passive and active, made of sounds and silences, gestures and images, words and spaces — disintegrates the restrictive concepts of music that had developed from the Renaissance to the twentieth century and revives the "negative unities" of medieval music and of avant-garde Futurist and Dada music, particularly that of Russolo and Satie.[7] Cage's approach helps to define, within American culture, an attitude of "inertia" that, rather than enhance the performer, brings out the reality of things and events, the "representation" of which is subsequently accomplished by new dada "happenings," in assemblages of "liberated" objects and gestures.

When reality is established as a polyvalent practical field for communication, an undifferentiated possibility for unifying synthesis is defined among artistic languages. This is where the assemblage of Cage and Cunningham, from time to time joined by Rauschenberg and Johns, is located.

The form of their collaboration, which began in 1943, is still indeterminate. Indeed it is never based on a single method, but is experienced in terms of relationships of effective free reciprocity. As Cage has said, "We work in various ways. He chooses an existing piece of music and makes the choreography, or

he makes a dance and I either compose for it or choose an existing piece, or invite some other composer to write for it. Our collaboration has been such that neither one of us is at a fixed point."[8]

Nevertheless one needs to understand how this open integration can occur. The simple practice ability to unify music and dance in their material multiplicity is determined by the sole common denominator of time, which Cage already considered fundamental to the deciphering of music as a totality of silence and sound, when he stated: "When you analyze the physical nature of sound, you find that it has three other characteristics besides pitch — it has timbre, loudness and duration. The only one of these four characteristics that does relate to both sound and silence is, quite obviously, duration. And so I came to realize that any structure for percussion music — for a situation in which harmony does not exist — must be based on duration, or time."[9]

In practice, this definition helps to ascribe to music a reality that is open to every type of "consistency," which, in terms of dance, was defined as follows by Cunningham, in his book *Changes*: "The relation between dance and music is one of co-existence, that is being related simply because they exist at the same time."[10]

The effect of the shared action of time can reveal an integrating unity that doesn't depend on the almost always dishonest "will" of a language, but rather, from a practical viewpoint, sets language free.

Music and dance exist in a "synthetic and simultaneous" (once again, an echo of Futurism) crossover that grants them reciprocity, thus arriving at a point where they avail themselves of each other, in their autonomy and auto-significance of terms and processes.

Compared to Graham, who had suggested the means and expressive autonomy of corporeal material but had maintained a representational and metaphorical language that was spatially and historically dimensioned, Cunningham and Cage arrive at a praxis that, suppressing expressive mediation, rejects all allegory and representational dimension and dissolves into the ordinary nature and banality of quotidian activity. With the awakening of the neutral

objectification of dance, there is an elimination of the seductive presence of individual needs of expression, which focuses all attention to the advantage of a single individual (Graham). What ensues is a poly-reality of dance, which is thus defined as an infinitely reversible and rearrangeable summation of multilateral molecules, in a reciprocal relationship.

In this manner the idea of simulation and the illusory imitation of reality is brought into question, so that dance and music can "cancel each other out," each touching upon the other without pinning it down.

Indeed, as Calvesi has acutely noted, for Cunningham, dancing means penetrating a movement for some time, a movement that is life itself; it means entering a circle, which is its own justification, ("The Dance" — Cage explains — "supports itself and does not need support from the music"), and which will continue to revolve even when the dancer has exited."[11]

The effect of this concept is the discovery of the theatrical aspect for every physical event, so that if "there are things to hear and things to see, that's what theater is."[12]

What matters, then, is the disclosure of the event in its autonomy, whether logical or alogical, in order to avoid attributing to its reality any characteristic that doesn't belong there. This is why there arose the need for a method that doesn't suppress the character of expression of individual materials (sound, silence, time, stasis, movement...) that come together to form a performance: the chance method. In 1951 this offered Cage and Cunningham an undifferentiated and alogical process of structural organization of expressive molecules that, in 1952, accumulated to form Cage's *Music of Changes* and Cunningham's *Sixteen Dances for Soloist and Company of Three*.

Both these works, fundamental in their mutual production, are based on the use of change, following the old Chinese method of tossing three coins six times, in order to obtain revelations and, for Cage and Cunningham, graphic combinations. This system was discovered by Cage in 1950, with the publication in the United States of the book of changes, the *I Ching*,[13] and applied for the first time in the autumn of 1951, in order to create his composition *Music of Changes*.

According to Cage, the compositional process, based on a complex system of diagrams,[14] was adopted "to construct a musical composition where continuity is completely liberated from taste and individual memory, and even from the literature and the 'traditions' of art. Sounds enter space-time, centered upon themselves, without having to lend themselves to any abstraction, the three hundred sixty degrees of their circumference remaining available to an infinite play of interpretations. Value judgments are extraneous to the very nature of this work with regard to composition, execution and listening, and since the idea of relationship is absent, any thing at all can happen. An 'error' is completely out of the question, since once anything occurs, it authentically exists."[15]

This method has no content other than the principle that the chance organization of objective relationships between materials is the same used by Cunningham, again in 1951, to give a level of indifferentiation to the relationships between the time, movement and lights of *Sixteen Dances for Soloist and Company of Three*. The description of the dances is best left to the choreographer himself: "The *Sixteen Dances for Soloist and Company of Three* was special for me in my work. It was a long piece intended to fill an evening. It was also the first time the use of chance operations entered into the compositional technique. The choreography was concerned with expressive behavior, in this case the nine permanent emotions of Indian classical aesthetics, four light and four dark with tranquillity the ninth and pervading one... Although the order was to alternate light and dark, it didn't seem to matter whether Sorrow or Fear came first, so I tossed a coin. [...] The work had an overall rhythmic structure to which Cage wrote the score, generally after the dances were finished. [...] The solos were concerned with specific emotional qualities, but they were in image form and not personal... [...] Following Fear was a quartet with a small gamut of movements, which was different for each dancer, and this was choreographed by chance means. That is, the individual sequences, and the length of time, and the directions in space of each were discovered by tossing coins."[16]

In fact, the chance method in *Sixteen Dances* is not applied to the movement process, but only to the determination of the order that the groupings of movements are meant to follow. The chance method is not fully realized in Cunningham's work until 1953, in *Suite by Chance*.

But from the point of view of our study, the reciprocal relationship between the two artists reveals significant results in 1952 and 1953.

In 1952, at Black Mountain College, Cage presented an event based on a system of alogical or chance relationships of dance, theater, music, literature and art. The event, which could be interpreted on many levels at once, constituted an authentic break with conventional ways of conceiving theater. Cage's freedom of organization produced an accumulation of actions where the subject (Cunningham, Cage, Rauschenberg, Richards, Olsen and Tudor) was simultaneously singular and plural, objectively free in his action, but tied to a shared temporalization.

The spatial conditions in which the untitled work took place were provided by a specific arrangement of the theater space. The rectangular college refectory was divided diagonally, and the spaces for the spectators were formed from the triangles obtained from this division, leaving accessible space for the performers along both the perimeter of the room and the diagonals.

Thus the action was carried out both amid and around the public; temporal scansions of the actions, indicated in "time brackets," were established by Cage, but the actions of the individual performers were freely determined. Films and slides were projected on the long sides of the rectangular space. Cage, on a ladder, wearing a dark suit and tie, gave a lecture on Meister Johannes Eckhart that also included silences. On another ladder, Mary Caroline Richards and Charles Olsen moved toward each other at defined intervals, while reading poetry.

David Tudor played the piano, Robert Rauschenberg listened to records on an old-style gramophone, while his *White Paintings* hung at various angles above the public. Merce Cunningham improvised movements, a dog in the audience began to follow him and was accepted and inserted into the action.[17]

This accumulation of "materials" offered Cage definitive proof that theater, perhaps more than music, was the form of expression closest to life, to the point that it could "take place all the time wherever one is and art simply facilitates persuading one this is the case."[18]

This experience pushed Cage to increasingly emphasize the theatrical aspect of music, as seen in his famous silent piece, *4'33"*, also composed at Black Mountain College. The title indicates the duration, in minutes and seconds, of the entire piece, divided into three parts. For the first time the execution was entrusted to David Tudor. After entering the performance area, the pianist approached the piano and shut the keyboard cover. He remained immobile, without doing anything, for a specified number of seconds, then once again opened the keyboard cover. This action was repeated for the other two parts of the composition.

That same year Cunningham created *Collage I & II*

for the Brandeis University Creative Arts Festival. The director of the Festival, Leonard Bernstein, asked him to prepare a dance for Pierre Schaeffer's *Symphonie pour un homme seul*, an example of *musique concrète*.

Given the novelty of the musical piece, composed directly on magnetic tape, Bernstein proposed that it be repeated, one time after another. While Cunningham understood the reasons for repeating the music, he didn't feel the same way about the dance, and therefore conceived two separate dances, one a solo, and one a group piece for 17 performers, including both professional dancers and university students with no training in dance or performance. Since he couldn't pretend that this group could perform on a professional level, Cunningham asked each dancer to execute movements taken from daily life, including touching, seeing, eating, looking at a watch, running away, washing clothes and shaking hands. Cunningham then applied the chance method to these movements, which were combined for 15-Second intervals with waltz, Charleston, can can, tango, Scottish dances and other music. In this way, individual movements were never executed in unison.

This process "freed the immature performers from any dependence upon it for support. Then time became a mutual field in which both the sound and movement progressed. This and the found movement also freed them from embarrassment or fright, and the event was realistic rather than forced, and they could enjoy it."[19]

The result of this phase of linguistic totalization is the purging of structural and processual hierarchies from the creative act. The new "being," whose existence is determined by the simple temporalization of reciprocal relationships between artistic materials, achieves the goal of bringing into question relationships of space, movement and vision that western culture had inherited since the Renaissance. The moment of revelation of this change of sign begins essentially with the process of "de-situation" (Sartre), seen in the work of Cage and Cunningham from 1952 on.

The need to exit a restricted situation in order to move into the totality of reality produces in both artists the shared goal of finding an "open" spatial-motor situation. Thus with its polycentrality, the spatial and motor indeterminacy of the performer is emphasized, doing away with the focal point of perspectival order.

A performer, viewed as "first among equals,"[20] is allowed to move anywhere on the stage. This means that individual performers are arranged and seek a place depending on their own center, as it were, to quote Cunningham once again: "The dancer is at a given point in the dancing area. That point in space and/or that particular moment in time concurrently are the center for him and he stays or moves to the next point to the next center. Each dancer had this possibility. So, from moment to moment and from point to point, the dancers moved separately."[21]

Thus dancing signifies liberating an indeterminate force that permeates the reality of every gesture in an undifferentiated space, and simultaneously having a dialogue with the field of differentiated energies that can be identified between the other performers and the public.

At this point dance is seen as an "immersion" in reality, a process of integration with the mundane sphere that Calvesi describes, in his careful study of the perspectival resetting in the new dada movements and in Cunningham's work: "If reality were immobile and unambiguous, endowed with a center, to possess it one would only have to glance it over quickly, part by part, to capture its central portion and examine it in a fixed light.

Instead, reality is a tangle of references, a force that explodes everywhere with equal intensity and has innumerable, continually shifting centers. We cannot stop it, we should get in step with it, identify one of these centers, one of these intersections, and follow its movements."[22]

Keeping in mind these motivations, it is possible to have a more detailed idea of Cunningham's absolutist stance to Graham's propositions. In addition to the general differences already pointed out, it must be specified, first of all, that with Cunningham, dance assumes the task of reflecting on its own nature, on its suitability for realization and on the character of its presuppositions. In fact, by eliminating the illusory values that are introduced surreptitiously in the process of convergence between dream and reality, dance acquires a real dimension, which pushes it to reflect on itself and to become aware of its limitations and its processes, at the conclusion of which its "reconstruction" is established.

Thus while Graham, justly caught up in her own work, had contributed to a subjective reconstruction of dance, Cunningham attempts its objective and impersonal reconstruction. Obviously this is a radical point of view, as much so as Graham's, so that in his terms, dance would tend to end up as mere accumulations of facts, spaces, objects, sounds and actions, no longer subjective ends, but constituting ends in themselves. For Cunningham, "everything is dance" and "dance is everything." And since everything at every moment is significant, it is not necessary to impose order, as Graham does, or to superimpose subjective interpretations, or to represent it; in order to recognize its human properties, it suffices to live it and allow it to act.

However this does not mean that subjective enunciations have to be disregarded or rejected, but only that they should be made equal with other aspects.

From 1953 to 1958 the infinite multiplicity of everything as dance is manifested in the complexity of the various *Suites*, where chance objects and facts are adopted for directional, spatial and temporal determination. For example, "the spacial [sic] plan for the dance," Cunningham writes, "which was the beginning procedure, was found by numbering the imperfections on a piece of paper (one for each of the dances) and by random action the order of the numbers. The time was found by taking lined paper, each line representing 5-second intervals. Imperfections were again marked on the paper and the time lengths of phrases obtained from random numbering of the imperfections in relation to the number of seconds."[23] This procedure for using concrete facts makes it possible to group Cunningham's work with not only that of Cage and Rauschenberg, but also with that of the Living Theater, for which he executed the choreography for Paul Goodman's *The Young Discipline*, in 1955.[24]

At that time, this sort of encounter between different "writings" was inevitable, even necessary, to the extent that it was based on a shared determination to work with facts and not interpretive and literary illusions, as seen in their combinations of painting and common objects, sounds and silence, theater and quotidian performance, choreographic movement and banal gesture.

These are different refractions of the same praxis, which brings together objects and people, also finds justification in the consequent and shared search for the participation of the audience, no longer referred to as a passive entity, but as a second lead actor. If art, music, dance and theater are an energy field in which everything is included and everything can occur and everything is expressive, then the public is one component that, like others, can express itself autonomously. This means that the public isn't compelled to concentrate on the work in order to interpret the author's idea, already made indeterminate by the aforementioned authors, but instead extracts from that idea its own significance, which from then on will be an added significance to the work. As Cage has written on numerous occasions, "We are, in these dances and in this music, saying something. We are ingenuous enough to think that if we say something, we will use words. Instead we are doing something. The significance of what we are doing is determined by whoever sees it and hears it. In Europe they try to concentrate the public's attention on a work that expresses the idea and sensibility of an author. In the United States we want to indicate to the spectators how they can transform their everyday life into a continuous series of artistic experiences. We are intermediaries."[25]

The "fall" into reality introduces an alteration of all dance's internal and external references. To the extent that every performer lives his "condition" on stage, no longer in relationship to an ordered and limited structure, but rather in relationship to the experience of the continuous space, his gesture is not concretized within formal boundaries, but is carried out in a concrete present, where nothing is fixed except its being. Liberated from spatial circumstances and from representational necessities, the performer becomes an "ordinary being," a "neutral sign." He consequently has the possibility to "make use of himself and define himself, not as a tool, but as a way of acting." In this way, on his own and on his own behalf, he undertakes the liquidation of choreographic superstructures that, shown to be "other" entities, will declare themselves to him in their autonomy. Then space, music, public, lights, costumes, etc. will be revealed, and their essence and reciprocal relationship will be defined.

These observations lead to works that reflect upon reciprocity, both internal (*Variations V*) and external (*Tread*). The idea for the former, performed in 1965 at Philharmonic Hall in New York, came from Cage, who earlier, in 1960, had used supersensitive microphones to amplify the sound produced by people and objects, to have the dancers directly produce the music and lights. The dialectical relationships between gesture, space, light and sound was obtained from the construction on the stage of complex electronic apparatuses. The music was determined by electronic antennae, the number of which varied, depending on the space, with a magnetic field corresponding to different sounds produced by each dancer who entered a field. Photo-electric cells were placed to create a grid, which, when crossed, regulated the choreography of the lights. While the 8 performers, with their banal gestures of walking, moving about, carrying objects, exiting and entering the stage, determined the "choice" of sound, Cage and Tudor had the task of determining the sound's duration and repetition,[26] thus reciprocally controlling the work's indeterminacy. The internal relationships between the various materials were both logical and illogical in nature, and the execution of the performance was narrowly restricted to the establishment of all the internal connections between music, dance and choreography. Visual connections, on the other hand, could be acquired from a film, put together by the chance method, which showed details of movements made by the corps of dancers, mixed with images taken from television and ordinary films. The performance concluded with Merce Cunningham riding a bicycle across the entire magnetic field and grid of photo-electric cells.

Tread, 1970, is founded on the necessity to reveal, empirically and pragmatically, relational structures in order to bring out the work's significance and new possibilities of reciprocity.

If *Variations V* is based on internal and contingent situations, *Tread* is entrusted to prior and external situations. In other words it "submitted to" the "unconditioned" preparation of music, choreography and set design, conceived by Christian Wolff, Merce Cunningham and Bruce Nauman, and was encountered only the evening of the first public performance, at the Brooklyn Academy of Music, in New York. Thus the different materials and processes follow their own inclinations, and their molecular collision results in the overall dance.

Dance as a receptacle of passive practices is thereby transformed into an active praxis, which, indissolubly connected to a vital process, revives the inert material conditions and meanings of its components. Its "unity" is continually remade and rediscovered. It is responsible for its own existence and because of the active function of its constituent materials, a function that was no longer determined by a single cause, but by individual causes. A common cause cannot be delineated, and, as Cunningham states, "The logic of one event coming as responsive to another seems inadequate now. We look at and listen to several at once. For dancing it was all those words about meaning that got in the way. Right now they are broken up; they do not quite fit, we have to shuffle and deal them out again."[27]

One also needs to take into consideration that technique is also involved in this chance process. While Cunningham doesn't return technique to a dominant, overriding position, he uses it in extremely expressive ways, as a super-individual entity. Technique has to come from the performers, who, knowing it, can use it or forget it and move more naturally on the stage.

Thus dance becomes a continuity of gestures, professional dance gestures or otherwise, as in *Winterbranch*. The sequence, performed in 1964, is simple. Solo dancers or couples enter the performance space, walking normally; they take positions and, for several seconds, execute different configurations on point, then brusquely stop and exit, walking normally.

This "contamination" of techniques becomes more open and complex in *How to Pass, Kick, Fall and Run*, 1965. The basic movements of the dance are indicated in the title, while the music was produced by Cage, who sat in a corner of the stage, reciting a series of stories that each lasted one minute, with variations in velocity of reading, due to their varying length.[28]

It would be easy to argue that this operative orientation, destined to profoundly influence the entire development of American dance and music in the Sixties, has significant precedents in historical avant-garde movements, some of which deserve special mention. In particular, the alogical and chance "coexistence" of linguistically heterogeneous materials was resolutely defended in Futurist and Dada artists' affirmations of "a confusion of esthetic categories" (Tzara) and use of "already existing arts" (Marinetti).

In terms of our specific topic, this general attitude was best defined, not only in Russolo's "art of noises," mentioned earlier, but also in the *Manifesto della Danza Futurista*, which presages a "discordant unmannerly unlovely asymmetrical synthetic dynamic unfettered" dance,[29] a definition that has a marked central significance to Cunningham's linguistic "breaks."

It is Dada that can be proposed most convincingly as a precedent for Cunningham's process of osmosis between representation and quotidian gesture. Two examples that confirm this lineage are Schwitters's *Merz* theater and Picabia's *Relâche* ballet, performed in 1924 at the Théâtre de Champs Elysées, to music by Satie.

Picabia's ballet had an accumulation "without matrix," to use a definition by Kirby, of different linguistic groupings, from two nudes posing as Adam and Eve after Lucas Cranach, to Man Ray, who walked freely about the stage, to automobile headlights, to a fireman. This is, indeed, an implicit historic complement to Cage's and Cunningham's chance and indeterminate theater and dance statements.

But it was to Duchamp more than anyone that the two artists looked, particularly his indifference to subjective and qualitative choice and his slow discovery of the equality between activity and inertia, noise and silence, image and object. *Walkaround Time*, 1968, was dedicated to him. Images from Duchamp's *Grand Verre* were reproduced on a series of transparent and mobile plastic cubes. Behind these, the dancers, dressed in warm-up clothes, freely executed gestures of their choosing, during an interval defined by the lights being on. At the end of this interval, Cunningham appeared in a solo, stripping off one outfit and donning another. In this performance, one could divine the Duchampian issues of the disorientation and transparency between art and life, but even more, Cunningham's critical and analytical awareness of what was being shown on stage as a presentation of a reality and an image of reality. These attributes contain complex motivations and relationships that attest to the importance of Cage and Cunningham in the linguistic development of contemporary American dance. Clearly their negation of expressiveness, story, perspectival space, logical and determined method, technique and qualitative and hierarchical choice places in check all theatrical, musical and artistic concepts. Their totalizing esthetic led to infinite variations and modalities of action and nurtured the generation of dancers and artists working in the 'Sixties.

1. While the emphasis on the emotional aspect of dance in Martha Graham's work has unique aspects, one cannot forget the precedents of Isadora Duncan, in the late nineteenth century, and Mary Wigman, in the 1920s. The latter in particular, a student of Rudolf Van Laban, working within German cultural circles, had attempted to pursue an expressionist dance where the deformation of gesture could arrive at the communication of the dancers' feelings. In *The Modern Dance in Germany*, quoted by Langer (*Feeling and Form*. New York: Scribner's Sons, 1953), Arthur Michel provides the following description: "When she dances, her torso and her limbs seem governed by a force of nature that acts according to secret laws."

2. B. Cassirer, *Die Philosophie der symbolischen Formen*, 3 vol. (Berlin: B. Cassirer).

3. S. Langer, *op. cit.*

4. D. McDonagh, *The Rise and Fall and Rise of Modern Dance* (New York: Mentor, 1970).

5. For a basic bibliography on the significant aspects of John Cage's work in contemporary American culture, see: H.W. Hitchcock, *Music in the United States* (Englewood Cliffs, NJ: Prentice Hall, 1969); M. Kirby, *Happening* (New York: Dutton, 1965); M. Kirby, "The New American Theater," *Tulane Drama Review* (New York: Tulane University, 1965); R. Kostelanetz, *The Theatre of Mixed Means* (New York: Dial, 1968); B. Rose, *American Art Since 1900* (New York: Praeger, 1967); S. Sontag, "The Esthetics of Silence," *Styles of Radical Will* (New York: Farrar, Straus and Giroux, 1969).

6. C. Tomkins, *The Bridge and the Bachelors* (New York: Penguin Books, 1962).

p. 90-91
Merce Cunningham Dance Company en/in Nocturnes, *1956*
Photo Oscar Bailey

7. Cage himself has repeatedly emphasized the connection with Russolo, Satie and Varèse. For a basic bibliography on his relationships with Futurism and Dada see M. Bortolotto, *Fase seconda* (Turin: Einaudi, 1968); M. Calvesi, *Le due avanguardie*, (Milan: Lerici, 1966); R. Kostelanetz, "John Cage: Some Random Remarks," *The Denver Quarterly* 3, no. 4, (Denver: 1969); M. Kirby, *Futuristic Performance* (New York: Dutton, 1971).

8. R. Kostelanetz, *John Cage* (New York: Praeger, 1969): 20-21.

9. Quoted by C. Tomkins, *op. cit.*: 89-90.

10. M. Cunningham, *Changes: Notes on Choreography* (New York: Something Else Press, 1968).

11. M. Calvesi, "Un pensiero concreto," *Collage*, no. 3/4 (Palermo: December 1964).

12. R. Kostelanetz, *op. cit.*: 22.

13. C. Baynes, trans., *I Ching, Book of Changes* (New York: Pantheon Books, 1950).

14. C. Tomkins, *op. cit.*: 108, describes the process as follows: "In his *Music of Changes*, Cage began by drawing up twenty-six large charts on which to plot the various aspects of the composition-sounds, duration, dynamics, tempi and even silences, which received equal value with sounds. Every single notation on each of these charts was determined by chance operations based on the *I Ching*. To plot a single note, for example, Cage would toss three coins six times; the results, carefully noted down on paper, would direct him to a particular number corresponding to a position on the chart; this would determine only the pitch of the note, though, and the whole procedure would have to be repeated over and over to find its duration, timbre and other characteristics. Since the piece lasts forty-three minutes the total number of coin tosses that went into it was astronomical."

15. J. Cage, "To Describe the Process of Composition Used in *Music of Changes* and *Imaginary Landscape no. 4*," *trans/formation* 1, no. 3 (New York: 1962).

16. M. Cunningham, *op. cit.*: 43-44.

17. R. Schechner – M. Kirby, "Interview with John Cage," *Tulane Drama Review* 10, no. 2 (New Orleans: Tulane University, 1965); C. Tomkins, *op.cit.*: 113-114; M. Kirby, *Happening* (New York: Dutton, 1965).

18. Quoted by C. Tomkins, *op. cit.*: 14.

19. M. Cunningham, *op. cit.*: 13.

20. Quoted by D. McDonagh, *op. cit.*: 57.

21. M. Cunningham, *op. cit.*: 28.

22. M. Calvesi, *op. cit.* Calvesi's analysis is confirmed by Cage's own words: "Our experience nowadays is not focused at one point. We live in, and are more aware of living in, the space around us. Current developments in theater are changing architecture from a Renaissance notion to something else which relates to our lives." (from R. Schechner – M. Kirby, *op. cit.*: 51).

23. M. Cunningham, *op. cit.*: 57.

24. P. Biner, *The Living Theatre* (Lausanne: Editions l'Age d'Homme, 1968).

25. J. Cage, "In this day. . .," *Dance Observer* (New York: 1957).

26. The extreme variety of gestures and movements of the individual performers is described in detail by McDonagh in his history (*op. cit.*: 60): "The dance has contrasted extremely slow, ordinary-paced gestures such as sitting and walking with dancing of headlong velocity. The dance opens with a simple, diagonal walk across the metal wands. His partner enters to walk deliberately across the stage as Cunningham places a potted plant near the front of the stage. He exits the same way. A boy and girl enter. At first there are film projections of a dance studio and locomotives to provide a backdrop for the dancers. The girl stands on her head as the boy watches. Cunningham returns to do a solo on the stage and places down a pot with newspapers in it next to the first pot. She then dances a duet with Cunningham. Three boys of the company do a series of solo variations, which overlap solos by three of the girls. Most of the solo work is done by three people at the same time. The film projections have reflected the bicycle motions of the boys and are now showing feet. Individuals of the company come and go off the stage with fast, bright alertness. The entire thrust of their dance is highly allegro. It is an all-stops-out passing, which contrasts strongly with the deliberately casual walking episodes. His partner reappears to smash the original pot and plant the flower in her own. After she has rearranged the plastic leaves, she exits. Shortly thereafter, Cunningham comes on to do a solo sequence of exercises on an electronic mat. The costumes of the dance change as it progresses. The girls appear from time to time wearing street clothes rather than the streamlined leotards of the dancer. The entire company and the movement of the dance accelerates to an even more rapid level in a series of running and leaping crossovers. Two men suddenly sit down in chairs to watch a pas-de-trois. The chairs are removed and the company unwinds a string and shapes it into a large zigzag form, which they weave up and down. At the end of this variation, they all run off. Suddenly Cunningham appears riding an ordinary bicycle in and out among the magnetic wands, tooting the small air horn attached to the handlebars. He manages to break all of the magnetic fields, changing the sound and visual décor rapidly as the curtain comes down."

27. Quoted by D. McDonagh, *op. cit.*: 58-59.

28. We are printing some of the many stories told by Cage, which accompany *How to Pass, Kick, Fall and Run*, taken from *Silence*.

29. F. T. Marinetti, *Manifesto della Danza Futurista* (July 8, 1917).

Germano Celant, "Merce Cunningham & John Cage," *La Scrittura Scenica/Teatroltre* 17 (Rome: Bulzoni Editore, 1978): 109-128.

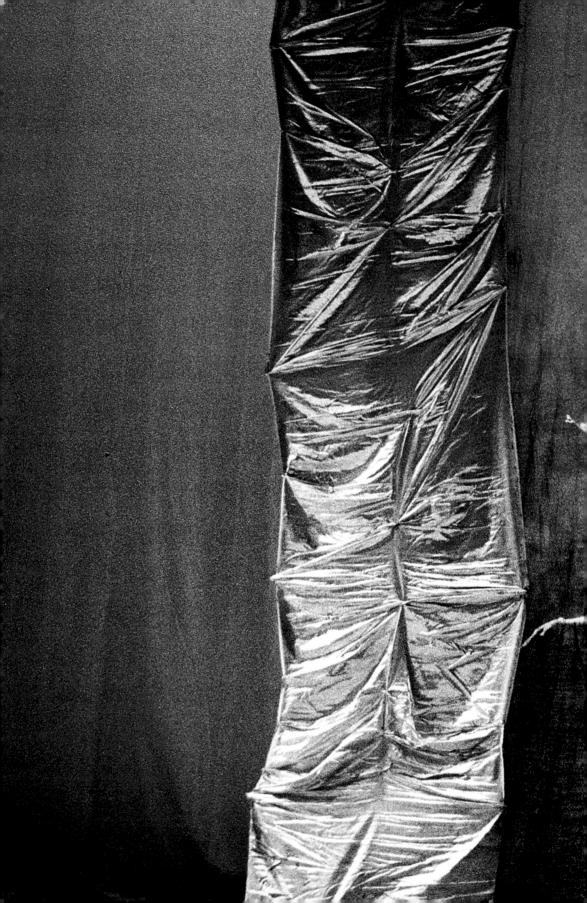

Merce Cunningham

David Vaughan

Para mí, bailar es movimiento en el tiempo y el espacio", ha dicho Merce Cunningham. Si esta declaración parece obvia, es porque Cunningham nos ha hecho ver la danza con esa perspectiva. Su coreografía se preocupa por el hecho del movimiento, como la música de John Cage se preocupa por el hecho del sonido, o una pintura de Jasper Johns por un determinado objeto. Mientras otros coreógrafos pueden encontrar motivación o "inspiración" en una pieza de música, o en un tema literario o psicológico, Cunningham empieza, como él dice, con un paso, un movimiento que puede ser la semilla de toda una obra (le gusta contar la historia del gran bailarín de zapateado, "Honi" Coles, que llamaba a su mentor, John Bubbles, quien le preguntaba: "¿Has dado algún paso nuevo?").

En las primeras piezas que Cunningham y Cage hicieron juntos a principios de los años cuarenta, danza y música compartían una estructura temporal prefijada, uniéndose tan sólo en algunos puntos clave. A principios de los cincuenta, este proceso llegó a su conclusión lógica: ambos elementos coexistían independientemente, sin ninguna relación más allá del hecho de que se producían de forma simultánea.

Para Cunningham, la creación no es cuestión de inspiración. Como es sabido, utiliza operaciones aleatorias para urdir la secuencia de frases de una danza y determinar otros factores, como en qué punto del espacio se ejecutarán, y por cuántos bailarines. Este proceso le permite descubrir maneras de moverse que tal vez nunca se le hubieran ocurrido si se hubiera basado en la costumbre o la intuición.

Cunningham no acepta las formas convencionales de utilizar el espacio. Rechaza las configuraciones derivadas de la teoría renacentista de la perspectiva, como en el ballet clásico, donde la acción irradia desde un punto central, la *ballerina*, apoyada por su pareja y las sucesivas hileras de primeras bailarinas y el *corps* de ballet. Incluso en la danza moderna, existía la creencia de que ciertas áreas del escenario eran "más fuertes" que otras (como sugería Doris Humphrey en *The Art of Making Dances*). Cunningham decidió muy pronto que ningún punto era más importante que otro, y que cada bailarín podía ser el centro del espacio que él o ella ocupaba.

Esta noción de multiplicidad de centros podría considerarse un concepto zen, aunque Cunningham no estudió zen en profundidad como Cage. También guarda una clara analogía con la organización del espacio pictórico de gran parte de la pintura contemporánea. El propio Cunningham dice que encontró la confirmación en una declaración de Einstein: "No hay puntos fijos en el espacio".

En su mayor parte, las innovaciones formales radicales de Cunningham llegaron de forma más pragmática que teórica, como resultado de la necesidad de enfrentarse a un problema o a una situación particular. En 1952, Leonard Bernstein le invitó a coreografiar dos obras para el Festival of the Creative Arts de la Brandeis University, en Waltham (Massachusetts).

Una de las obras era una versión de *Les Noces*, de Stravinsky, que Cunningham coreografió de un modo más o menos convencional, siguiendo la estructura dramática y musical.

La segunda era la primera pieza de *musique concrète* que se interpretaba en Estados Unidos, la *Symphonie pour un homme seul*, de Pierre Schaeffer. Algunos fragmentos de esta pieza se iban a interpretar dos veces en el concierto, debido a la dificultad que implicaba su singularidad, pero Cunningham decidió que no quería repetir la misma coreografía. Compuso un solo para sí mismo y una coreografía para un grupo de danza, utilizando diversos bailarines que habían estudiado con él en Nueva York, así como una serie de estudiantes de Brandeis con escasa formación. En aquella época había empezado a trabajar con procesos aleatorios, buscando maneras de aplicar a la coreografía operaciones similares a las que Cage utilizaba en su música. El artista concibió tres gamas de posibles movimientos: una consistía en frases inventadas por él, la segunda consistía en movimientos de danzas sociales, y la tercera en movimientos y gestos cotidianos. Así, por primera vez, utilizaba un movimiento ajeno a la danza, no con un objetivo mimético, sino como elemento de la coreografía, y su principal razón para hacerlo era ofrecer movimientos accesibles para las capacidades de estudiantes sin formación.

Por su parte, los bailarines no podían contabilizar los sonidos que componían esta pieza de música gra-

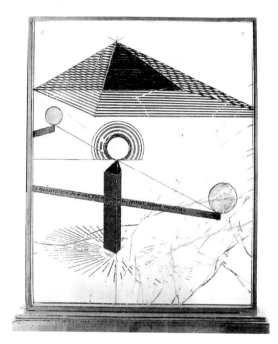

bada en cinta electrónica de la forma habitual. Por eso, Cunningham decidió hacer una danza que tuviera la misma longitud que la música, sin intentar relacionar música y danza. A partir de ese momento, la mayoría de sus danzas se compusieron con intervalos de tiempo fijos y de ese mismo modo.

En 1964, durante la gira mundial de seis meses de la Merce Cunningham Dance Company, Cunningham fue invitado a actuar en el Museum des 20.Jahrunderts de Viena. En el museo no había teatro, pero le dijeron que se podía construir una plataforma y montar algún tipo de escenario. Sin embargo, Cunningham decidió hacer una pieza compuesta, uniendo extractos del repertorio en una nueva secuencia, que pudiera representarse en un espacio abierto del museo, ante una pared dotada de una hilera de ventanas que daban a un parque público. Tituló la pieza *Museum Event No. 1.* Posteriormente, en el transcurso de la gira, la compañía representó otros dos *Museum Events* en el Moderna Museet de Estocolmo. A Cunningham le gustó el resultado, porque le permitía reciclar material coreográfico y porque le ofrecía la posibilidad de actuar en un espacio no teatral. Muchos de los teatros en los que actuaba la compañía eran inadecuados en algún aspecto, y muchas veces resultaba más idóneo el espacio de un gimnasio, un ring o incluso un espacio al aire libre. Desde 1964, la compañía ha representado cientos de sus *Events* en espacios muy diversos.

Es evidente que Cunningham abandonó hace ya mucho los principios que rigen habitualmente la estructura de la danza: causa y efecto, conflicto y resolución, gradación climática... Son fenómenos que no se producen en sus danzas. Sin embargo, en los últimos años, los observadores han detectado un "nuevo" elemento narrativo en su obra, del mismo modo en que otros opinan que su movimiento cada vez se acerca más al ballet. El hecho es que la obra de Cunningham siempre ha sido dramática en cierto modo, y siempre ha tenido similitudes con el ballet clásico en su movimiento.

En 1937, cuando empezó en la Cornish School, en Seattle, Cunningham pensaba estudiar teatro. Sólo fue después de empezar las clases de danza moderna con Bonnie Bird cuando se dio cuenta de que, para él, teatro significaba danza, y cambió el curso de sus estudios de acuerdo a este descubrimiento. Pero siempre ha sido un actor consumado y ha tenido una fuerte presencia en escena, una presencia que sigue siendo auténtica ahora que la cantidad de movimiento real que puede representar está limitada por la edad.

La yuxtaposición de un Cunningham mayor a una compañía de jóvenes virtuosos crea en sí misma una situación dramática; era difícil no ver el inquietante *Quartet* como una meditación sobre su propia muerte. En los breves pasajes por el escenario que ofrece en sus obras recientes, Cunningham aparece como un Próspero, una figura similar al rey Lear. La otra cara de la moneda es su personalidad beckettiana, en obras con un componente cómico, como *Roadrunners*, *Gallopade* y *Grange Eve*. Como dijo W.C. Fields: "Nunca he visto nada gracioso que no fuera terrible".

Esas danzas, como los tres solos aleatorios de los años cincuenta, *Untitled Solo*, *Lavish Escapade*, y *Changeling*, eran dramáticas en su propia intensidad. La danza *Crises*, de 1960, trataba claramente de las

relaciones a menudo tempestuosas de un hombre con cuatro mujeres. El elemento vodevilesco siempre ha estado presente, en obras como *Antic Meet* (1958), como en el *Concierto para Piano y orquesta* de Cage, cuyo epígrafe era una cita de *Los hermanos Karamazov*: "Déjenme que les diga que el absurdo es simplemente demasiado necesario en la tierra".

Actualmente, Cunningham nunca llega tan lejos en sus notas de programa (aunque sus títulos son tan evocadores como cualquier otro título de la danza contemporánea); ciertamente, nunca deletrea el significado de una danza. Cage y él creen en el apotegma de Duchamp de que el espectador completa la obra de arte. Así pues, es el espectador quien puede decidir si hacer interpretaciones de la danza o no. Lo que a Cunningham le importa es que los espectadores miren y vean realmente la danza, no que intenten descubrir qué puede significar. Más exactamente, podríamos decir que la obra de Cunningham, como la de Cage, "imita la forma en que la naturaleza crea un espacio y pone muchas cosas en él, pesadas y ligeras, pequeñas y grandes, todas sin relación entre sí, pero afectándose unas a otras". Como me decía hace poco Alastair Macaulay, sus danzas "siguen devolviéndonos a la vida y al mundo".

En cuanto a la técnica dancística de Cunningham, se basa en el más simple de los principios: una vez le dijo a un estudiante que bailar consiste en cambiar de peso de un pie al otro. Cunningham empezó originalmente a enseñar con la idea de formar bailarines para que se movieran de la manera que él quería: los bailarines de otros estudios de danza modernos no podían hacerlo, o bien querían saber cuál tenía que ser su motivación, algo que a él no le interesaba decirles. Él había estudiado un tiempo en la Balanchine's School of American Ballet. Al desarrollar su técnica, combinaba la acción de las piernas y el giro pélvico del ballet con la flexibilidad del torso característica de la danza moderna. En los últimos años, Cunningham se ha interesado cada vez más por el virtuosismo, y ha formado a sus bailarines para que se movieran con una velocidad, ligereza y precisión sobrenaturales.

Cuando estudiaba en la antigua School of American Ballet, situada en la esquina de Madison Avenue con la Calle 59, Cunningham solía visitar las cercanas galerías de arte entre clase y clase. Más tarde, Cage y él se hicieron amigos de los pintores de la Escuela de Nueva York (el verano de 1948, Willem y Elaine de Kooning fueron invitados al Black Mountain College, de Carolina del Norte, gracias a la iniciativa de Cage). Los pintores constituían el público más leal de los primeros conciertos de Cage y Cunningham. Pero fue con Robert Rauschenberg y Jasper Johns con quienes se estableció un vínculo más estrecho: ver las pinturas blancas de Rauschenberg en el verano de 1952 animó a Cage a escribir su famosa pieza "silenciosa" *4'33*.

De 1954 a 1964, Cunningham colaboró con Rauschenberg. Al cabo de un breve interregno, Jasper Johns se convirtió en el asesor artístico de la compañía, diseñando diversas danzas o bien seleccionando pintores que, según él, "pudieran comprender la diferencia entre el teatro y el estudio". Rauschenberg rara vez impuso su visión sobre la coreografía de Cunningham y Johns no lo hizo nunca; ambos tenían el objetivo de no "interponerse en el camino" de los bailarines (a principios de los setenta, cuando Mark Lancaster se convirtió en diseñador fijo de la compañía, continuó trabajando en la misma línea).

Por su parte, Cunningham siempre dejaba las manos libres a los pintores, dentro de ciertos límites prácticos, el mismo principio que aplicaba a los compositores. Muchas veces, los pintores que proponía

Johns modificaban de algún modo el espacio escénico: Frank Stella con sus tiras móviles de tela de colores primarios en *Scramble*, Andy Warhol con sus almohadones de plástico plateado en *RainForest* (originalmente componían una instalación en una galería, *Silver Clouds*), Robert Morris con su columna que se movía de uno a otro lado en el centro del escenario de *Canfield*, Bruce Nauman con su hilera de ventiladores industriales en *Tread*. La respuesta de Cunningham era encarar la situación, como se hubiera enfrentado a cualquier otro problema práctico.

Johns siempre prefería no diseñar un escenario, excepto en el caso de *Walkaround Time*, para el que adaptó *Le Grand Verre* de Marcel Duchamp, reproduciendo las imágenes en una serie de "cajas" de plástico transparentes. En otros casos, lo máximo que hacía era ofrecer un telón de un color particular que permitiera resaltar el vestuario (otro principio que Lancaster mantuvo en sus diseños). Johns ha explicado que sentía que "cada danza debía tener sus propios trajes distintivos". Pero éstos eran siempre igualmente discretos: los trajes para *Second Hand* estaban teñidos de tal manera que formaban todo un espectro, pero sólo era evidente cuando los bailarines se alineaban en el escenario para su saludo final.

Lo más cerca que Johns estuvo de crear un diseño que pudiera calificarse de espectacular fue en *Un jour ou deux*, el ballet que Cunningham y Cage hicieron para el teatro de la Ópera de París en 1973. Utilizó toda la extensión del gran escenario del teatro, la dividió en dos, con dos cortinas de gasa coloreadas en una graduación del gris claro al gris oscuro, una en el proscenio y otra más atrás, hacia la mitad del escenario. Fue haciendo gradualmente visibles los espacios, primero el situado entre los dos lienzos, y luego el espacio situado detrás de la segunda cortina, siempre mediante luz negra, revelando las sombrías formas de la albañilería de la pared del fondo del escenario.

Un jour ou deux, como *Aeon* (diseñado por Rauschenberg, con música de Cage) y *Exchange* (diseñada por Johns, con música de David Tudor), fue una de las obras épicas de Cunningham, donde períodos históricos enteros parecen desfilar ante nuestros ojos. Los diseños de Johns para *Exchange* eran de sombríos grises, con toques de color tiznado en los bordes del telón y los vestidos. El artista diseñó un traje para Cunningham con bolsillos donde debían colocarse diversos objetos, pero nunca llegó a utilizarse, ya que el propio Johns consideró que implicaba una intromisión excesiva.

En los últimos quince años, Cunningham había ampliado sus colaboraciones al cine y el vídeo, trabajando primero con Charles Atlas y después con Elliot Caplan, cineastas fijos de la Cunningham Dance Foundation. Casi todas las obras de Cunningham en esos medios han consistido en danzas coreografiadas para la cámara, en lugar de piezas previas "readaptadas". Contrariamente a la práctica habitual, en muchos casos, Cunningham ha retrabajado esas obras para presentarlas en escena. En sus primeros experimentos tentativos, reconoció que el espacio visto por la cámara difiere del espacio que ve el espectador en un teatro: un triángulo que se abre desde el diafragma de la cámara frente a un rectángulo que se estrecha. La descentralización del espacio de Cunningham en su coreografía teatral le ha permitido abordar esa situación, del mismo modo que trabajar en intervalos de tiempo precisos le ha permitido abordar la necesidad de tales limitaciones en la televisión.

Para la escena y la pantalla, la producción de Cunningham ha sido sorprendentemente prolífica en los años recientes. Sólo en 1989, ha coreografiado cuatro nuevas obras: *Cargo X*, *Field and Figures*, *Inventions* y *August Pace*, todas ellas obras de la compañía donde él no tenía ningún papel. En las danzas anteriores, cuando él aparece, su presencia es cautivadora; tal vez sea capaz de hacer menos, pero cada vez encuentra más maneras para hacerlo. Sus manos aletean en torno a él como colibríes; sus gestos son tan precisos y tan poderosos como antaño lo eran sus saltos. Y las danzas que compone para su compañía están llenas de belleza, fantasía y sorpresa. A sus setenta años de edad, el "apetito de movimiento" de Cunningham sigue siendo tan voraz como siempre.

David Vaughan, Merce Cunningham, *Cage, Cunningham, Johns. Dancers on a Plane*, catálogo de exposición (Londres: Anthony d'Offay Gallery, 1989): 81-87. © 1989 Anthony d'Offay Gallery.

Merce Cunningham

David Vaughan

"Dancing, for me," Merce Cunningham has said, "is movement in time and space." If this statement sounds obvious, that is because Cunningham has made us look at dancing that way. His choreography is concerned with the fact of movement, as the music of John Cage is concerned with the fact of sound, or a painting by Jasper Johns with the fact of a certain object. Where other choreographers may find their motivation, or "inspiration," in a piece of music, or in a literary or psychological theme, Cunningham starts, as he puts it, with a step, a movement that may be the seed of an entire work. (He is fond of the story of the great tap dancer, "Honi" Coles, calling his mentor, John Bubbles, and being asked, "Have you made any new steps?")

In the first pieces Cunningham and Cage made together in the early '40s, dance and music shared an agreed time structure, coming together only at key points. By the early '50s, this was carried to its logical conclusion — the two elements co-existing, but independently, with no relation except simultaneity of occurrence.

Creation, for Cunningham, is not a matter of inspiration; as is well known, he uses chance operations to plot the sequence of phrases in a dance and to determine such other factors as where they will be performed in the space, and by how many dancers. This process enables him to discover ways of moving that he might not have thought of if he had relied on habit or intuition.

It follows that Cunningham does not accept conventional ways of using space. He rejects configurations derived from the Renaissance theory of perspective, as in classic ballet, where the action radiates from a central point, the ballerina, supported by her partner and the successive ranks of *coryphées* and corps de ballet. Even in the modern dance, there was a belief that certain areas of the stage were "stronger" than others (as proposed in Doris Humphrey's *The Art of Making Dances*). Cunningham decided early on that no one point was more important than another, that each individual dancer could be the center of the space he or she occupied.

This notion of a multiplicity of centers could be called a Zen concept, though Cunningham's study of Zen was not as thorough as Cage's; it is also clearly analogous to the organization of the pictorial space in much contemporary painting. Cunningham himself says that where he found confirmation was in Einstein's statement, "There are no fixed points in space."

For the most part, Cunningham's radical formal innovations have been arrived at pragmatically rather than theoretically, as the result of the necessity to deal with a particular problem or situation. In 1952, he was invited by Leonard Bernstein to choreograph two works for a Festival of Creative Arts at Brandeis University, Waltham, Massachusetts. One was a version of Stravinsky's *Les Noces*, which he choreographed in a more or less conventional way, following the dramatic and musical structure.

The other was the first piece of *musique concrète* to be played in the United States, Pierre Schaeffer's *Symphonie pour un homme seul*. Excerpts from this were to be played twice at the concert, because of their unfamiliarity, but Cunningham decided against repeating the same choreography. Instead, he made a solo for himself and a group dance using several experienced dancers who had been studying with him in New York as well as a number of Brandeis students with very little training. He had lately begun to work with chance processes, finding ways to apply to choreography the kind of operations Cage was using in music. Cunningham drew up three gamuts of possible movements: one consisting of phrases that he had invented, a second consisting of movements from social dances, and a third consisting of everyday movements and gestures. Thus, for the first time Cunningham was using no-dance movement, not for a mimetic purpose, but as an element in choreography, and his primary reason for doing so was to make available movements within the capabilities of the untrained students.

Similarly, the sounds out of which this piece of music on electronic tape was constructed could not be counted by the dancers in the usual way. Cunningham therefore decided simply to make a dance of the same time-length as the music, with no attempt to relate dance and music. From that time on, most of his dances have been made in time-lengths in this way.

In 1964, during the Merce Cunningham Dance Company's six-month world tour, Cunningham was invited to perform at the Museum des 20. Jahrhunderts in Vienna. There was no theater in the museum, but he was told that a platform could be built and some kind of stage rigged up. Cunningham instead decided to make a piece consisting of excerpts from the repertory put together in a new sequence, which could be performed in an open space in the museum before a wall of windows looking out on to a public park. He called the piece *Museum Event No. 1*. Later in the tour two further *Museum Events* were given in the Moderna Museet in Stockholm. Cunningham liked the result, both for the way in which it allowed him to recycle choreographic material and for the possibility it afforded of performing in a non-theatrical space. Many of the theaters in which his company performed were inadequate in one way or another, but often a better space might be available in a gymnasium, an arena, or even out of doors. Since 1964, his company has performed hundreds of *Events* in such venues.

It is clear that Cunningham has long since abandoned the usual principles governing dance structure: cause and effect, conflict and resolution, building to a climax, are things that simply do not occur in his dances. Yet in recent years many observers have detected a "new" narrative element in Cunningham's work, just as others have found his movement increasingly balletic. The fact is that Cunningham's work has always been dramatic in a certain sense — and there have always been similarities to classic ballet in his movement.

When he first went to the Cornish School in Seattle, in 1937, it was to study theater — it was only after he began to study modern dance there with Bonnie Bird that he realized that theater for him meant dance, and switched his course of studies accordingly. But he has always been a consummate actor with a commanding stage presence, which remains true now that the amount of actual movement he can perform is limited.

The juxtaposition of aging Cunningham with his company of young virtuosi in itself creates a dramatic situation; it was hard not to see the harrowing *Quartet* as a meditation on his own death. In his brief passages across the stage in recent works, Cunningham appears as a Prospero — or Lear-like figure; the other side of the coin is his Beckett-like persona in comedy works such as *Roadrunners*, *Gallopade*, and

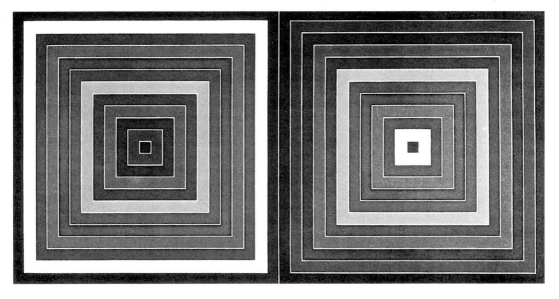

Grange Eve — as W.C. Fields said, "I never saw anything funny that wasn't terrible."

Such dances as the three chance solos from the '50s, *Untitled Solo, Lavish Escapade*, and *Changeling*, were dramatic in their own intensity. The 1960 dance *Crises* was very clearly about a man's often stormy relationships with four women. The vaudeville element has always been present, in such works as *Antic Meet* (1958), to Cage's *Concert for Piano and Orchestra*, whose epigraph was from *The Brothers Karamazov*: "Let me tell you that the absurd is only too necessary on earth."

Cunningham never goes even that far in terms of a programme note nowadays (though his titles are as evocative as any in contemporary dance); he certainly never spells out a dance's meaning. He and Cage believe in Duchamp's apophthegm that the spectator completes the work of art — it is for the spectator to make interpretations of the dances, or not. What Cunningham cares about is that the spectators look at, really see the dances, not try to figure out what they might or might not mean. More to the point, really, is that Cunningham's work, like Cage's, "imitates nature in the manner of her operation," or as Cunningham himself has put it, imitates "the way nature makes a space and puts lots of things in it, heavy and light, little and big, all unrelated, yet each affecting all the others." As Alastair Macaulay said to me recently, his dances "keep returning us to life and the world."

As for Cunningham's dance technique, it is based on the simplest of principles: he once told a student that dancing consists of changing the weight from one foot to the other. Cunningham originally started teaching in order to train dancers to move in the way he wanted: dancers from other modern dance studios either could not do so or else wanted to know their motivation, something he wasn't interested in telling them. He had studied for a while at Balanchine's School of American Ballet; in developing his own technique he combined the leg action and the pelvic turn-out of ballet with the flexibility of the torso of the modern dance. In recent years Cunningham has become more and more interested in virtuosity, and has trained his dancers to move with preternatural speed, lightness, and precision.

When he studied at the old School of American Ballet on Madison Avenue and 59th Street, Cunningham used to visit the nearby art galleries between classes. Later he and Cage became friendly with painters of the New York School. (It was at Cage's suggestion that Willem and Elaine de Kooning were invited to Black Mountain College in North Carolina in the summer of 1948.) The painters were the most loyal audience for early concerts by Cunningham and Cage. But it was with Robert Rauschenberg and Jasper Johns that they felt a closer kinship: seeing Rauschenberg's all-white paintings in the summer of 1952 encouraged Cage to write his famous "silent" piece, 4' 33".

From 1954 to 1964 Cunningham collaborated with Rauschenberg; after a brief interregnum Johns became Artistic Adviser to the Dance Company, designing several dances himself but otherwise selecting painters who he thought "could understand a difference between theater and studio." Rauschenberg rarely and Johns never imposed their vision on Cunningham's choreography — their objective was not to "get in the way" of the dancers. (Mark Lancaster continued to work on the same lines when he became resident designer in the early '70s.)

Cunningham, for his part, always allowed the painters a free hand, within certain practical limits — the principle was the same as with the composers. The painters Johns brought in often modified the stage space in some way: Frank Stella with his moveable strips of canvas in primary colors for *Scramble*, Andy Warhol with his silver mylar pillows for *RainForest* (originally a gallery installation, *Silver Clouds*), Robert Morris with his column that moved back and forth at the front of the stage for *Canfield*, Bruce Nauman with his row of industrial fans, also set between dancers and audience, for *Tread*. Cunningham's response was to deal with the situation, as with any other practical problem.

Johns always preferred not to make a set, except in the case of *Walkaround Time*, for which he adapted Marcel Duchamp's *Le Grand Verre*, reproducing the images on a number of clear plastic "boxes." Otherwise, the most he would do was to provide a backcloth of a particular color to offset the costumes. (Again, this principle was followed by Lancaster in his designs.) He has said that he felt that "each dance should have its own distinctive costumes." But they too were always unobtrusive: the costumes for *Second Hand* were dyed in such a way that they formed a spectrum, but this was evident only when the dancers lined up across the stage for their final bow.

The closest Johns ever came to a design that could be called spectacular was in *Un jour ou deux*, the ballet that Cunningham and Cage made for the Paris Opéra in 1973. He use the full depth of the huge stage of the Opéra, cutting in two, with two gauze curtains, shading from light to dark grey, one at the proscenium and one half-way back. First the space between the two scrims, and then space behind the second one, were gradually made visible with backlighting, revealing the shadowy shapes of the masonry of the rear wall of the stage.

Un jour ou deux, like *Aeon* (designed by Rauschenberg, with music by Cage) and *Exchange* (designed by Johns, with music by David Tudor), was one of Cunningham's epic works, in which whole epochs seemed to pass before one's eyes. Johns's designs for *Exchange* were in sombre greys, with touches of sooty color at the edges of the backcloth and the costumes; a costume he made for Cunningham with pockets in which various objects were to be placed was never used, because Johns himself felt it to be too intrusive.

In the last fifteen years Cunningham has extended his collaboration to film and video, working first with Charles Atlas and then with Elliot Caplan, resident filmmakers with the Cunningham Dance Foundation. Nearly all of Cunningham's work in these media has been in the form of dances choreographed for the camera, rather than of previous pieces "reconceived." Contrary to the usual practice, he has in most cases later reworked them for stage presentation. He recognized in his first tentative experiments that the space seen by the camera differs from that seen by the spectator in a theater: a triangle that widens from the camera aperture as opposed to a rectangle that narrows. His decentralization of the space in his theater choreography has enabled him to deal with this situation, just as working in precise time-lengths has enabled him to deal with the necessity for such limitations in television.

For both stage and screen, Cunningham's output has been astonishingly prolific in recent years. In 1989 alone, he has choreographed four new works: *Cargo X*, *Field and Figures*, *Inventions*, and *August Pace*, all company works with no role for himself. In earlier dances in which he does appear, his presence is riveting; he may be able to do less, but he finds more and more ways to do it. His hands flutter about him like hummingbirds — his gestures are as precise and as powerful as his leaps once were. And the dances he makes for his company are full of beauty, fantasy, and surprise. At the age of seventy, Cunningham's "appetite for motion" is as voracious as ever.

David Vaughan, Merce Cunningham, *Cage, Cunningham, Johns. Dancers on a Plane*, exhibition catalog (London: Anthony d'Offay Gallery, 1989): 81-87. © 1989 Anthony d'Offay Gallery.

Relato de una danza y una gira

Merce Cunningham

En junio de 1964 mi compañía y yo emprendimos una gira, de seis meses de duración, que nos llevó a Europa occidental, Europa oriental y el Lejano Oriente, regresando a Nueva York el primero de diciembre de ese mismo año.

Llevábamos a dieciséis personas directamente relacionadas con la presentación de los programas, incluyendo los bailarines, dos músicos, dos técnicos de escenario y dos directores –el de la compañía y el empresario. Fueron, en total, setenta representaciones, celebradas en circunstancias que iban de lo más primitivo a lo pródigo.

Los bailarines, siendo humanos, son víctimas de todas aquellas molestias turísticas, físicas y psicológicas, que se pueden producir y efectivamente se producen, hasta el momento de la salida a escena y después. Resulta sumamente cómodo disponer de unas obras de danza flexibles para las giras largas, siendo la incapacitación del personal una constante eventualidad. Entre las diecisiete danzas comprendidas en esta gira, teníamos dos de estas características, *Field Dances* y *Story*.

Field Dances sólo incluía a cuatro bailarines y, siendo por naturaleza una danza corta, a menudo no era presentada. En cambio, *Story* fue representada muchísimas veces, puesto que podía implicar a uno o a todos los bailarines, y también podía ser presentada bajo cualquier tipo de circunstancia extrema, desde luego bajo cualquiera de las que nos hemos encontrado hasta el momento.

Lo que sigue es la primera parte de la historia coreográfica e interpretativa de *Story*, tal y como fue representada en Estados Unidos, y tal como fue incluida en las representaciones de la gira mundial.

Repertorio de la gira de 1964:

Collage III 1952-63, Pierre Schaeffer, 7 min.
Septet 1953, Erik Satie, 20 min.
Untitled Solo 1953, Christian Wolff, 5 min.
Suite for Five 1953-56, John Cage, 25 min.
Nocturnes 1956, Erik Satie, 16 min.
Changeling 1956, Christian Wolff, 6 min.
Summerspace 1958, Morton Feldman, 20 min.
Antic Meet 1958, John Cage, 26 min.
Night Wandering 1958, Bo Nilsson, 12 min.
Rune 1959, Christian Wolff, 25 min.

Crises 1960, Colon Nancarrow, 20 min.
Aeon 1961, John Cage, 40 min.
Story 1963, Toshi Ichiyanagi, 10-40 min.
Field Dances 1963, John Cage, 5-20 min.
Paired 1964, John Cage, 8 min.
Winterbranch 1964, La Monte Young, 24 min.
Cross Currents 1964, John Cage, 8 min.

Personal de la compañía

Bailarines
Shareen Blair
Carolyn Brown
Merce Cunningham
William David
Viola Farber
Deborah Hay
Barbara Lloyd
Sandra Neels
Steve Paxton
Albert Reid

Músicos
John Cage
David Tudor

Directores de escena
Alex Hay
Robert Rauschenberg

Directores de la compañía
Lewis Lloyd
David Vaughan

Story fue coreografiada entre junio y julio de 1963, y presentada por vez primera el 24 de julio en el Royce Hall, de la Universidad de California en Los Ángeles. Es una danza para x número de intérpretes, y en su primera representación contó con siete bailarines. Se dispuso que la duración de la danza fuese variada, cambiando de una representación a la siguiente. La más corta fue de quince minutos, y la más larga, de treinta y seis.

Hicimos una gira norteamericana de *Story* durante el otoño de 1963 y la primavera de 1964, representándola diecinueve veces. Entre los lugares en que se presentó estaba el Medical College de Augusta, Georgia, en un escenario enorme que, en realidad, era un escenario doble situado entre dos auditorios. Durante la presentación de la danza subimos los telones que separaban los dos escenarios, dejando ambas salas mutuamente visibles, una llena contemplando a otra vacía.

La hemos ofrecido en el escenario que se prolonga hasta el público del Tyrone Guthrie Theater en Minneapolis, Minnesota, con las salidas directamente al fondo del escenario, detrás nuestro en la oscuridad, así como a través de los vomitorios, los túneles que conducían, por debajo de las localidades, del escenario a la sala; y, en otra ocasión, en un escenario minúsculo del College of St. Scholastica (Facultad de Santa Escolástica) en Duluth, Minnesota, donde para poder disponer de más espacio y flexibilidad, empleamos, además del escenario, el suelo del auditorio que había delante de éste.

Story fue coreografiada en una serie de secciones, a las que otorgamos nombres con el objeto de facilitar su identificación: *Object, Triangle, Floor, Tag, Space, Entrance,* etc. Algunos tenían nombres algo más imprecisos, como *Trio Number 2. Object* hace referencia a un objeto concreto, construido o encontrado de nuevo para cada representación, movido, transportado, empujado o pasado de un lado a otro del escenario, por los bailarines.

Triangle es una forma regular de una serie de movimientos predispuestos según su secuencia y su duración temporal, y realizados en un triángulo por x número de bailarines, x número de veces. La secuencia también puede presentarse en forma rectangular en lugar del triángulo (o superpuesta a él), siempre y cuando el espacio lo permite, con los bailarines empezando en las puntas de cada una de las formas geométricas. Es decir, los bailarines hacen su entrada en las puntas de las formas, y empiezan en las frases según el compás de los bailarines ya entregados a la secuencia. Ésta es la única secuencia "contada" o métrica de *Story*. Por alguna razón, no se utiliza mucho en la representación.

Floor hace referencia a un dúo para dos de las mujeres, originalmente Carolyn Brown y Viola Farber, que empieza en cualquier punto del espacio, dentro o fuera de la zona de actuación, y durante el cual las dos bailarinas se mueven, de un lado a otro del espacio, en un *tempo* pronunciado y lento, posiblemente separadas, pero más a menudo juntas. Tienen la libertad de cam-

biar de dirección en cualquier punto del recorrido. Los movimientos realizados para la secuencia las transportan continuamente abajo, hacia el suelo, y de ahí hacia arriba, a medida que atraviesan el espacio. Aunque los movimientos han sido especificados, las dos bailarinas los pueden realizar en cualquier secuencia de fragmentos, o de frases completas, según decidan durante la representación, incluyendo el uso de repeticiones.

Tag es una secuencia para toda la compañía, y se desarrolla como su nombre indica.[1] Alguien desencadena el movimiento del bailarín o de la bailarina, quien, a su vez, tras ser cogido/a, persigue a otro, y así sucesivamente hasta que todos los bailarines han sido cogidos. Después, son libres de permanecer sobre el escenario, donde siguen moviéndose. El movimiento de esta secuencia constituye otra frase coreografiada distinta para cada bailarín, frase que cada uno de los intérpretes individuales puede variar libremente en cuanto a secuencia, *tempo* y espacio, o bien puede hacer su retirada de escena.

Hay un trío de cinco partes, compuesto, como su nombre indica, de tres personas, dos mujeres y un hombre, cada uno de los cuales debe enfrentarse a cinco frases. El movimiento de esta sección es rápido. Había también dos momentos, indicados por el gesto del hombre al tocar primero a una de las mujeres, y después a la segunda, en función de cual de los acontecimientos se iba a producir, momentos en los que el hombre sostiene a las dos mujeres tanto como pueda o desee hacer. (Tendré que pensar cuáles eran los dos acontecimientos. Uno era una caída, creo. El otro no lo recuerdo.)

Space es el nombre de una sección en la que los bailarines están aislados entre ellos en el espacio escénico. Dentro de un límite de tiempo específico y con determinadas instrucciones espaciales, improvisan de forma individual.

Muchas otras partes incluyen solos, dúos, tríos, así como aquellos para x número de bailarines. Uno de los tríos se designa *Fall Trio* e implica tres caídas distintas, apuntadas por el inicio de una caída de uno de los bailarines en cualquier espacio disponible, seguido por los otros dos. El único requisito es que acaben en proximidad, unos con otros, y entonces esta posición se pueda mantener el tiempo que indique cada representación en particular.

El número total de secciones en *Story* es dieciocho. Creo que no se han llegado a ofrecer todos en ninguna única representación. Normalmente se dejan de lado dos o tres, como mínimo.

Estrasburgo, 6 junio

Estrasburgo (gansos, paté y catedral) fue nuestra primera cita europea. La significación y la emoción de marcharnos, de dejar Nueva York (David Vaughan: "Cuando estemos en el avión me lo creeré. Tanto hablar de ganar miles de dólares, y lo que necesitamos ahora mismo son dos dólares para sellos"), llegar a París, los amigos y la prensa para recibirnos, y un viaje en autobús por la campiña francesa, el nuestro con un conductor gordo y divertido, me hicieron olvidar todo lo relacionado con la función del día siguiente. El teatro era el Théâtre de la Comédie, en forma de un pequeño teatro de la ópera con un gastado foso de orquesta dorado, dos o tres galerías y un escenario bien proporcionado en relación al auditorio (lo suficientemente grande incluso para *Aeon*, cosa que, después de Newark, Delaware y New Britain, Connecticut, era un alivio).

El programa era *Aeon*, *Crises* y *Nocturnes*, programa difícil para un público que desconocía totalmente nuestro trabajo. Pero la idea de educar, de preparar el terreno, no me atrae. Yo no pienso de esa manera. Y tiendo a hacer programas que concedan a los bailarines la oportunidad de interpretar, por lo menos una vez. Y probablemente pensaba que la música de piano de los *Nocturnes* de Satie les calmaría antes de partir de regreso al hogar.

No fue hasta unos pocos minutos antes de subir el telón cuando me pregunté, con cierto temor, qué traería la velada, nuestra primera velada como compañía ante el aficionado público del teatro europeo, habituado al teatro como una necesidad aceptada y no una mera novedad o excursión entretenida. La sala estaba llena, el foso de orquesta, evidentemente, con la burguesía más opulenta, las galerías con gente más difícil de definir. Estaban atentos, contemplaron y escucharon lo que les ofrecimos, y al término del programa aplaudieron con entusiasmo.

Pero fue el gallinero lo que hizo memorable la noche. Los jóvenes que lo habían llenado vociferaban y pateaban, gritaron ¡bravo! y abuchearon durante un *tiempo* considerable, llamándome a escena durante el resto de la gira.

En todos los lugares en los que actuamos para la gente joven, estaban animados, despiertos e ilusionados, a favor y en contra, respecto a lo que les ofrecíamos, y esto empezó en Estrasburgo.

París, 12-14 junio

Ha transcurrido demasiado tiempo para tener ninguna evocación clara al recordar esta representación varios meses después. Fue en el TEP, el Théâtre de l'Est Parisien, en la periferia de la ciudad. Bénédicte Pesle, quien, junto a Dominique y Françoise Dupuy, había ayudado a concertar esas fechas francesas (y ha seguido ayudándonos desde entonces), estaba allí para supervisar esta aventura en el "teatro del pueblo". Recuerdo que bajó el telón y poco después volvió a subir en medio de una danza; y recuerdo que se apagaron las luces durante *Aeon* (nuestra danza inaugural, en la noche de la primera de las tres representaciones), para volver a encenderse poco después (tras el apagón, el suministro eléctrico se restableció muy pronto, bajo la admiración y unas frenéticas maniobras entre bastidores), y proseguimos como en un serial.

Recuerdo también los diversos huevos y tomates lanzados tras la representación de *Paired* (durante la función de tarde). Robert Rauschenberg a Viola Farber y a mí: "¿Queréis salir a saludar?" "Sí, ¿por qué no?" "Hay un huevo sobre el escenario". Miré a Viola y dije: "¿Quieres tú?" Ella sonrió y asintió con la cabeza, y salimos. Su puntería no era muy buena. Era fácil esquivarlos mientras nos inclinábamos al saludar aquí y allí, y yo miré ese tomate que acababa de aterrizar cerca de mí, deseando que fuese una manzana. Tenía hambre. (Fue después de esta penosa circunstancia escénica, sintiendo yo lo triste que era actuar finalmente en París y terminar en semejante caos, cuando Bénédicte dijo: "Ahora, Merce, debemos prepararnos para la próxima vez".)

Michael White, que se había trasladado desde Londres para vernos por primera vez, habiéndonos contratado para el Sadler's Wells basándose en una conversación y un puñado de cartas, quedó impresionado (¡qué suerte!), y pidió disponer de *Story* para el estreno.

Recuerdo muchas de las partes rápidas de *Story*, los dúos, los tríos. "Tag", pero ningún sentido del sabor. ¿Ninguno? En el decorado había un árbol enorme, del todo pelado a excepción de las ramas, y una enorme pantalla de cine blanca como el ciclorama. (¿Qué fue de esa película que se rodó sobre nosotros, que empezaba en el momento en que nos bajamos del autobús al entrar en París, y terminaba en ese viaje nocturno de borrachera, de regreso de Bourges?) [*Image et Technique*, dirigida por Etienne Becker]

París parecía animada, frenética, todo resplandor francés y *sens unique*, y no tuve ocasión de buscar aquellos rincones tranquilos de antaño.

12 junio
Aeon
Crises
Nocturnes

13 junio
Rune
Septet
Changeling
Story

14 junio
Summerspace
Winterbranch
Paired
Antic Meet

Bourges, 16 junio

Todo lo que recuerdo de esta representación es la enfermedad. Shareen Blair, abandonada en una habitación de hotel en París, postrada en la cama, Sandra Neels, enferma en el viaje en autobús a la Maison de la Culture, y Carolyn Brown, enferma durante la representación. Hicimos *Septet* en lugar de *Suite for Five* para resolver la ausencia de Blair (¿la primera participación de Barbara Lloyd en *Septet*?), y a continuación *Crises*, que debía ser la segunda, fue pospuesta al tercer lugar del programa, para concederle unos cuantos minutos adicionales a Carolyn. (Yo había subido corriendo al camerino de las mujeres después de *Septet* para preguntar por Carolyn, quien, postrada en el suelo, no era la misma de costumbre. "Mierda", dije entre dientes. "Pues sí, exacto", respondió Viola.) Regresé corriendo a mi camerino, cambié, aturdido, de *Crises* a *Change-*ling (¿Por qué?, pensé, los dos trajes son de color rojo). Mientras se anunciaba el cambio del programa, bajé apresuradamente tres tramos de escalera y, una vez en el escenario, una pausa para recobrar el equilibrio y ya empezaba a moverse el telón. Carolyn se las arregló en *Crises*, pero no participó en *Story* (otros veinticinco minutos). No lo recuerdo.

Sí recuerdo a Etienne Becker y a su equipo de cine, y el terrible trayecto en autobús (quedando atrapados en una estrecha calle de Bourges, el autobús en posición triangular respecto a dos esquinas, incapaz de moverse) hasta París, toda la noche y todos borrachos.

Venecia, 18 junio

En La Fenice, "el único teatro completamente dieciochesco de Italia. Los otros son todos decimonónicos". ("¿Qué tal?", preguntó la esposa del alcalde cuando fuimos presentados, y después, cuando le di las gracias por haber pasado entre bastidores para despedirse, respondió: "¿Qué tal?"). *Story* se representó con nueve bailarines, dos músicos y diversos tramoyistas italianos que aparecían sobre el escenario, provistos de escobas para barrer uno de los escotillones del suelo del escenario, que durante la interpretación de la danza se subía para ellos. El escotillón levantado era distinto del que había dispuesto Robert Rauschenberg durante los ensayos. Aquél era inmundo, y de muy fácil acceso para ser barrido, pero durante la representación, el operador, muy amablemente, levantó un escotillón limpio. ¿Fue un error?

Varios espectadores, no americanos, sugirieron después que la danza presentaba un ambiente reminiscente de los kabuki japoneses. Tal vez los sonidos de la música de Toshi Ichiyanagi avalaban esta impresión, o quizá esos espectadores piensen que todo se parece a los kabuki. Pensé que la representación, a pesar de su monstruosa preparación, fue aguda y variada.

Recuerdo también que, en un teatro tan completa y elegantemente decorado, todo le quedaba bien, hasta un escotillón sucio.

Fue durante la Biennale, y R.R. obtuvo el premio principal.

Viena, 24 junio

Aquí bailamos en un museo, el Twentieth Century

Museum, rodeados de muros de cristal. El museo había despejado la gran sala central para nosotros, que medía unos veinticuatro metros por veinticuatro, y dispuesto una plataforma sobre una parte. E hicimos *Museum Event No. 1*. Duraba tres horas, empezando a las 6:30 de la tarde, con la música y nuestros preparativos a plena vista del público que iba llegando (no había ningún otro lugar para hacerlo). La galería que bordeaba tres lados de la sala estaba recubierta de pinturas, ese precioso Klimt al principio de la escalera. Los seis músicos (John Cage, David Tudor, Peter Kotik, Frederick Cerha, Peter Greenham y Judith Justice) se situaron, individualmente, en los cuatro pilares alrededor de la plaza, y empezaron a actuar a las 6:30, tocando continuamente hasta las 9:30, el *Atlas Eclipticalis* de J.C. para percusión. Actuamos en un extremo de la sala, principalmente sobre la plataforma que nos habían dispuesto, que medía aproximadamente diez metros y medio por otros diez y medio, por cuarenta centímetros de altura, pero también bailamos fuera de la plataforma, a los lados o detrás de ella. Todo esto estaba enmarcado por el cristal que cubría la pared del fondo, a través de la cual, al haber empezado con luz diurna, se presentaba un telón de boca móvil de personas entre los árboles y, a medida que oscurecía, el parpadeo de las luces de los automóviles que pasaban. (Mi recuerdo del evento, naturalmente. En 1973 recibí una carta que se adjuntaba a un artículo, escrito por una publicista americana que había asistido a la representación. Señalaba mayor perplejidad por parte del público que la que yo recuerdo).

Ejecutamos algunas partes de muchas danzas: *Aeon*, *Untitled Solo*, *Winterbranch*, *Cross Currents*, la cuarta danza de *Nocturnes*, *Suite for Five*, la escena de la puerta de *Antic Meet* (Alex montó la puerta a la vista de los espectadores, mientras nos vestíamos para una de las otras danzas), *Rune*. Representamos *Story* durante unos veinte minutos, al final. En el transcurso, Robert Rauschenberg apareció como un "objeto-*happening*" bajo una arpillera, unas ramas de árbol, una cuerda y unos listones de madera –más como un "animal-*happening*", según mi recuerdo. El público –estaba siempre lleno– permaneció con nosotros durante las tres horas enteras, y a juzgar por el aplauso, quedó encantado.

Querido Sr. Cunningham

La conferencia-demostración que ofreció su compañía en el Ayuntamiento el miércoles, 21 de febrero de 1973, hizo retroceder el tiempo para mí. Como un impulso electrónico, su mención de la aparición de la Merce Cunningham Dance Company en concierto en el Twentieth Century Museum de Viena en 1964, me recordó claramente mi primera introducción a su especial arte de la danza. Estuve entre el público de ese concierto en Viena. En Ohio, donde vivía en esa época, apenas habíamos oído hablar de usted, y puede creer que lo que vi aquella noche era más que desconcertante.

Me impresionó tanto lo que vi y oí en Viena, que volví a mi máquina de escribir e intenté reproducir en palabras esta experiencia surrealista. Desde ese momento he seguido su carrera, a través de la prensa, *The New Yorker* y la asistencia a sus conciertos. No tengo ningún interés personal, ningún favor que pedir. Digamos simplemente que quería crear una expresión personal de mi fruición de su programa, de ahí esta carta y artículo adjunto. Como relaciones públicas profesional, me sentí, como dije anteriormente, conmovida.

Hals und Beinbruch, como dicen los vieneses.

Atentamente,

(Katherine S. Lobach)

Sra. Titus B. Lobach

Definitivamente, no era el momento para el *three-quarter*[1]

24 junio, 1964

Viena es el nombre mágico para el sabor arcaico del encanto, la alegría y los valses. Al igual que París es la ciudad del amor, Viena es la ciudad del romanticismo.

No obstante, en ocasiones la realidad puede ser distinta, y dura, como lo fue en una especie de velada lunar de junio, en el Twentieth Century Museum, el más nuevo de los museos vieneses. Anunciado como el *Event No. 1* del museo, y junto a John Cage y su música, la Merce Cunningham Dance Company, bailando el *Atlas Eclipticalis* de Cage, se presentaba al público vienés. La partitura musical, realmente un nombre impropio, se limitaba a dar el impulso a una interpretación independiente de sonidos que iban desde platos, cazuelas, rodillos de madera y una variedad de objetos ruidosos, y era manipulada por los músicos estacionados en cada rincón de la sala, y amplificada, de forma múltiple y variada, por los altavoces.

Esta música de forma libre se acompañaba de una danza, también de forma libre, sinuosamente entrelazada con el sonido, aunque independiente de él. Los saltos y las inclinaciones de los bailarines intentaban alcanzar la música, que se elevaba, alejándose de ellos en un sonido demoníaco, burlando, atrayendo, pareciendo aumentar en mayor medida en decibelios cuando eludía los bailarines que se esforzaban por alcanzarla. Para el oyente, la música era un ejercicio para agudizar el oído, un sobresalto, un ataque, oyendo sonidos que nunca tuvieron la intención de ser resistidos.

A través de toda esta confusión de ruidos, Merce Cunningham y su compañía ondulaba, posaba, lanzaba un caleidoscopio de color. Se producía la fricción de los leotardos lavandas y naranjas. Había leotardos rojos, negros, de un blanco espectral, marrones, azul eléctrico y morados. La danza proseguía sin ningún punto emocional culminante, ningún principio, ningún final. Se trataba tan sólo de un desplazamiento sin ninguna evolución metódica, aparentemente sin planificar, que hablaba por sí mismo, flexible, en constante movimiento, como un móvil de Alexander Calder.

Una distracción al fondo no molestó a los bailarines en lo más mínimo. Un hombre había aparecido con un martillo, una sierra y una cantidad de leña. Con unos ensordecedores golpes de martillo construyó una puerta, sólo para invertir inmediatamente el proceso y derribarla aún más ruidosamente al acabar.

Cunningham ni seguía ni interpretaba la música, aunque en ocasiones había un punto de encuentro, pero sólo fortuito, como dos personas saludándose con reverencia y prosiguiendo sus caminos por separado. De aquí partía una composición de danza del grupo, formando un breve *ensemble* que pasaba, casi inmediatamente, de la movilidad a una inmovilidad escultural, creando unas imágenes congeladas, de pena, perplejidad, desasosiego, liberación, incertidumbre y sorpresa.

No había ningún decorado escenográfico. Robert Rauschenberg se paseaba de la manera más despreocupada delante de la última de las paredes de venta-nales que rodeaba la sala; llevaba el equipamiento de un paragüero. Se parecía más a Rocinante, el caballo de Don Quijote, sin desfallecer, a pesar de los vaivenes. También los bailarines hicieron caso omiso de esta distracción; a medida que atardecía y empezaba a caer la noche, los bailarines quedaban reflejados en el cristal, provocando el efecto de estar contemplando dos representaciones a la vez, una especie de eco viviente retrocediendo de manera reducida a través del cristal.

Cunningham llegó incluso a bailar con una silla atada a la espalda.

Era el complemento en danza del músico John Cage y del pintor Robert Rauschenberg, diseñador de la compañía, así como de sus métodos creativos del azar, de la indeterminación y del impulso.

El público vienés, criado con los valses edulcorados de Strauss, pasó su adolescencia con el atonal Richard Strauss, el cifrado Arnold Schönberg, el atormentado Gustav Mahler, siempre podía regresar a su magnífico Ballet de la Ópera de Viena, que sintetizaba para ellos la música vienesa. Ahora estaban perplejos, a pesar de no ser ajenos a lo experimental en el campo de la música. En este experimento el público no encontraba ningún punto de confluencia. Su perplejidad se manifestaba en un silencio embarazoso. Nadie sabía exactamente dónde debía aplaudir, o si acaso debía aplaudir. Dado que no había programas, se les privaba incluso de esa orientación.

Cuando los bailarines simplemente abandonaron el escenario y no regresaron, el público, dudoso de que ésa fuese la conclusión, sólo respondió con un aplauso leve y disperso. Había una sensación casi tangible de: "¿Qué es lo que hemos presenciado? ¿Será jazz? ¿Será algo estático? ¿Será *Op-art*?"

Con el equilibrio ligeramente alterado por los sonidos castigadores de la música de Cage, que los oídos no toleraban demasiado bien, definitivamente, no era el momento para el *three-quarter*.

Mannheim, 27 junio

Todos esos clavos, tachuelas y grapas en el suelo, y debido al desinterés de los tramoyistas por retirarlos, nos organizamos, cada uno de nosotros cubriendo una zona, desde la parte frontal del escenario hasta el fondo, y procedimos, de rodillas, a hacerlo, hasta que el equipo –avergonzado (¿quién sabe?) al descubrir al "artista" haciendo su trabajo de manera tan deliberada– se unió a nosotros, hasta el extremo de encontrar una aspiradora en algún lugar.

El coreógrafo del ballet y de la ópera del teatro, que había estudiado en Juilliard, se tomó tres cuartos de hora largos para hablarme, con insistencia y repetición alemana (parecía sorprendido de que hubiésemos llegado a ser contratados para actuar aquí), pero en tono bajo, explicando que el público de Mannheim no estaba habituado a la música moderna ni a la danza no convencional: tenían ganas de ver *El lago de los cisnes*, y él esperaba que no me hiciese muchas ilusiones. Respondí que había aprendido a no hacerme ninguna, pero esa noche obtuvimos mucho más que eso. Una sala llena hasta la mitad o casi dos tercios del aforo, de distintas reacciones, algunas maldiciones y algunos abandonos, pero gran parte del público no sólo se quedó sino que siguió aplaudiendo, de forma tranquila pero con insistencia, al final del programa y por espacio de diez minutos.

Lo curioso era que durante los aplausos, el público se iba alejando, poco a poco, hacia las salidas, que estaban situadas todas en un lado del teatro, y cada vez que salíamos nosotros a saludar nos volvíamos más y más hacía nuestra izquierda, hasta que finalmente nos encontramos saludando a los tramoyistas, que permanecían de pie, impasibles, observándonos desde los bastidores.

Aeon fue presentada durante el American Dance Festival en el Connecticut College, New London (Connecticut), el 17 de julio de 1961. Duraba entre cuarenta y cincuenta minutos, y fue recibida con indiferencia o animosidad ("*Aeon* es un título oportuno"). Rauschenberg creó un decorado maravilloso para la pieza. Había una máquina estupenda que recorría el escenario suspendida de un alambre, una especie de recipiente de lata que contenía nieve carbónica, para que "humease" al pasar, pareciendo un motor auxiliar en el cielo. Recuerdo un hermoso cinturón que llevaba Carolyn, hecho de cuerda con unos objetos ensartados. Luego, el destello de pequeñas luces de cámaras en una secuencia. Llevábamos dos de ellas sujetadas a las muñecas, que disparábamos en distintos momentos durante la frase del baile. También, las elegantes mangas que ideó para las mujeres, que se ponían para determinadas secciones. Ésta también es la obra en la que tuvimos un tapiz como telón de foro, detrás del cual se realizaban los cruces, a la vista del público.

El programa:
Aeon
Septet
Antic Meet

Jooss Folkwang Hochschule, Essen-Werden, 5 Julio
Opernhaus, Colonia, 12 Julio

Cuando las secuencias de *Story* deben ser episódicas, empezando una al acabar otra y con poco espacio para el traslapo de una secuencia sobre otra, la complejidad es menos posible. En la Jooss Folkwang Hochschule les ofrecimos *Suite for Five*, *Winterbranch*, *Untitled Solo* y *Story*. Al final del programa hubo veinte minutos de alboroto, una experiencia aterradora: los que abucheaban aparentemente aplaudían entre los saludos para volver a sacarnos al escenario, y proseguir con los abucheos, mientras los entusiastas, en su mayor parte estudiantes y profesorado de la Academia de Arte de Düsseldorf, cogían las sillas para aporrearlas contra el suelo; un tío totalmente poseído, subió su silla al escenario y la aporreó delante de nosotros, hasta que se rompió una pata –afortunadamente, no fue una de las nuestras. Los bailarines de la escuela de Jooss eran, por lo general, menos entusiastas, pues desde su perspectiva, no tenían modo alguno de ver algo liberado de toda expresión determinada. Jooss mismo parecía perturbado por este salvaje tumulto a su alrededor, pero se quedó generosamente de pie en medio de todo.

El espacio escénico era limitado, y el acceso a él lo era todavía más, cosa que prácticamente impedía toda superposición de las secuencias, concediendo a la acción una forma lineal. Pero había un curioso interés hacia los bailarines silenciosos de pie en las puertas. Había dos (una a cada lado de la pared trasera del escenario), que constituían las únicas salidas, una que conducía a una pequeña escalera, que a su vez conducía a una gran aula donde nos vestíamos y maquillábamos. La otra conducía, tras bajar cuatro peldaños, a una pequeña cámara cuadrada, sin ninguna otra salida. Los bailarines se quedaban de pie en las puertas para poder observar la acción y apuntar las entradas a escena. (Durante *Winterbranch*, debido a las formas de los trajes, el maquillaje y la baja intensidad habitual de las luces, parecían piedras azules.)

Pero en el teatro de la ópera de Colonia a la semana siguiente, ocurrió justo lo contrario. Al disponer de un escenario amplio, con los telones de los bastidores subidos –por tanto los lados abiertos–, y de un enorme telón a prueba de incendios en la pared posterior, pintado de rojo anaranjado, que se alzaba poco tiempo después de que el telón subiese para *Story*, abriendo aún más el espacio, las secuencias de danza podían superponerse en el tiempo, y desplazarse en el espacio, libremente. La experiencia de esa representación fue muy estimulante.

Les Baux-de-Provence, 16 julio

Les Baux había sido, en la Edad Media, un feudo célebre. Con su tarima en lo alto de las montañas, al aire libre y sembrada de rocas, éste fue, si no el más difícil, como mínimo el más absurdo y fascinante de los escenarios en los que habíamos actuado, que le confirió a *Story* un tono ominoso. Los bailarines de *Object* entraban desde un lugar remoto entre las rocas (el escenario no tenía ninguna pared trasera, simplemente la antinatural escena natural), y aparecían como sombras a través de los árboles dispersos, como guerrilleros. El objeto utilizado en la danza era grande, pesado, y compuesto por ruedas de bicicleta, con una manguera larga haciendo de rabo y una luz (las más de las veces la tenía). El decorado del cual R. R. describió como "esta increíble, sensiblera" ordenación del paisaje natural, se convirtió en tres automóviles conducidos hasta el nivel superior del fondo del escenario, y colocados en el extremo más lejano posible, a una distancia de entre nueve y doce metros. En un punto determinado de la danza eran conducidos hacia delante, en dirección al público, con los faros encendiéndose y apagándose. (R. R. estaba intentando pensar en algo que no se limitase a contribuir a la "falsedad de la escena natural").

Dijo que le gustaría tener un gran llano con un árbol pintado. Yo sugerí un automóvil, puesto que en Les Baux resultan exóticos. Está situado a una altura considerable en las montañas rocosas, con calles estrechas, y al nivel del escenario solamente se permite el acceso de dos o tres coches pequeños.

David Tudor, su pierna quemada a causa de habérsele volcado encima el agua del té, evidentemente tan doloroso de sentir como de ver, estaba de pie al piano, que también se encontraba en el nivel trasero superior. Cuando los coches avanzaron, el piano –un venerable y vistoso piano de cola, subido con gran dificultad durante la tarde, especialmente para *Septet*–, parecía un coche antiguo.

Story aquí duró veinticuatro minutos. (Uno de los coches –un viejo camión que debutó en el teatro como decorado– se conmovió tanto con esta experiencia que dejó de funcionar y, como Molière, murió con las botas puestas en el nivel trasero superior del escenario de Les Baux) .

Viendo Les Baux en julio de 1976, durante nuestra estancia en Aviñón, los recuerdos son confusos. ¿Dónde estaba esa cueva con murciélagos en la que nos vestíamos? ¡Y ahora, tantos turistas!

Dartington, Devon, 23-24 julio

Story se representó dos veces en Dartington, dieciocho y veinte minutos, respectivamente, en un escenario diminuto extrañamente parecido al de Bennington College, el original que hay encima del edificio Commons. Esta sala, llena en cada una de las representaciones, había sido diseñada por Gropius. *Story* fue alborotada la primera noche, y tranquila la siguiente. (Yo cambié el orden de la danza, de una función a otra. ¿Por qué no cambió R. R. el decorado?) La idea de dos hombres planchando camisas sobre el escenario es provocativa, pero un poco demasiado ordenada para el ambiente de Rauschenberg. La primera noche había dos objetos –uno era la juntura de un pesado caño de hierro, y el otro, una cuerda ligera con un mango. En la representación de la segunda noche, el objeto tenía volumen, un conjunto de cajas de cartón atadas flojamente, y tan grande como para ocultar en parte a los bailarines. ("Steve, estoy robando tu idea de usar cajas como objetos, y pensé que te lo diría ahora para que podamos hablar de ello durante el resto de nuestras vidas".)

En los escenarios pequeños,
los acontecimientos lentos, si realmente son lentos
en términos del movimiento humano,
son enfocados más fácilmente que los rápidos.
Estos últimos parecen conceder a una zona limitada
una apariencia agitada y borrosa,
aunque supongo que depende
del movimiento empleado.

(La Sra. Elmhurst le preguntó a John si
podía sentarse en primera
fila la segunda vez que asistía a
Winterbranch. "Quizá estés un
poco incómoda". "Bueno, yo puedo
soportar cualquier cosa".)

Distinto, empezar un programa en
luz diurna y acabarlo a la luz de
la luna – Devonshire, junto con
la nata. Pero fue Dartmore
lo que me quitó el aliento.

Desde que trabajo en vídeo, he
cambiado de ideas respecto a esto.

La música, de La Monte Young,
era una cinta de dos sonidos
electrónicos, uno agudo y otro grave,
que permanecieron constantes y altos durante
los últimos quince minutos de la
danza.

Londres, 27 julio - 22 agosto
Story tuvo dos, no, tres presentaciones durante la primera semana en Sadler's Wells. (¡Imagínate poder escribir eso!) ¿Por qué no las recuerdo muy bien, o ni siquiera las recuerdo? La silueta iluminada de Barbara Lloyd al lado del pilar de cemento, adornada con una variedad de elementos que recordaban a Río Rita ("Un beduino loco precipitándose por el escenario y apoyándose contra una pared". Barnes o Buckle). Alex y aquel espantoso pájaro disecado en uno de los decorados de *Story*. La segunda representación fue la de la colada y el tinte de las telas, creo. Las tres representaciones fueron relajadas, y llega a predominar el efecto de las payasadas. El orden de la primera (dieciocho minutos) lo incluía firmemente. La segunda (veinte minutos) me ralenticé, o pensé que lo hacía, pero para entonces la idea de embrollo ya se había metido en la cabeza del público y de la crítica, salvo en la de Mellers, así que la lentitud (gravedad) sólo parecía una parte poco interesante del embrollo. La tercera (veintidós minutos) era una mezcla, y de las tres representaciones en Sadler's Wells, fue la más válida. El decorado también era diferente. El escenario del Wells es pequeño, es decir, lo suficientemente pequeño para hacer que las superposiciones y los traslapos provoquen más confusión que complejidad.

Nuestra acogida londinense fue para mí una sorpresa absoluta. Tal vez sean la libertad y el talento lo que llamó la atención del público inglés. A su manera también tienen talento, pero su educación no permite que la libertad sea tal. ¡Fue una semana maravillosa!

Nancy Oakes de Tritton (¡qué relación tan larga hemos mantenido!); Dame Ninette de Valois entre bastidores ("Tantos años que he pasado en este teatro,

p. 112
Merce Cunningham en/in Summerspace, *1958*
Photo Farrell Grehan

("Me alegra ver que conservas el sexo en los lugares apropiados", y sobre *Nocturnes*: "Todos esos velos de monjas"); uno de los invitados a la fiesta de Pat McBride Lousada ("Primero, preguntan si has visto a Cunningham, luego preguntan sobre China"); un miembro de la clase alta en el descanso ("¿Te imaginas a Margot descalza?"); Francis y Pat Mason (habían sido de gran ayuda en conseguir que llegásemos a Londres, y durante nuestra estancia allí); Robin Howard (¿Por qué, con esa nota asombrosa sobre *Rune*, no nos quiso ayudar?).

Tres semanas de actuación en el Phoenix Theatre; fue increíble y agotador. Aquellos idiotas del Living Theatre, que dieron conmigo poco después de haber establecido su contacto ("¿Alguno de vosotros quiere caballo?"). Michael White y la preciosa Sarah, el cuadro de R. R. durante el tiempo que estuvo *Story* en cartelera (cuatro representaciones). Lo terminó y todo, sirviéndose de las horas diurnas como tiempo oculto. Cuadro grande y hermoso, con unas naranjas sudafricanas, finalmente tapadas (fruta racial). ¿Dónde estará ahora? (En Toronto.) ¿Y cuánto habrá pagado quienquiera por él? Pip (Philip Dyer) y Hans (Wild) y aquellas cenas placenteras en Bianchi, después de la función (sospecho que era una cuestión de estar, por fin, en el teatro, tras muchos años de funciones de una sola noche). El (viejo) Imperial Hotel en Russell Square (parque londinense encantador; además, furtivo), nada de niebla, y el British Museum no me desanimó. Sólo entré dos veces, y me detuve en el conjunto del friso y otras piezas del Partenón (con razón tenía ese aspecto Isadora). Peter Brook (sólo vi una mitad de *Marat-Sade* en una función de tarde, corriendo después al teatro para hacer una siesta antes de la función de la noche). ¡Qué increíble agotamiento! Y esa clase, todos los días a las 11:00 de la mañana. Es ridículo haber estado en Londres durante un mes, haber visto parte del British Museum dos veces, haberme confundido diariamente entre bastidores en el Sadler's Wells y haber conocido el Phoenix Theatre. Ah, el Club Ambassador para el banquete de boda de Shareen Blair, con Baby Jane Holzer y los Rolling Stones. (Hubiera preferido haber estado arriba, viendo el juego.) Londres en un mes de caminatas al teatro, con una sucesión interminable de trayectos en taxi a las fiestas post-teatrales, celebradas en alguna zona desconocida de la ciudad.

(Fue después de Londres que Shareen Blair decidió que no podía seguir con nosotros. Según sus palabras, ella: "debía permanecer con su marido y su amante". Sabía que yo "lo entendería".)

Story
Londres, 27 julio
Secciones - Minutos - Total

Trío de cinco partes - 1 - 1 min.
Entrada andando - 1/2 - 1 1/2 min.
Tag (*tag* C. B.) - 1 y 3/4 - 3 1/4 min.
Space - 1 - 4 1/4 min.
Solo #2: M. C. - 1 - 5 1/4 min.
Salida (bises M. C.) - 1 y 1/4 - 6 1/2 min.
Duet y *Solo* - 2 y 3/4 - 9 1/4 min.
Saltos con un pie (salida) - 1/2 - 9 3/4 min.
Solo #1: M. C. - 1 - 10 3/4 min.
Object (entrada & salida) - 2 y 1/2 - 13 1/4 min.
C. B. & M. C. - 3/4 - 14 min.
Trío de brazos - 1/2 - 14 1/2 min.
Entrada: lento - 1 y 1/4 - 15 3/4 min.
Tag: rápido y salida (*Fall trio*) - 2 y 1/4 - 18 min.

Continuará...

1. En Estados Unidos, este término (literalmente "tres cuartos") designa un circo formado por tres pistas para acoger el mismo número de actuaciones simultáneas. El título del texto, por tanto, es una metáfora del autor para decir sutilmente que el público vienés de 1964 todavía no estaba preparado para un espectáculo como el que proponía la compañía de danza de Merce Cunningham. (N. de la T.)

Merce Cunningham, "Story Tale of a Dance and a Tour", *Dance Ink* (primavera 1995): 14-21. Reedición autorizada por *Dance Ink*, cortesía de 2twice Arts Foundation.

Story Tale of a Dance and a Tour

Merce Cunningham

In June of 1964 my company and I left on a tour, lasting six months, which took us to Western Europe, Eastern Europe and the Far East, to return to New York the first of December of that year.

There were sixteen people along directly concerned with the presentation of the programs. This included dancers, two musicians, two stage technicians, and two managers — company and business. There were seventy performances in all, given in circumstances ranging from the most primitive to prodigal.

Dancers, being human, are prey to all those tourist harassments, physical and psychological, that can and do strike up to and after curtain time. It is extremely handy to have flexible dance works available for long tours, with the incapacitation of the personnel a constant eventuality. We had two, *Field Dances* and *Story*, out of the seventeen dances carried on this tour.

Field Dances had only four dancers in it and also, being by its nature a short dance, was not often presented. But *Story* was played a great many times, as it could involve one or all of the dancers and could also be presented under any kind of extreme circumstances, certainly any that we have met up to now.

What follows is part of *Story's* choreographic and performance history as played in the United States and as it was included in performances of the world tour.

Repertory, 1964 tour:

Collage III 1952-63, Pierre Schaeffer, 7 minutes
Septet 1953, Erik Satie, 20 minutes
Untitled Solo 1953, Christian Wolff, 5 minutes
Suite for Five 1953-56, John Cage, 25 minutes
Nocturnes 1956, Erik Satie, 16 minutes
Changeling 1956, Christian Wolff, 6 minutes
Summerspace 1958, Morton Feldman, 20 minutes
Antic Meet 1958, John Cage, 26 minutes
Night Wandering 1958, Bo Nilsson, 12 minutes
Rune 1959, Christian Wolff, 25 minutes
Crises 1960, Colon Nancarrow, 20 minutes
Aeon 1961, John Cage, 40 minutes
Story 1963, Toshi Ichiyanagi, 10-40 minutes
Field Dances 1963, John Cage, 5-20 minutes
Paired 1964, John Cage, 8 minutes
Winterbranch 1964 , La Monte Young, 24 minutes
Cross Currents 1964, John Cage, 8 minutes

Company personnel

Dancers
Shareen Blair
Carolyn Brown
Merce Cunningham
William David
Viola Farber
Deborah Hay
Barbara Lloyd
Sandra Neels
Steve Paxton
Albert Reid

Musicians
John Cage
David Tudor

Stage Managers
Alex Hay
Robert Rauschenberg

Company Managers
Lewis Lloyd
David Vaughan

Story was choreographed in June and July of 1963 and first presented on 24 July in Royce Hall, at the University of California in Los Angeles. It is a dance for x number of performers and had seven dancers in it at its initial showing. The length of the dance was arranged to be varied, changing from one performance to the next. It has been as short as fifteen minutes and as long as thirty-six.

We toured *Story* in the United States during the fall of 1963 and the spring of 1964, and played it nineteen times. Among the places it was given in was the Medical College in Augusta, Georgia, on a huge stage, which was actually a double stage situated between two auditoriums. During the presentation of the dance, we lifted the curtains separating the two stages, leaving both halls visible to each other, one full staring at one empty.

We have given it on the thrust stage of the Tyrone Guthrie Theater in Minneapolis, Minnesota, with exits directly at the rear of the stage behind us into blackness and also through the vomitories, the tunnels leading from the stage out into the house under the seats, and again on a minuscule stage at the College of St. Scholastica, in Duluth, Minnesota, where, to have more space and flexibility, we employed, along with the stage, the floor of the auditorium in front of it.

Story was choreographed in a series of sections, and these were given names for identification: *Object, Triangle, Floor, Tag, Space, Entrance*, etc. Some of them had names a little looser, such as *Trio Number 2*. *Object* refers to an actual object, constructed or found anew for each performance, that is moved or carried or pushed or thrown around the stage by the dancers.

Triangle is a canonlike form of a series of movements that are prearranged as to sequence and length of time they take, and they are done in a triangle by x number of dancers x number of times, and the sequence can also be presented in rectangular form instead of, or superimposed over, the triangle if the space permits, with the dancers commencing at the points of each geometric shape. That is, the dancers enter at the points of the shapes, and begin in the phrases with the timing of the dancers already engaged in the sequence. This is the single "counted," or metric, sequence in *Story*. For some reason it is not often used in performance.

Floor refers to a duet for two of the women, originally Carolyn Brown and Viola Farber, which starts at any point in the space, on or off the playing area, during which the two dancers move in a pronounced slow *tempo* across the space, possibly separated but more often together. They are free to change direction at any point in the traveling. The movements made for the sequence carry them continually down to and up from the floor as they traverse the space. Although the movements have been specified, the two dancers may do them in any sequence of fragments or whole phrases as they choose during the performance, including the use of repetitions.

Tag is a sequence for the entire company, and is as the name suggests. A tagging of one starts the dancer moving and he or she in turn tags another, and this continues until all the dancers have been tagged. Having been so, the dancers are free to stay onstage, continuing to move, the movement in this sequence being a separate choreographed phrase for each dancer that the individual dancer may vary in sequence, *tempo*, and space freely, or may make an exit.

There is a five-part trio, which is as it says, three people, two women and one man, each having five phrases to contend with, the movement in this section being swift. There were also two moments, which are cued by the man touching first one and then the second of the women, depending upon which of the events is to take place, when the man supports the two women for as long or as short a time as he cares to, or can concern himself with. (I'll have to figure out what the two events were. One was a fall, I think. The other's a blank.)

Space is the name for a section in which the dancers are isolated from one another in the playing area, and within a specified time limit and with given space directions, they improvise individually.

A number of other parts include solos, duets, trios, as well as those for an x number of dancers. One of the trios is labeled *Fall Trio* and involves three separate falls, cued by one of the dancers beginning to fall in any available space and then followed by the other two, the only requirement being that they end in close proximity to each other. This position can then be held for as long as the particular performance indicates.

The entire number of sections in *Story* equals eighteen. I don't think they have all been given in any single performance. Usually two or three are left aside, at least.

Strasbourg, 6 June

Strasbourg (geese, pâté, and cathedral) was our first European date. The intentness and excitement of getting off, leaving New York (David Vaughan: "When we're on the plane, I'll believe it. All this talk about getting thousands of dollars, and what we need is two dollars for stamps right now"), arriving in Paris, friends and press to greet us, and a bus ride, our own with a jolly fat driver, through the French countryside, put all thought of the show tomorrow out of my head. The theater was the Théâtre de la Comédie, a small, opera house-like shape, a worn-out gilded orchestra and two or three balconies, and a stage nicely proportioned to the house (large enough even

for *Aeon*, which, after Newark, Delaware, and New Britain, Connecticut, was a relief).

The program was *Aeon*, *Crises*, and *Nocturnes*, a hard one for a public totally unfamiliar with our work to take. But the idea of educating, of leading up to, doesn't appeal to me. I don't think that way. And I tend to make programs that will give all the dancers the chance to perform at least once. And I probably thought the Satie piano music for *Nocturnes* would calm them before they set out for the hearth.

It was not until a few minutes before curtain that I wondered with a form of apprehension what the evening would bring, our first as a company before the European theatergoer, accustomed to theater as an accepted necessity and not just a novelty or an entertaining excursion. The house was full, the orchestra obviously with the more affluent bourgeoisie, the balconies with people harder to define. They were attentive, looked at and listened to what we gave them, and at the program's end applauded warmly.

But it was the top gallery that made the night. They yelled and stamped and bravoed and booed for a *considerable* period, the young people who had filled it, and clued me in for the rest of the trip.

Everywhere we were to play for the young, they were alive and alert and eager, pro and con, about what we gave them, and Strasbourg began it.

Paris, 12-14 June

Remembering this performance several months later, it is too long ago to have any clear imprint. It was the TEP, the Théâtre de l'Est Parisien, on the edge of the city. Bénédicte Pesle, who along with Dominique and Françoise Dupuy had helped to arrange these French dates (and has continued helping us ever since), was there to oversee this adventure into the "people's theater." I recall the curtain coming down and, shortly, up again in the middle of one dance, the lights going out during *Aeon* (our opening dance on the first night of the three performances), and then, shortly, coming on again (power failure revived fast under admiration and frenzied backstage maneuvers), and we continued like a serial.

Also, I remember the several eggs and tomatoes thrown after *Paired* (during the matinée). Robert Rauschenberg to Viola Farber and myself: "Do you want to go out and bow?" "Yes, why not?" "There's an egg on the stage." I looked at Viola and said, "Do you?" She smiled and nodded and on we went. Their aim was poor. It was easy to dodge as we bowed here and there, and I looked at that tomato just landed near me and wished it were an apple. I was hungry. (It was after this miserable performing circumstance, with my feeling how sad it was to finally play Paris and end in such a shambles, that Bénédicte said: "Now, Merce, we must prepare for the next time.")

Michael White, over from London to see us for the first time, having booked us into Sadler's Wells on one conversation and a bunch of letters, was impressed (how fortunate), and asked to have *Story* on the opening night.

I remember many of the fast parts of *Story*, the duets, the trios. "Tag," but no feeling of the flavor. None? There was a huge tree bare of everything except branches in the set and a huge white movie screen as the cyclorama (What happened to that movie being taken of us, which ran from the moment we got off the bus entering Paris until that drunken night ride back from Bourges?) [*Image et Technique*, directed by Etienne Becker.]

Paris seemed busy, frenzied, all French glitter and *sens unique*, and I had no chance to hunt up those quiet corners from years ago.

12 June
Aeon
Crises
Nocturnes

13 June
Rune
Septet
Changeling
Story

14 June
Summerspace
Winterbranch
Paired
Antic Meet

Bourges, 16 June
All I remember of this performance is illness. Shareen Blair left flat on her back in a hotel room in Paris, Sandra Neels ill on the bus trip to the Maison de la Culture, and Carolyn Brown ill during the show. We did *Septet* instead of *Suite for Five* to take care of the Blair absence (Barbara Lloyd's first time in *Septet*?), and then *Crises*, to have been second, was relegated to third place on the program, to give Carolyn a few extra minutes. (I had rushed up to the women's dressing room after *Septet* to find out about Carolyn, who, prone on the floor, was not her usual self. "Shit," I muttered. "Well, exactly," replied Viola.) I rushed back to my dressing room, changed madly from *Crises* to *Changeling* (Why? I thought. Both costumes are in red) while the change of program order

was announced, ran down three flights of stairs and onstage, a pause to get my balance, and the curtain was moving. Carolyn managed *Crises* but was out of *Story* (twenty-five minutes, too). I don't remember it.

I do remember Etienne Becker and his movie crew and the terrible bus ride (getting stuck in a narrow Bourges street, the bus triangular to two corners, unable to move) to Paris, all night and all drunken.

Venice, 18 June
At La Fenice, "the only complete eighteenth-century theater in Italy. All others are nineteenth-century." ("How do you do?" the mayor's wife said as we were introduced, and later, when I thanked her for coming backstage and said good-bye, she replied, "How do you do?") *Story* was given with nine dancers, two musicians, and a variety of Italian stagehands who appeared onstage with brooms to sweep one of the traps in the stage floor, which was raised for them during the performance of the dance. The trap raised was different from the one Robert Rauschenberg had arranged for during the rehearsal. That one had been filthy and readily accessible to sweeping, but during the performance, the operator very nicely raised a clean trap. Was that a mistake?

Several spectators, not Americans, suggested afterward that the dance presented an atmosphere reminiscent of the Japanese Kabuki. Perhaps the sounds of Toshi Ichiyanagi's music supported this impression, or perhaps those spectators think everything is like the Kabuki. I felt the performance, despite the monstrous preparation, was acute and varied.

Also that, given such a completely and handsomely styled theater, everything appears well in it, even a dirty trap.

It was during the Biennale and R.R. won the grand prize.

Vienna, 24 June
We danced in a museum here, the Twentieth Century Museum, with glass walls all around. The museum had cleared the large central hall for us, which was perhaps eighty by eighty feet, and laid a platform over part of it. And we did *Museum Event No.1*. It lasted three hours, beginning at 6:30 p.m. with the

music and our warming up in full view of the arriving public (there wasn't any other place to do it.) The balcony surrounding the hall on three sides was full of paintings, that beautiful Klimt at the head of the stairs. The six musicians (John Cage, David Tudor, Peter Kotik, Frederick Cerha, Peter Greenham, and Judith Justice) placed themselves individually at the four pillars around the square and began to perform at 6:30 and played J.C.'s *Atlas Eclipticalis* for percussion continuously until 9:30. We performed at one end of the hall, mainly on the platform laid for us, thirty-five by thirty-five by one foot high, but we also danced off the platform, to the sides or in back of it, and all this was framed by the glass that covered the rear wall, and through which, as we began in the daylight, was presented a moving drop of people among the trees, and as darkness came, lights from the passing automobiles blinking off it. (My memory of the event, of course. I received a letter in 1973 with an article enclosed written by an American publicist who had been at the performance. She indicated more audience puzzlement than I remember.)

We did parts of many dances: *Aeon*, *Untitled Solo*, *Winterbranch*, *Cross Currents*, fourth dance from *Nocturnes*, *Suite for Five*, door scene from *Antic Meet* (Alex set the door up in view of the spectators while we were dressing for one of the other dances), *Rune*. We played *Story* for about twenty minutes at the end. During it, Robert Rauschenberg came on as a "happening" object under burlap, tree branches, rope, and wooden slats — more like a "happening" animal, as I remember. The audience — it was full — stayed with us throughout the entire three hours, and were greatly delighted, judging by the applause.

Dear Mr. Cunningham
The lecture-demonstration your dance company offered at Town Hall on Wednesday, 21 February, 1973, turned back time for me. Like an electronic impulse, your mention of the Merce Cunningham Dance Company appearance in concert at the Twentieth Century Museum in Vienna in 1964 brought sharply to my mind my first introduction to your special dance art. I was in the audience at that concert in Vienna. In Ohio, where I lived at the

time, we had scarcely heard of you and you can believe what I saw that night was more than bewildering.

I was so impressed by what I saw and heard in Vienna, I turned to my typewriter and tried to capture in words this surrealistic experience. Since that time I have followed your career, through newspapers, *The New Yorker*, and attendance at your concerts.

I have no axes to grind, no favors to ask. Let's just say I wanted to make a personal expression of my enjoyment of your program, so this letter and enclosure. As a professional public relations person, I was, as I said earlier, impelled.

Hals und Beinbruch, as the Viennese say.

Yours faithfully,
(Katherine S. Lobach)
Mrs. Titus B. Lobach

Definitely not Three-quarter Time
24 June 1964

Vienna is the magical name for old-world charm, gaiety, and waltzes. As Paris is the city of love, so Vienna is the city of romance.

However, reality can be different at times, and harsh, as it was on a June, Moon, kind of evening in the Twentieth Century Museum, Vienna's newest. Billed as the museum's *Event No. 1*, the Merce Cunningham Dance Company, with John Cage and his music, was offered to the Viennese audience, dancing to Cage's *Atlas Eclipticalis*. The musical score, a real misnomer, merely gave the impulse for independent interpretation of sounds from plates, pans, wooden rollers, pots, and an assortment of noisemakers that were manipulated by musicians stationed in each corner of the room and amplified manyfoldly over loudspeakers.

To this free-form music there was free-form dancing, sinuously intertwined with the sound, yet separate. The dancers' leaps and bows reached for the music, which soared up and away from them in demonic sound, teasing, beckoning, seeming to increase most in decibels when it eluded the dancers straining to reach it. For the listener, the music was an exercise in ear stretching, a shock, an assault, hearing sounds that were never meant to be endured.

Through all this bedlam of noise, Merce Cunningham and his company undulated, posed, flashed a kaleidoscope of color. There was the friction of lavender and orange leotards. There were red, black, ghostly white, brown, electric blue, and purple leotards. The dancing went on without an emotional high point, no beginning, no end. It was just movement without orderly development, seemingly not planned, speaking for itself, flexible, in constant motion, like an Alexander Calder mobile.

A diversion at the rear disturbed the dancers not a bit. A man had appeared with hammer, saw, and a load of wood. With deafening hammer blows he constructed a door, only to reverse the process at once and demolish it even more noisily when he finished.

Cunningham neither followed nor interpreted the music, yet there was a meeting point at times, but casual only, like two people bowing to each other then going their separate ways. From this came a dance composition of the group, which formed a brief ensemble then went almost at once from mobility into statuesque immobility and formed frozen pictures of sorrow, bewilderment, unrest, release, uncertainty and surprise.

There was no stage set. Robert Rauschenberg strolled most casually along the back wall of the floor to balcony windows that surrounded the hall; he was behung with the impedimenta of an umbrella fixer. He looked more like Don Quixote's Rosinante, swaybacked but bearing up. This diversion, too, was ignored by the dancers, who, as dusk and darkness fell, were mirrored in the glass, and it was like seeing two performances simultaneously, a sort of living echo, receding in diminished form through the glass.

Cunningham even danced with a chair strapped to his back. He was the dancing pendant to musician Cage and to painter Rauschenberg, designer for the company, and to their creative methods of chance, indeterminacy, and impulse.

The Viennese audience, weaned on the sugar-sweet Strauss waltzes, passed their adolescence on the atonal Richard Strauss, the scrambled Arnold Schoenberg, the tortured Gustav Mahler, could always come back to their superb Vienna Opera Ballet, which synthesized Viennese music for them. Now they were bewildered, even though no strangers to the experimental in music. The audience could find no common meeting ground in this experiment. Their bewilderment showed itself in embarrassed silence. No one knew exactly where to applaud, or if to applaud. Since there were no programs, even that guide was denied them.

When the dancers simply left the stage and did not return, the audience, uncertain that it was the conclusion, gave only light, scattered applause. There was an almost tangible feeling of: "What have we seen? Is it jazz? Is it static? Is it Op art?"

With the equilibrium slightly upset by the punishing sounds of Cage's music, which the ears did not tolerate too well, it definitely was not three-quarter time.

Mannheim, 27 June

All those nails, tacks, and staples in the floor, and the stagehands having no interest in removing them, we arranged ourselves, each of us to cover an area from front to back of the stage, and proceeded on hands and knees to do so, until the crew — embarrassed (who knows?) to find the "artists" doing their work so intently — joined us to the extent of finding a vacuum cleaner someplace.

The choreographer for the ballet and the opera of the theater, who had studied at Juilliard, spent a long three-quarters of an hour talking to me with German insistence (he seemed surprised we were ever asked to perform here) and repetition, but quietly, explaining that the Mannheim audience was not accustomed to modern music or unconventional dance: they looked forward to seeing *Swan Lake*, and he hoped I wouldn't expect too much. I replied I'd learned to expect nothing, but that evening we got a great deal more than that. A house one-half to two-thirds full of different reactions, some of curses and exiting, but a large part of the public not only stayed, they continued to applaud quietly but insistently at the end of the program over a ten-minute period.

The curious part of this was that during the applause the audience was slowly edging toward the exits, which were all on one side of the theater, and each time we came out to bow, we turned farther toward our left, until finally we found ourselves bowing to the stagehands, who stood stolidly watching us from the wings.

Aeon was presented during the American Dance Festival at Connecticut College, New London, Connecticut, on 17 July 1961. It lasted between forty and fifty minutes and was received with indifference or animosity ("*Aeon* is an apt title"). Rauschenberg made a marvelous décor for it. There was a wonderful machine that rode across the stage on a wire, a tin-can receptacle of some sort that had dry ice in it so it "smoked" as it went along, looking like a donkey-engine in the sky. I remember a beautiful belt that Carolyn wore, made of rope strung with objects. Then the flashing of small camera lights in one sequence. We had two attached to wrists and shot them off during the dance phrase at separate times. Also, the elegant sleeves he figured out for the women, that they put on for certain sections. This is also the work where we had a scrim as a backdrop and crossovers were made behind it, visible to the public.

The program:
Aeon
Septet
Antic Meet

Jooss Folkwang Hochschule, Essen-Werden, 5 July; Opernhaus, Cologne, 12 July

When the sequences in *Story* have to be episodic, one beginning when another ends, with little space for overlapping any sequence on another, complexity is less possible. At the Jooss Folkwang Hochschule we gave them *Suite for Five*, *Winterbranch*, *Untitled Solo*, and *Story*. At the end of the program, there was a twenty-minute turmoil, a frightening experience, the booers apparently clapping between bows to bring us on again in order to renew booing, the enthusiasts, for the most part students and faculty from the Düsseldorf Art Academy, taking up chairs to pound them on the floor; one fellow possessed enough to bring his chair up to the stage and pound it in front of us, until a leg broke — not one of ours, fortunately. The

dancers from the Jooss school were generally less enthusiastic, having from their point of view no way to see something free of determined expression. Jooss himself seemed perturbed by all of this wild mêlée around him but stood nobly in the midst of it.

The stage space was limited and the access to it even more so, allowing for practically no overlapping of the sequences, and giving the action a linear shape. But there was a curious interest in the quiet dancers standing in the doorways. There were two (one on each side of the back wall of the stage), which were the only exits, one leading to a small stairway, which in turn led to a large classroom where our dressing and making up was done. The other led down four steps to a small square chamber with no other exit. The dancers stood in the doorways to be able to watch the action for purposes of cuing. (During *Winterbranch*, with the shapes of the costumes and the makeup and the general darkness of the lighting, they looked like blue stones.)

But in Cologne in the opera house the following week, the exact opposite happened. Given an ample stage, with the wing curtains flown so the sides were open, and an enormous back-wall fire curtain, painted orange-red, which was lifted shortly after the front curtain rose on *Story* to open out the space even farther, the dance sequences could overlap in time and shift in space freely. The performance experience was exhilarating.

Les Baux-de-Provence, 16 July

Les Baux was a celebrated fiefdom in the Middle Ages. With its open-air, rock-ridden platform high in the hills, this was, if not the most difficult, certainly the most ludicrous and fascinating stage we had been on, and it lent *Story* an ominous quality. The dancers in *Object* entered from far back in the rocks (there was no back wall to the stage, merely the unnatural natural scene), and they appeared as shadows through the sparse trees, like guerrillas. The object used in the dance was large, heavy, and made of bicycle wheels with a long rubber hose as a tail and a light (it had one more often then not). The set for what R.R. described as "this incredible, corny" arrangement of the natural landscape became three automobiles driven onto the upper level of the rear of the stage and placed as far back as possible, some thirty to forty feet, and then driven forward toward the audience at one point during the dance with the headlights turned on and off. (R.R. was trying to think of something that would not be simply adding to the "fakeness of the natural scene.")

He said he would like to have a large flat with a painted tree on it. I suggested an automobile, as they are exotic to Les Baux. It is high in the rocky hills with narrow streets, and only two or three small cars, with permission, are seen on the stage level.

David Tudor, his leg burned from the tea water spilled on it, obviously painful to feel and see, stood at the piano, which was also on the rear upper level, and when the cars drove forward, the piano, a venerable and ornate grand carted up in the afternoon especially for *Septet*, looked like an ancient car.

Story was twenty-four minutes here. (One of the cars, an aging truck, which made its debut in the theater as décor, was so moved by this experience that it ceased to function and, like Molière, died in harness on the rear upper level of the Les Baux stage.)

Seeing Les Baux in July of 1976, during our Avignon residency, memories all confused. Where was that cave with the bats that we dressed in? And so many tourists now!

Dartington, Devon, 23-24 July

Story was performed twice in Dartington, eighteen minutes and twenty minutes, respectively, on a minute stage curiously like that at Bennington College, the original one atop the Commons building. This house, full for each of the performances, had been designed by Gropius. *Story* was agitated the first evening and quiet the next. (I changed the order of the dance from one performance to the second. Why didn't R.R. change the set?) The idea of two men ironing shirts onstage is piquant, but a little too tidy for the Rauschenberg ambience. There were two objects the first evening — one, a heavy iron-pipe joint, and the other, a lightweight rope with a handle on it. In the performance that came on the second evening the object had volume, a bunch of cardboard boxes tied loosely together and large enough to hide parts of the dancers. ("Steve, I'm stealing your box idea for the object and thought I'd tell you now so we can talk about it for the rest of our lives.")

On small stages, slow events, if actually slow in human-movement terms, are put into focus more easily than fast ones. These last seem to give a limited area an agitated and fuzzy look, although I suppose it depends upon the movement utilized.

(Mrs. Elmhurst asked John if it was all right to sit in the front row for her second attendance at *Winterbranch*. "You might be a little uncomfortable." "Oh, I can take anything.")

Different to begin a program in daylight and end it in moon-light — Devonshire along with the cream. But it was Dartmoor that took my breath.

Since working in video, I've changed my ideas about this.

The music, by La Monte Young, was a tape of two electronic sounds, one high and one low, that stayed constant and loud for the last fifteen minutes of the dance.

London, 27 July - 22 August

Story was presented twice, no, three times, during the first week in Salder's Wells. (Imagine being able to write that!) Why is it I don't remember those very well or at all? Barbara Lloyd silhouetted in light by the cement pillar, wearing assorted bits that looked like Rio Rita ("A mad bedouin dashing across the stage and leaning against a wall." Barnes or Buckle). Alex and that awful stuffed bird in one *Story* set. The laundry and the dyeing of material was the second performance, I think. The three performances were loose, and the effect of clowning takes over. The first (eighteen minutes) had this strongly in the order. The second (twenty minutes) I slowed, or thought I did, but by this time the idea of a scramble had been set up in the audience's and the critics' heads, except Mellers's, so the slowness (gravity) seemed only an uninteresting part of the scramble. The third (twenty-two minutes) was mixed, and of the three performances in Sadler's Wells, it held the best. The set was different, too. The Wells stage is small, that is, small enough to make superimposition and overlapping more confusion than complexity.

Our London reception was a total surprise to me. Perhaps it's the freedom and the skill that struck the English eye. They have in their way the skill, but their manners don't allow the freedom to be quite so. It was a marvelous week!

Nancy Oakes de Tritton (what a long relationship we've had). Dame Ninette de Valois backstage ("After all the years I spent in this theater, and I can't find my way out of it"). Frederick Ashton ("I'm glad to see you keep sex in the right places," and about *Nocturnes*, "all those nuns' veilings"). Guest at Pat McBride Lousada's party ("First, they ask if you've seen Cunningham, then they ask about China"), a member of the upper class at intermission ("Can you imagine Margot in bare feet?"). Francis and Pat Mason (they had been greatly helpful in getting us to London and while we were there). Robin Howard (why, with that astonishing note about *Rune*, wouldn't he help us?).

The Phoenix Theatre for a three-week continuance; it was incredible and exhausting. Those Living Theatre bums finding me immediately after finding a connection ("Do any of you want some horse?"). Michael White and beautiful Sarah, R.R.'s painting during *Story*'s run (four performances). He finished it, too, using the day as a little sly time. Large beautiful painting with South African oranges eventually covered (racial fruit). Where is it now? (In Toronto.) And what did whoever pay for it? Pip (Philip Dyer) and Hans (Wild) and those pleasant suppers in Bianchi's after the show (it was being in the theater finally after years of one-night stands, I suspect). The

(old) Imperial Hotel on Russell Square (charming London park; furtive, too), no fog, and the British Museum didn't get me down. I only got into it twice and stopped with the Elgin Marbles (no wonder Isadora looked like that). Peter Brook (I saw only one-half of *Marat-Sade* at a matinée, rushing to the theater for a nap before the evening show). What incredible exhaustion! And that class every day at 11:00 a.m. It's ridiculous to have been in London for a month and seen part of the British Museum twice, got mixed up daily backstage at Sadler's Wells, and to have known the Phoenix Theatre. Oh, the Club Ambassador for Shareen Blair's wedding reception with Baby Jane Holzer and the Rolling Stones. (I would have preferred to have been upstairs watching the gambling.) London in a month of walking to the theater with an endless succession of taxi rides to after-theater parties in some unknown section of the city.

(It was after London that Shareen Blair decided she couldn't continue with us. She, as she put it, "had to stay with her husband and her lover." She knew I "would understand.")

Story
London, 27 July
Sections - Minutes - Total
Five-part trio - 1 - 1 minute
Walk-in - 1/2 - 1 and 1/2 minutes
Tag (C.B. tag) - 1 and 3/4 - 3 and 1/4 minutes
Space - 1 - 4 and 1/4 minutes
Solo #2: M.C. - 1 - 5 and 1/4 minutes
Exit (M.C. cues) - 1 and 1/4 - 6 and 1/2 minutes
Duet and Solo - 2 and 3/4 - 9 and 1/4 minutes
Hopping (exit) - 1/2 - 9 and 3/4 minutes
Solo #1: M.C. - 1 - 10 and 3/4 minutes
Object (enter & exit) - 2 and 1/2 - 13 and 1/4 minutes
C.B. & M.C. - 3/4 - 14 minutes
Arm trio - 1/2 - 14 and 1/2 minutes
Entrance: slow - 1 and 1/4 - 15 and 3/4 minutes
Tag: fast & exit (Fall trio) - 2 and 1/4 - 18 minutes

To be continued . . .

Merce Cunningham, "Story Tale of a Dance and a Tour," *Dance Ink* (Spring 1995): 14-21. Reprinted by permission of *Dance Ink* magazine, courtesy 2twice Arts Foundation

Esta es la historia de un hombre que…

Yvonne Rainer

Durante mucho tiempo, ella estuvo considerando el problema de escribir sobre él. Lo pensó desde muchas perspectivas. ¿Qué tenía que decir? Si hubiera sido él, ¿qué le hubiera gustado leer? Quizás a él todo aquel empeño le hubiera resultado en cierto modo inquietante. Al fin y al cabo, los hitos no son nada, sólo mojones, piedras del camino. ¿Qué le hubiera gustado oír de ella? ¿Cuál podía ser su regalo de inspiración, equivalente al que él le había dado? Ella había pasado un año en la escuela Graham sabiendo que acabaría en aquel local que acababan de abrir, encima del Living Theater, en la calle Catorce esquina con la Sexta Avenida. Había oído muchas historias y chismes sobre aquella "camarilla" de Cage, pero pensaba que no se iba a dejar atrapar, como tampoco se había dejado atrapar por el rollo de Martha Graham. Aprovecharía lo que necesitaba y se largaría.

Ahora ya no recuerda su primera clase con él, pero sí retiene las primeras impresiones que le produjo:

1. En una fiesta que se hizo en un gran *loft*, él estaba de pie junto a Carolyn Brown. Ella se acercó y le dijo que no podía estudiar con él porque estaba con Graham, pero que era cuestión de tiempo, o algo similar. En el rostro de él se dibujó aquella sonrisa socarrona. Si ella sabía que Cunningham había bailado con Graham, en aquel momento no estaba pensando en eso; la verdad es que entonces ni siquiera pensó mucho en el sentido de aquella sonrisa. Ahora, naturalmente, podría atribuirle toda clase de interpretaciones, como "Este tío aún se forra recogiendo talentos de la Graham" o bien "los utiliza como trofeos". Ahora recuerda que sus primeras clases con él eran muy tranquilas. Él era muy tranquilo y nada enfático. Simplemente bailaba, y cuando hablaba, adoptaba una serena gravedad que la serenaba y divertía al mismo tiempo. Su presencia física –incluso cuando se enfrentaba al material más elusivo y difícil– hacía que todo fuera posible. "Era realmente el principio de un *Zeitgeist*", piensa. "Simplemente lo haces, con la coordinación de un profesional y la indefinición de un aficionado". ¡Naturalmente! De pronto, todo le vuelve como una oleada: aquellas primeras impresiones de él bailando con aquella soltura, aquella facilidad increíble, como si estuviera haciendo algo normal y corriente. Sabía que ella nunca podría bailar así. Ella sólo podía parodiar la parte de ballet de las figuras que él elegía. Pero aquella normalidad y aquel placer le eran accesibles. Ahora piensa que entonces no hubiera podido formularlo así, pero sí sabía que sólo se trataba de "hacerlo simplemente", porque recuerda habérselo comentado a su amiga Nancy Meehan. También sabía que había cosas concretas que podía imitar y otras cosas que podía absorber mirando y estando cerca de él. Así que se dedicó a aprender la parte práctica de sus enseñanzas: una cuidadosa situación secuencial de las distintas partes del cuerpo en el suelo, en un tiempo 4/4, llevando el cuerpo de uno a otro extremo de la habitación; arrebatos repentinos de furiosos y rápidos movimientos que cambiaban de dirección como si nada; largas, larguísimas combinaciones con distintas partes –algunas lentas, otras rápidas– como aquella de *Aeon* donde acabas en *passé* sobre medio dedo del pie y permaneces un rato así. Además, como Juddy Dunn comentó más tarde a propósito de aquello: "Y todo el mundo lo hizo". Todo el mundo logró permanecer así durante un rato. Luego había otras en que una parte del cuerpo hacía una cosa y la otra parte otra, incluso con distinto ritmo. Precisamente eso, como forma de multiplicar los detalles del movimiento, acabaría caracterizando parte de su propio trabajo. Pero sobre todo, estaba aquella misteriosa facilidad de Cunningham. Tal vez era eso lo que él intentaba explicar cuando dijo: "abajo, abajo, abajo, pon el peso abajo", y ahora ya ni siquiera sabe seguro si él lo dijo o si simplemente ella lo *vio*: si le vio a él arraigado en el espacio, por así decirlo, aún cuando estaba en movimiento. Ahora le ve con los ojos de su mente, navegando, girando y sumergiéndose, y se da cuenta de que siempre le recuerda en el estudio de la Calle Catorce y no en otros estudios más recientes ni en actuaciones. Sin duda fue allí donde pudo verle mejor.

2. Al día siguiente, hace otra tentativa de memoria y surgen otros recuerdos. Él tenía que soportar muchas cosas. Ellos iban y venían y estaban pen-

Yvonne Rainer y/and Steve Paxton en/in Word Words*, Judson Church, 29 enero/January 1963*

dientes de cada palabra suya y exponían sus opiniones inexpertas y su inocencia, mientras que él ya llevaba mucho tiempo con aquello y sabía demasiado bien que las compensaciones sólo serían proporcionales al esfuerzo, es decir: la satisfacción que produce más y más trabajo realizado. "Tenéis que amar el trabajo diario", decía. Y a ella le gustaba que lo dijera, porque era una perspectiva de la danza que conseguía emocionarla: la implicación cotidiana, que llenaba la mente y el cuerpo con un agotamiento y una plenitud que apenas dejaban espacio para nada más. Junto a aquella extenuación, las opiniones palidecían. Y junto a aquella sensación de plenitud, la ambición tenía que ser especialmente tenaz. Pero mientras ella absorbía el espíritu del genio de Cunningham, también luchaba contra su letra. Las fantasías que tenía de su propio "gran espectáculo" incorporaban frenéticas "bacanales de técnica Cunningham" interpretadas por los más vulgares aficionados. O diez enanos y una mujer barbuda haciendo los ejercicios de calentamiento *on six* característicos de Cunningham. O un contorsionista realizándolos al revés (hábilmente). Etcétera. Fantasías adolescentes de venganza contra la tiranía de la disciplina, que –aunque ella se oponía

tanto moral como estéticamente– la acercaba cada vez más a su propia facilidad corporal. En la actualidad, le resulta imposible separar las líneas de su influencia, excesivamente fundidas. Ha pensado mucho en la enseñanza, en las dos modalidades del proceso de enseñanza-aprendizaje, en la modalidad que puede codificarse y articularse, y en la que se resiste a tales esfuerzos, pero ejerce tal vez una influencia aún más poderosa, una modalidad que reside en algún punto de una empatía recíproca, que no debe confundirse con la igualdad. "Dios mío", piensa, "ahora no entres en un discurso educativo. En realidad, querías hablar de la fusión que había que hacer para crear una polémica a partir de tus insuficiencias físicas respecto a esta técnica, de la fusión y su efecto real en ti". Entonces se ve a sí misma corriendo años atrás y recuerda la alegría y la libertad, y comprende que se ha acercado más que nunca a lo que imaginó que él sentía mientras giraba, se sumergía y se deslizaba por el estudio de la calle Catorce. Y siente gratitud hacia él por la parte que desempeñó en aquel movimiento.

En la actualidad, ella ya no le ve mucho, pero cuando se encuentran, se siente muy feliz.

Yvonne Rainer, "This is the Story of a Man Who. . .", en Yvonne Rainer. *Work 1961-73* (Halifax/Nueva York: The Press of Nova Scotia College of Art and Design/New York University Press, 1974). Reeditado en James Klosty, *Merce Cunningham* (Nueva York: Saturday Review Press/Dutton, 1975): 35-36.

This Is the Story of a Man Who. . .

Yvonne Rainer

She pondered the problem of writing about him for a long time. She thought about it in several ways. What had she to say? If she were he, what would she like to read? She might find the whole enterprise somewhat unsettling. Milestones are nothing if not loadstones. What would he like to hear about from her? What could be a gift of inspiration equivalent to what he had given her? She had been at the Graham school for a year knowing that she would end up at his place which had just opened up above the Living Theater on 14th Street and 6th Avenue. She had heard funny stories about that Cage coterie, but she trusted that she would be no more taken in by all that than she had by all that Graham stuff. She would get what she needed and split. She can't remember her first class with him, but the first impressions he left with her remain:

1. At a big loft party somewhere he was standing with Carolyn Brown. She went over to him and said she couldn't study with him yet because she was still busy with Graham, but it was only a matter of time — or something like that. This sly smile came over his face. If she knew that he had danced with Graham she certainly wasn't thinking about it then; in fact she didn't give that sly smile a second thought. Now, of course, she can attribute all sorts of things to it — like "The old bag is still raking them in." Or "racking them up." She now is remembering that her first classes with him were so quiet. He was so quiet and unemphatic. He just danced, and when he talked it was with a quiet earnestness that both soothed and exhilarated her. His physical presence — even when involved in the most elusive material — made everything seem possible. "It was truly the beginning of a *Zeitgeist*," she thinks. "You just do it, with the coordination of a pro and the non-definition of an amateur." Of course! It all comes flooding back to her: those early impressions of him dancing with that unassailable ease that made him look as though he was doing something totally ordinary. She knew that she would never dance like that. The ballet part of the shapes he chose she could only parody. But that ordinariness and pleasure were accessible to her. "No," she thinks, "she didn't know that then to

articulate it like that, but she knew about 'just doing it' because she remembers saying that to her friend Nancy Meehan, and she knew there were specific things she could copy and other things she would absorb by watching and being around him." So she applied herself to learning the work part of his teaching: careful, sequential placing of different parts of the body on the floor in 4/4 time carrying the body from one side of the room to the other; sudden spurts of furious, swift movement reversing direction on a dime; long, long combinations with different parts — some slow, some fast — like the one from *Aeon* that ends with passé on half-toe and you stay there for a while. And, as Judy Dunn later remarked on that one, "And everybody did it." Stayed there for a while. Then there were the ones where one part of the body did one thing while another part did another, maybe even in a different rhythm. This, in particular, as a way of multiplying movement detail was later to characterize some of her work. But mostly it was that mysterious ease of his — which he may even have tried to account for when he would say "down down down, get your weight down" — and now she is not really sure if he actually said that or if she *saw* it: him rooted in space, so to speak, even while in motion. She sees him in her mind's eye sailing and wheeling and dipping and realizes that it is always in the studio on 14th Street that she sees him rather than in more recent studios or in performance. That was where she saw him best.

2. The next day she takes another whack at it, and more memories surge in. He had to put up with a lot. They came and went and hung on his every word and paraded their callow opinions and innocence while he already had been doing it so much longer and knew all too clearly that the rewards would only be commensurate with the effort — that is, the reward of more work for work done. "You must love the daily work," he would say. She loved him for saying that, for that was one prospect that thrilled her about dancing — the daily involvement that filled up the body and mind with an exhaustion and completion that left little room for anything else. Beside that exhaustion,

opinion paled. And beside that sense of completion, ambition had to be especially tenacious. But while absorbing the spirit of his genius she fought its letter. Her fantasies of her Show of Shows incorporated frenzied Bacchanalias of Cunningham Technique performed by the rankest of amateurs. Or ten dwarves and one bearded lady did the exercises-on-six. Or a contortionist performs them backwards (bodywise). Etc. Sophomoric fantasies of vindication against the tyranny of his discipline, which — even as she was objecting in terms both moral and aesthetic — was moving her ever nearer to her own body-ease. Now it is almost impossible for her to separate the fused lines of his influence. She has given much thought to teaching, to the two modes of the teaching-learning process — the one that can be codified and articulated, and the one that resists such efforts yet exerts perhaps an even more powerful influence and lies somewhere in a kind of reciprocal empathy, not to be confused with equality. "Oh Christ," she thinks. "Don't get into a discourse on education now. What you were actually talking about was the fusion of your need to make a polemic out of your physical inadequacies with his technique — the fusion of that with his real effect on you." Then she visualizes herself running some years back and remembers the exhilaration and freedom and knows that she came as close as she would ever come to what she imagined he must have felt as he wheeled and dipped and glided in the studio on 14th Street. And she gives him his due for the part he played in that running.

Now she doesn't see very much of him anymore, but when she does she feels very happy.

Yvonne Rainer, "This is the Story of a Man Who . . ." in Yvonne Rainer, *Work 1961-73* (Halifax/New York: The Press of Nova Scotia College of Art and Design/New York University Press, 1974). Reprinted in James Klosty, *Merce Cunningham* (New York: Saturday Review Press/Dutton, 1975): 35-36.

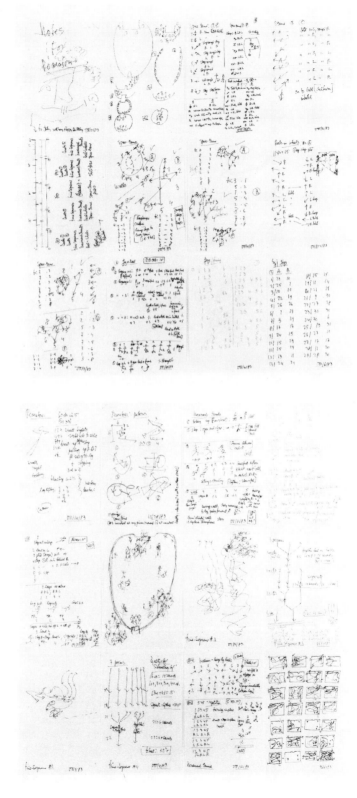

La primera vez...

Rudolph Nureyev

La primera vez que vi actuar a Merce, yo acababa de llegar a Londres desde Italia en avión y con muy mal tiempo. Siempre me ha puesto nervioso volar, así que había bebido bastante en el avión, y tenía que ir directamente a su representación desde el aeropuerto. Debido al exceso de alcohol y a la música, tan alta que casi me dañaba el cerebro, caí dormido, ¡y no me desperté hasta que no se paró la música!

Posteriormente, fui a ver uno de sus primeros *Events*. Su coreografía me atrajo: era una escritura estilo fuga y pensé que era como *The Well-Tempered Clavier,* pero en danza.

Merce tiene unos pies maravillosos, y los mueve con un gran sentido del humor. Tiene una cualidad estática, como la Mona Lisa. Cuando aparece en escena para encontrarse con esos bailarines jóvenes, tiene una presencia muy importante: para ellos, actúa como un catalizador. Ha aportado una nueva dimensión a la danza clásica, liberándola de la dependencia de la música. Diaghilev utilizó una combinación de pintores, compositores, bailarines, coreógrafos, historia y vestuario. Luego Balanchine se despojó de la historia, el decorado, el escenario y el vestuario. Ahora Merce se ha liberado de la música, y su danza es pura.

Rudolph Nureyev, en Margot Mifflin, ed., "The Well-Tempered Dance", *Elle* 5, no. 7 (marzo 1990): 218-220.

The first time . . .

Paul Taylor y/and Rudolf Nureyev ensayando/reahearsing Aureole
Photo Lois Greenfield

The first time I saw Merce perform I had just flown to London from Italy in rough weather. I have always been a very nervous flier and I had a lot of drinks on the plane, and I had to go to his performance straight from the airport. Because of all the drinks I'd had, and the music, which was so loud it practically gave me brain damage, I fell asleep, I didn't wake up until the music stopped! Later I went to see one of his first *Events*. His choreography appealed to me: it was fugal writing, and I thought, It's like *The Well-Tempered Clavier* in dance.

Merce has wonderful feet, and he moves them with great humor. He has a static, Mona Lisa quality. When he appears on stage to meet these young dancers, he's a very important presence: he's a catalyst for them. He's added a new dimension to classical dance by liberating himself from dependence on music. Diaghilev used a combination of painters, composers, dancers, choreographers, story, and costumes. Then Balanchine stripped away the story, the sets, the stage, and costumes. Now Merce has liberated himself from music, and his dance is pure.

Rudolph Nureyev, in Margot Mifflin, ed., "The Well-Tempered Dance," *Elle* 5, no. 7 (March 1990): 218-220.

Era muy silencioso...

Paul Taylor

He was very quiet . . .

Era muy silencioso al saltar, un magnífico saltarín.
Pienso en sus grandes pies y sus grandes manos:
sus pies parecían acariciar el suelo, y aunque
fueran grandes, parecían delicados. Yo trabajé con
Merce y con Martha Graham al mismo tiempo.
Las combinaciones de Merce eran muy difíciles,
mucho más duras que las de Martha. Sus ritmos
eran bastante complejos: los cálculos de pasos eran
como una guía de teléfonos. Su actitud en los
ensayos era de pura técnica y trabajo, mientras que
los ensayos de Martha pretendían ser inspiradores
y emocionantes. Coreográficamente, la idea que
Martha tenía de las mujeres era muy distinta de la
de Merce. Para Martha, la mujer era la abeja reina.
Para Merce, hombres y mujeres estaban más
igualados.
Creo que *Septet* (1953) es una de sus mejores
piezas. Algunas secciones tenían un tono religioso.
A mí me pareció que tenía un componente
autobiográfico, pero tal vez me equivocara,
la verdad es que nunca se lo pregunté. Nunca
hablábamos de arte, *nunca*. Ese era un rasgo
característico de Merce, había que actuar y punto.

Paul Taylor, en Margot Mifflin, ed., "The Well-Tempered Dance", *Elle*
5, no. 7 (marzo 1990): 218-220.

Paul Taylor en/in Epic, 7 New Dances, *1957*
Photo Robert Rauschenberg

He was very quiet when he leaped, and he was a
wonderful leaper. I think of his big feet and his big
hands — his feet seemed to caress the floor, and
although they were big they were delicate.
I worked with Merce and Martha Graham at the
same time. Merce's combinations were very
difficult, much harder than Martha's. His rhythms
were quite complex — the counts were like a
telephone book. His attitude at rehearsal was
workmanlike whereas Martha's rehearsals were
meant to be inspiring and exciting.
Choreographically, Martha's idea of women was
very different from Merce's. For Martha the woman
was the queen bee. For Merce things were more
equal.
I think *Septet* (1953) is one of his best pieces.
There was a religious tone to some of the sections.
It seemed to me to be autobiographical, but
I could be all wrong about that — I never asked
him about it. We didn't really talk art, *ever*. That's
the thing about Merce, you just do it.

Paul Taylor, in Margot Mifflin, ed., "The Well-Tempered Dance," *Elle*
5, no. 7 (March 1990): 218-220.

Lo más sorprendente...

Lucinda Childs

Lo más sorprendente de Merce es lo que él no dice, y eso me producía un gran placer cuando era su alumna: la expresión de su cara o su forma de dar la mano lo expresaba casi todo. Es un sistema de comunicación extremadamente delicado. No es precisamente verbal, y sin embargo es muy articulado.

Estéticamente, una de las cosas que me atrajo desde el principio del entorno de Cunningham era el modo en que sus danzas se relacionaban con lo que estaba pasando en la pintura, la música y el teatro en aquel momento. A principios de los sesenta, yo estaba metida al mismo tiempo en el grupo de Cunningham y en The Judson Dance Theater. Quizás los miembros del Judson Theater llevaban las teorías de John Cage más al extremo que Cunningham, pero desde mi punto de vista, todo se hacía con un espíritu de respeto hacia lo que Merce había establecido.

Uno de los rasgos más sorprendentes de la compañía de Merce era que a veces elegían presentar la obra en un espacio de proscenio, pero nunca había una orientación frontal de los bailarines; los cuatro lados del espacio se trataban como si fueran el frente. Del mismo modo, la primera vez que vi una obra de Cunningham, la asocié a la estética general y al modo de pintar de Jackson Pollock.

Lucinda Childs, en Margot Mifflin, ed., "The Well-Tempered Dance", *Elle* 5, no. 7 (marzo 1990): 218-220.

What's so amazing . . .

Lucinda Childs en/in Solo Section 4 *de/from* Dance, *ensayo/rehearsal, 1979. Photo Robert Alexander.*

What's so amazing about Merce is what he doesn't say, and that was my pleasure in being his student: so much was indicated by the expression on his face or the way he held his hand. It's a very delicate system of communication. That's not very verbal, but which is nonetheless very articulate.

Aesthetically, one of the things that first attracted me to the Cunningham environment was the way his dances related to what was happening in painting, music, and theater at the time. I was involved with both the Cunningham group and The Judson Dance Theater in the early sixties. The Judson people took some of the theories of John Cage to a greater extreme than Cunningham perhaps had, but from my point of view it was all done in a spirit of respect for what Merce had established.

One of the most striking features of Merce's company was that they chose, at times, to present the work in a proscenium space but there was never any frontal orientation of the dancers — all four sides of the space were treated as the front. In the same way, the first time I saw a Cunningham work I connected it with the overall aesthetic of Jackson Pollock's mode of painting.

Lucinda Childs, in Margot Mifflin, ed., "The Well-Tempered Dance," *Elle* 5, no. 7 (March 1990): 218-220.

2 páginas, 122 palabras sobre música y danza

John Cage

movimiento

sonido

Para obtener el valor
de un sonido, un movimiento,
medid desde cero. (Prestad
atención a lo que es,
tal como es.)

Actividades distintas
occurren en un tiempo que es un espacio:
todas son centrales, originales.

Puntos en
el tiempo, en
el espacio

Un pájaro vuela.

Las emociones

amor
alegría
lo heroico
asombro
tranquilidad
miedo
rabia
pesar
disgusto

están en el público.

La esclavitud está abolida.

Suena el teléfono.

el bosque

Cada persona ocupa el mejor asiento.
La guerra empieza en cualquier momento.

¿Hay un vaso de agua?

Un sonido no tiene piernas donde apoyarse.

Cada ahora es el tiempo, el espacio.

luces

¿inacción?

El mundo bulle: puede ocurrir
cualquier cosa.

¿Están abiertos los ojos?

¿y los oídos?

Donde vuela el pájaro, vuela.

2 Pages, 122 Words on Music and Dance

John Cage

movement

sound

To obtain the value
of a sound, a movement
measure from zero. (Pay
attention to what it is,
just as it is.)

Activities which are different
happen in a time which is a spac
are each central, original.

Points in
time, in
space

A bird flies.

The emotions

love
mirth
the heroic
wonder
tranquillity
fear
anger
sorrow
disgust

are in the audience.

Slavery is abolished.

The telephone rings.

the woods

Each person is in the best seat.
War begins at any moment.

Is there a glass of water?

A sound has no legs to stand on.

Each now is the time, the space.

lights

inaction?

The world is teeming: anything can
happen.

Are eyes open?

                                                                        ears?

                Where the bird flies, fly.

John Cage, "2 Pages, 122 Words on Music and Dance",
Dance Magazine (November 1957). © 1999 Dance Magazine
© 1999 John Cage Trust/Marion Boyars Publishers Ltd.

Yo le admiro mucho...

Karole Armitage

I admire him so much . . .

Yo le admiro mucho por haber mantenido la energía y el coraje durante los años en que la gente aún no sabía si había algo bueno en su danza. Es fantástico que finalmente se le haya reconocido. En cierto modo, la obra más nueva es la más compleja y coreográficamente interesante, pero no produce el mismo impacto en el ámbito de la cultura que cuando trabajaba con Rauschenberg y unos bailarines que eran sus iguales, para hacer algo nuevo y desconocido. Entonces tenía una aura fantástica.

Karole Armitage, en Margot Mifflin, ed., "The Well-Tempered Dance", *Elle* 5, no. 7 (marzo 1990): 218-220.

Karole Armitage, Vertige, *1981*

I admire him so much for having had the stamina to keep up his courage for years while people didn't know whether his dance was any good. It's great that he's finally gotten a degree of recognition. In some ways the newest work is the most complex and choreographically interesting, but it doesn't have the same impact on the culture as it did when he was working with Rauschenberg and dancers who were his peers, doing this unknown new thing. Back then, it had a fantastic aura.

Karole Armitage, in Margot Mifflin, ed., "The Well-Tempered Dance," *Elle* 5, no. 7 (March 1990): 218-220.

Cuando fui a ver a Merce...

Nam June Paik

Cuando fui a ver a Merce al City Center, el año pasado, alcanzaba tales niveles operísticos que se convirtió en una de las mejores experiencias que nunca he tenido. Ahora que ya no puede moverse con la misma facilidad, se vuelve cada vez más interesante y sublime. Me gustaban sus primeras piezas porque eran dadaístas. Sus piezas posteriores se volvieron demasiado académicas, y aunque me gustan y las respeto, yo me siento más cerca del dada. Ahora, en la edad madura, sus danzas se han vuelto dadaístas, pero con las cualidades de Rembrandt: son sublimes y profundamente filosóficas. Se mueve como sin rumbo, con gran sentido estético.

Me gusta ver las actuaciones de Merce desde una fila muy alta del teatro, para poder mirar hacia abajo, porque la danza de Merce es una danza sin centro, sin un punto focal, sin una historia o incluso sin atractivo sexual. Es descentralizada, como las telas de Jasper Johns o Mark Rothko, aunque es más fría y dispersa que el expresionismo abstracto. Algún día me gustaría filmarle con su grupo bailando en el patio de un colegio, mirándoles desde arriba, a lo lejos, desde un tejado. Ese es mi sueño.

Nam June Paik, ed., "The Well-Tempered Dance", *Elle* 5, no. 7 (marzo 1990): 218-220.

When I went to see Merce. . .

Nam June Paik. Photo Jon Danicic Jr

When I went to see Merce last year at City Center he reached such operatic heights that it was one of the best experiences I've ever had. Now that he can't move too well, he's getting more and more interesting and sublime. I liked his early pieces because they were Dadaistic. His middle pieces became very official, which I liked and respected, though I'm more of Dadaist myself. Now, in his old age, his dances have become Dadaistic with the qualities of Rembrandt — sublime and deeply philosophical. He moves sort of aimlessly, with great aestheticism.

I like to see Merce's performances from a very high seat in the theater so I can look down on him, because Merce's dance is a dance without a center, without a focal point, without a story or even sex appeal. It's decentralized, like the canvases of Jasper Johns or Mark Rothko, although it's cooler and sparser than Abstract Expressionism. Someday I'd like to film him and his group dancing in a schoolyard, looking down at them from above, on a rooftop, far away. That's my dream.

Nam June Paik, ed., "The Well-Tempered Dance," *Elle* 5, no. 7 (March 1990): 218-220.

Merce y yo...

John Cage

Merce y yo hemos trabajado juntos durante casi 50 años. Mi asociación con él atrajo mi atención hacia el tiempo como posible elemento estructural para la música y la danza, y así es como hemos trabajado. Trabajamos primero con la estructura como objeto: es decir, dividiéndola en partes, como si fuera una mesa. Pero aproximadamente desde 1950 hemos trabajado con la estructura como proceso, como el clima, que no tiene necesariamente un principio o un final. Tenemos una larga experiencia de trabajo sobre el tiempo, resituándolo de objeto en proceso.
Lo que me interesa de Merce, que es mi mejor amigo, es que me sorprende constantemente. Nunca puedo adivinar lo que va a decirme. Todo lo que dice me sorprende. Conocerle implica una continua revelación.
El crítico Edwin Denby hizo una buena descripción de Merce: "Sus talentos como bailarín lírico son notables. Su constitución le asemeja a esos saltimbanquis juveniles de los primeros cuadros de Picasso. Como bailarín, tiene un empeine y unas rodillas extraordinariamente elásticos y rápidos; sus pasos, sus carreras, su modo de doblar las rodillas y de saltar son brillantes en ligereza y velocidad. Su torso puede girar sobre su eje vertical con gran sensibilidad, mantiene los hombros ligeramente sueltos, y la pose de su cabeza es inteligente". Es hermoso, ¿verdad?

John Cage, en Margot Mifflin, ed., "The Well-Tempered Dance", *Elle* 5, no. 7 (marzo 1990): 218-220.

Merce and I . . .

Robert Rauschenberg, John Cage, Black Mountain, *1952. Colección del artista/Collection of the artist, New York*

Merce and I have been working together for nearly fifty years. My association with him drew my attention to time as a possible structural element for both music and dance, and that's how we've worked. We worked first with structure as object: that is, dividing it into parts, like a table. But since about 1950 we've worked with structure as a process, like weather, which doesn't have a beginning or end. We've had a long history of working in time, and moving from object to process.
The thing that interests me about Merce, who is my closest friend, is that he constantly surprises me. It never occurs to me to say, "Oh, you would say that" to Merce. Everything he says surprises me. Knowing him is a constant revelation.
There's a good description of Merce by the critic Edwin Denby: "His gifts as a lyric dancer are quite remarkable. His build resembles that of the juvenile saltimbanques of the early Picasso canvases. As a dancer, his instep and his knees are extraordinarily elastic and quick; his steps, runs, knee bends, and leaps are brilliant in lightness and speed. His torso can turn on its vertical axis with great sensitivity, his shoulders are held lightly free, and his head poses intelligently." Isn't that beautiful?

John Cage, in Margot Mifflin, ed., "The Well-tempered Dance," *Elle* 5, no. 7 (March 1990): 218-220.

4 de octubre de 1974

Robert Rauschenberg

Esta nota apenas llega a tiempo para incluirse en este volumen, y se debe a una razón: no quiero examinar ni arruinar mediante la clasificación y la descripción un proceso continuo de colaboración que existe en el espíritu de un grupo. Los detalles son volubles y políticos, y tienden a destrozar los acontecimientos globales. La rara experiencia de trabajar con gente tan excepcional bajo condiciones siempre únicas y en lugares completamente imprevisibles (todos aceptables por un deseo compulsivo y recíproco de hacer y compartir) no debería ser escatimada y reducida por mí a la memoria o los hechos bidimensionales. Todos nosotros trabajábamos con un compromiso total, compartiendo cada intensa emoción, y creo que llegamos a representar milagros sólo por amor.

Robert Rauschenberg, en James Klosty, *Merce Cunningham* (Nueva York: Saturday Review Press/Dutton, 1975): 83.

October 4, 1974

Robert Rauschenberg, Elgin tie, *1964, Stockholm, Moderna Museet*
Photo Hans Malmberg

This note is barely meeting the dateline for material to be published in this book for this reason: I don't want to examine and flatten by classification, and description, a continuous moment of collaboration that exists in a group soul. Details are fickle and political and tend to destroy the total events. The rare experience of working with such exceptional people under always unique conditions and in totally unpredictable places (all acceptable because of a mutual compulsive desire to make and share) should not, by me, be shortchanged by memory or two-dimensional facts. All of us worked totally committed, shared every intense emotion and, I think, performed miracles, for love only.

Robert Rauschenberg, in James Klosty, *Merce Cunningham* (New York: Saturday Review Press/Dutton, 1975): 83.

Merce Cunningham
y su concepto de la percepción

Roger Copeland

"Tú te preguntas qué mirar. Yo me pregunto cómo vivir. Es lo mismo".
Michelangelo Antonioni, *Desierto rojo*

"La historia de las artes es equivalente al descubrimiento y la formulación de un repertorio de objetos en los que derrochar atención".
Susan Sontag, *La estética del silencio*

"Ahora que Rauschenberg ha hecho un cuadro con radios, ¿significa eso que, incluso sin radios, yo debería seguir escuchando incluso mientras lo miro, y todo al mismo tiempo para no ser atropellado?"
John Cage, *On Robert Rauschenberg, Artist and His Work*

En 1950, el cineasta Hans Namuth persuadió a un reacio Jackson Pollock de que ejecutara una de sus famosas *action paintings* sobre un lienzo de cristal, mientras la cámara filmaba las frenéticas rotaciones de Pollock desde debajo. Aunque ninguno de ellos se dio cuenta entonces, su colaboración dio lugar a una de las películas más significativas sobre la danza. Demostraba (como la pintura rara vez demuestra) que el impulso fundamental subyacente en el expresionismo abstracto era *el deseo de transformar la pintura en danza*. Pollock no fue el único expresionista abstracto que pensaba en su pintura en términos "dancísticos": Arshile Gorky contrataba a un violinista húngaro para que inspirase a sus estudiantes mientras pintaban, y una de las obras maestras de Franz Kline en 1950 se titula *Nijinsky (Petrushka)*.

Sin embargo, sólo después de ver la filmación de Namuth sobre Pollock pintando podemos comprender plenamente la verdad de la afirmación de Harold Rosenberg de que, en el origen del movimiento del expresionismo abstracto: "[…] uno tras otro, los pintores americanos empezaron a considerar la tela como un escenario en el que actuar, y no tanto un espacio donde reproducir, re-diseñar o 'expresar' un objeto real o imaginado. Lo que iba a ocurrir en la tela ya no era una pintura, sino un acontecimiento".

El expresionismo abstracto puede considerarse la fase culminante de la relación amorosa del arte moderno con lo primitivo. Obviamente, la danza extática es un elemento central en muchos de esos rituales que consideramos "primitivos". Y la concepción de Pollock de la "pintura como danza" deriva directamente de las obras que ejecutó en los años cuarenta, inspiradas principalmente en imágenes de ritual primitivo y mitología. Pero más que reproducir la iconografía del arte primitivo, Pollock intentaba trabajar en un "estado de conciencia [virtualmente] primitivo".

Pollock quería expresarse (su yo más interno) de la forma más espontánea y menos condicionada posible. Su concepción de la pintura como danza podría haberse inspirado en Havelock Ellis, quien escribió: "la danza… no es una mera traducción o abstracción de la vida, es la vida misma". Yeats, en *Among School Children*, aludía al mismo vínculo sagrado entre la vida del bailarín y el arte del bailarín al preguntar: "¿Cómo podemos distinguir al bailarín de la danza?" Pollock quería que nos hiciéramos la misma pregunta respecto a su obra: "¿Cómo podemos distinguir al pintor de la pintura?"

La danza extática ofrece una solución provisional al "problema" de aumentar constantemente la cohibición, así como al miedo a volverse demasiado "civilizado" para el propio bien. Jacob Wasserman exagera sólo ligeramente cuando escribe en *The World's Illusion*, "Bailar significa estar nuevo, estar fresco en cada momento, como si uno acabara de salir de la mano de Dios". Tampoco deberíamos ignorar las posibilidades puramente "terapéuticas" y catárticas de la danza. Bailar es una forma relativamente sana de embriaguez. Las atormentadas vidas privadas de Pollock, Gorky y Rothko ilustran que todos ellos estaban excesivamente familiarizados con las formas menos saludables.

Por su parte, Pollock descubrió la sabiduría de un aforismo frecuentemente citado de Martha Graham: "El movimiento no miente".

Es obvio que nadie que haya visto la película de Namuth habrá confundido a Pollock con un bailarín de la compañía de Martha Graham; pero la variedad de la danza moderna de Graham tiene mucho en común con el expresionismo abstracto:

ambos eran junguianos, les dominaba la gravedad y estaban emocionalmente sobreexcitados. Comparemos los títulos de las principales obras que Pollock y Graham crearon en los cuarenta. Pollock pintó *The She-Wolf*, *Pasiphae*, *Guardians of the Secret* y *The Totem, Lesson I.* Graham bailó danzas con títulos igualmente fascinantes: *Cave of the Heart*, *Errant into the Maze* y *Night Journey*.

Tampoco eran los únicos que rechazaban las formas racionales de la civilización moderna. A finales de los cuarenta y principios de los cincuenta surgía el existencialismo –con su énfasis en el "riesgo"–, como una filosofía de vida plenamente madura. Brando, James Dean y Montgomery Clift creaban en la pantalla personajes llenos de angustia interna e inarticulada sensibilidad. Mailer iniciaba una trayectoria consagrada a la proposición de que la acción violenta es más auténtica que el discurso

racional y educado. Y Dylan Thomas bebía en público hasta la saciedad.

Luego, en 1953, Robert Rauschenberg, un alumno de Josef Albers, creó su *Erased de Kooning*, donde *borraba* literalmente una pintura del famoso expresionista abstracto. Probablemente, el gesto de Rauschenberg era demasiado lúdico como para considerarse una declaración apasionada de guerra contra el expresionismo abstracto; pero por lo menos, era un irónico rechazo de toda aquella angustia existencial y aquella tendencia a airear públicamente asuntos que valía más reservar para el diván del psicoanalista (Pollock solía comunicarse con su analista junguiano pintando para él). En 1957 (menos de un año después de la muerte de Pollock), Rauschenberg creó *Factum* –sus notorias "pinturas dobles"–, una de las cuales había sido creada espontáneamente al estilo del expresionismo abstracto, y

la otra era un meticuloso duplicado de la primera. Su argumento: el producto no depende necesariamente del proceso.

No es de extrañar que Rauschenberg produjera escaso entusiasmo en el mundo del arte de su época, entonces inmerso en el *ethos* del expresionismo abstracto. Lo que sí resulta sorprendente es que uno de sus primeros admiradores fue un ex bailarín de la compañía de Martha Graham con el que se asoció en el Black Mountain College en 1953. El bailarín se llamaba Merce Cunningham y lo más significativo de su vínculo con Graham era el hecho de que ese vínculo estuviera ya roto. En aquel momento, Cunningham estaba coreografiando danzas mucho más cercanas al ballet que las de Graham; eran rápidas, ligeras, de tono irónico, y virtualmente desprovistas de elementos "expresivos" o simbólicos.

Aún más inusual era la insistencia de Cunningham en "liberar" la coreografía de la dependencia de

la música. En la obra de Cunningham, el movimiento y el sonido existían independientemente uno de otro; la coreografía y la música eran interpretadas en el mismo espacio y tiempo, pero sin afectarse (o ni siquiera conocerse) mutuamente. Y lo más excéntrico de todo era el uso de Cunningham de procedimientos aleatorios para "dictar" sus secuencias coreográficas. En 1951, con sus *16 Dances for Soloist and Company of Three*, Cunningham decidió determinar la disposición de las secuencias arrojando monedas al aire, apelando a un sentido del orden completamente "impersonal" (y más objetivo), en lugar de excavar más y más hondo en un santuario subjetivo e interno.

Así, el rechazo por parte de Cunningham de Graham y de la danza moderna era directamente paralelo al rechazo del expresionismo abstracto de Rauschenberg. Rauschenberg diseñó la mayoría de decorados y vestuarios de Cunningham durante los siguientes 16 años. En 1966, Jasper Johns, otro pintor que contribuyó a forjar un estilo más frío e impersonal de creación de objetos, se convirtió en el director artístico de Cunningham.

Entre tanto, el principal colaborador musical de Cunningham era, por supuesto, John Cage. Se ha escrito mucho sobre la larga colaboración de Cunningham y Cage. Pero pese a la innegable influencia de Cage en Cunningham (sobre todo en su uso del azar), el hecho es que la sensibilidad de Cunningham está en realidad mucho más cerca de la de Rauschenberg y Johns. Cage ve el azar como un medio de negar el ego, y en última instancia, de superar la separación que la mente crea entre sí misma y el mundo. Pero el arte de Cunningham, como el de Rauschenberg, siempre insiste en mantener un distanciamiento irónico del mundo, especialmente del mundo "natural". En 1955, analizando la función del éxtasis en la danza, Cunningham escribió: "No significa licencia, sino libertad, es decir, una completa conciencia del mundo, y al mismo tiempo, un distanciamiento de él".

En este punto, tal vez deberíamos detenernos y preguntarnos por qué Cunningham, Rauschenberg y Johns se sentían impulsados a rechazar el *ethos* del compromiso y la implicación personal. ¿Por qué tanto énfasis en el distanciamiento, en la interpretación fría, en su aversión a la embriaguez? De nuevo resulta necesario comparar a Cunningham y Rauschenberg con Graham y Pollock. Tanto el expresionismo abstracto como la danza moderna procedían de la creencia de Freud de que por debajo del ego "cultural" subyace el id "natural" (y según la versión junguiana, el "consciente colectivo"). A fin de restablecer el contacto con las regiones naturales e incorruptas del yo, uno debe suspender la racionalidad. Pero como de Chirico había señalado, incluso el subconsciente corre el peligro de volverse plenamente "acultural" en medio del entorno de sobrecarga sensorial de la sociedad de consumo. No es ninguna coincidencia –creo yo– que la estética de Cunningham se forjara a mediados de los cincuenta, cuando el nuevo medio de la televisión se convertía rápidamente en una institución americana. En un entorno diseñado para estimular deseos enteramente artificiales –las "necesidades" de la sociedad de consumo–, no tenemos forma de discernir si lo que *parece* natural es en realidad el resultado de un condicionamiento cultural subliminal. Ese es el clima intelectual en el que los estudios semiológicos han prosperado en los últimos años; el semiólogo parte del supuesto de que la "naturalidad" es un mito burgués y que los medios de comunicación de masas nos han condicionado para aceptar necesidades creadas culturalmente como si fueran deseos naturales.

Sobre todo en una era de abundancia, existe el peligro de que confundamos el poder adquisitivo con la libertad real, mientras nuestros hábitos perceptivos fundamentales se ven condicionados por fuerzas que ni reconocemos ni controlamos. Por lo menos, eso afirma la argumentación (*El hombre unidimensional* de Marcuse y *La sociedad tecnológica* de Jacques Ellul ofrecen probablemente las presentaciones más persuasivas de esta idea potencialmente paranoide). En medio de este clima de sospecha, artistas como Cunningham y Rauschenberg han intentado examinar críticamente eso que "parece" natural en lugar de rendirse simplemente ante ello. Sus motivaciones no son quizá tan abiertamente políticas como las de Jean-Luc Godard, pero su actitud frente a lo "natural" es bastante similar. Sospecho que todos ellos asumirían el desafío directo de Ad Reinhardt al *ethos* del expresionismo abstracto: "Uno nunca debe dejar que la influencia de los demonios malignos se apodere del pincel".

La danza moderna es particularmente relevante en este sentido, ya que sus pioneros –desde Isadora Duncan a Martha Graham– siempre se han considerado apóstoles de la libertad. Para ellos, ser libre significaba liberarse de las sofocantes convenciones de la cultura puritana. Pero para Cunningham, Rauschenberg y la extraordinaria comunidad de compositores, pintores y bailarines con quienes colaboraban, la auténtica libertad va más ligada a ver (y oír) con nitidez que con moverse libremente. Del mismo modo, la movilidad social –tanto si es horizontal como vertical– no constituye "libertad" en sí misma o por sí misma (Oscar Wilde y Gertrude Stein lo comprendían cuando reivindicaban su "no hacer nada", una distanciada contemplación del mundo, en lugar de una implicación activa en él).

¿Pero podemos extraer realmente una "política" de la percepción de la obra de Cunningham? Yo creo que sí. A continuación, veremos una cita que nos dice más sobre Cunningham que casi todo lo que se ha escrito sobre él en los últimos 20 años: "Si la expresión *Gesamtkunstwerk* ('obra de arte integral') significa que la integración es un embrollo, si las artes tienen que 'fundirse', los distintos elementos se verán igualmente degradados, y cada uno actuará como un mero 'alimento' para el resto. El proceso de fusión se extiende al espectador, que se ve arrojado también a la misma mezcolanza, convirtiéndose en parte pasiva (sufriente) de la obra de arte total. Naturalmente, podemos luchar contra esa clase de embrujo. Cualquier cosa que pretenda producir hipnosis, que probablemente induzca a la embriaguez o intoxicación, o bien cree una neblina, debe abandonarse. *Las palabras, la música y el decorado deben hacerse más independientes uno de otro*".

El escritor no es otro que Bertold Brecht; y quizá es el último nombre que asociaríamos a Cunningham. Sin embargo, en 1930, Brecht había anticipado la revolución de Cunningham en su escrito *Notas sobre la Ópera*.

En ese texto, Brecht rechaza la teoría de Wagner de la obra de arte integral. Para él no era ninguna coincidencia que Wagner ocupara un lugar tan privilegiado en la vida cultural de la Alemania nazi. Para Brecht, las concentraciones de Nuremberg eran otra gran ópera wagneriana: las masas hipnotizadas, el führer fundiéndose con sus seguidores. La alternativa de Brecht es una des-unidad intencionada, una separación de los elementos que, en última instancia, sirve para mantener al público a una distancia respetuosa, impidiendo que absorban pasivamente el espectáculo que les rodea (o que sean absorbidos por él).

Nadie –ni tampoco el propio Brecht– ha llevado nunca tan lejos este principio de separación como Merce Cunningham. En la obra de Cunningham, cada uno de los elementos que colaboran mantiene su autonomía. La coreografía, la partitura y los decorados se crean aisladamente y a menudo no coinciden hasta la primera representación. Esa es la estética de la coexistencia pacífica: sonido, movimiento y decorado habitan todos en el mismo espacio sin afectarse.

No está de más observar que, para Brecht, el objetivo último de esta des-unidad es preservar la libertad perceptiva del espectador.[1] Y muchas veces, el decorado, la iluminación o incluso la partitura de una obra de Cunningham impiden una percepción más directa, "no complicada" de la coreografía. Para *Tread* (1970), Bruce Nauman diseñó una fila de ventiladores alineados en el escenario directamente *entre el público y la danza*. En *Walkaround Time* (1968), Jasper Johns diseñó una serie de cajas de plástico móviles que tenían una función similar. Lo mismo puede aplicarse a los brillantes rectángulos de tela de colores moviéndose en sus marcos de aluminio para *Scramble* (1967).[2] En *Winterbranch* (1964), el plan de iluminación de Rauschenberg contenía elementos aleatorios que a menudo dejaban amplias zonas del escenario en una oscuridad casi absoluta.

Cunningham fue el primer coreógrafo en lograr (o incluso en intentar lograr) los objetivos del formalista ruso Victor Shklovsky (una influencia decisiva para Brecht) que escribió que el arte es el esfuerzo de "eliminar el automatismo de la percepción, para aumentar *la dificultad y prolongar la percepción*". Nadie discutiría las implicaciones políticas de la declaración de Shklovsky (que data de 1917, inmediatamente después de la revolución de octubre) o las implicaciones políticas de la teoría de Brecht sobre la ópera: ¿por qué preocupa tanto atribuir motivos similares a Cunningham? El problema tiene dos caras: por una parte, estamos tan impacientes por reconocer que Cunningham ha liberado a la danza de la carga de tener que proyectar varias clases de significado (narrativa, simbolismo, expresión personal, etc.) que no logramos considerar propiamente el *significado* de esa liberación. Y la segunda parte del problema deriva del hecho de que incluso nuestros mejores críticos de danza continúan utilizando una perspectiva esencialmente descriptiva, ignorando alegremente las tradiciones intelectuales que convergen en la obra de Cunningham.

Veamos, por ejemplo, lo que escribe Marcia Siegel sobre el concierto de Cunningham en The Brooklyn Academy of Music en 1972: "Dos de sus tres nuevas obras (*Landrover* y *TV Rerun*) [...] implicaban un mínimo de parafernalia pop-art, y parecían tan desnudas y completas que llegué a involucrarme en ellas. Los decorados extraños y los entornos sonoros conferían teatralidad y a veces diversión a las danzas de Cunningham, pero sus obras sin adornos son absolutamente satisfactorias para mí, como un árbol contra un cerro en febrero".

Tras este audible suspiro de alivio (compartido por todos aquellos que prefieren árboles en febrero que "parafernalia pop-art" en los artistas visuales americanos más avanzados), la señora Siegel continúa para quejarse de la tercera obra del programa: "*Bors Park*, la última de las nuevas obras, parece de menor importancia, contiene menos danza y más trucos de lo que me interesa".

Incluso Arlene Croce, que es, con mucho, la más perceptiva y erudita de los críticos de danza americanos, dijo lo siguiente sobre una obra reciente, *Exchange*: "Me gustaría haber podido observar más de cerca, pero mi concentración se quebró a medio camino bajo el estruendo de la partitura de David Tudor... ¿Cómo puedes contemplar una danza con

Franz Kline, Study for Nijinsky, *c. 1950*
Collection Richard E. and Jane M. Lang, Medina, Washington

cohetes V2 silbando en el aire?"

Y concluye, criticando los elementos ajenos a la danza de la obra de Cunningham por haber sido tan "intrusivos y dictatoriales". Unas semanas después de esta declaración, Croce elaboró su queja, aludiendo de paso a una obra anterior de Cunningham donde John Cage leía en voz alta sus escritos mientras Cunningham bailaba: "Cuando Merce Cunningham y John Cage combinaban sus fuerzas en *How to Pass, Kick, Fall and Run*… mantenían las palabras y la danza en planos separados, y el resultado era que Cage nos distraía cada vez que abría la boca".

Como Brecht señaló una vez, eso es como reprochar al tilo que no sea un roble.

Para mucha gente, hay algo completamente *antinatural* en ese perverso deseo de complicar o posponer el placer sensorial inmediato que puede producir la danza. Después de todo, ¿no baila la gente (o contempla la danza) para restablecer contacto con su cuerpo, para reafirmar la parte "natural" de su ser? Y lo que les perturba de Cunningham es su crítica de "lo natural", su deseo de *erradicar lo natural de su danza*.

No tengo ningún modo de demostrar que Cunningham haya recibido influencia directa de Shklovsky o Brecht, pero el propio artista reconoce espontáneamente su deuda hacia otro gran negador de lo natural, Marcel Duchamp. De hecho, el decorado de su obra *Walkaround Time* era un abierto homenaje a Duchamp: un *assemblage* de rectángulos de plástico con la iconografía de *Le Grand Verre*, la obra maestra de Duchamp, impresa. Además, la sección de *Walkaround Time* en que Cunningham se acuclilla, quitándose un par de mallas y poniéndose otras, se concibió como una alusión visual al *Nu descendant un escalier* de Duchamp; y Cunningham ha aludido a esos fragmentos de la coreografía adaptados directamente de su clase técnica como *readymades*, utilizando la terminología duchampiana (por supuesto, Duchamp se considera como la principal influencia de Rauschenberg y Johns).

Duchamp fue el gran dadá antecesor de lo que hoy llamamos "arte conceptual", y fueron sus *readymades* los que ilustraron por primera vez la verdad

de Shklovsky y el argumento de Brecht de que el arte es esencialmente una forma de dislocar las percepciones. Dicho de otro modo, la experiencia del arte no depende del trabajo físico, la técnica, la inspiración o la autoexpresión; puede consistir simplemente en el acto de sacar un objeto familiar de su contexto *natural* (el famoso urinario de Duchamp pierde su funcionalidad en su nuevo contexto museístico: ya sólo existe para ser contemplado). La noción de que el arte no es cuestión de "hacer" sino de "mirar" es especialmente difícil de aplicar a la danza, ya que mucha gente sigue pensando en la danza como algo que uno hace y no como algo que se mira. De todas las artes, ninguna permanece tan arraigada al ritual como la danza; y el ritual es, por definición, una actividad puramente participativa que no está designada para ser contemplada por espectadores distantes.

Significativamente, fue también Duchamp quien anticipó el rechazo de Rauschenberg y Johns del expresionismo abstracto cuando tachó cómicamente de "olfativos" a aquellos artistas que se revolcaban en el aroma de la pintura mojada y empuñaban sus brochas en una especie de espaciado estupor. Para Duchamp, esa clase de conducta impulsiva y espontánea parecía "animal". Y escribió que "el arte debería tomar una dirección de expresión intelectual y no de expresión animal".

Ahora bien, una cosa es erradicar la expresión natural o "animal" de las artes inanimadas de la pintura y la escultura (ese fue el logro central de Rauschenberg y Johns). Es infinitamente más difícil erradicarla de un arte corporal como es la danza. Y ese es precisamente el logro de Cunningham.

Su crítica de lo natural empieza cortando el vínculo tradicional entre música y coreografía. Schopenhauer veía en la música una reificación de las fuerzas ciegas e instintivas que animan la conducta. Y para una pionera de la danza moderna como Isadora Duncan, la danza estaba concebida como el arte de responder intuitivamente a la inspiración musical: "Escuchad la música con el espíritu", les decía a sus alumnos. "Ahora, mientras escucháis, ¿no sentís un despertar del yo interno en el fondo de vosotros mismos, no sentís que gracias a vuestra propia fuerza erguís la cabeza, levantáis los brazos y andáis lentamente hacia la luz?"

No es la fuerza de la inspiración musical la que pone en movimiento a los bailarines de Cunningham, sino más bien un acto de liberación. De hecho, a veces, en obras como *Variations V* (1965), la relación tradicional entre música y danza está absolutamente invertida. Ahí, en el escenario hay antenas electrónicamente sensitivas y células fotoeléctricas que producen sonidos cuando los bailarines pasan junto a ellas. Los bailarines de Cunningham no sólo no actúan para la música, sino que

deben concentrarse de tal modo que no se vean afectados por ella. Sin duda, esto forma parte de lo que la prestigiosa bailarina de Cunningham, Carolyn Brown, quería decir cuando afirmó que la técnica de Cunningham está "concebida para desarrollar la flexibilidad en la mente y en el cuerpo".

Otro aspecto igualmente importante de la crítica de Cunningham contra lo natural es su malinterpretado uso de procedimientos aleatorios para dictar la secuencia coreográfica. Aunque ambos elementos suelen confundirse uno con otro, su uso del azar es diametralmente opuesto al tipo de improvisación que está en el núcleo del expresionismo abstracto. Cunningham no intenta abrirse paso entre las resistencias del intelecto para "desatar" impulsos naturales enterrados en él. Al contrario, utiliza mecanismos definitivamente impersonales (monedas, dados, el I Ching, etc.) para evitar lo que de otro modo "surgiría naturalmente". Por eso, muchos bailarines se quejan de que la coreografía de Cunningham es muchas veces dolorosamente difícil –si no imposible– de representar: no llega naturalmente al cuerpo humano.

Y ahí reside otra distinción mayor entre Cunningham y los primeros bailarines modernos –desde Duncan hasta Graham–, que repudiaban lo que percibían como posturas de ballet antinaturales (y ortopédicamente insanas) a favor de movimientos que siguieran mejor las inclinaciones naturales del cuerpo. Cunningham fue de los primeros bailarines modernos que cruzaron las barreras ideológicas para estudiar ballet con George Balanchine. En el mundo de la danza moderna dominado por Graham, cuando todos los demás llevaban el peso del universo sobre sus hombros y afirmaban la fuerza elemental de la gravedad (la danza moderna puede considerarse una relación amorosa con el suelo), Cunningham perfeccionaba la ligereza y la velocidad.

Muchas veces, Cunningham inicia el movimiento con una brusca y feroz intensidad, sólo para invertir las direcciones con la misma brusquedad. Duchamp escribió una vez: "Me fuerzo a contradecirme para evitar conformarme con mi propio gusto". El estilo de Cunningham –con sus rápidas inversiones de dirección y su continuo detener el

impulso– probablemente se ha acercado más que nadie a encarnar el principio de autocontradicción en el movimiento. "El problema es", dice Cunningham, haciéndose eco de Duchamp, "que todos tendemos a caer en nuestros antiguos hábitos. Bailar es agotador: y cuando estás cansado, te limitas a hacer lo más fácil, lo que sabes" (lo que parece natural).

Además, los bailarines de Graham aprendían muchas veces a considerar metafóricamente el suelo como "la Tierra". "La columna vertebral", decía Graham a sus alumnos, "es la línea que conecta el cielo y la Tierra". Según Tony Smith, Pollock concibió sus telas aproximadamente de ese mismo modo: "Su sentimiento por la tierra tenía algo que ver con su costumbre de pintar lienzos en el suelo. No recuerdo si esto se me había ocurrido ya antes de ver la película de Hans Namuth. Cuando aparecía pintando sobre cristal, visto desde abajo a través del cristal, parecía que el cristal fuera la tierra y que él estuviera sembrando flores en ella, que fuera la primavera".

Pero en la obra de Cunningham, el espacio del escenario nunca parece natural, ni siquiera metafóricamente. Si acaso, recuerda al entorno frío, ultralimpio e impersonal del museo moderno. Como los objetos de arte que habitan el espacio junto con ellos (para RainForest, en 1968, Andy Warhol diseñó unas almohadas de poliéster plateadas, rellenas de helio, flotantes), los bailarines de Cunningham son discretos y contenidos, puras superficies. Si Pollock buscaba transformar la pintura en danza, Cunningham buscó transformar al bailarín en un objeto de arte.

Las parejas suelen ser impersonales y asexuadas. Los bailarines suelen cogerse de la mano como objetos inanimados (esto es especialmente verdad en obras como Tread y How To Pass, Kick, Fall and Run). Muchas veces, el efecto sugiere una parodia acelerada e inexpresiva de una de aquellas sesiones de terapia del contacto físico típicas de los sesenta.

Edwin Denby ha descrito el estilo de Cunningham como "extrema elegancia en aislamiento". Sentimos que el artista es más que un vestigio de ese "aire de frialdad, esa determinación de no conmoverse" que una vez citó Baudelaire como la característica más importante del dandy. Y su propia danza –incluso en su máximo frenesí– siempre irradia una leve aura de indiferencia, una rigidez casi melindrosa que resiste cualquier clase de abandono dionisíaco "natural". De hecho, Cunningham parodia salvajemente las pretensiones dionisíacas de Graham en la hilarante pieza "Bacchus and Cohorts" de *Antic Meet* (1958). Aunque el movimiento de Cunningham parece inconfundiblemente "animal" –en *Rain-Forest* o en el famoso solo del gato–, él nunca parece representar a un animal, sino más bien tomar prestada su agudizada capacidad de alerta sensorial.

En *Crises* (1960), los bailarines llevaban bandas elásticas alrededor de distintas partes del cuerpo. Insertando una mano o un brazo bajo la banda elástica que rodeaba la cintura o la muñeca de otro bailarín, los actores podían atarse temporalmente sin sacrificar su libertad individual. La libertad es la palabra clave en este caso. Como ha señalado Carolyn Brown, en una pieza de Cunningham, todos los que están en el escenario son *solistas*.

No sólo todos son solistas en la coreografía de Cunningham, sino que cada parte de cada *cuerpo* puede convertirse también en solista. Pero muchas veces, Cunningham sitúa los movimientos de cabeza, brazos, torso y piernas en oposición unos de otros. Ya en 1953, Cunningham había coreografiado una pieza (*Untitled Solo*) en la que el movimiento para cada una de las subdivisiones del cuerpo se determinaba separadamente y de forma aleatoria. Así, el cuerpo atomizado se convirtió en un microcosmos de la compañía en general.

El "aislamiento" (de una parte del cuerpo respecto a la otra) es para la técnica de Cunningham lo que la contracción (basada en el ritmo orgánico de la respiración) es para Graham. Esas son las dos piezas fundamentales del armazón sobre el que se construyen sus respectivos estilos. Simone Forti, una bailarina cuyas inclinaciones naturales y orgánicas son opuestas a las de Cunningham, escribe en su *Handbook in Motion*: "Empecé a estudiar en la escuela de Merce Cunningham. Recuerdo que observaba a mis profesores y sentía que ni siquiera podía percibir lo que estaban haciendo, ni mucho menos hacerlo... Un elemento importante del movimiento parecía ser el aislamiento arbitrario de las distintas partes del cuerpo. Recuerdo una afir-

mación que hice un día, en el estudio, por pura exasperación. Dije que Merce Cunningham era un maestro de la articulación aislada y adulta. Y que lo que yo podía ofrecer estaba aún muy cerca de la respuesta holística y generalizada de los niños".

Podemos observar la nostalgia del espíritu del expresionismo abstracto cuando, en respuesta a la aparición de artistas como Rauschenberg, Forti se lamenta: "[...] en esa misma época, el expresionismo abstracto pareció detenerse. Siempre me he preguntado el porqué de aquel final tan repentino. Como una muerte súbita. O el súbito atisbo de un precipicio, ante el cual todo el mundo se paró. Y nadie habla de ello. Es como un punto ciego colectivo. Y sin embargo, hasta el día de hoy, la visión de un de Kooning puede alterarme radicalmente la respiración".

Tal vez Cunningham fuera un maestro del "aislamiento", pero irónicamente, también había conseguido dirigir magistralmente algunas de las *colaboraciones* más espectaculares entre prestigiosos pintores, compositores y bailarines desde los días de los Ballets Rusos de Diaghilev. Además de Cage, Rauschenberg, Johns y Warhol, Cunningham persuadió a Robert Morris, Frank Stella, Christian Wolff, La Monte Young y Earle Brown para que compusieran partituras y diseñaran escenografías destinadas a su compañía. Ellos son los Picassos, Cocteaus, Stravinskis y Saties de nuestra era. Pero las similitudes entre Cunningham y Diaghilev terminan ahí. A Diaghilev le animaba el sueño wagneriano de sintetizar las artes separadas en un todo, una totalidad unificada. En 1910, Camille Mauclair, crítica de arte parisina, escribió este rapsódico elogio de los Ballets Rusos: "Este espectáculo de ensueño junto al cual la síntesis wagneriana es un torpe barbarismo, este espectáculo donde todas las sensaciones corresponden y se unen con su continuo entrelazarse [...] la colaboración entre el decorado, la iluminación, el vestuario y el mimo establece relaciones desconocidas en la mente".

Pero al igual que Brecht rechazaba la mezcolanza wagneriana, Cunningham rechaza la síntesis de Diaghilev. Por contraste, Martha Graham habla por Diaghilev (cuyas producciones habían asimilado la

influencia de Isadora) y los bailarines modernos pioneros, cuando escribe (en sus *Notebooks*): "¿Cuál es el principio? Tal vez cuando buscamos una totalidad, cuando nos embarcamos en el viaje hacia la totalidad". El rechazo de esa "unidad" por parte de Cunningham inicia la era de la *danza posmoderna*[3] (así como el rechazo de Robert Venturi del "estilo internacional" en arquitectura moderna –que también promovía la unidad y la totalidad– inició un movimiento posmoderno en la arquitectura). Lo que llamo posmoderno marca efectivamente el fin de esa larga tradición en la poesía y el arte modernos que buscaba trascender las dualidades, una tradición dionisíaca que se extiende desde Nerval a Nietzsche, pasando por D.H. Lawrence y Artaud. "¡Sólo conectar!", escribió Forster en *Howard's End*. A lo que Cunningham podría responder: "Es más importante –en este tiempo– que desconectemos,

por lo menos mientras vivamos en una sociedad cuyos hábitos perceptivos se han visto condicionados por la publicidad y la televisión, donde los límites entre los fenómenos más diversos empiezan a venirse abajo y se vuelven borrosos". Según esta línea de razonamiento, cualquier concepción de la "totalidad" experimentada en el mundo moderno es sólo una peligrosa ilusión. La totalidad, como la inocencia, no puede recuperarse. En lugar de lamentar la fragmentación en la "disociación de la sensibilidad" de Eliot, Cunningham nos anima a saborear la experiencia de la "no relación". Y resulta significativo que un *bailarín* celebre las virtudes potenciales de la fragmentación, ya que la danza se ha considerado siempre como una especie de lenguaje universal que trasciende las impurezas y dualidades del discurso. Por esa razón, entre otras, Mallarmé y Yeats se entusiasmaron tanto con la bailarina moderna y pionera Loie Fuller. Y rechazar el "todo" es (etimológicamente hablando) rechazar "lo sagrado". Cunningham fue el primer coreógrafo que secularizó plenamente la danza y la desprimitivizó.

A lo largo de su trayectoria, Cunningham ha convertido en práctica el extraer fragmentos de distintas obras de su repertorio habitual y "empalmarlas" en una forma que él denomina *Events* (eventos, acontecimientos). Creo que "empalmar" es la palabra más adecuada para describir la relación de Cunningham con el material bruto de esos *Events*, porque aborda sus obras anteriores como un montador cinematográfico trata sus copiones diarios: corta, ensambla y reensambla los fragmentos a su antojo. Desde hace diez años, la gran mayoría de representaciones públicas de Cunningham se han dedicado a esos *Events*, más que a sus obras tituladas y acabadas. Los *Events* ofrecen quizá el ejemplo más significativo de la determinación de Cunningham de evitar la finalización y la "totalidad".

Es precisamente este aspecto del logro de Cunningham lo que le convierte aún más en criatura del momento intelectual que ahora vivimos. En un sentido muy real, el pensamiento crítico francés más sofisticado, que ahora encuentra su camino en el universo anglosajón (la obra de Barthes, Deleuze, Derrida) sólo empieza a asumir la revolución que Cunningham encabezó hace unos veinte años. Una obra reciente de crítica literaria como el *S/Z* de Roland Barthes (con su énfasis en dejar el texto abierto, de evitar una lectura unificada y definitiva) podría ser una descripción de la obra de Cunningham. "El objetivo de la obra literaria (o de la literatura como obra) es hacer que el lector deje de ser un consumidor para convertirse en un productor del texto", escribe Barthes. Es una excelente descripción de lo que nos pasa cuando experimentamos una pieza de Cunningham. La actividad que se produce en escena no respeta las jerarquías tradicionales de organización, según las cuales, los bailarines situados en el centro del escenario atraen automáticamente nuestra atención de una forma mucho más clara que los situados a la izquierda o la derecha.[4] Cunningham se niega a decirnos dónde debemos mirar o qué debemos escuchar. Podemos decidir poner un sonido "en segundo pla-

no" o "apagarlo", para centrarnos más intensamente en el movimiento (es significativo que la escenografía de Mark Lancaster para una pieza reciente de Cunningham, *Tango*, sea un monitor de televisión que emite una película en directo pero sin sonido). O bien podemos cultivar la técnica que John Cage llama "poliatención", la aprehensión simultánea de dos o más fenómenos relacionados (David Tudor, que ha compuesto muchas partituras para Cunningham, suele escuchar distintas radios a la vez mientras practica con el piano).

Sobre todo, las relaciones que establecemos entre los diversos estímulos son flexibles; podemos alterar radicalmente nuestro modo de percepción varias veces en el curso de una sola representación.[5]

Cunningham nos proporciona un kit de supervivencia estilo "hágalo usted mismo" para preservar nuestra salud mental, o por lo menos la claridad perceptiva (que vendría a ser lo mismo) en la ciudad moderna donde todo parece reclamar atención. Es la dimensión *moral* de su obra; porque hay una profunda conexión entre lo que elegimos mirar y la forma de vivir nuestras vidas. Precisamente este aspecto del logro de Cunningham es el que la mayoría de los críticos de danza aún no han sabido entender. En 1968, Arlene Croce escribió sobre las dificultades que le planteaba la obra de Cunningham: "Contemplando las danzas de Merce, pensé que me veía sujeta a una teoría sobre la danza. Me sentía demasiado preocupada por la teoría como para poder mirar la danza [...] No recuerdo cuándo dejé de hacer un esfuerzo mental terrible para entender a Merce y simplemente empecé a disfrutar de su trabajo. Hoy parece tan ridículo hacer un esfuerzo mental para entender a Cunningham como para entender a Fred Astaire".

Nadie ve el movimiento con mayor claridad que Croce. Ella nos ha proporcionado descripciones magníficamente precisas de la danza de Cunningham. Aplicada a la obra de ciertos coreógrafos, esta perspectiva sobre todo descriptiva es perfectamente adecuada. Pero por desgracia, no alcanza a transmitir el significado de alguien como Cunningham. Ciertamente, su obra tal vez no *simbolice* nada; pero sirve a un objetivo más allá de sí misma: el del *entre-*

namiento perceptivo. La importancia de su obra no sólo estriba en lo que podemos ver y oír, sino en *la forma en que vemos y oímos lo que nos es dado*. En palabras de Peter Brook, la obra de Merce Cunningham es "una preparación continua para el impacto de la libertad".

1. Es evidente que Brecht se preocupa principalmente por lo que considera las consecuencias indeseables de la identificación emocional, el ilusionismo y la suspensión voluntaria del escepticismo, condiciones que raramente se producen en el mundo (inherentemente) abstracto de la danza. La empatía que une directamente al bailarín o bailarina con su público es una simpatía cinética. John Martin, por ejemplo, habla del "contagio inherente del movimiento corporal que hace que el espectador sienta empáticamente en su musculatura los ejercicios que ve en una musculatura ajena". Precisamente esa clase de empatía cinética se ve "interferida" en gran parte de la obra de Cunningham.

2. Resulta especialmente instructivo comparar los obstáculos visuales de esas obras con el decorado de *Gallery* de Alwin Nikolais, que también constituye una especie de barrera entre los bailarines y el público. Pero la barrera de Nikolais sirve a un objetivo ilusionista; promueve el *trompe l'œil* que confiere efecto a la danza. En cambio, las escenografías de Cunningham promueven un escrutinio analítico y anti-ilusionista.

3. Aquí nos encontramos con un problema de terminología. El término "posmoderno" suele referirse a la siguiente generación de bailarines posteriores a Cunningham: Steve Paxton, Yvonne Rainer, Trisha Brown, Lucinda Childs y una serie de coreógrafos asociados a los talleres de danza de la Judson Memorial Church a mediados de los sesenta. Y lo que distingue a muchos de los coreógrafos mencionados de Cunningham es su ambivalencia –si no su abierta hostilidad– hacia el virtuosismo técnico (que se ha mantenido como condición *sine qua non* en la obra de Cunningham). Uno de los mensajes que surgió de los años de la Judson fue que ningún movimiento, por más "pedestre" que sea, es en sí mismo "dancístico" o "antidancístico". Así pues, para muchos judsonitas, la diferencia entre la danza y la no danza no tiene nada que ver con el movimiento en sí, sino que depende sobre todo del contexto en el que se percibe el movimiento. La danza podría definirse así como *cualquier movimiento concebido para ser mirado*. Y esta preocupación por el contexto perceptivo del movimiento es una consecuencia directa de la insistencia de Cunningham en el distanciamiento perceptivo del público. Tal vez estoy abusando del término posmoderno al aplicarlo a Cunningham, pero me parece que la ruptura de la generación Judson con Cunningham es mucho menos drástica que la ruptura de Cunningham con Graham; de hecho, es más parecida a una evolución orgánica.

4. Es completamente apropiado que una de las pinturas de dianas de Jasper Johns aparezca en el célebre cartel que diseñó para la compañía de Cunningham. Johns nos pide que distribuyamos nuestra atención visual de forma igualada por cada franja circular de la imagen, aunque nos hayan condicionado a apuntar al centro de la diana. A propósito de la pintura de Johns, *Target with Four Faces*, Leo Steinberg sugiere que "Johns pone dos elementos inflexibles en una pintura y los hace trabajar uno contra otro con tal fuerza que la mente echa chispas. Ver se convierte en pensar". Esta descripción puede aplicarse igualmente a la separación de elementos de Cunningham.

5. Aquellos que sientan el ansia de explorar los múltiples paralelismos entre las colaboraciones de Cunningham y las teorías deconstructivistas de Barthes, Derrida y Lacan podrían empezar por comparar la arbitraria y maleable relación entre el público y los estímulos visuales con la igualmente arbitraria naturaleza del signo lingüístico, el significante, a su vez libremente "flotante". Además, la distribución igualitaria que hace Cunningham de los cuerpos y objetos a través del espacio de representación corresponde en gran medida al texto deconstruido de Barthes, con sus fragmentos intercambiables o "lexias", sus "múltiples entradas y salidas" y su cacofonía de voces separadas.

Roger Copeland, "Merce Cunningham and the Politics of Perception", *The New Republic*, 17 noviembre 1979. Reeditado en Roger Copeland y Marshall Cohen, ed., *What Is Dance? Readings in Theory and Criticism* (Oxford/Nueva York/Toronto/Melbourne: Oxford University Press, 1983): 307-324.

Merce Cunningham
and the Politics of Perception

Roger Copeland

"You wonder what to look at. I wonder how to live. Same thing." Michelangelo Antonioni, *Red Desert*

"The history of the arts is tantamount to the discovery and formulation of a repertory of objects on which to lavish attention."
Susan Sontag, *The Aesthetics of Silence*

"Now that Rauschenberg has made a painting with radios in it, does that mean that even without radios, I must go on listening even while I'm looking, everything at once in order not to be run over?"
John Cage, *On Robert Rauschenberg, Artist, And His Work*

In 1950, the filmmaker Hans Namuth persuaded a reluctant Jackson Pollock to execute one of his famous "action paintings" on canvas of glass while the camera recorded Pollock's frenzied gyrations from underneath. Although neither of them realized it at the time, their collaboration had resulted in one of the world's most significant dance films. For it demonstrated (in a way the paintings alone rarely do) that the fundamental impulse behind abstract expressionism was *the desire to transform painting into dancing*. Pollock wasn't the only abstract expressionist who thought of his art in "dancerly" terms: Arshile Gorky hired a Hungarian violinist to inspire his students while they painted. One of Franz Kline's masterpieces from 1950 is called *Nijinsky (Petrushka)*.

Still, it's only after watching Namuth's film of Pollock painting that one can fully comprehend the truth of Harold Rosenberg's assertion that at the dawn of the abstract expressionist movement: "The canvas began to appear to one American painter after another as an arena in which to act — rather than as a space in which to reproduce, re-design, or 'express' an object, actual or imagined. What was to go on the canvas was not a picture but an event."

Abstract expressionism can be thought of as the culminating phase of modern art's love affair with the primitive. Ecstatic dancing is, of course, a central element in many of those rituals we think of as "primitive." And Pollock's conception of painting-as-dancing evolves directly out of those works he executed in the 1940s, works which took their primary inspiration from images of primitive ritual and mythology. But now, rather than reproducing the iconography of primitive art, he attempted to work himself into a virtually "primitive" state of consciousness.

Pollock wanted to express himself (his innermost self) in the most spontaneous manner possible. His conception of painting-as-dancing could well have been inspired by Havelock Ellis who wrote "dancing . . . is no mere translation or abstraction from life, it is life itself." Yeats, in *Among School Children*, alluded to that same sacred bond between the dancer's life and the dancer's art when he asked, "How can we know the dancer from the dance?" Pollock wanted us to ask the very same question of his work: "How can we know the painter from the painting?"

Ecstatic dancing provides a provisional solution to the "problem" of steadily increasing self-consciousness as well as the fear of becoming too "civilized" for one's own good. Jacob Wasserman exaggerates only slightly when he writes in *The World's Illusion*, "To dance means to be new, to be fresh at every moment, as though one had just issued from the hand of God." (Nor should we ignore the purely "therapeutic" and cathartic possibilities of dance. Dancing is a relatively safe form of intoxication. The harrowing private lives of Pollock, Gorky, and Rothko illustrate that they were all too familiar with the less healthy varieties.)

Ultimately, Pollock discovered the wisdom of Martha Graham's oft-quoted aphorism, "Movement does not lie."

Needless to say, no one watching Namuth's film has ever mistaken Pollock for a Graham dancer; but Graham's variety of modern dance has much in common with abstract expressionism: both were Jungian, gravity-ridden, and emotionally overwrought. Compare the titles of the major works that Pollock and Graham created in the '40s. Pollock painted *The She-Wolf, Pasiphae, Guardians of the Secret*, and *The Totem, Lesson I*. Graham danced works bearing equally incantatory titles: *Cave of the Heart, Errand into the Maze*, and *Night Journey*.

Nor were they alone in rejecting the rational niceties of modern civilization. In the late '40s and early '50s, Existentialism — with its emphasis on "risk"

— was emerging as a fully fledged philosophy of life. Brando, James Dean, and Montgomery Clift were creating screen characters full of inner anguish and inarticulate sensitivity. Mailer was just beginning a career devoted to the proposition that violent action is more authentic than polite, rational discourse. And Dylan Thomas was drinking himself to death in public.

Then in 1953, Robert Rauschenberg, a student of Josef Albers, created his *Erased de Kooning* in which he literally *erased* a painting by the famed abstract expressionist. Rauschenberg's gesture was probably too playful to be considered a passionate declaration of war on abstract expressionism; but it was, at the very least, an ironic dismissal of all that existential angst and public airing of matters more appropriately dealt with on the analyst's couch (Pollock often communicated with his Jungian analyst by painting for him). In 1957 (less than a year after Pollock's death) Rauschenberg created *Factum* — his notorious "double paintings" — one of which was created spontaneously in the manner of an abstract expressionist work, the other a meticulously recreated duplicate. His point: the product is not necessarily dependent on the process.

It's not surprising that Rauschenberg received very little encouragement from the art world at this time, immersed as he was in the abstract expressionist ethos. What is surprising though, is that one of his earliest admirers was a former Graham dancer with whom he became associated at Black Mountain College in 1953. The dancer's name was Merce Cunningham and the most significant thing about his association with Graham was the fact that it had ended. The dances Cunningham was now choreographing were much more balletic than Graham's; they were fast, light, ironic in tone, and virtually devoid of "expressive" or symbolic elements.

Even more unusual was Cunningham's insistence on "freeing" choreography from a dependence on music. In Cunningham's work, movement and sound existed independently of one another; choreography and music were both performed in the same space and time, but without affecting (or even acknowledging) one another. And most eccentric of all was Cunningham's use of chance procedures to "dictate"

his choreographic sequences. Beginning in 1951 with his *16 Dances for Soloist and Company of Three*, Cunningham decided to determine the arrangement of sequences by tossing coins, thereby invoking a wholly "impersonal" (and more objective) sense of order, rather than digging deeper and deeper into some subjective inner sanctum.

Thus Cunningham's repudiation of Graham and modern dance directly paralleled Rauschenberg's repudiation of abstract expressionism. And appropriately, Rauschenberg designed the majority of Cunningham's settings and costumes for the next 16 years (in 1966 Jasper Johns, another painter who was instrumental in forging a cooler, more impersonal style of object making, became Cunningham's artistic director).

All the while Cunningham's chief musical collaborator was, of course, John Cage. Much has been written about Cunningham's career-long collaboration with Cage. But despite Cage's undeniable influence

155

on Cunningham (especially concerning his use of chance), the fact of the matter is that Cunningham's sensibility is actually much closer to that of Rauschenberg's and Johns'. Cage sees chance as a means of negating the ego and ultimately of overcoming the separation that the mind creates between itself and the world. But Cunningham's art, like Rauschenberg's, always insists on maintaining an ironic detachment from the world, especially from the "natural" world. Discussing the role of ecstasy in dance, Cunningham wrote in 1955, "What is meant is not license, but freedom, that is, a complete awareness of the world and at the same time a detachment from it."

Now, at this point we should probably pause to ask ourselves why Cunningham, Rauschenberg, and Johns felt compelled to reject this ethos of personal commitment and involvement. Why this emphasis on detachment, playing it cool, this aversion to intoxication? Again, it's necessary to compare Cunningham and Rauschenberg with Pollock and Graham.

Both abstract expressionism and modern dance proceeded from Freud's belief that below the "cultural" ego lies "natural" id (or in Jung's version, "the collective unconscious"). In order to re-establish contact with the natural and uncorrupted regions of the self, one must suspend rationality. But as de Chirico was among the first to point out, even the subconscious is in danger of becoming fully "acculturated" amidst the sensory overload environments of 20th-century consumer society. It's no coincidence — I don't think — that Cunningham's aesthetic was forged in the mid-'50s when the new medium of television was rapidly becoming an American institution. In an environment designed to stimulate wholly artificial desires — the "needs" of a consumer society — we have no way of knowing that what *feels* natural isn't really the result of subliminal cultural conditioning. This is the intellectual climate in which semiological studies have thrived in recent years; the semiologist proceeds on the assumption that "naturalness" is a bourgeois myth and that mass

156

media have conditioned us to accept culturally-created needs as natural desires.

Especially in an age of abundance, the danger exists that we will confuse purchasing power with real freedom, while all the while our most fundamental perceptual habits have been conditioned by forces we neither recognize nor control. Or so the argument goes. (Marcuse's *One Dimensional Man* and Jacques Ellul's *The Technological Society* provide what are probably the most persuasive presentations of this potentially paranoid idea.) Amidst this climate of suspicion, artists like Cunningham and Rauschenberg have set out to critically examine that which "feels natural" rather than simply surrendering to it. Their motivations may not be as overtly political as those of a Jean-Luc Godard, but their attitude toward "naturalness" is much the same. And I suspect they would both endorse Ad Reinhardt's direct challenge to the abstract expressionist ethos: "One must never let the influence of evil demons gain control of the brush."

Modern dance is especially relevant here; for the pioneers of this form — from Isadora Duncan through Martha Graham — have always considered themselves apostles of freedom. To them, being free meant liberating oneself from the stuffy conventions of Puritanical culture. But for Cunningham, Rauschenberg, and the extraordinary community of composers, painters, and dancers with whom they collaborated, true freedom has more to do with seeing (and hearing) clearly, than with moving freely. Likewise, social mobility — regardless of whether it's horizontal or vertical — does not, in and of itself, constitute "freedom." (Oscar Wilde and Gertrude Stein both realized this when they advocated "doing nothing" — a detached contemplation of the world, rather than active involvement in it.)

But can we really extract a "politics" of perception from Cunningham's work? I think so. Here's a quote that tells us more about Cunningham than almost everything that's been written about him in the last 20 years: "So long as the expression *Gesamtkunstwerk* (or "integrated work of art") means that the integration is a muddle, so long as the arts are supposed to be "fused" together, the various elements will all be equally degraded, and each will act as a mere "feed" to the rest. The process of fusion extends to the spectator who gets thrown into the melting pot too and becomes a passive (suffering) part of the total work of art. Witchcraft of this sort must of course be fought against. Whatever is intended to produce hypnosis, is likely to induce sordid intoxication, or creates fog, has got to be given up. *Words, music, and setting must become more independent of one another.*"

The writer is none other than Bertold Brecht; and his is perhaps the last name one would expect to arise in connection with Cunningham. Yet Brecht, in 1930 had anticipated Cunningham's revolution in his essay, *Notes on the Opera*.

Brecht is here rejecting Wagner's theory of the integrated art work; and for Brecht it was no coincidence that Wagner occupied such a privileged place in the cultural life of Nazi Germany. To Brecht, the Nuremberg Rallies were one great Wagnerian opera: the masses mesmerized, the Führer unified with his followers. Brecht's alternative is intentional dis-unity, a separation of the elements which ultimately serves to keep the audience at a respectful distance, to prevent them from passively absorbing (or being absorbed into) the spectacle around them.

No one — and that includes Brecht himself — has carried this principle of separation as far as Merce Cunningham. In Cunningham's work, every collaborative element maintains its autonomy. The choreography, the score, the settings are all created in isolation and often don't encounter one another until the very first performance. This is the aesthetics of peaceful co-existence: sound, movement, and setting all inhabit the same space without affecting what one another do.

Note that for Brecht, the ultimate goal of this dis-unity is to preserve the spectator's perceptual freedom.[1] And often, the setting, lighting, or even the score for a Cunningham work serve to impede our more direct, "uncomplicated" perception of the choreography. For *Tread* (1970), Bruce Nauman designed a row of standing fans lined up downstage directly *between the audience and the dance*. In *Walkaround Time* (1968), Jasper Johns designed a series of moveable plastic boxes which served a similar function. Ditto for Frank Stella's brilliantly bright rectangles of colored cloth moved around on aluminum frames for Cunningham's *Scramble* (1967).[2] In *Winterbranch* (1964), Rauschenberg's lighting plot contained chance elements which often left large areas of the stage in almost total darkness.

Cunningham was the first choreographer to achieve (or even attempt to achieve) the aims of the Russian Formalist Victor Shklovsky (a major influence on Brecht) who wrote that art is the effort to "remove the automatism of perception, to increase *the difficulty and length of perception.*" No one would hesitate to discuss the political implication of Shklovsky's statement (produced in 1917, in the wake of the October Revolution) or the political implications of Brecht's theory of opera: so why are we so wary of attributing similar motives to Cunningham? The problem is twofold: on the one hand, we're so eager to credit Cunningham with having liberated dance from the burden of having to project various sorts of meaning (narrative, symbolism, personal expression, etc.) that we fail to properly consider the *meaning* of this liberation. And the second part of the problem derives from the fact that even our most accomplished dance critics continue to employ an essentially descriptive approach to dance writing which is blissfully ignorant of the intellectual traditions that converge in Cunningham's work.

Here for example is Marcia Siegel on Cunningham's concert at The Brooklyn Academy of Music in 1972: "Two of his three new works (*Landrover* and *TV Rerun*) [. . .] involved a minimum of pop-art gadgetry, and they looked so bare and complete that I really got involved in them. Bizarre decors and sonic environments lend theatricality and sometimes fun to Cunningham's dances, but his unadorned works are as starkly satisfying to me as a tree against a February hillside."

After this audible sigh of relief (which is shared by all those who prefer trees in February to the "pop-art gadgetry" of America's most advanced visual artists), Ms. Siegel goes on to complain about the third work on the program: "*Borst Park*, the last of the new works, seems of lesser importance, containing less dancing and more tricks than I care for."

Even Arlene Croce, by far the most perceptive and erudite of America's working dance critics, had this to say about a recent work, *Exchange*: "I wish I had been able to watch it more closely, but my concentration broke about halfway through under the battering of David Tudor's score [. . .]. How can you watch a dance with V2 Rockets whistling overhead?"

She concludes by criticizing the non-dance elements of Cunningham's work for often being so "interfering and dictatorial." Several weeks later, Croce elaborated on this complaint when she made a passing reference to an older Cunningham work in which John Cage read aloud from his writings while Cunningham dances: "When Merce Cunningham and John Cage combined forces in *How to Pass, Kick, Fall, and Run* . . . they kept the words and the dancing on separate planes, and the result was that Cage distracted us every time he opened his mouth."

As Brecht once put it, this is reproaching the linden tree for not being an oak.

To many people, there's something downright *unnatural* about this perverse desire to complicate or postpone the more immediate sensory pleasure that dance can provide. After all, don't people dance (and watch dance) to re-establish contact with their bodies, to reassert the "natural" part of their being? And what troubles them about Cunningham is his critique of "the natural," his desire *to root the natural out of his dancing.*

I have no way of proving that Cunningham has been directly influenced by Shklovsky or Brecht, but Cunningham himself willingly acknowledges his debt to another great negator of the natural, Marcel Duchamp. In fact, the setting for his *Walkaround Time* was an outright homage to Duchamp — an assemblage of clear plastic rectangles imprinted with the iconography of Duchamp's masterpiece, *Le Grand Verre*. In addition, the section *Walkaround Time* in which Cunningham crouches down, stripping off one set of tights and pulling on another, was conceived as a visual allusion to Duchamp's *Nude Descending a Staircase*; and Cunningham has referred to those portions of the choreography adapted directly from his technique class as "readymades." (And of course, Duchamp is generally considered to be the primary influence on both Rauschenberg and Johns.)

Duchamp was the great grand-dada of what we

now call "conceptual art"; and it was Duchamp's readymades which first illustrated the truth of Shklovsky's and Brecht's contention that art is essentially a matter of dislocating the perceptions. Put another way, the experience of art is not dependent upon physical labor, craft, inspiration, or self-expression; it may consist of nothing more than the act of estranging a familiar object from its *natural* context. (Duchamp's famous urinal ceases to be functional in its new museum context: it now exists only to be looked at.) The notion that art is not a matter of "making," but of "looking" is especially difficult to apply to dance — for most people still think of dancing as something one does, rather than something one looks at. Of all the arts, none remains as rooted in ritual as dance; and ritual, by definition, is a purely participational activity which is not designed to be looked at by detached spectators.

Significantly, it was also Duchamp who anticipated Rauschenberg's and Johns' repudiation of abstract expressionism when he derisively dismissed as "olfac-

tory" those artists who wallow in the aroma of wet paint and wield their brushes in a sort of spacey stupor. To Duchamp, this sort of impulsive, spontaneous behavior was "animal like." And he wrote that "the direction in which art should turn is to an intellectual expression, rather than to an animal expression."

Now, it's one thing to expunge natural or "animal" expression from the inanimate arts of painting and sculpture (that was Rauschenberg's and Johns' central achievement); it's infinitely more difficult to expunge it from the bodily art of dance. But this is precisely what Cunningham has accomplished.

His critique of the natural begins by severing the traditional link between music and choreography. Schopenhauer saw in music an objectification of those blind, instinctual forces that animate behavior. And for a pioneer of modern dance like Isadora Duncan, dance was conceived of as the art of responding intuitively to musical inspiration: "'Listen to the music with your souls,' she told her students. 'Now while listening do you not feel an inner self awakening deep within you — that it is by its strength that your head is lifted, that your arms are raised, that you are walking slowly toward the light?'"

It is not the force of musical inspiration that sets Cunningham's dancers in motion, but rather an act of deliberation. In fact, sometimes in works such as *Variations V* (1965), the traditional relationship between music and dance is exactly reversed. Here the stage is wired with electronically sensitive antennae and photoelectric cells which produce sounds as the dancers sweep past them. Not only do Cunningham's dancers not perform to music, they must concentrate in such a way so as not to be affected by it. No doubt, this is part of what the renowned Cunningham dancer, Carolyn Brown, meant when she said that Cunningham's technique is "designed to develop flexibility in the mind as well as in the body."

An equally important aspect of Cunningham's critique of the natural is his much misunderstood use of chance procedures for dictating choreographic sequence. Although the two are often confused with one another, Cunningham's use of chance is diametrically opposed to the sort of improvisation which lies at the heart of abstract expressionism. Cunning-

159

ham is not attempting to break through the resistances of the intellect so as to unleash "natural" impulses buried within him. Quite the contrary: he utilizes utterly impersonal mechanisms (coins, dice, the *I Ching*, etc.) so as to avoid what might otherwise "come naturally." This is why so many dancers complain that Cunningham's choreography is often excruciatingly difficult — if not impossible — to perform: it doesn't *come naturally* to the human body.

And here lies another major distinction between Cunningham and the early modern dancers — from Duncan through Graham — who repudiated what they perceived to be unnatural (and orthopedically unhealthy) postures of ballet in favor of movements more in keeping with the natural inclinations of the body. Cunningham was among the first modern dancers to cross the ideological picket lines in order to study ballet with George Balanchine. When everyone else in the Graham-dominated world of modern dance was carrying the weight of the universe on his or her shoulders and affirming the elemental force of *gravity* (modern dance can be thought of as a love affair with the floor), Cunningham was perfecting his lightness and speed.

Cunningham often initiates movement with an abrupt and ferocious intensity, only to reverse directions just as suddenly. Duchamp once wrote, "I force myself to contradict myself to avoid conforming to my own taste." And Cunningham's style — with its remarkably rapid reversals of direction, its continual *arresting of impulse* — probably comes as close as anyone ever will to embodying the principle of self-contradiction in movement. "The trouble is," says Cunningham, echoing Duchamp, "we all tend to fall back on our old habits. Dancing is very tiring: and when you're tired you just do the easy thing, the thing you know" (the thing that *feels natural*).

In addition, the Graham dancer was often taught to view the floor metaphorically as "the earth." "Your spine," Graham told her students, "is the line connecting heaven and earth." According to Tony Smith, Pollock conceived of his canvases in much the same way: "His feeling for the land had something to do with his painting canvases on the floor. I don't recall if I ever thought of this before seeing Hans Namuth's film. When he was shown painting on glass, seen from below and through the glass, it seemed that the glass was the earth, that he was distributing flowers over it, that it was spring."

But in Cunningham's work, the stage space never seems even metaphorically natural. If anything, it resembles the cool, ultraclean, impersonal environment of the modern museum. Like the art objects which inhabit the space along with them (for *RainForest* in 1968 Andy Warhol designed free-floating, silver mylar, helium-filled pillows), Cunningham's dancers are discreet and self-contained, pure *surfaces*. If Pollock sought to transform painting into dancing, then Cunningham sought to transform the dancer into an art object.

Partnering is usually impersonal and asexual. Dancers are often handled by one another like inanimate objects (this is especially true in works like *Tread* and *How To Pass, Kick, Fall and Run*). The effect often suggests a speeded-up, deadpan parody of "touchie-feelie" encounter group exercises.

Edwin Denby has described Cunningham's style as "extreme elegance in isolation." One senses in Cunningham more than a trace of that "air of coldness, that determination not to be moved" which Baudelaire once cited as a chief characteristic of the dandy. And his own dancing — even at its most frantic — always exudes a slight aura of aloofness, an almost prissy stiffness which resists any sort of "natural" Dionysian abandon. In fact, Cunningham savagely parodies Graham's Dionysian pretensions in the hilarious *Bacchus and Cohorts* section of *Antic Meet* (1958). (Even when Cunningham's movement seems unmistakably "animal-like" — in *RainForest* or the famous "cat" solo — he never appears to be representing an animal, but rather borrowing its heightened powers of sensory alertness.)

In *Crises* (1960), the dancers wore elastic bands around various parts of their bodies. By inserting a hand or an arm through the stretch band around another dancer's wrist or waist, the performers could temporarily link themselves together without sacrificing their freedom as individuals. Freedom is the key word here. As Carolyn Brown has noted, everyone on stage in a Cunningham piece is always a *soloist*.

Not only is every body a "soloist" in Cunningham's choreography, every section of every *body* can become a soloist as well; for Cunningham often sets the head, arms, torso, and legs moving in opposition to one another. As early as 1953, Cunningham had choreographed a piece (*Untitled Solo*) in which the movement for each of several subdivisions of the body was determined separately and by chance. Thus the atomized body became a microcosm of the company-at-large.

The "isolation" (of one part of the body from another) is to Cunningham technique what the contraction (based on the more organic rhythm of breathing) is to Graham. These are the two fundamental building blocks out of which their respective styles are constructed. Simone Forti, a dancer whose natural and organic inclinations are at odds with Cunningham's, writes in her *Handbook in Motion*: "I started going to the Merce Cunningham school. I remember watching my teachers, and feeling that I couldn't even perceive what they were doing, let alone do it [. . .] An important element of the movement seemed to be the arbitrary isolation of the different parts of the body. I recall a statement I made in exasperation one day in the studio. I said that Merce Cunningham was a matter of adult, isolated articulation. And that the thing I had to offer was still very close to the holistic and generalized response of infants."

Note too her nostalgia for the spirit of abstract expressionism: in response to the emergence of artists like Rauschenberg, she notes mournfully: "[. . .] at just this same time Abstract Expressionism seemed to stop. I've always wondered at its sudden end. Like a sudden death. Or a sudden glimpse of a precipice, and then everybody stopped. And no one talks about it. It's like a collective blind spot. Yet even to this day the sight of a de Kooning can radically change my breathing."

Cunningham may be a master of "isolation," but ironically, he has also managed to mastermind some of the most glamorous *collaborations* between celebrated painters, composers, and dancers since the days of Diaghilev's Ballets Russes. In addition to Cage, Rauschenberg, Johns, and Warhol, Cunningham has persuaded Robert Morris, Frank Stella, Christian Wolff, La Monte Young, and Earle Brown to compose scores and design settings for his company. They are the Picassos, Cocteaus, Stravinskys, and Saties of our era. But the similarities between Cunningham and Diaghilev end there. Diaghilev was animated by the Wagnerian dream of synthesizing the separate arts into a unified whole. Camille Mauclair, a Parisian art critic, wrote this rhapsodic praise of the Ballets Russes in 1910: "This dream-like spectacle beside which the Wagnerian synthesis is but a clumsy barbarism, this spectacle where all sensations correspond, and weave together by their continual interlacing [. . .] the collaboration of decor, lighting, costumes, and mime, establishes unknown relationships in the mind."

But just as Brecht rejected the Wagnerian melting pot, so does Cunningham repudiate Diaghilev's synthesis. By contrast, Martha Graham speaks for both Diaghilev (whose productions had assimilated the influence of Isadora) and the pioneer modern dancers when she writes (in her *Notebooks*): "What is the beginning? Perhaps when we seek wholeness — when we embark on the journey toward wholeness." Cunningham's rejection of "wholeness" initiates the era of *post-modern dance*[3] (in much the same way that Robert Venturi's rejection of "the international style" in modern architecture — which also promoted unity and wholeness — initiated a post-modern movement there as well). What I'm calling post-modernism effectively marks the end of that longstanding tradition in modern art and poetry which sought to transcend dualities — a Dionysian tradition that extends from Nerval and Nietzsche through D.H. Lawrence and Artaud. "Only connect!" wrote Forster in *Howard's End*. To which Cunningham might respond, "It's more important — at this point in time — that we dis-connect, at least as long as we live in a society whose perceptual habits have been conditioned by commercial television where the boundaries between the most diverse phenomena begin to break down and become blurred." According to this line of reasoning, any sense of "wholeness" experienced in the modern world is nothing more than a dangerous illusion. Wholeness, like innocence, cannot be regained. Rather than lamenting fragmentation and Eliot's "dissociation of sensibility," Cunningham encourages us to savor the experience of "non-relatedness." And how significant that a *dancer* would celebrate the potential virtues of fragmentation, for dance has always been thought of as a sort of universal language which transcends the impurities and dualities of speech. That's one reason both Mallarmé and Yeats were so infatuated with the pioneer modern dancer Loie Fuller. And to reject "the whole" is (etymologically speaking) to reject "the holy." Cunningham was the first choreographer to fully secularize the dance, to "de-primitivize" it.

Throughout his career, Cunningham has made a practice of excerpting fragments from different works in his standard repertory and "splicing" them together in a form he calls *Events*. ("Splicing" strikes me as the most appropriate word for describing Cunningham's relation to the raw material of these events because he approaches his older works the way a film editor approaches his daily rushes: cutting, assembling, and re-assembling the fragments at will.) For almost ten years now, the vast majority of Cunningham's public performances have been devoted to these events, rather than to his titled, finished works. The events provide perhaps the ultimate example of Cunningham's determination to avoid completion and "wholeness."

It is precisely this aspect of Cunningham's achievement which makes him so much a creature of the intellectual moment we are now living through. In a very real sense, the most sophisticated French critical thought now finding its ways into English (the work of Barthes, Deleuze, Derrida) is just beginning to catch up with the revolution Cunningham pioneered over twenty years ago. A recent work of literary criticism like Barthes' *S/Z* (with its emphasis on keeping the text open, on avoiding a unified, definitive reading) could just as easily be a description of Cunningham. "The goal of literary work (of literature as work) is to make the reader no longer a consumer, but a producer of the text," writes Barthes. This is an excellent description of what happens to us when we experience a piece by Cunningham. The on-stage activity does not respect the traditional hierarchies of organization according to which dancers located downstage center automatically command our atten-

tion in a way that the dancers upstage left or right do not.[4] Cunningham refuses to tell us what to look at or listen to. We may decide to "background" or "turn off" a sound so as to focus more intently on the movement. (Perhaps it's significant that Mark Lancaster's setting for one of Cunningham's most recent pieces, *Tango*, is a television set broadcasting a live picture, but with the sound turned off.) Or we may cultivate a skill John Cage calls "polyattentiveness" — the simultaneous apprehension of two or more unrelated phenomena. (David Tudor, who's composed many scores for Cunningham, often listens to sever-

p. 164-165
Jeff Slayton en/in RainForest, *1968. Photo James Klosty*

al radios while he practices at the piano.)

Above all, the relations we establish between diverse stimuli are flexible; we can radically alter our mode of perception several times in the course of a single performance.[5]

Cunningham provides us with a do-it-yourself survival kit for maintaining our sanity, or at least perceptual clarity (which may be the same thing) in the modern city where everything seems to clamor for attention. This is the *moral* dimension of Cunningham's work; for there's a profound connection between what we choose to look at and the way we live our lives. It's precisely this aspect of Cunningham's accomplishment that most dance critics have not yet come to terms with. In 1968, Arlene Croce wrote about the difficulties that Cunningham's work poses for her: "I thought, watching Merce's dances, that I was being subjected to a theory about dancing. I was too worried about the theory to look at the dancing [. . .] I don't remember just when it was that I stopped making a terrific mental effort to understand Merce and just began enjoying him. Today it seems just as preposterous to make a mental effort over Merce as it does over Fred Astaire."

No one sees movement more clearly than Croce; and she has provided us with some wonderfully precise descriptions of what Cunningham's dances look like. Applied to the work of some choreographers this essentially descriptive approach is perfectly adequate. Unfortunately, it doesn't even begin to convey the significance of someone like Cunningham. True, Cunningham's work may not *symbolize* anything; but it does serve an end beyond itself: that of *perceptual training.* The importance of Cunningham's work lies not only in what we're given to see and hear, but in *the way we see and hear what we're given.* In the words of Peter Brook, the work of Merce Cunningham is "a continual preparation for the shock of freedom."

1. Brecht, of course, is primarily concerned with what he considers to be the undesirable consequences of emotional identification, illusionism, and the willing suspension of disbelief — conditions that rarely arise in the (inherently) more abstract world of dance. The brand of empathy that most directly unites the dancer and his or her audience is kinetic responsiveness. John Martin, for example, writes of "the inherent contagion of bodily movement which makes the onlooker feel sympathetically in his own musculature the exertions he sees in somebody else's musculature." It's precisely this sort of kinetic empathy which is "interfered with" in much of Cunningham's work.

2. It's especially instructive to compare the visual obstacles in these works with the setting for Alwin Nikolais' *Gallery* which also constitutes a barrier of sorts between the dancers and the audience. But Nikolais' barrier serves an illusionistic end; it promotes the *trompe l'oeil* from which the dance derives its effect. Cunningham's settings, on the other hand, promote an analytical scrutiny that is anti-illusionistic.

3. There's a genuine problem of terminology here. The term "post-modern" usually refers to the next generation of post-Cunningham dancers: Steve Paxton, Yvonne Rainer, Trisha Brown, Lucinda Childs and a number of other choreographers who were associated with the experimental dance workshops at the Judson Memorial Church, in the mid '60s. And what distinguishes many of the choreographers I've just mentioned from Cunningham is their ambivalence — if not outright hostility — toward technical virtuosity (which remained a *sine qua non* of Cunningham's work). One of the messages that emerged from the Judson years was that no movement — no matter how "pedestrian," is, in and of itself, "dancey" or "undancey." So for many of the Judsonites, the difference between dance and non-dance has nothing to do with the movement itself, but depends rather on the context in which the movement is perceived. Dance might thus be defined as *any movement designed to be looked at.* And this concern with the movement's perceptual context is a direct outgrowth of Cunningham's insistence on the perceptual detachment of the audience. Perhaps my continued abuse of the term post-modern by applying it to Cunningham is much less drastic than Cunningham's break with Graham — in fact, it's more like an organic evolution.

4. It's entirely appropriate that one of Jasper Johns' target paintings appears on the famous poster he designed for the Cunningham company. Johns asks us to distribute our visual attention evenly throughout each circular band of the image, despite the fact that we've been conditioned to zero-in on the target's bull's-eye. Writing about Johns' painting *Target with Four Faces,* Leo Steinberg suggests that "Johns puts two flinty things in a picture and makes them work against one another so hard that the mind is sparked. Seeing then becomes thinking" — a description that applies equally well to Cunningham's separation of the elements.

5. Those eager to explore the many parallels between Cunningham's collaborations and the "de-constructive" theories of Barthes, Derrida, and Lacan might begin by comparing the arbitrary, malleable relationship between auditory and visual stimuli with the equally arbitrary nature of the linguistic sign, the freely "floating" signifier. Furthermore, Cunningham's egalitarian distribution of bodies and objects throughout the performance space corresponds quite closely to Barthes' de-constructed text with its interchangeable fragments or "lexias," its "multiple entrances and exits," and its cacophony of separate "voices."

Roger Copeland, "Merce Cunningham and the Politics of Perception," *The New Republic,* 17 November 1979. Reprinted in Roger Copeland, Marshall Cohen, eds. *What Is Dance? Readings in Theory and Criticism* (Oxford/New York/Toronto/Melbourne: Oxford University Press, 1983): 307-324.

No veo la necesidad...

Jasper Johns

Otros artistas han optado por hacer escenografías y/o decorados para la Cunningham Dance Company. Usted, a excepción de Walkaround Time, *ha preferido vestir las obras. ¿Por qué?*
No veo la necesidad de objetos en el escenario durante una danza. Tal vez por eso muy pocas veces tengo ideas de escenografías. O quizá sea al revés: como no tengo ideas sobre escenografías, no veo la necesidad.

Cuando Merce sugiere que le gustaría o que necesita un decorado, entonces intento conseguirle uno.

Siempre he pensado que cada danza debería tener su vestuario específico. Eso aporta una especie de novedad visual que ayuda a dejar claro que una danza no es lo mismo que otra. Pero empiezo a preguntarme si es necesario.

Desde que usted ha estado en la compañía, se han multiplicado los distintos artistas que contribuían con decorados y diseños. ¿Cuáles han sido los criterios principales para elegir artistas, si es que había alguno?
Yo he propuesto artistas cuya obra valoro especialmente, que puedan entender la diferencia entre teatro y estudio, o escala de galería y espacio, (y a veces) gente capaz de trabajar deprisa.

Más de una vez, durante los ensayos y en todas partes, le he oído decir, con gran vehemencia: "¡Odio el teatro!" ¿Por qué?
Creo que me refería al hecho de trabajar en el teatro.

No me gustan las prisas, el montar y desmontar, el éxito y el fracaso, tener que moverse de un sitio a otro, lo que hay que llevar y se rompe y hay que reparar, la comunidad con sus aflicciones, sus dolores, sus religiones y dietas, etc.

¿Hasta qué punto había trabajado con Rauschenberg diseñando vestuario y decorados antes de convertirse en asesor artístico de la Cunningham Dance Company?
Para contestar con certeza tendría que comprobarlo con un catálogo de las danzas de Cunningham. Sé que tuve que ayudarle a que el escenario de *Minutiae* se mantuviera en pie y no se derrumbara, y creo que, con la posible excepción de *Night Wan-*dering, le ayudé en su trabajo en todas las danzas a partir de *Crises*.

En sus notas para la pintura del New York State Theater, dice que el pie de Merce podría utilizarse como "otra clase de autoridad". ¿Qué otras consideraciones le llevaron a poner el pie de Merce en una obra para ese edificio en particular?
Yo pensaba que mi obra no tenía mucho que ver con el teatro, pero la suya sí, y pensé que su pie nos abriría la puerta.

El libro contiene fotografías de usted rociando a los bailarines con un aerosol sobre sus vestidos de Canfield. *¿Le ofreció Morris esbozos determinados, instrucciones y detalles para esta danza, o simplemente una idea general? Y si fue así, ¿cuál era la idea? ¿Funcionó la obra visualmente como se pretendía?*
Bob Morris me dio instrucciones orales o escritas. Creo que Yvonne Rainer y él habían representado hacía poco una danza en la que llevaban sólo "vestidos" de aceite. Su primera idea para *Canfield* era que los bailarines fueran desnudos, pero cubiertos con una sustancia que cambiara de color con las variaciones de temperatura. A Cunningham no le interesaba demasiado la idea del desnudo o del cuerpo maquillado, y entonces Morris decidió que hubiera un telón de fondo recubierto de una sustancia extremadamente reflectante, hecha de diminutas cuentas de cristal, que suele utilizarse en señales de tráfico en las autopistas. Por la noche, esos signos parecen iluminarse cuando uno se acerca en coche.

Los bailarines tenían que ir vestidos con el mismo material. Moviéndose a una velocidad constante por el proscenio iba a haber un panel vertical de luces dirigido al fondo del escenario.

Kenneth Noland nos prestó un gran estudio que acababa de adquirir pero aún no utilizaba, y yo pinté allí el telón de fondo. Los bailarines venían al estudio a ponerse sus mallas y leotardos para que yo les rociara. Jim Baird se encargó del panel de luces.

Todo estaba acabado justo a tiempo para el estreno de *Canfield*, pero nada funcionó como se pretendía.

La fuente de luz debía quedar cerca de los ojos del observador para que se produjera el efecto de "iluminarse". Si uno se sentaba en el teatro y dirigía una linterna al escenario, podía obtener en parte el efecto deseado, pero nunca se repartieron linternas entre el público.

¿Cómo surgió la idea de la escenografía de Walka-round Time? *¿Había algún vínculo estético o conceptual fundamental entre la obra de Merce y la de Duchamp que influyera en la opción de* Le Grand Verre, *aparte de la creencia de que visualmente podía constituir un excelente decorado?*
Yo le dije a Merce Cunningham que pensaba que teníamos que hacer un decorado "estilo Duchamp". Él me dijo que estaría bien y que precisamente estaba trabajando en una nueva danza. Yo había encontrado hacía poco un pequeño libreto con esbozos de detalles de *Le Grand Verre*, y pensé que el decorado podía inspirarse en esa obra. Fuimos a ver a Duchamp y le comenté la idea. Él me preguntó, en tono sobresaltado: "¿Pero quién hará la obra?" Yo le dije que la haría yo mismo, y él me dijo: "Muy bien". Le di a Cunningham el número y tamaño aproximado de las cajas para que pudiera trabajar con sustitutos de cartón mientras hacía la danza, y le dije que cualquiera de ellas podía estar en cualquier parte del escenario.

Pinté las imágenes en plástico en el *loft* de David Whitney de Canal Street. David White y él me ayudaron a hacer las grandes serigrafías y a llenarlas de color. Creo que Jim Baird encontró a alguien que hiciera las cajas.

Cuando se acabó de hacer todo, llevé a Duchamp al estudio de Canal Street para que lo viera. Parecía complacido y dijo que, en un momento dado, en la danza, le gustaría ver las piezas juntas, de modo que los distintos elementos se relacionaran unos con otros como en *Le Grand Verre*.

Cunningham vio el decorado y yo la danza por primera vez, si mal no recuerdo, el día antes del estreno en Buffalo, y entonces se tomaron las decisiones finales sobre la localización.

Al final de la primera representación, le dije a Duchamp que tenía que salir al escenario a saludar. Él me preguntó si yo no salía. Le dije que no. Y él me dijo, mientras iba hacia allí: "Estoy tan asustado como tú".

Jasper Johns, in James Klosty, *Merce Cunningham* (Nueva York: Saturday Review Press/Dutton, 1975): 85-86.

I don't see the necessity. . .

Jasper Johns

While other artists have chosen to make sets and/or décors for the company, with the exception of Walkaround Time *you have chosen simply to costume the works. Why?*

I don't see the necessity for objects on the stage during a dance. That may be why I rarely have any ideas for sets. Or maybe I have it backwards. Perhaps it's because I don't have any ideas that I don't see the necessity.

When Merce suggests that he wants or needs a set, then I try to see to it that he gets one.

I have always felt that each dance should have its own distinctive costumes. A sort of visual novelty is provided which helps make it clear that one dance is not another dance. But I'm beginning to wonder if this is necessary.

Since you have been with the company, the emphasis has been on having different artists contribute designs/décors. What were the chief concerns in selecting artists (if any)?

I have suggested artists for whose work I have a high regard, who could understand a difference between theater and studio, or gallery scale and space, (sometimes) who could work quickly.

More than once, during rehearsals and elsewhere, I have heard you say — with much enthusiasm — "I hate the theater!" For what reasons?

I think I meant working in the theater.

I don't like the deadlines, the putting up and taking down, the success and failure, the moving about from place to place, the wear and tear and repair, the community of personalities with its and their aches and pains and religions and diets, etc.

How much did you work with Rauschenberg in making costumes and sets in the period before you became artistic advisor?

I would have to check a catalogue of Cunningham dances to be sure. I know I had something to do with helping him to get the set for *Minutiae* to stand up and not fall over and, with the possible exception of *Night Wandering*, I think I assisted him with his work for every dance through *Crises*.

In your notes for the New York State Theater painting, you say that Merce's foot could be used as "another kind of ruler." Were there any other considerations in your mind for having Merce's foot in a work for this particular building?

I didn't feel that my work belonged in the theater and I felt that his did, I thought his foot should get through the door.

The book contains photographs of you spraying the dancers in their Canfield *costumes. Did Robert Morris provide specific sketches, instructions, and details for this dance or simply a generalized idea? If the latter, what was it? Visually, did the dance work as was intended?*

Bob Morris gave me either written or oral instructions. I think that he and Yvonne Rainer had recently performed a dance in which they wore only "coats" of oil. His first idea for *Canfield* was that the dancers should be naked but coated with a substance that changes colors in response to changes in temperature. Cunningham didn't care for the nudity or the body makeup idea, and Morris then decided that there should be a backdrop coated with a highly reflective substance, made of minute glass beads, which is often used on traffic signs on highways. At night these signs appear to light up as one approaches them in a car.

The dancers were to be dressed in the same material. Moving at a constant speed back and forth across the proscenium, there was to be a vertical panel of lights directed upstage.

Kenneth Noland loaned us a large studio that he had just acquired but was not yet using, and I painted the backdrop there. The dancers came to my studio to put on their tights and leotards for me to spray them. Jim Baird got the panel of lights made.

Everything was finished just in time for the *Canfield* premiere, and nothing worked as intended.

The light source must be fairly near the eye of the observer for the "lighting-up" effect to occur. One can sit in the theater and direct a flashlight at the stage and get something of the intended effect, but the audience have never been given flashlights.

How did the idea for the Walkaround Time *set come*

Jasper Johns, Watchman, *1964*
Collection Mr. Hiroshi Teshigahara, Tokyo
Photo Courtesy Leo Castelli Gallery, New York

p. 170-171
Merce Cunningham Dance Company
en/in Walkaround Time, *1968. Photo James Klosty*

about? Were any fundamental aesthetic or conceptual ties between Merce's work and Duchamp's work involved in the choice of Le Grand Verre *beyond the belief that visually it would make an excellent décor?*

I said to Merce Cunningham that I thought there should be a Duchamp set. He said that would be nice and that he was working on a new dance. I had just come upon a little booklet with line drawings of details of *Le Grand Verre*, and I thought the set could be based on these. We visited Duchamp, and I mentioned the idea to him. He asked in a shocked tone of voice, "But who would do the work?" I said that I would do it, and he said, "Certainly." I gave Cunningham the approximate number and sizes of boxes so that in making the dance he could work with cardboard substitutes, and said that any of them could be anywhere on the stage.

I painted the images on plastic in David Whitney's Canal Street loft. He and David White helped me with the large silkscreens and with filling in the colors. Jim Baird (I think) found someone to fabricate the boxes.

When they had been completed I took Duchamp to the Canal Street studio to look at them. He seemed pleased and said that at some point in the dance he would like to see the pieces put together so that the different elements would relate to one another as they do in *Le Grand Verre*.

Cunningham saw the set and I the dance for the first time, I think, on the day before the premiere in Buffalo, and the final decisions about placement were made then.

At the end of the first performance, I told Duchamp that he should go on stage for a bow. He asked wasn't I going too. I said no. He said, as he went, "I'm just as frightened as you are."

Jasper Johns, in James Klosty, *Merce Cunningham* (New York: Saturday Review Press/Dutton, 1975): 85-86.

Cunningham y Duchamp

Noël Carroll y Sally Banes

Marcel Duchamp ha sufrido el destino de ciertos grandes artistas: se ha convertido en un adjetivo, una categoría fácil para cualquier pintor, escultor, compositor y actor que resulte desconcertante, verbalmente lúdico, inaccesible o "intelectual". Pero aplicar el concepto "duchampiano" en función de características como desconcierto, inaccesibilidad e ingenio verbal parece demasiado amplio como para ofrecer una información útil. Hay que actuar con mucha cautela a la hora de examinar la relación de Duchamp con un artista actual. Por eso, nuestra primera tarea consiste en considerar no sólo las analogías que pueden establecerse entre Merce Cunningham y Duchamp, sino también las disanalogías.

En gran medida, la congruencia entre los dos artistas viene señalada por nuestra voluntad de atribuir las mismas cualidades –por ejemplo, "inteligencia"– a las obras de ambos. En Duchamp, esa "inteligencia" deriva de sus sofisticadas paradojas, sus exploraciones del "límite" del concepto de arte y su hermetismo. En Cunningham, por su parte, la "inteligencia" es una cualidad de los movimientos y cuerpos que comprende su coreografía. No parafraseamos sus danzas con proposiciones sobre la naturaleza del arte, como hacemos con los *ready-mades* de Duchamp, ni las tomamos como alegorías alquímicas, como muchos hacen respecto a *Le Grand Verre*. En la danza de Cunningham, la "inteligencia" pertenece más bien a la calidad expresiva significativa del movimiento.

En oposición a la técnica del estilo de Martha Graham (que fue su punto de partida), el movimiento de Cunningham es ligero. Es flexible direccionalmente y a menudo veloz como una espada, cubriendo el espacio rápida e hiperarticuladamente. Al mismo tiempo, se caracteriza por lo que los seguidores de Laban llaman flujo restringido; la energía es líquida y elástica en el interior del bailarín, pero se detiene en los límites del cuerpo. Es una energía estrictamente definida y controlada. No fluye vectorialmente ni se derrama en el espacio circundante. Tiene un aire de exactitud y precisión. A su vez, esas propiedades formales corporales –ligereza, elasticidad, velocidad y precisión– sugieren una descripción particular de la mente como una

inteligencia ágil, fría, lúcida, analítica, como la que antes solía llamarse gálica o cartesiana, pero también acorde con el ideal americano en las postrimerías de la II Guerra Mundial. Mientras la imagen del pensamiento humano en Graham era pesada, orgánica, rumiante y completamente decimonónica, en Cunningham es permutacional, correlacional, estratégica, exacta, sutil y etérea. Esto no significa que Cunningham presente una pantomima de la mente, sino que presenta el cuerpo como una entidad inteligente, desde una perspectiva específicamente contemporánea. En efecto, la idea de inteligencia corporal es contemporánea en sí misma, mientras que el modo que adopta esa inteligencia en la obra de Cunningham es claramente análogo al estilo preferido de pensamiento de Duchamp.

Otro factor añadido de "inteligencia" en la obra de Cunningham es su calidad de claridad. En general, se debe a un principio de separabilidad: por ejemplo, cada elemento de una danza tiene su propia autonomía y debe aprehenderse aisladamente de los demás elementos del espectáculo. Esto es más evidente en la relación de Cunningham con sus compositores, y en especial con John Cage. La música y la danza se presentan como acontecimientos desunidos, desincronizados, cada uno incluido por derecho propio. No se funden en una sola *Gesamtkunstwerk*. Esta división de música y movimiento distingue a Cunningham de George Balanchine, un coreógrafo que en muchos otros aspectos comparte algunos de los ideales de Cunningham sobre la inteligencia corporal. Las escenografías de Cunningham tienen también una existencia separada de la danza. Por ejemplo, la columna de luz de Robert Morris se movía inexorablemente por el escenario del proscenio en *Canfield*, y a veces, algunas de las acciones de Robert Rauschenberg que componían un decorado en vivo en *Story* (como pintar un cuadro en el escenario o planchar camisas) robaban la escena a los bailarines. Además, esa tendencia a la separación se extiende a la propia coreografía. En los *Events* de Cunningham, se extraen frases de distintas danzas y se empalman para producir nuevas obras. Esto presupone que las frases separadas de una danza no están conectadas inquebrantablemente a su contexto original, sino que tienen una prístina individualidad propia. Por supuesto, podría decirse algo similar del uso que hace Cunningham del azar en ciertas danzas, como *Untitled Solo* o *Torse*. Apreciar la individualidad o la integridad de una frase, presentada como tal, exige una atención diversificada por parte del espectador, una atención capaz de discriminar literalmente. El espectador debe atender a cada haz de movimientos separadamente y ver cada uno por lo que es, ver clara y distintivamente. Una vez más, Cunningham ofrece lo que puede considerarse como una interpretación artística de la mentalidad cartesiana.

La causalidad, o mejor dicho, la ausencia de ciertos sentimientos de causalidad proporciona otro punto de comparación entre Duchamp y Cunningham. Duchamp, influido por las *Impresiones de África* de Raymond Roussel, se especializó en un tipo de causalidad fantástica que sólo podía existir en palabras, pero que, como era físicamente imponderable, parecía curiosamente insustancial, fantasmagórica y tal vez inexistente. *La mariée mise à nu par ses célibataires, même (Grand Verre)* representa una máquina, pero no tenemos ninguna intuición palpable de su posible sistema causal, aparte de lo que se nos dice, que no sólo resulta increíble, sino que escapa a la posibilidad de que construyamos una representación interna y percibida sensorialmente a partir de ello. ¿Cómo puede un antiguo molinillo de chocolate, dada su estructura física, ser una parte funcional del elaborado aparato eléctrico y químico de ciencia ficción que Duchamp perfila en la *Boîte Verte* y la *Boîte Blanche*? En este caso, el problema ya no es la causalidad mágica. Podemos imaginar espadas encantadas volando por su propio poder, y sentir indirectamente su impacto cuando se clavan en dragones imaginarios. Pero no podemos desarrollar un sentido corporal de las interacciones y fuerzas causales de *Le Grand Verre*. Sólo existen como palabras, transmitiendo una sensación de vacío, sin sentir lo que Hume llamaba el cemento del universo.

Similarmente, en Cunningham se percibe la ausencia de causalidad en diversos aspectos. Esto no significa que sus bailarines no obedezcan a la misma física que unas bolas sobre un plano inclinado, sino que a sus piezas les faltan muchas de las representaciones más características y convencionales de la causalidad que encontramos en la danza. La más evidente de esas ausencias corresponde a la agenciabilidad (que naturalmente, es un concepto causal de raíz). Dado que las danzas de Cunningham no son dramáticas, sus bailarines no parecen impelidos por motivaciones. Pero si no son agentes personales, tampoco son agentes sociales. A menudo parecen inconscientes uno de otro mientras bailan distintas frases yuxtapuestas en extremos opuestos del escenario. Indudablemente, este efecto deriva en gran medida de sus máscaras de representación, que generalmente están libres de toda emoción, salvo de la concentración. Pero también hay una sensación de distanciamiento asociada al zen y al hinduismo; Cage ha escrito sobre la tranquilidad que llena cada danza a pesar de las apariencias caleidoscópicas de emociones, como en la tradición hindú. Así, cuando los bailarines representan un gesto de cooperación –levantándose, tirando uno de otro o bien ofreciéndose apoyo–, nunca parece expresivo de una comunalidad convencional. Los bailarines son fríamente profesionales, solitarios incluso cuando se unen en una acción coordinada. No son tanto personas movidas por un objetivo común como átomos que resultan enlazados. Su semblante y su desapego ofrecen otra asociación cualitativa con Duchamp, así como otro factor del principio de separación, desnudando la coreografía de su aura de continuos procesos causales.

Las discontinuidades de la coreografía de Cunningham la desposeen de la arraigada y penetrante ilusión de proceso característica de la mayor parte de danzas y que llevó a Susanne Langer a definir la danza como un reino de poderes virtuales. Las frases de Cunningham aparecen como operaciones mesuradas, intrincadas, planificadas y autocontenidas; no engendran la ilusión de poder –magnético o impulsivo– que las recorre y las ata a movimientos adyacentes. Es la ilusión de ese poder en los estilos de danza anteriores a Cunningham lo que imbuye la coreografía tradicional de un sentido de coherencia e interconexión, un sentido de excesiva inteligibilidad, basado en la ilusión de la conexión causal. Sin ese marco estructural, no tenemos simplemente una fuerte impresión de la separación de las frases, sino también sentimientos concomitantes de presente, y la presencia de cada unidad de movimiento. Esta cualidad de inexplicable *aquí y ahora*, lograda mediante la yuxtaposición y desorientación radicales, es algo que también encontramos en las últimas obras de Duchamp, como demuestra el propio título de su obra maestra final, *Étant donné*.

Duchamp dijo: "El acto creativo no es representado sólo por el artista; el espectador pone la obra en contacto con el mundo exterior, descifrando e interpretando sus calificaciones internas, y añadien-

do así su aportación al acto creativo". Leída como un informe para el espectador participativo, esta declaración no sólo guarda relación con algunas de las innovaciones más significativas de Cunningham como coreógrafo, sino que ha sido reafirmada por Cage y por Cunningham. Al situar simultáneamente distintas acciones sobre el escenario (por ejemplo, los fragmentos titulados "L'Amour" y "The Bounce Dance" de *Gallopade*), que se esfuerzan igualmente por atraer la atención del espectador, Cunningham descentraliza la composición de la danza y democratiza el espacio para que cualquier punto del decorado pueda ser importante. Cunningham ha sido pionero de un estilo de coreografía antiarquitectónico y extendido a todo el espacio. De esta forma, el público se ha visto investido con el rol de determinar dónde y cuándo mirar (es interesante señalar que Cunningham alcanzó por primera vez esta combinación de libertad y responsabilidad del público, aproximadamente una década después de que André Bazin y los cineastas realistas enunciaran una estética similar respecto a la imagen cinematográfica. En el cine como en la danza, se requería al espectador que interaccionara conscientemente con la imaginería). Sin embargo, para Cunningham, es importante especificar que el espectador es libre de escoger *en qué momento* mirar. En la cita anterior, Duchamp dice que el espectador aporta su propio significado a la obra de arte. Pero los significados son precisamente la clase de cosas que la obra de Cunningham pretende desviar y eludir.

Con la distinción entre movimiento y significado, llegamos al punto del contraste más agudo entre Duchamp y Cunningham. Duchamp buscó un arte de ideas, un arte discursivo, un arte alegórico. Oponía su ideal de arte a todo aquello que fuera meramente pictórico, meramente "retinal". En este sentido, sus *ready-mades* pueden calificarse como la *reductio ad absurdum* de la proposición de que el arte debería buscar la objetualidad. Por su parte, Cunningham es un artista moderno con una tendencia reductiva. Crea un arte basado en lo que él concibe como material esencial de su medio, es decir, el movimiento. Y este movimiento debe *ser*, no significar; es el equivalente funcional en la pintura de algo como el *Shake Out* de Jules Olitsky. Si se dice que el movimiento de Cunningham es emblemático del sistema filosófico zen, debemos recordar que esa es la postura de John Cage, y no la de Cunningham. Porque Cunningham se preocupa sólo por el movimiento como tal, lo que podríamos considerar el equivalente animado a la objetualidad pictórica. Utiliza métodos aleatorios para disipar la intrusión de su personalidad en ciertas danzas, como Duchamp experimentaba con diversos medios de eliminar el toque del pintor en sus creaciones. Pero a largo plazo, en contradicción con Cunningham, Duchamp mezcla referencias a la cosmología, filosofía, literatura, simbolismo psicosexual, juegos de palabras, cambios fonéticos y similares que, aunque herméticos, invitan a la interpretación en lugar de frustrarla.

Psicológicamente, el desdén de Duchamp por el arte "retinal" le llevó a abreviar su producción. Duchamp tenía una reputación de pintor que no pintaba. Él decía que detestaba pintar. Pero Cunningham no tenía esa reserva sobre su material, como confirma su interminable flujo de producción. En esto, Cunningham se parece más a Picasso, un artista de quien se dice que el silencio de Duchamp planeaba sobre él como una mala conciencia. La prolífica producción de Cunningham muestra su definitiva confianza en su medio. Manipula un vocabulario estilístico, inmediatamente reconocible como danza, con la facilidad, la soltura inalterable y la fecundidad de un Bournonville. En efecto, la tendencia de Cunningham a basarse en la técnica de la danza llevó a la siguiente generación, los coreógrafos del Judson Dance Theatre, a cuestionar su práctica. Tal vez en este aspecto eran más duchampianos que su mentor.

La desconfianza de Duchamp hacia el objeto de arte "retinal" le impulsó progresivamente a crear obras a contrapelo de ciertas formas clásicas de atención estética. Creó obras (como los *ready-mades*, *Le Grand Verre* y *Étant donné*) principalmente discursivas, por ejemplo, pretextos para la discusión teórica o hermenéutica. No eran objetos que pudieran observarse durante horas en la arrebatada contemplación de la actitud estética clásica. De hecho, Duchamp ridiculizó esta forma de apreciación estética en su *À regarder (l'autre côté du verre) d'un œil, de près, pendant presque une heure*. Sus obras posteriores están deliberadamente concebidas para no ser demasiado contempladas. Más bien son ocasiones para proponer rompecabezas y códigos que el espectador pueda captar en una breve visita a la galería y reflexionar sobre ello camino de casa. En cambio, las danzas de Cunningham están hechas para un consumo total, sensual e inmediato. El compromiso estético en el momento de la representación es supremo; la meditación residual sobre los significados de la obra es secundaria, si es que tiene alguna importancia. La *condición del ahora*, es decir, la percepción estética comprometida de las propiedades físicas y formales de la danza a medida que se desarrolla, es el núcleo de la obra de Cunningham.

Actualmente, la principal aportación de Duchamp al arte del siglo XX es dialéctica (en un sentido más platónico que hegeliano). Como es propio del hijo de un notario, a Duchamp le preocupaba explorar qué es lo que permite autorizar o autentificar algo como obra de arte. Sus *ready-mades* planteaban socráticamente esta embarazosa pregunta, y sugerían la incómoda respuesta de que los factores contextuales que rodean a la obra de arte putativa, como la reputación del artista, eran (más que la obra en sí) los factores decisivos para determinar si algo era una obra de arte. Así pues, los *ready-mades* de Duchamp no eran sólo reflexivos (por ejemplo, sobre el arte) sino reveladores (por ejemplo, revelando algo inesperado en sí mismo y con ramificaciones increíblemente inesperadas sobre el concepto del arte). En cambio, Cunningham no se involucra en una reflexividad reveladora. Podemos decir que sus danzas manifiestan (más que revelan) una cierta concepción moderna de la danza: que es puro movimiento. Y podríamos decir que sus coreografías tratan de la danza, significando que presentan el ideal de puro movimiento específico del período. Es decir, que son danzas compuestas por lo que consideramos bailar y nada más que eso. Pero no podemos decir que la obra de Cunningham explore y revele las condiciones de la danza. Más bien las habita, manifiesta y ejercita. No abandonamos un concierto de Cunningham con la sensación de haber ganado un nuevo discernimiento teórico o cuestionándonos sobre la naturaleza de la danza, sino sintiendo que sólo hemos visto algo que es indiscutiblemente danza.

A pesar de todas las especulaciones sobre analogías y disanalogías entre Duchamp y Cunningham, hay una relación histórica concreta entre ambos artistas. La danza *Walkaround Time* fue coreografiada por Cunningham en 1968, con decorados de Jasper Johns basados en *La mariée mise à nu par ses célibataires, même* y con una música de David Behrman titulada *... for nearly an hour...* La pieza fue una idea de John; Duchamp la aprobó; y tuvo la iniciativa de que durante la danza, las piezas del decorado se movieran con una relación que emulara la pintura. Como en muchas de las colaboraciones de Cunningham, ni él mismo vio el decorado ni Johns vio la danza por primera vez hasta el día antes del estreno.

Walkaround Time se compone de dos partes, con un entreacto en escena para los actores, para una compañía de nueve. Dura casi una hora, y gran parte de la danza transcurre detrás o entre cajas de plástico transparentes de diversos tamaños en las que aparecen serigrafiados dibujos de *Le Grand Verre*, incluyendo el Molinillo de Chocolate, los Testigos Oculistas, los Tamices o Parasoles, los Nueve Moldes Málicos, la Inscripción Superior o Vía Láctea y la Novia. La danza se abre con la compañía entera dispuesta en el escenario, rodeada del decorado, saludando con una inclinación y los brazos abiertos. A lo largo de la obra se entretejen diversos temas y cualidades de movimiento. Cunningham corre dos veces sin desplazarse, primero detrás del Molinillo de Chocolate y luego detrás de los Moldes Málicos. Diversas estructuras simétricas para dos o tres bailarines imitan el rodar, girar y enclavarse de las piezas de maquinaria y los utensilios (con el eco de los sonidos de moler, zumbar y tascar, alternados con largos silencios, que componen la música). Valda Setterfield y Carolyn Brown representan solos, con intrincados desplazamientos de las partes del cuerpo a escala de un minuto (un hombro, una cadera), y luego a mayor escala, sin moverse del sitio. Setterfield, Brown y Sandra Neels atraviesan

cada uno el escenario muy despacio en diversos momentos durante la danza, a veces como contrapunto al movimiento de otros bailarines, que andan o se desplazan corriendo por el escenario en zonas separadas. Hay muchas entradas y salidas, pero eso no hace que la danza parezca recargada. Por el contrario, el grupo entero rara vez se encuentra a la vez en escena, y la impresión diseminada se ve acentuada por la quietud que a veces captura incluso a esos pocos bailarines que llenan el escenario. Los bailarines hacen giros, levantan las piernas de forma pareja e inconexa, dan largos pasos, pero luego de pronto se abalanzan circularmente hacia nuevos espacios o se alejan corriendo. Durante el entreacto, los bailarines se visten, se sientan y conversan o deambulan en el escenario, con la melodía de música de cóctel. En la segunda mitad de la danza, Cunningham se cambia de un conjunto de ropa a otro mientras corre sin moverse de sitio, Brown repite y expande su solo, los hombres llevan a las mujeres, las elevan y cogen en saltos, y un coro de voces de mujeres interpuestas habla de *Le Grand Verre*. Finalmente, los bailarines recogen las cajas de plástico para colocarlas en su disposición final, en el centro del escenario.

Según Cunningham y otros miembros de la compañía, Duchamp estaba en la mente de todos aquellos que trabajaron y crearon la danza, tanto los diseñadores como los actores. Cunningham ha mencionado varias referencias directas a Duchamp coreografiadas deliberadamente en la danza: los *ready-mades*, el *entr'acte* (recordando *Relâche*), y la conciencia del tiempo. De hecho, parece que había dos categorías de referencias a las obras o ideas de Duchamp en *Walkaround Time* (aparte del decorado y la música). En primer lugar, hay alusiones directas a temas duchampianos. El más evidente es el solo en el que Cunningham se cambia de ropa mientras corre sin desplazarse; una alusión directa al *Nu descendant un escalier* que escapa a pocos espectadores. En esta danza, los solos de mujeres, especialmente el de Brown, las caracterizan firmemente como aspectos de la *Mariée*. No es una correspondencia obvia, sino vaga; los tres ejemplos en que las mujeres se mueven a cámara lenta "cinematográfica" por el escenario parecen analogías de los tres florecimientos cinemáticos que, según se dice, la Mariée experimenta en el *Le Grand Verre*. Cunningham ha dicho que las repeticiones de la segunda mitad de secuencias de la primera mitad es su forma de referirse a los *ready-mades*. Esta interpretación parece ignorar el rasgo más evidente de los *ready-mades*, su carácter ordinario. Pero hay una correspondencia con los *ready-mades* en la conducta de los bailarines fuera del escenario, que se manifiesta en el entreacto.

Otras correspondencias no adoptan la forma de alusiones a Duchamp sino más bien de traducciones de sus ideas de *Le Grand Verre* y otras obras al medio de la danza. *Le Grand Verre* es, en primer lugar, una máquina complicada y fantástica. El tema de la coreografía dominante de *Walkaround Time* es mecánico, tanto en términos de estilo como en pasos. No es que los bailarines imiten a robots o formen piezas de maquinaria al estilo de Nikolai Foregger. La verticalidad de la columna vertebral en el estilo de Cunningham se tensa aquí en una especie de rigidez. También hay una impresión pronunciada de acción mecánica en los cuerpos de los bailarines y sus interacciones. Piernas y brazos se levantan y bajan secuencialmente como si fueran palancas. Giros lentos alrededor de un eje fijo ofrecen la impresión de tornillos clavándose en el suelo. Y, como en el momento en que Cunningham da un paso lateral que le desplaza, creando la ilusión de que anda sin moverse del sitio, a menudo, los bailarines parecen ser movidos por fuerzas externas y no por sus propios cuerpos. Y por supuesto, subrayando esa aura mecánica están los sonidos de motor, de moler o tascar que componen la partitura.

Pero además, esta danza hace referencias a la máquina de un tipo muy concreto. *La Mariée mise à nu par ses célibataires, même* es una clase especial de máquina, un mecanismo para escenificar el sexo a través de una serie de operaciones alquímicas y en espiral. Este significado se evoca en *Walkaround Time* mediante el uso de las parejas, que en la danza es un símbolo tradicional para la unión sexual. En este sentido, el estilo coreográfico de Cunningham es un medio apropiado para traducir *Le Grand*

Verre, no sólo porque la gracia mecánica de la coordinación anatómica y la repetición rítmica aparecen en muchas otras obras suyas, sino también porque su uso clásico de las técnicas tradicionales de pareja y sus subversiones de dichas técnicas constituyen una de las marcas distintivas de su estilo. Las parejas de Cunningham no han sido muy comentadas, tal vez porque los críticos piensan que no hay nada inhabitual en formar parejas, mientras que sí hay algo inusual en la separación de la danza y la música o en la descentralización del espacio escénico. En las danzas de Cunningham, los ejemplos de parejas se saturan de significados polivalentes precisamente porque no se albergan en una narrativa, como en *La bella durmiente*, o en cualquier otra cadena causal de acontecimientos, como en los ballets de Paul Taylor. En las obras de Cunningham, el significado sexual de la actuación de parejas aletea en la danza, evoca-

do por siglos de iconografía social, pero luego se disuelve, dejando una misteriosa y vaga sensación que se resiste a la categorización.

Hay muchos momentos de ese contacto efímero pero explícito en *Walkaround Time*. Cunningham lleva a Brown fuera del escenario. Brown salta por el escenario, conducida por una pareja que le da la mano. Susana Hayman-Chaffey da un salto volador, con los brazos y piernas estirados a los lados, aterrizando en los brazos abiertos de un hombre, en un momento que señala simultáneamente el coito y el final de la primera parte de la danza. Los bailarines ejecutan fríamente sus maniobras, con desapego y precisión de máquinas; los temas de pasividad y de aceleración y disminución de la acción parecen actuar a la vez como metáforas sexuales y mecánicas.

Pero aquí se manifiesta otro aspecto de la coreografía de Cunningham: su uso de la lentitud y la quietud. Esta cualidad le convierte en un coreógrafo apropiado para transformar una pintura o una escultura, y aquí resulta especialmente idóneo. Carolyn Brown parece resbalar extática en sus giros que fluyen constantemente; cuando se levanta en *demi-pointe* durante largos momentos, parece convertirse en la *Mariée* transmitiendo órdenes. En general, las frecuentes y largas inmovilidades (y silencios) de *Walkaround Time* parecen hacerla fija, estática, extremadamente legible y transparente, unas cualidades especialmente idóneas para una pintura/escultura sobre cristal. En esta danza, donde hay movimiento, suele haber también un contraste de las proporciones de velocidad, como cuando una bailarina corre a cámara lenta mientras otra la adelanta, corriendo deprisa, en tiempo real.

Así, en los rasgos más destacados de *Walkaround Time*, encontramos referencias a Duchamp que no son usos reales de sus métodos o materiales, sino más exactamente traducciones de ciertos temas de *La Mariée mise à nu par ses célibataires, même* a los términos de danza que el vocabulario de Cunningham ya ha desarrollado. Esos elementos del estilo de Cunningham son únicos y convierten *Walkaround Time* en una obra que, aun desprovista del decorado, reconoceríamos como obra de Cunningham, si bien sería difícil identificarla como una obra dedicada a Duchamp.

Nöel Carroll-Sally Banes, "Cunningham and Duchamp", *Ballet Review* 11, no. 4 (invierno 1984): 88-95.

Cunningham and Duchamp

Noël Carroll and Sally Banes

Marcel Duchamp has suffered the fate of certain great artists: he has become an adjective, a handy category for puzzling, verbally playful, inaccessible, and "intellectual" painters, sculptors, composers, and performers. But applying the concept "Duchampian" on the basis of characteristics like puzzlement, inaccessibility, and word wit often seems too broad to be informative. One must exercise great care in examining the relation of Duchamp to current artists. Thus our first task is to consider not only the analogies that can be drawn between Merce Cunningham and Duchamp, but the disanalogies as well.

One very general area of congruence between the two is signaled by our willingness to attribute certain of the same qualities — e.g., "intelligence" — to the oeuvres of both. In Duchamp, this "intelligence" derives from his spinning paradoxes, explorations of "the limit" of the concept of art, and hermeticism. In Cunningham, on the other hand, "intelligence" is a quality of the movements and bodies that his choreography comprises. We don't paraphrase his dances into propositions about the nature of art, as we do Duchamp's readymades, nor do we take them to be alchemical allegories, as many do regarding *Le Grand Verre*. Rather, "intelligence" pertains to the movement's most significant expressive quality in Cunningham's dance.

In opposition to the technique of the Graham style (from which he emerged), Cunningham's movement is light. It is directionally flexible and often rapier fast, covering space both quickly and hyperarticulately. At the same time, it is characterized by what followers of Laban call bound flow; the energy is liquid and resilient inside the dancer, but it stops at the boundary of the body. It is strictly defined and controlled. It does not rush vectorially or spill into the surrounding space. It has an air of exactitude and precision. In turn, these formal bodily properties — lightness, elasticity, speed, and precision — suggest a particular description of the mind as an agile, cool, lucid, analytic intelligence of the sort once referred to as Gallic or Cartesian, but also appropriate as an ideal of post-World War II America. Whereas the image of human thought in

Graham was heavy, organic, brooding, and altogether nineteenth century, in Cunningham it is permutational, correlational, strategic, exact, rarefied, and airy. This is not to say that Cunningham presents a pantomime of the mind, but that he presents the body as intelligent in a specifically contemporary way. Indeed, the idea of bodily intelligence itself is contemporary, while the mode of that intelligence in Cunningham's work is clearly analogous to Duchamp's preferred style of thought.

Another increment of "intelligence" in Cunningham's work is a quality of clarity. Most often, this amounts to a principle if separability — i.e., each element in a dance has its own autonomy and must be apprehended in isolation from the other elements of the spectacle. This is most evident in Cunningham's relation to his composers, most notably John Cage. Music and dance are presented as disjunct, unsynchronized events, each comprehended in its own right. They are not fused in a single *Gesamtkunstwerk*. This division of music and movement distinguishes Cunningham from George Balanchine, a choreographer who in many other respects shares some of Cunningham's ideals of bodily intelligence. Cunningham's sets also have an existence discrete from the dancing. For example, Robert Morris's column of light moved inexorably across the proscenium stage in *Canfield*, and some of Robert Rauschenberg's actions that composed a live décor in *Story* (such as painting a painting onstage, or ironing shirts) at times upstaged the dancers. Moreover, this tendency toward separability extends into the choreography itself. In Cunningham's *Events*, phrases from different dances are lifted and spliced together to produce new works. This presupposes that the separate phrases in a dance are not unbreakably connected to their original context, but that they have a pristine individuality of their own. Of course, a similar point might be made about Cunningham's use of chance in certain dances, like *Untitled Solo* or *Torse*. To appreciate the individuality or integrity of a phrase, presented as such, demands a very focused, literally discriminating, variety of attention from a spectator, who must attend to each movement bundle separately

179

and see each for what it alone is — i.e., see clearly and distinctly. Again, Cunningham offers what can be thought of as an artistic interpretation of the Cartesian mentality.

Causality, or, rather, the absence of certain feelings of causality, provides another point of comparison between Duchamp and Cunningham. Duchamp, influenced by Raymond Roussel's *Impressions d'Afrique*, specialized in a kind of fantastic causation that could only exist in words, but which, because it was physically imponderable, seemed curiously insubstantial, ghostly, and perhaps nonexistent. *La mariée mise à nu par ses célibataires, même (Grand Verre)* represents a machine, but we have no palpable intuition of its possible causal system apart from what we are told, and that not only is unbelievable, but also evades the possibility of our constructing an inner, sensuously felt representation of it. How can an antique chocolate grinder, given its physical structure, be a functional part of the elaborate, sci-fi, chemical, electrical apparatus Duchamp outlines in *The Green Box* and *The White Box*? The problem here is not that of magical causation. We can imagine enchanted swords flying of their own power, and we can vicariously feel their impact as they plunge into imaginary dragons. But we cannot develop a bodily sense of the causal interactions and forces in *Le Grand Verre*. They exist only as words, imparting a sense of hollowness, bereft in feeling of what Hume called the cement of the universe.

Similarly, in Cunningham one feels the absence of causation in several respects. This is not to say that his dancers do not obey the same physics as balls on an inclined plane, but, instead, that his pieces lack many of the most typical and conventional representations of causation found in dance. The most conspicuous of these absences involves agency (which is, of course, at root a causal concept). Since Cunningham's dances are not dramatic, his dancers do not appear impelled by motivations. But if they are not personal agents, neither are they social agents. They often seem unaware of each other as they dance different phrases juxtaposed at opposite ends of the stage. Undoubtedly a large

measure of this effect derives from their performance masks, which are generally free of every emotion save concentration. But there is also a sense of detachment that is related to Zen and Hindu philosophies; Cage has written of the tranquility that pervades each dance despite kaleidoscopic appearances of emotions, as in the Indian tradition. Thus, when the dancers perform a cooperative task — a lift, a pull, or a support — it does not seem expressive of conventional communality. The dancers are businesslike, alone even when joined in a coordinate feat. They are not so much persons driven by a common purpose as atoms that happen to lock into each other. Their mien, their detachment, supplies another qualitative link with Duchamp, as well as another factor in the principle of separability, denuding the choreography of an aura of continuous causal process.

The discontinuities of Cunningham's choreography divest it of a deep-seated, pervasive illusion of process that is typical of most dance and that led Susanne Langer to define dance as a realm of virtual powers. Cunningham's phrasings appear as discrete operations, intricate, planned, and self-contained; they do not engender the illusion of power — magnetic or propulsive — coursing through them and binding them to adjacent movements. It is the illusion of such power in pre-Cunningham dance styles that imbues much traditional choreography with a sense of coherence and interconnectedness — a sense of overarching intelligibility grounded in the illusion of causal linkage. Without such a framework, we have not merely a strong impression of the separateness of the phrases, but concomitant feelings of the presentness and presence of each movement unit. This quality of inexplicable *thereness*, achieved through radical juxtaposition and disorientation, is also something that confronts us in Duchamp's later work, attested to by the very title of his final masterpiece, *Given*.

Duchamp said, "The creative act is not performed by the artist alone; the spectator brings the work in contact with the external world by deciphering and interpreting its inner qualifications and thus adds his contribution to the creative act." Read

Marcel Duchamp, La Mariée mise à nu par ses célibataires,
même (Grand Verre), *1915-1923*
The Philadelphia Museum of Art, Philadelphia

as a brief for the participatory spectator, this statement not only correlates with some of Cunningham's most significant innovations as choreographer, but has been echoed by both Cage and Cunningham. By placing several different actions onstage simultaneously (for instance, the "L'Amour" and the "Bounce Dance" section in *Gallopade*) in such a way that they make equal bids for the viewer's attention, Cunningham decenters the dance composition, democratizing the space so that any place on the set can be important. He pioneered an all-over, antiarchitectonic style of choreography. At the same time, this has invested the audience with the role of determining where to look and when. (Interestingly, Cunningham first arrived at this combination of audience freedom and responsibility roughly a decade after André Bazin and film realists enunciated a similar aesthetic in regard to the cinematic image. In both film and dance, the viewer was now required to consciously interact with the

movement is said to be emblematic of the philosophical system of Zen, we must remember that this is John Cage's position and not, primarily, Cunningham's. For Cunningham is concerned only with movement as such, what might be thought of as the animate counterpart of painterly objecthood. He uses chance methods to dispel the intrusion of his personality into certain dances, just as Duchamp experimented with various means of eliminating the painter's touch from his creations. But in the long run, in contradistinction to Cunningham, Duchamp mixes references to cosmology, philosophy, literature, psychosexual symbolism, puns, spoonerisms, and the like, which, though hermetic, nevertheless invite, rather than frustrate, interpretation.

Psychologically, Duchamp's disdain for retinal art led him to curtail his output. He had a reputation as a painter who did not paint. He said he loathed paint. But Cunningham has no such reservations about his materials, as his endless stream of production confirms. In this Cunningham resembles Picasso — the artist of whom it is said Duchamp's silence reflects upon him as a bad conscience. Cunningham's abundance shows his utter confidence in his medium. He manipulates a stylistic vocabulary, readily recognizable as dance, with the ease, untroubled facility, and fecundity of a Bournonville. Indeed, it is Cunningham's very reliance on dance technique that led the succeeding generation of Judson Dance Theater. Perhaps in this respect they were more Duchampian that their mentor.

Duchamp's distrust of the "retinal" art object increasingly prompted him to create works that went against the grain of certain classical modes of aesthetic attention. He created works (like the readymades, *Le Grand Verre*, and *Given*) that were first and foremost discursive — i.e., that were pretexts for theoretical or hermeneutic discussion. They were not objects that could be gazed at for hours in the rapt contemplation of the classic aesthetic attitude. In fact, Duchamp ridiculed this mode of aesthetic appreciation in his *To Be Looked at (from the Other Side of the Glass) with One Eye, Close to, for Almost an Hour*. Duchamp's later works are intentionally not much to look at. Rather, they are

Yet for Cunningham, it is important to emphasize that what the spectator is free to choose is *which movement* to look at. In the preceding quotation, Duchamp is saying that the spectator brings his own meaning to the work of art. But meanings are precisely the sort of things that Cunningham's work is designed to deter and deflect.

With the distinction between movement and meaning, we reach the point of sharpest contrast between Duchamp and Cunningham. Duchamp strove for an art of ideas, an art that was discursive, an art that was allegorical. Duchamp opposed his ideal to art that was merely painting, merely "retinal." In this regard, his readymades can be glossed as the reduction *ad absurdum* of the proposition that art should seek objecthood. Cunningham, on the other hand, is a modernist in the reductive vein, creating an art based on what he conceives to be the essential material of his medium, viz., movement. And this movement is supposed to *be*, not mean — it is the functional equivalent of the paint in something like Jules Olitski's *Shake Out*. If Cunningham's occasions for puzzles and codes that the spectator could glean from a brief visit to the gallery and ruminate about at home. Cunningham's dances, however, are made for immediate, sensuous, total consumption. Aesthetic engagement at the moment of performance is paramount; residual meditation on the meanings of the work is secondary, if important at all. *Nowness* — that is, the committed aesthetic perception of the physical and formal properties of the dance as it unfolds — is the point of Cunningham's work.

At present, Duchamp's major contribution to twentieth-century art is dialectical (in the Platonic rather than the Hegelian sense). As befits the son of a notary, Duchamp was concerned with the question of what authorizes or authenticates something as a work of art. His readymades Socratically posed this embarrassing question, and suggested the unsettling answer that contextual factors surrounding the putative artwork, such as the reputation of the artist, were (rather than the work itself) the decisive factors in determining whether something was an artwork. Thus Duchamp's readymades were not only reflexive (i.e., about art) but revelatory (i.e., disclosing both something unexpected in itself and something with wildly unexpected ramifications about the concept of art). Cunningham, however, is not involved in revelatory reflexivity. His dances can be said to manifest (rather than reveal) a certain modernist conception of dance — that it is pure movement. And one can say that his dances are about dance if this means that they present the period-specific ideal of pure movement — that is, they are dances composed of what we regard as dancing and nothing else. But one cannot say that Cunningham's work explores and discloses the conditions of dance. Rather, it inhabits, manifests, and exercises them. One does not leave a Cunningham concert with the sense that one has garnered a new theoretical insight or question about the nature of dance; one leaves feeling one has just seen what is incontrovertibly dance.

For all the speculations about analogies and disanalogies between Duchamp and Cunningham, there is a concrete historical connection between the two artists. The dance *Walkaround Time* was choreographed by Cunningham in 1968, with décor by Jasper Johns based on *The Bride Stripped Bare by Her Bachelors, Even* and with music by David Behrman titled *. . .for nearly an hour. . .* The piece was Johns's idea; Duchamp approved it; and it was Duchamp's suggestion that during the dance the pieces of décor be moved into a relationship that emulated the painting. As with many of Cunningham's collaborations, Cunningham saw the set and Johns saw the dance for the first time the day before the première.

Walkaround Time is a dance in two parts, with an onstage intermission for the dancers, for a company of nine. It lasts for nearly an hour, and much of the dancing takes place behind or among transparent plastic boxes of various heights on which were silkscreened designs from *Le Grand Verre*, including the Chocolate Grinder, the Oculist Witnesses, the Sieve or Parasols, the Nine Malic Molds, the Top Inscription or Milky Way, and the Bride. The dance opens with the entire company arrayed on the stage, surrounded by the décor, saluting the work in an open-armed knee bend. Several movement themes and qualities thread throughout the work. Cunningham twice runs in place, at first behind the Chocolate Grinder and then behind the Malic Molds. Various partnering structures for two or three dancers imitate the rolling, turning, and interlocking of machine parts and gears (echoed by the grinding, whirring, crunching sounds, interspersed with long silences, of the music). Valda Setterfield and Carolyn Brown each perform slow solos that involve intricate shiftings of body parts on a minute scale (a shoulder, a hip) and then a large scale, while standing in place. Setterfield, Brown, and Sandra Neels each traverse the stage in slow-motion runs at various points during the dance, sometimes to the counterpoint motion of other dancers walking or swiftly running across the stage in separate zones. There are many entrances and exits, but this does not make the dance seem busy. On the contrary, the entire group is rarely onstage together, and the sparse look is accented by the stillnesses that often capture even those few dancers who populate the stage. Dancers turn in place, lift their limbs evenly and desultorily, take large steps, but then suddenly swoop circularly into new spaces or run off. During the intermission the dancers don robes, sit and converse or saunter onto the stage, to the tune of cocktail music. In the second half of the dance, Cunningham changes from one set of clothes to another while running in place, Brown repeats and expands her solo, women are carried and lifted aloft and caught in leaps, a chorus of overlapping women's voices talks about Le Grand Verre, and finally the dancers pick up the plastic boxes to move them into their final arrangement center stage.

According to Cunningham and to several other company members, Duchamp was very much on the minds of all those who worked on creating this dance — both its designers and its performers. Cunningham has spoken of several direct references to Duchamp deliberately choreographed into the dance — the readymades, the entr'acte (recalling Relâche), and the awareness of time. In fact, there seem to be two different categories of references to Duchamp's works or ideas in Walkaround Time (aside from the décor and the music). First, there are direct allusions to Duchampian subjects. The most obvious of these is the solo in which Cunningham changes clothing while running in place — a direct reference to Nude Descending a Staircase that escapes few viewers. The solos for the women in the dance, especially Brown's solo, cast them squarely as aspects of The Bride. This is not a matter of obvious but vague correspondence; the three instances in which women move in "filmic" slow motion across the stage seem like analogies for the three cinematic blossomings the Bride is said to undergo in Le Grand Verre. Cunningham has said that the repetitions in the second half of sequences from the first half are his way of referring to the readymades. This interpretation seems to ignore the most obvious feature of readymades — their ordinariness. Yet there is a correspondence to readymades in the offstage behavior of the dancers made visible in the intermission.

Still other correspondences take the form not of allusions to Duchamp but, rather, of translations of Duchamp's ideas in Le Grand Verre and other works to the medium of dance. Le Grand Verre is, first and foremost, a complicated, fantastic machine. The overarching choreographic theme of Walkaround Time is mechanic, in terms of the style as well as the steps. It is not that the dancers mime robots or form themselves into machine parts à la Nikolai Foregger. The verticality of the spine in Cunningham's style here stiffens into a kind of rigidity. There is also a pronounced sense of mechanical action occurring in the dancers' bodies and in their interactions. Legs and arms lift and lower sequentially like so many levers. Slow turns that revolve around a still axis give the impression of so many bolts being riveted into the floor. And, as in the moment when Cunningham does a sidestep that moves him while creating the illusion that he is walking in place, often the dancers seem to be moved by outside forces rather than by their own bodies. And, of course, underscoring this mechanical aura are the motor, creaking, and grinding sounds of the musical score.

But further, this dance makes machine references of a very specific sort. The Bride Stripped Bare by Her Bachelors, Even is a special kind of machine — a mechanism for effecting sex through a series of convoluted, alchemical operations. That meaning is conveyed in Walkaround Time through the use of partnering, a traditional symbol in dance for sexual union. In this respect Cunningham's choreographic style is an appropriate medium for a translation of Le Grand Verre for not only does the machinelike grace of anatomical coordination and rhythmic repetition appear in many of his other works, but also his use of classical partnering techniques and subversions of such techniques is one of the hallmarks of his style. Cunningham's partnering is little remarked upon, perhaps because critics feel there is nothing unusual in partnering, while there is something unusual about the separation of dance from music or the decentralization of stage space. In Cunningham's dances instances of partnering become saturated with polyvalent meaning precisely because they are not lodged in a narrative, as in The Sleeping Beauty, or in some other poetic causal chain of events, as in many of Paul Taylor's ballets. In Cunningham's works the

p. 186-187
Merce Cunningham Dance Company en/in Tread, *1970*
Photo James Klosty

sexual meaning of the partnering act hovers in the dance, evoked by centuries of social iconography, but then dissolves, leaving a mysterious, vague feeling that resists categorization.

There are many moments of such fleeting but explicit contact in *Walkaround Time*. Cunningham carries Brown offstage. Brown leaps across the stage, led by a partner who holds her hand. Susana Hayman-Chaffey takes a flying leap, arms and legs outstretched to the sides, landing in a man's open arms in a moment that simultaneously signals coitus and the end of the dance's first half. The dancers coolly execute their maneuvers with machinelike detachment and precision; themes of passivity and of the quickening and slowing-down of action seem to act as both sexual and mechanical metaphors at the same time.

Yet another aspect of Cunningham's choreography is apparent here: his use of slowness and stillness. This quality makes him an appropriate choreographer for translating a painting or sculpture, and it is especially apt here. Carolyn Brown seems to wax ecstatic in her steadily flowing turns; as she poises on demi-pointe for long moments, she seems to become the Bride exuding commands. In general, the frequent long stillnesses (and silences) in *Walkaround Time* seem to render it fixed, static, highly legible, and transparent — qualities especially suited to a painting/sculpture on glass. Where there is motion in this dance, there are often drastically contrasting rates of speed, as when one dancer runs in slow motion while another passes her, running in (actual) rapid time.

Thus, in the most salient feature of *Walkaround Time* one finds references to Duchamp that are not actual uses of the latter's methods or materials but, rather, translations of certain themes in *The Bride Stripped Bare by Her Bachelors, Even* into the dance terms of the vocabulary Cunningham has already evolved. These elements of Cunningham's style are unique and make *Walkaround Time* a work that stripped of its décor, we would still recognize as a Cunningham work, although we might be hard pressed to identify it as a work devoted to Duchamp.

Noël Carroll-Sally Banes, "Cunningham and Duchamp," *Ballet Review* 11, no. 2 (Summer 1983): 73-79.

Merce: Mi primer recuerdo...

Earle Brown

Merce: Mi primer recuerdo de Merce consiste en verle siguiendo a Carol con los ojos, en diagonal, por el suelo del estudio del *loft* de Jane McLean en Denver... En aquella época, Merce y John se abrían camino por el país con sus clases y presentando sus *Sonatas e Interludes*. Personalmente me sorprendía y admiraba la increíble cantidad de sonido y energía que Merce generaba en sus clases tan sólo chasqueando los dedos, golpeando los muslos y aplaudiendo, armonizándolo con su voz sonora al contar los pasos. En realidad, sabíamos muy poco de Merce y John (creo que era en 1951), excepto que el pianista Jane McLean había vuelto hacía poco de Nueva York diciendo que había oído y visto a Cage (y/o su música) y que estaba completamente loco...

La única obra que escribí especialmente para Merce fue *Indices*, para orquesta de cámara, y la terminé en diciembre de 1954. La danza se titulaba *Springweather and People*. Se estrenó en mayo de 1955, con vestuario de Remy Charlip y la colaboración artística de Robert Rauschenberg, Ray Johnson y Vera Williams.

En la primavera de 1954, empecé a esbozar ciertos pensamientos sobre una obra para orquesta de cámara que se iba a generar ("construir") a partir de un libro que reunía 10.000 números al azar, titulado *Random Sampling Tables*. Aunque nunca me había interesado mucho (personalmente) el "azar" tal como lo utilizaba Cage, mi interés en las tablas del azar se vio seguramente influido por aquella manera de trabajar. Pero por encima de todo, la idea de *Indices* estaba muy cerca de los conceptos de ratios, densidades, distribución estadística, más que de las puras (o impuras) actividades de AZAR de Cage, "no influenciadas"... Mientras tomaba notas, a John, Merce y a mí se nos ocurrió que este encargo de Merce podía ser una forma de pagar todas las clases que Carol había recibido de Merce antes de que ella fuera miembro de la compañía. Entonces Carol ya formaba parte de la compañía, pero (técnicamente) seguía en deuda por el pasado. Dado que Merce no tenía dinero para pagarme la partitura y nosotros no teníamos dinero para pagarle las clases, fue una buena solución para todos.

Tardé dos o tres meses en establecer el "programa" (en el sentido informático) de *Indices*, y unos ocho meses en llevarlo a cabo. Se llama *Indices* por los dos puntos de la ordenada y la abscisa, la intersección de líneas perpendiculares, horizontales y verticales entre dos puntos. El "programa" *Indices* era intrincado y terriblemente complejo en todas las dimensiones. La pieza no estaba escrita de izquierda a derecha (principio a fin) sino que, debido al programa de composición, cada sonido era un acontecimiento completamente autocontenido y capaz de aparecer en cualquier momento de los 29 minutos que duraba la obra mientras el programa la producía... sujeto a las condiciones de "estrés" estructural (había 175 páginas de papel pautado de partitura, que equiparaba 29 minutos a 120 mm. Según el "programa", el primer sonido compuesto podría haber entrado en la página 107; el segundo sonido podía haber entrado en la página 22; el tercero en la página 136, etc.). Se trataba de un proceso discontinuo de composición del material, y obviamente, la pieza no se "acabó" cuando yo llegué al "fin", sino cuando estuvo suficientemente "saturada".

Merce trabajó la coreografía, y como hizo entonces y tal vez todavía sigue haciendo, hizo una estructura temporal para la danza. La idea de Merce y John de que la danza y la música "coexistan en el tiempo" en lugar de depender una de la otra es bien conocida. Yo nunca consideré que esa fuera la única relación interesante que se podía establecer entre dos o más elementos (ni tampoco me parecía una causa revolucionaria), pero me parecía perfectamente compatible con mis ideas sobre la colaboración. Recuerdo que me llegó una copia de la estructura temporal de Merce, pero entonces yo ya había programado mi propia estructura para la música, y (como era de esperar) no coincidían. Aparte de acordar la duración del tiempo total de nuestras piezas, no intentamos sincronizar las secciones estructurales, ya que los dos aborrecíamos las relaciones dependientes o facilonas entre la música y el movimiento.

Springweather and People se representó durante dos años con una reducción del piano. Esta reducción no era una transcripción, sino una reducción literal de la partitura. Para Tudor, era muy difícil tocar aquellas largas acumulaciones de notas de larga duración por todo el teclado (orquesta) y se veía obligado a utilizar todos los pedales y notas sostenidas a un ritmo furioso. El uso de los pedales era constante y violento, y en una actuación de California que yo no presencié, toda la estructura de pedales se soltó del piano y John Cage tuvo que echarse debajo del piano y sujetarlo durante casi toda la pieza. Dijo que sonaba muy bien desde allí, pero que le dolían los brazos. Una versión abreviada de *Springweather and People* fue representada como dueto por Merce y Carolyn Brown en Europa en 1958, con la reducción del piano.

Yo pensaba que Merce tenía por lo menos tres clases de piezas distintas: las más extrañas, aparentemente psicologistas, con estructura de solos, generalmente con música de Christian Wolff, como *Lavish Escapade*; las obras más severas y "abstractas", como *Solo Suite in Space and Time*; y el tipo de pieza romántico-clásico que siempre parecía tratar *de* algo, aunque nunca lograbas captar exactamente de qué. *Springweather* pertenecía claramente al tercer tipo. Era *muy* elegante, hermosa y "clásica" en los sentimientos. La coexistencia de sonido y movimiento dejaba largas secciones de danza muy pausadas, "acompañadas" de un furioso sonido orquestal, y grandes y complejas agrupaciones de danza "acompañadas" de simples y/o largas tonalidades de sonido apagado. En conjunto, me gustó *mucho*.

Recuerdo que una vez estaba en un ensayo de Merce y él me tendió un cronómetro y me pidió que cronometrara el ejercicio, advirtiéndome que tenía que acabar en quince minutos. A veces contaba en voz alta, se golpeaba los muslos y aplaudía, pero no muy a menudo. Ni Merce ni los bailarines tenían ninguna referencia a un reloj o a una música; sólo su propio reloj interno y el recuerdo de sus relaciones entre ellos y con el espacio. Yo paré el cronómetro al final de la danza y marcaba catorce minutos y cincuenta segundos. Tal vez esto sea algo normal para los bailarines, pero a mí me sorprendió mucho que, en un intervalo de tiempo de quince minutos, sólo se equivocaran en diez segundos. Debió de ser en 1954 o 1955, porque yo estaba trabajando en *Music for Cello and Piano* y buscando alguna confirmación de que podía prescindir del tiempo de reloj y la notación métrica, pero manteniendo una "unidad" flexible y a la vez muy controlada entre los dos instrumentos. Lo que esperaba y deseaba era que funcionara lo que yo llamaba "sentido del tiempo", que se desarrollaría en cada parte y entre las distintas partes mientras los músicos ensayaban y se familiarizaban con la música (hay una referencia al tiempo de reloj en la partitura, pero en la representación, la pieza no debe ejecutarse teniendo en cuenta el reloj). Era un "sentido del tiempo", un "sentido del acontecimiento", una "memoria vigorosa" o algo parecido, pero yo me di cuenta de que *realmente* funcionaba y se desarrollaba en los bailarines, y a mi modo de ver, producía una sensación mucho mejor que contar, leer o vigilar el reloj. Yo quería que, como en la danza, el impulso surgiera del instinto y la intuición *en relación con* los acontecimientos "compuestos", y no de un impulso exterior e impuesto. Denominé la notación resultante "notación temporal", pero ahora suele llamarse "notación proporcional" y la utilizan (de una u otra forma) casi todos los compositores de "nueva música". Yo la había utilizado desde 1952 en solos, pero la "lección" de Merce confirmaba que podía funcionar con grupos más amplios sin que todo se viniera abajo (o sin que quedara excesiva y *mecánicamente* unido).

Creo que *Galaxy* (compuesta para mi pieza *Four Systems*, 1954) fue la primera danza de Merce que tenía realmente una "forma abierta" (ya había algo "variable" en su *Dime a Dance*, pero no realmente de este modo). Era una danza "clásica" y severa, muy difícil de ejecutar e incluso de contemplar. Merce hizo *Galaxy* en 1956, y yo siempre me pregunté por qué no había intentado antes la forma abierta. Durante y después de *Galaxy*, a él le preocupaba la cuestión. Decía que mientras los cuatro sistemas y sus acontecimientos de sonido podían secuenciarse, yuxtaponerse y combinarse de cualquier modo, y las colisiones de sonido eran precisamente lo que tenían que ser y no ofrecían ningún peligro (excepto el de ofender alguna sensibilidad que otra), cuatro bailarines moviéndose por un espacio limitado, a su manera y en una relación desconocida para los otros tres, creaban una clara amenaza para los ner-

189

vios de Merce y para las vidas y extremidades de ellos. La imagen "kamikaze" y su dudoso encanto estético estaba muy clara. Creo que posteriormente, Merce hizo otras piezas con "forma abierta" (*Field Dances*, *Story*, *Canfield*), pero no con la densidad y el ritmo de virtuosismo clásico de *Galaxy*. Si se coreografía con suficiente tiempo, espacio y flexibilidad para permitir la mirada y evitar las tácticas... supongo que se puede lograr..., pero en mi recuerdo, *Galaxy* no era así.

Creo que *December 1952*, a partir de *Folio* (la partitura que más se alejaba gráficamente de ese conjunto) fue la otra de las dos únicas composiciones mías que Merce utilizó para su coreografía. Era un solo para Carol creado en 1960 y concebido para una gira europea que Cage, Tudor, Carol y él realizaron aquel año. Yo la vi por primera vez en Venecia, en el teatro de La Fenice. El título era un poema completo de M.C. Richards, *Hands Birds*, y el poema, la coreografía y la danza eran extraordinariamente hermosos. Por desgracia, la danza nunca llegó a representarse en Estados Unidos. La partitura es una sola página de "campo", con líneas horizontales y verticales de diversos grosores, indicando sólo vagas sugerencias de relativa frecuencia, duración y volumen; cualquier sonido podía ser utilizado por cualquier número de intérpretes. En este caso, fue interpretada por Cage y Tudor a (y *en*) dos pianos. Es la pieza más ambigua, "libre" e improvisada que nunca he escrito. Siempre me intrigó que la "ejecución" de John sonara tan similar a toda la música que yo compuse en esa época, pero me pareció preciosa y me produjo un gran placer escucharla.

Earle Brown, en James Klosty, *Merce Cunningham* (Nueva York: Saturday Review Press/Dutton, 1975): 75-77.

Merce: My first memory . . .

Earle Brown

Merce: My first memory of Merce is seeing his eyes follow Carol in diagonals across the studio floor of Jane McLean's loft in Denver . . . . Merce and John were working their way across the country with master classes and the *Sonatas* and *Interludes*. Personally startled and amazed by the incredible amount of sound and energy Merce generated in the class using only finger snapping, thigh slaps, and hand clapping, embellished by insistent and sonorous vocal counts. We really knew very little about either Merce or John (in 1951. . .I think) except that Jane McLean's pianist had recently returned from N.Y. saying that he had heard and seen Cage (and/or his music) and that he was completely off his rocker. . . .

The only work that I wrote specifically for Merce was *Indices*, for chamber orchestra, completed in December of 1954. The dance was called *Springweather and People*, first performed in May 1955 with costumes by Remy Charlip with the artistic collaboration of Robert Rauschenberg, Ray Johnson, and Vera Williams.

Somewhere in the spring of 1954 I began sketching some thoughts about a work for chamber orchestra which was to be generated ("constructed") by a book of 10,000 random numbers, called *Random Sampling Tables*. Although I had never been (personally) particularly interested in "chance" as Cage used it, my interest in the random tables was probably influenced by that way of working. But more than anything, the *Indices* idea was very close to the Schillinger concepts of ratios, densities, statistical distribution, rather than to the pure (or impure), "uninfluenced" CHANCE activities of Cage. . . . While sketching, it occurred to John and Merce and me this could be a commission from Merce that would be in payment for all of Carol's lessons with Merce before she became a member of his company. Carol was by this time a member, but we still (technically) owed for the past. Given that Merce had no money to pay for my score and we had no money to pay for the classes, it was "good thinking" all the way around.

It took me two or three months just to set up the "program" (in the computer sense) for *Indices*, and about eight months to carry it out. It is called *Indices* because that is what the two points on the abcissa and ordinate, the intersection of perpendicular horizontal and vertical lines drawn from the two points, are called. The *Indices* "program" was intricate and terribly complex in all dimensions. The piece was not written from left to right (start to finish) but the "program" (of composing) was such that each sound was a completely self-contained "event," each being able to appear anywhere within the 29-minute duration of the work as the program produced it . . . subject to the structural "stress" conditions. (There were 175 pages of ruled score paper, which equalled 29 minutes at 120 mm. According to "program" the first sound composed might have entered on page 107; the second sound might have entered on page 22; the third on page 136, etc.) It was a discontinuous process of composing the material and obviously the piece was not "finished" when I reached the "end" of it but when it became sufficiently "saturated" (event-full).

Merce worked on the choreography and, as he did then and perhaps still does, made a time structure for the dance. Merce and John's idea of music and dance "coexisting in time" rather than being dependent of one another is well known. While I never considered that that was the only interesting relationship for two or more events to be in (or thought of it as a revolutionary cause), it was perfectly compatible with my thoughts about the collaboration. I remember getting a copy of Merce's time structure, but by that time I had already programmed my own structure for the music, and they (quite expectably) did not coincide. Apart from agreeing on the total time duration of our pieces we made no attempt to synchronize the structural sections, because dependent relationships or "Mickey Mousing" between music and movement were equally abhorrent to both of us.

Springweather and People was performed for two years with a piano reduction. The piano reduction was no transcription but a literal reduction of the score. It was extremely difficult for Tudor to play, in that there were long accumulations of notes of long duration all over the keyboard (orchestra) and he

had to use all of the pedals and hand-held notes at a furious rate. The use of pedals was constant and violent, and in one performance in California that I didn't hear, the entire pedal structure came adrift from the piano and John Cage had to lie on his back under the piano and hold it in place for most of the piece. He said it sounded pretty good from down there but it hurt his arms. An abbreviated version of *Springweather and People* was performed as a duet for Merce and Carolyn Brown in Europe in 1958, with the piano reduction.

I used to feel that Merce had at least three distinct kinds of pieces: the very strange, seemingly psychologically oriented, solo works, usually to music of Christian Wolff, such as *Lavish Escapade*; the rather severe and "abstract" works such as *Solo Suite in Space and Time*; and the "romantic-classic" kind of piece which always seemed to be *about* something, but one could never quite grasp what it actually was. *Springweather* was distinctly the latter type. It was *very* ele-

gant and beautiful and "classic" in feeling. The coexisting of sound and movement left long, still sections of the dance "accompanied" by furious orchestral sound and great complex dance groupings "accompanied" by simple and/or long quiet sound colors. I like the whole thing *very* much.

I remember being at a Merce rehearsal once, and he handed me a stopwatch and asked me to time the run-through, saying that it was supposed to finish in fifteen minutes. He counted out loud sometimes, and thigh-thumped and hand-clapped, but not often. Neither Merce nor the dancers had any reference to a clock or to music; only their own interior time and their remembered relationships to one another and the space. I stopped the watch the end of the dance, and it read fourteen minutes and fifty seconds. Perhaps it is a normal thing for dancers to do, but it absolutely astonished me that they could be only ten seconds off over a fifteen-minute span of time. It must have been in 1953 or 1954 because I was working on *Music for Cello and Piano* and looking for some confirmation that I could do away with clock time and metric notation and still have a flexible but highly controlled "togetherness" between the two instruments. What I expected and hoped for was what I called a "time sense," which would develop in each part and between parts as the musicians rehearsed and became familiar with the music. (There is a clock time reference in the score, but the piece is not to be done "to the clock" in performance.) It was "time sense," "event sense," "muscle memory," or something, but I could see that it *did* develop and work for dancers and, as I felt, gave a much better feeling than counting or reading or clock watching. I wanted, as in the dance, for the impulse to arise from instinct and intuition *in relation* to "composed" events, rather than from an exterior, imposed pulse. The resulting notation I called "time notation," and it is now generally called "proportional notation" and used (in one way or another) by nearly every "new music" composer. I had used it since 1952 in solo works, but Merce's "lesson" confirmed that it could work with larger groups without everything falling apart (or being overly and *mechanically* together).

p. 194-195
*Douglas Dunn, Susana Hayman-Chaffey, Merce Cunningham
en/in* Event, *Persepolis, 1972*

I think that Merce's *Galaxy*, to my *Four Systems* (1954), was his first truly "open form" dance. (There was something "variable" in his *Dime a Dance* but not really in this way.) It was a very severe and "classic" dance and very difficult to do, and perhaps to watch. Merce made *Galaxy* in 1956, and I always wondered why he had not tried the open-form thing before. During and after *Galaxy* he was always a little worried about it. He said (in effect) that while the four systems and their sound-events could be sequenced, juxtaposed, and combined in any way, and sound collisions were what it was all about and not dangerous (except to a sensibility now and then), four dancers careening around a limited space, doing their own things in unknown relation to the other three, created a distinct threat to his nerves and to their lives and limbs. The "kamikaze" image and its dubious esthetic charm was pretty clear. I think that Merce later made other "open form" pieces (*Field Dances*, *Story*, *Canfield*), but not with the classic virtuoso density and pace of *Galaxy*. If you choreograph enough time and space and flexibility to allow looking and avoiding tactics, I guess it can be done, but *Galaxy* wasn't like that, as I remember.

I think that *December 1952*, from *Folio* (the score that was farthest-out graphically of that set) was the only other music of mine that Merce used with his choreography. It was a solo for Carol made in 1960 for a European tour that he, Cage, Tudor, and Carol made that year. I saw it for the first time in Venice, at the Fenice. The title was an entire poem of M.C. Richards: *Hands Birds*, and the poem, the dance, and the dancing were extraordinarily beautiful. Sadly, the dance was never performed in the U.S. The score is a single page or "field," with horizontal and vertical lines of various thicknesses, indicating only vague suggestions of relative frequency, duration, and loudness; any sounds may be used by any number of performers. In this case it was performed by Cage and Tudor on (and *in*) two pianos. It is the most ambiguous, "free," improvisational piece that I have ever written. It always intrigued me that John's "realization" sounded very much like his own music and David's sounded very much like my fully composed music at the time, but beautiful and a pleasure to listen to.

Earle Brown, in James Klosty, *Merce Cunningham* (New York: Saturday Review Press/Dutton, 1975): 75-77.

Música electrónica para la Merce Cunningham Dance Company

Gordon Mumma

Introducción

La obra de Merce Cunningham incorporó por primera vez recursos de música electrónica ya en 1952. Durante la década de los setenta, este tipo de música ya se había generalizado en otros lugares, y en las obras de la Cunningham Dance Company, se había convertido en la música predominante. Fue el director musical John Cage quien confirió mayor ímpetu al desarrollo de recursos de música electrónica en el entorno de la compañía.

John Cage fue pionero en el uso de la música electrónica. Empezó en 1939, con su composición ya clásica de conjunto de percusión, *Imaginary Landscape # 1*, donde utilizaba platinas portadiscos de fonógrafo y de velocidad variable mientras interpretaba con instrumentos musicales. La innovación artística de Cage con tecnología electrónica continuó en los años cuarenta (por ejemplo, con una música para una producción teatral radiofónica de la CBS, *City with a Slouch Hat*, de Kenneth Patchen).

Primeras composiciones de música electrónica y cinta magnética

En el repertorio de Cunningham, la primera obra destacada con recursos de música electrónica fue *Collage* (1952), coreografiada para extractos de la *Symphonie pour un homme seul* de Pierre Schaeffer y Pierre Henri. Esta obra, un hito de la *musique concrète*, se componía de sonidos grabados y editados en disco; en las representaciones de la Cunningham Dance Company la música se retransmitía mediante un magnetófon.

En 1952, el magnetófon apenas llevaba unos años de uso generalizado. Desde entonces, se ha convertido tal vez en el medio más común de reproducir música en las representaciones de danza moderna (e incluso de ballet); el procedimiento se denomina "música enlatada". Pero la música enlatada constituía una práctica poco habitual para la Cunningham Dance Company. La mayor parte de música de Cunningham, ya fuera con instrumentos convencionales o recursos electrónicos, se había interpretado en vivo. Las escasas excepciones habían sido extraordinarias, como *Rhytmic Studies for Player Piano*, de Conlon Nancarrow, para la cual

Merce Cunningham coreografió *Crises* (1960).

Otra obra que utilizaba música original concebida para cinta magnética, *Winterbranch* (1964; *2 Sounds* de La Monte Young [abril 1960]) obtuvo una especial notoriedad. El impacto teatral se basaba en un sonido abrasivo e incesante, posible gracias a la cinta, y se reforzaba con la dura e imprevisible iluminación de Robert Rauschenberg.

En la música de *Field Dances* (1963; *Variations IV* de John Cage), se utilizaba un conjunto de magnetofones a modo de instrumentos. Además, la coreografía y la música de *Field Dances* compartía una característica estructural: ambas eran modulares. Las secuencias musicales se grababan y reproducían en cinta magnética, las secuencias coreográficas se aprendían y "reproducían" a partir de la memoria de los bailarines. La estructura general de *Field Dances* variaba de una actuación a otra; en cada función, los bailarines elegían independientemente las secuencias coreográficas, y los músicos elegían las secuencias de sonido grabado. Esta relativa libertad de elección de los bailarines no era habitual en la obra de Cunningham, aunque aquel mismo año también se produjo en *Story* (1963; música de Toshi Ichiyanagi).

Amplificación y electrónica por encargo

A fines de la década de los cincuenta, Cage había compuesto varias obras utilizando sonidos amplificados, a menudo interpretados con el pianista David Tudor. Esos "sonidos pequeños", generalmente inaudibles para el público sin amplificación, procedían de fuentes acústicas (piano, percusión, instrumentos inventados o encontrados).

En 1958, dos obras del repertorio de Cunningham utilizaban amplificación: *Antic Meet* (*Concert for Piano and Orchestra* de John Cage) y *Night Wandering* (*Bewegunden, Quantitäten, Schlagfiguren*, de Bo Nilsson). El solo de piano, espectacularmente virtuoso, para *Night Wandering*, interpretado por David Tudor, se amplificó a fin de revelar calladas resonancias del instrumento sostenidas por el pedal, y magnificar los tonos parciales más altos de la sonoridad del piano. El resultado era un brillo tímbrico surreal, adecuado al virtuosismo quebrantador del teclado característico de Tudor.

La amplificación y la ecualización electrónica, utilizadas también en *Aeon* (1961; *Atlas Eclipticalis with Winter Music*, de Cage), se llevaron a cabo con una gama rápidamente creciente de equipos de dimensiones reducidas: transductores, preamplificadores, ecualizadores y mezcladores. Esta colección de equipos se convirtió en una gran parafernalia que consumía espacio y tiempo para Cage y Tudor.

Sistemas de música electrónica y música electrónica en vivo

Sin desanimarse por el desafío logístico que planteaba el aumento del equipamiento electrónico, Cage y Cunningham colaboraron en una obra multimedia a gran escala, *Variations V* (1965). Esta obra utilizaba un sistema de reproducción electrónica que integraba la música, la danza y algunos aspectos de la iluminación. Con la asistencia técnica de los ingenieros de Bell Laboratories, el diseñador electrónico Robert Moog, y la colaboración de los artistas visuales Nam June Paik y Star VanDerBeek, dispusieron un sistema de sensores electrónicos fotoeléctricos y condensadores en el escenario además de transductores de sonido adheridos al decorado. El sistema de sensores controlaba la localización física y movimientos de los bailarines mientras interpretaban la coreografía de Cunningham. Los músicos, situados en el foso de la orquesta, utilizaban las señales electrónicas de los sensores del escenario para articular sonidos musicales de un amplio conjunto de diversos magnetofones y receptores de radio. Además, los sonidos de los bailarines y su manipulación del decorado se amplificaba con el uso de transductores en el escenario.

Empezando con *Variations V* y luego a lo largo de los años noventa, el desarrollo de unos sistemas electrónicos de música en vivo únicos para cada obra musical se convirtió en un rasgo característico del repertorio de Cunningham. En *Place* (1966; *Mesa*, de Gordon Mumma), los sonidos del bandoneón de Tudor se veían drásticamente alterados por un sistema de moduladores electrónicos de sonido. En *RainForest* (1968; *Rainforest* de Tudor), había un conjunto de instrumentos electroacústicos únicos, diseñados por Tudor e interpretados en una interac-

ción ecológicamente dependiente. En *TV Rerun* (1972; *Telepos*, de Mumma), los bailarines llevaban cinturones acelerómetros integrados en un sistema de radiotelemetría. La música resultaba directamente de las aceleraciones de los bailarines al escenificar la coreografía de Cunningham.

Primeros compositores "externos"

A partir de finales de los sesenta, se invitó a una creciente diversidad de compositores a que crearan música para el repertorio de Cunningham. Muchos respondieron desarrollando los aspectos en vivo de sistemas únicos de música electrónica, o bien configuraciones que integraban instrumentos electrónicos y acústicos.

Scramble (1967; *Activities for Orchestra* de Toshi Ichiyanagi), *Walkaround Time* (1968; . . .*for nearly an hour*. . .de David Behrman) y *Canfield* (1969; *In Memoriam Nikola Tesla - Cosmic Engineer*) requerían sistemas interactivos únicos y elaborados de música electrónica que podían resultar extenuantes en la preparación y en la representación. En las giras, la logística de transporte de la Cunningham Dance Company llegó a ser formidable; a veces, había más equipos musicales que decorados y vestuario. Por eso fue un delicioso placer interpretar la música de *Objects* (1970; *Vespers* de Alvin Lucier), donde la totalidad del equipo musical se reducía a cuatro sondas acústicas manuales que podían transportarse en un simple maletín.

Events y composiciones en colaboración

Esta producción de música electrónica en vivo se basaba en la colaboración creativa de compositores, músicos, ingenieros, técnicos, y a veces incluso los propios bailarines de la compañía. Los ejemplos históricos de colaboración efectiva entre artes interdisciplinarias no son frecuentes y resultan particularmente raros cuando los conceptos y resultados musicales son innovadores y radicales, como es el caso de la Merce Cunningham Dance Company. Incluso el ejemplo de compositores colaborando en una sola obra es poco habitual en la tradición de la música artística. Tal vez por su implicación (y compromiso) con una tecnología musical innovadora, la colaboración entre distintos compositores se convirtió en una fructífera y celebrada característica de la Merce Cunningham Dance Company.

La colaboración entre compositores se vio alimentada por la producción de *Events* de una sola representación (de 1964 en adelante), y por proyectos como la película de televisión *Assemblage* (1968; producida por KQED, San Francisco), con música compuesta en colaboración por Cage, Mumma y Tudor. Las primeras obras compuestas en equipo o de repertorio en colaboración surgieron a principios de los setenta, con *Signals* (1970) y *Landrover* (1972), cuya música era también de Cage, Mumma y Tudor. Cada una de esas dos obras utilizaba distintos procedimientos de colaboración, acordados previamente por los compositores.

Compositores "externos" posteriores

Desde mediados de los sesenta en adelante, los compositores-intérpretes que utilizaban recursos electrónicos y que hacían giras con la Merce Cunningham Dance Company incluían (además de Cage, Tudor y Mumma) a David Behrman, Martin Kalve, Takehisa Kosugi y Michael Pugliese. A partir de la década de los ochenta, músicos técnicos como John Fullemann, Rob Miller, John D.S. Adams y D'Arcy Philip Gray se unieron también a las giras del grupo. Otros compositores que utilizaban recursos electrónicos en sus creaciones para la Merce Cunningham Dance Company incluían (además de los mencionados previamente) a Maryanne Amacher, Robert Ashley, Larry Austin, Jon Gibson, John King, Ivan Tcherepnin, Yasunao Tone, Christian Wolff y Emanuel Dimas de Melo Pimenta.

Temas musicales en contexto y consecuencia

Con esta síntesis histórica de fondo, podemos establecer algunas consideraciones generales sobre la evolución artística de la música electrónica para la Merce Cunningham Dance Company, así como sobre el impacto de dicha música en el público, la crítica y las generaciones de artistas posteriores.

Los músicos de la Merce Cunningham Dance Company tuvieron acceso al equipamiento de música electrónica estandarizada, producida en serie y desarrollada a partir de 1965 (cuando los sintetizadores de Robert Moog, Don Buchla y otros salieron al mercado). Pero a excepción de herramientas prácticas concretas como los magnetofones, mezcladores y (desde los años ochenta) ordenadores digitales y equipos procesadores de sonido, los músicos de la compañía de Cunningham preferían el desafío, el riesgo y las gratificaciones que implicaba construir instrumentos electrónicos y diseñar sistemas. Esto daba lugar a sistemas no estandarizados, completamente únicos en su género para cada pieza. El ímpetu del explorador prevalecía sobre la comodidad.

En general, contrastando con esta particular tendencia a explorar, había una ola predominante de homogeneidad en el ámbito cultural de la música electrónica. La atracción de la aceptación académica y la facilidad de comercialización desviaban las aspiraciones de muchos artistas musicales, que sucumbían al uso de tecnología electrónica intentando imitar los sonidos y la cultura musical de los instrumentos acústicos, en lugar de explorar las posibilidades musicales inherentes a los recursos electrónicos.

La idea de "producto" era fundamental en esa ola de regresión cultural. La visión de quienes la practicaban rara vez llegaba más allá de las posibilidades superficiales de entretenimiento para sus obras. En cambio, para los músicos que trabajaban con Cunningham, el concepto de "proceso" y la exploración de los riesgos artísticos seguía siendo una meta cultural más atractiva.

El público y la crítica, y a veces los propios bailarines de Cunningham no se mostraban siempre satisfechos con la música. En el caso de *Winterbranch* (1964), la música fue criticada como demasiado estridente, pero la estridencia era tan sólo uno de diversos aspectos conflictivos de la obra. *Winterbranch* empezaba con un silencio ambiguo e inquietante; la visibilidad de los bailarines se veía obstaculizada por las incidencias imprevisibles de la oscuridad total. El ambiguo silencio inicial iba seguido por dos sonidos abrasivos que continuaban incesantemente hasta el fin de la danza. Y precisamente porque esos dos sonidos no evolucionaban

David Tudor interpretando música de/performing music by John Cage en la Embajada de Estados Unidos/at the American Embassy en/in Paris, 1961. Photo Harry Shunk

de una forma culturalmente familiar, la percepción del público sobre lo que la música era o debía ser se veía seriamente afectada.

Este no fue el primer desafío introducido por el repertorio de Cunningham; la música de Cage para *Antic Meet* (1958) también generó controversia. Pero el vigoroso y alocado ingenio de la coreografía de Cunningham distraía la atención del público de los retos inherentes de la música de Cage. Esos retos fueron fundamentales en la mayor parte de la música de la Merce Cunningham Dance Company desde 1960, partiendo de una premisa profundamente significativa: los bailarines y los músicos ya no dependían unos de otros. El repertorio de Cunningham estableció el principio de que los bailarines no bailaban para la música ni eran conducidos por ella. En una obra tras otra, a lo largo de las décadas, las piezas maestras de danza moderna de Cunningham que demostraban este principio se sucedieron en una constante acumulación.

Más difícil que las quejas (a veces justificadas) por la estridencia, era enfrentarse a la música de la compañía de Cunningham con la perspectiva de la estética musical tradicional. Gran parte del repertorio de Cunningham no utilizaba los sonidos y gestos del vocabulario musical tradicional. Pero el vocabulario sonoro innovador e inusual había precedido al uso de la electrónica. La música del piano preparado de Cage, y los pianos de timbre modificado en obras como *Suite for Five* (1956) resultaban difíciles para ciertos sectores del público. El uso de sonidos que hasta entonces se habían considerado "no musicales" era un reto para algunos, aunque la posguerra de la II Guerra Mundial fue un momento de rápida expansión del vocabulario de sonidos musicales.

Muchas veces, las características estructurales de la música iban más allá de la música artística tradicional de Occidente. La música de la Merce Cunningham Dance Company podía adoptar una forma móvil o "abierta", y a veces podía ser virtualmente informe. Ciertas composiciones parecían suspender el tiempo, o carecían de los dispositivos de una sintaxis musical reconocible y tranquilizadora para el público. Las composiciones enteramente verbales de Cage, algunas elaboradas mediante operaciones aleatorias, podían ser completamente asintácticas (como en su importante y reciente escritura de *Mesostics* y *I-VI*, en la edición de 1989 de las Charles Eliot Norton Lectures en la Harvard University). Estos procedimientos musicales daban lugar a distanciamientos sustanciales y a veces radicales de las tradiciones estéticas familiares, a enfrentamientos difíciles con las expectativas del público y a desafíos incluso para la cognición básica.

Estos alejamientos de la tradición estética y las expectativas del público no eran ciertamente exclusivos de la música de la Merce Cunningham Dance Company. La historia de la música del siglo XX, desde Debussy, Schoenberg, y *Le Sacre* de Stravinski en adelante, ha estado plagada de desafíos similares. Mediante la repetición, el público se ha ido familiarizando con esa música, atenuándose el conflicto.

Pero gran parte del repertorio de Cunningham incluye una música no fija, irrepetible, que excluye la reconfortante familiarización final. Algunas de sus piezas varían en detalle y estructura de una a otra representación, aunque, como la pieza *Rainforest* de Tudor, mantienen un vocabulario sonoro identificable y atractivamente accesible. Un ejemplo distinto es *In Memoriam Nikola Tesla*, de Oliveros, que mantiene una arquitectura musical firme pese a un vocabulario de sonido circundante que puede distraer seriamente la atención del público en perjuicio de la coreografía.

Objetar que la música puede distraer de la danza es quizás una proposición discutible. Tal distracción constituía una atractiva característica de la lectura en escena por parte de John Cage de sus historias tituladas *Indeterminacy* mientras bebía champagne, una lectura que colisionaba a veces de forma temeraria con la efervescente y celebrada coreografía de *How to Pass, Kick, Fall and Run* (1965) de Cunningham.

Algunas de las músicas variables y formalmente abiertas que se incluían en el repertorio de Cunningham se han vuelto invariables –congeladas y susceptibles de repetición– al distribuirse en grabaciones comerciales (y desgraciadamente, separadas de la danza). Estos ejemplos incluyen la música de

Place (1966), *RainForest* (1968) y *Five Stone Wind* (1988). Los vídeos y las películas han petrificado –convirtiéndolas en repetibles– obras que eran variables. Es el caso de *Variations V* (1965) y *Channels/Inserts* (1981). Pero esa fijación es un artefacto tecnológico inadecuado para lograr algo más que captar y repetir. Como mucho, es una traducción de un medio vivo a un medio enlatado; y aunque tal vez sea mejor que nada, lo enlatado nunca es fresco.

Si la cognición podía representar ocasionalmente un desafío musical, la percepción musical también podía resultar difícil. Algunos compositores creaban una música que podía considerarse el extremo opuesto a "demasiado estridente", es decir, "demasiado silenciosa", y que exploraba temas de ambiente y de percepción acústica en la periferia de la audibilidad y en la inaudibilidad. En el umbral de lo audible, todos oímos algo distinto; algunos no oyen nada: es una circunstancia particularmente interesante para las especulaciones estéticas sobre la música.

Obra reciente y conclusión

La música reciente compuesta para la Merce Cunningham Dance Company continúa algunas tendencias establecidas con anterioridad, aunque a menudo utilizando tecnología electrónica más reciente. El ordenador digital utilizado para la composición y para procesar sonidos, como en la música de *Points in Space* (1986; *Voiceless Essays* de John Cage) donde se eliminan los sonidos de la voz parlante del compositor, dejando tan sólo los fonemas ensordecidos de Cage como vocabulario musical esencial. El resplandor de los ordenadores portátiles se ve en el foso de la orquesta, donde los músicos los utilizan para controlar aspectos de la actuación en vivo. David Tudor exploró el exótico mundo de las redes neuronales, circuitos digitales que pueden resultar arriesgadamente didácticos y desarrollar sus propias respuestas creativas y musicales.

La aportación de Tudor como compositor con recursos electrónicos ha evolucionado desde la ya legendaria *Rainforest* hacia un formidable repertorio de obras pioneras. Tras *Sounddance* (1975; *Toneburst* de Tudor), a intervalos de tres años, ha ido apareciendo una nueva obra con un sistema electrónico complejo. Entre ellas se incluyen *Exchange* (1978; *Weatherings* de Tudor). *Channels/Inserts* (1981; *Phonemes* de Tudor), *Phrases* (1984; *Fragments* de Tudor), *Shards* (1987; *Webwork*, de Tudor), *Polarity* (1990; *Virtual Focus*, de Tudor) y *Enter* (1993; *Neural Network Plus* de Tudor).

Las colaboraciones entre compositores han seguido produciéndose, como manifestaciones de exploradores creativos en una aventura de tecnología electrónica, y como ocurría en la épica coreográfica y musical *Five Stone Wind* (1988; con música de Cage, Kosugi y Tudor), continúan generando obras maestras colectivas.

Un atributo significativo del componente musical de la Merce Cunningham Dance Company, con o sin recursos musicales electrónicos, es el llevar la curva de posibilidades hasta los extremos. A veces, este atributo provoca consternación. Y sin embargo, es una fuente de confianza y exuberancia para los artistas, en todas las artes de creación: música en los extremos de estridencia y silencio, danza en los extremos de velocidad y lentitud, iluminación en los extremos de resplandor y oscuridad, decorados en los extremos de diseminación y concentración. Precisamente a partir de la enorme gama de posibilidades entre los extremos del exceso y la escasez, florecen ideas maravillosas, alimentando ese arte tantas veces trascendente del entorno de Merce Cunningham.

Gordon Mumma, "Electronic Music for the Merce Cunningham Dance Company", *Choreography and Dance* 4, no. 3 (Amsterdam:1997): 51-58. © 1999 Harwood Academic Publishers, Switzerland

Electronic Music for the Merce Cunningham Dance Company

Gordon Mumma

Electronic music resources appeared in the work of Merce Cunningham as early as 1952. The use of electronic music increased into the 1970s, by which time electronic music had become predominant in the Cunningham Dance Company performances. A major impetus for the development of electronic music resources in the Cunningham Dance Company milieu came from music director John Cage.

Cage's pioneering use of electronic musical resources began in 1939, with his now-classic percussion ensemble composition *Imaginary Landscape # 1*, in which he employed variable-speed phonograph turntables as performed musical instruments. Cage's artistic innovation with electronic technology continued into the 1940s (e.g., with music for a CBS Radio Drama production of Kenneth Patchen's *City with a Slouch Hat*).

Early electronic-music and magnetic tape
In the Cunningham repertory the first notable work to use electronic music resources was *Collage* (1952), choreographed to excerpts from the *Symphonie pour un homme seul* by Pierre Schaeffer and Pierre Henry. This landmark of *musique concrète* was composed using sounds recorded and edited on disk; in the Cunningham Dance Company performances the music was played using a tape recording.

In 1952 the tape recorder had been in general use for only a few years. Since then it has become perhaps the most common way of presenting music for modern dance (and even ballet) performances; the procedure is called "canned music." But canned music has been a rare practice in the Cunningham Dance Company. Most of the Cunningham music, whether for conventional instruments or using electronic resources, has been performed live. The few exceptions have been extraordinary, such as Conlon Nancarrow's *Rhythmic Studies for Player Piano*, to which Merce Cunningham choreographed *Crises* (1960).

Another work that used original music made for magnetic tape, *Winterbranch* (1964, La Monte Young's *2 Sounds - April 1960*) received special notoriety. The theatrical impact depended on relentlessly abrasive sound, practical because of the tape medium, and was supported by Robert Rauschenberg's stark and unpredictable lighting.

An ensemble of tape recorders was used as performed instruments in the music for *Field Dances* (1963, John Cage's *Variations IV*). Further, both the choreography and music for *Field Dances* shared a structural characteristic; they were modular. Musical sequences were recorded and retrieved from magnetic tape, choreographic sequences were learned and "retrieved" from memory by dancers. The overall structure of *Field Dances* varied from one performance to the next; during each performance the dancers independently chose the choreographic sequences and the musicians chose the recorded sound sequences. Such relatively extreme freedom-of-choice for the dancers was uncommon in Cunningham's work, though in that same year it was also a feature of *Story* (1963, music by Toshi Ichiyanagi).

Amplification and custom-built electronics
By the late 1950s Cage had composed several works using amplified small sounds, performed often with pianist David Tudor. These "small sounds," usually inaudible to an audience without amplification, were from live acoustical sources (piano, percussion, invented or found instruments).

Two Cunningham repertory works of 1958 used amplification: *Antic Meet* (John Cage's *Concert for Piano and Orchestra*) and *Night Wandering* (Bo Nilsson's *Bewegungen, Quantitäten, Schlagfiguren*). The spectacularly virtuoso piano solo for *Night Wandering*, performed by David Tudor, was amplified to reveal quiet, pedal-sustained resonances of the instrument, and magnify the higher partials of the piano sonority. The result was a surreal timbral brilliance appropriate to Tudor's shattering keyboard virtuosity.

Electronic amplification and equalization, also used in *Aeon* (1961, Cage's *Atlas Eclipticalis with Winter Music*), was done with a rapidly burgeoning assortment of small equipment-transducers, preamplifiers, equalizers, and mixers. This equipment collection became a space — and time — consuming menagerie for Cage and Tudor.

Electronic music systems and live-electronic music
Undeterred by the logistical challenge of yet more

electronic equipment, Cage and Cunningham collaborated on the large-scale multi-media work *Variations V* (1965). This work employed an electronic performance system that integrated the music, dance, and aspects of the lighting. With the technical assistance of Bell Laboratories engineers, electronic designer Robert Moog, and the collaboration of visual artists Nam June Paik and Stan VanDerBeek, the stage was rigged with a system of photoelectric and capacitive electronic sensors, and sound-transducers were attached to the décor. This sensor system monitored the physical locations and movements of the dancers as they performed Cunningham's choreography. The musicians in the orchestra pit used electronic signals from these on-stage sensors to articulate the musical sounds from a sprawling ensemble of tape recorders and radio receivers. Further, the sounds of the dancers and their manipulation of stage décor was amplified with the use of on-stage transducers.

Beginning with *Variations V*, and continuing into the 1990s, the development of live-performance electronic systems unique to each musical work became a characteristic feature of the Cunningham repertory. For *Place* (1966, Gordon Mumma's *Mesa*) the sound of Tudor's bandoneon performance were drastically altered by a system of electronic sound-modulators. For *RainForest* (1968, Tudor's *Rainforest*) an ensemble of unique electro-acoustic instruments, designed by Tudor, were performed in ecologically dependent interaction. For *TV Rerun* (1972, Mumma's *Telepos*) the dancers wore accelerometer belts integrated with a radio-telemetry system. The music resulted directly from the accelerations of the dancers as they performed Cunningham's choreography.

Earlier "outside" composers

From the late 1960s a growing diversity of composers were invited to make music for the Cunningham repertory. Many responded by developing the live-performance aspects of unique electronic music systems, or configurations that integrated electronic with acoustical instruments.

Scramble (1967, Toshi Ichiyanagi's *Activities for Orchestra*), *Walkaround Time* (1968, David Behrman's *. . .for nearly an hour. . .*), and *Canfield* (1969, Pauline Oliveros' *In Memoriam Nikola Tesla – Cosmic Engineer*) each required unique and elaborate interactive electronic-music systems that could be exhausting in preparation and performance. The transportation logistics of the Cunningham Dance Company on tour became formidable — sometimes there was a delectable pleasure to perform the music for *Objects* (1970, Alive Lucia's *Vespers*) in which the total musical equipment was four hand-held-echo-sounders that could be transported in a single attaché case.

Collaborative compositions and Events

This live electronic-music production depended upon creative collaboration of composers, musicians, engineers, technicians, and, at times, even the dancers. Historical examples of effective interdisciplinary arts collaboration are not common, and are particularly rare when the musical concepts and results are innovative and radical, as with the Cunningham Dance Company. Even the example of composers collaborating on a single work is unusual in the art music traditions. Perhaps because of their ongoing involvement (and commitment) with innovative musical technology, collaboration between composers became a fruitful and celebrated characteristic of the Cunningham Dance Company.

Composer collaboration was nourished by the production of one-time-only *Events* (from 1964 onwards), and by projects such as the television-film *Assemblage* (1968, produced by KQED, San Francisco) with music co-composed by Cage, Mumma, and Tudor. The first co-composed or collaborative repertory works appeared in the early 1970s, with *Signals* (1970) and *Landrover* (1972), which also had music by Cage, Mumma, and Tudor. Each of these two works used a different collaborative procedure that the composers had agreed upon prior to making the music.

Later "outside" composers

From the mid-1960s onward the composer-performers using electronic resources and touring with

except for specifically practical devices such as tape recorders, mixers and (from the 1980s) digital computers and sound-processing equipment, the Cunningham Dance Company musicians preferred the challenge, risk, and reward of electronic instrument building and system design. This resulted in non-standard, often one-of-a-kind systems unique to each piece. The impetus of the explorer prevailed.

In contrast to this explorer tendency was the predominant tide of homogeneity in electronic music culture elsewhere. The attraction of easy commercial and academic acceptance warped the aspirations of many musical artists, who succumbed to using electronic technology in the pursuit of imitating the sounds and musical culture of acoustical instruments, rather than exploring musical possibilities indigenous to electronic resources.

The idea of "product" was fundamental in that regressive cultural tide. The vision of its practitioners rarely extended beyond shallow entertainment possibilities for their work. For the Cunningham musicians the concept of "process," and exploring of artistic risks remained a more attractive cultural goal.

The public — audiences and critics — and sometimes even the Cunningham dancers, were not always happy with the music. The music for *Winterbranch* (1964) received complaints about being too loud, but loudness was only one of several challenging aspects of the work. *Winterbranch* began with threateningly ambiguous silence; the visibility of the dancers was obstructed by unpredictable occurrences of total darkness. The initial ambiguous silence was followed by two abrasive sounds that continued relentlessly until the end of the dance. And because those two sounds did not develop in culturally familiar ways, audience preconceptions about what music was or should do were seriously challenged.

This was not the earliest such challenge in the Cunningham repertory —Cage's music for *Antic Meet* (1958) also generated controversy. But the vigorously loony wit of Cunningham's choreography distracted audience attention from challenges inherent in Cage's music for *Antic Meet*. Those challenges were

the Cunningham Dance Company included (besides Cage, Tudor, and Mumma) David Behrman, Martin Kalve, Takehisa Kosugi, and Michael Pugliese. From the 1980s onwards musician-technicians, such as John Fullemann, Rob Miller, John D.S. Adams, and D'Arcy Philip Gray also toured with the group. Other composers who used electronic resources in their music for the Cunningham Dance Company include Maryanne Amacher, Robert Ashley, Larry Austin, Jon Gibson, John King, Ivan Tcherepnin, Yasunao Tone, Christian Wolff, and Emanuel Dimas de Melo Pimenta.

Musical issues in context and consequence
With the background of the preceding historical overview, generalizations can be made concerning the aesthetic and artistic development of electronic music for the Cunningham Dance Company, and the impact of this music on audiences, critics, the Cunningham dancers, and subsequent creative artists.

The Cunningham Dance Company musicians had access to the standardized, mass-produced electronic music equipment developed after 1965 (when the synthesizers of Robert Moog, Don Buchla, and others became commercially available). But fundamental to most of the music for the Cunningham Dance Company after 1960, beginning with this profoundly important matter: the dancers and musicians were not dependent upon each other. The Cunningham repertory established the principle of dancers not dancing to or being driven by music. In work after work, over the decades, Cunningham's modern dance masterpieces demonstrating this principle appeared in a steady accumulation.

More difficult than the (sometimes justified) complaints about loudness was dealing with Cunningham Dance Company music in the perspective of traditional musical aesthetics. Much of the Cunningham repertory did not use the sounds and gestures of traditional musical vocabulary. But unusual and innovative sound vocabulary preceded the use of electronics. Cage's prepared-piano music, and timbre-modified pianos in works such as *Suite for Five* (1956), were difficult for some of the public. The use of sounds previously considered "unmusical" was a challenge for some, though the post-World War II era was generally a time of rapid expansion of the musical sound vocabulary.

The structural characteristics of the music were often beyond those of traditional western art music. The Cunningham Dance Company music could be mobile or "open-form," and sometimes virtually formless. Some of the music seemed time-suspending, or was without the audience-reassuring devices of recognizable musical syntax. Cage's entirely verbal compositions, some composed using chance operations, could be completely asyntactical (as in his important late writing of the *Mesostics*, and *I-VI*, the 1989 Charles Eliot Norton Lectures at Harvard University). These music procedures resulted in substantial and sometimes radical departures from familiar aesthetic traditions, difficult confrontations of audience expectation, and challenges even to basic cognition.

Such departures from aesthetic tradition and audience expectation were certainly not special to Cunningham Dance Company music. The history of 20th-century music from Debussy, Schönberg, and Stravinsky's *Le Sacre* onwards has been filled with such challenges. With repetition, public familiarity with that music has attenuated the challenges.

But much of the Cunningham repertory has music that is not fixed, not repeatable, thus precluding eventual, comforting familiarity. Some of this music varies in detail and structure from one performance to another but, like Tudor's *Rainforest*, maintains an identifiable and attractively accessible sound vocabulary. A different example is Oliveros's *In Memoriam Nikola Tesla*, which maintains a secure musical architecture in spite of an encompassing sound vocabulary that can seriously distract audience attention from the choreography.

It can be an insecure proposition to complain that the music should distract from the dance. Such distraction was an engaging feature of the on-stage reading by the champagne-sipping John Cage of his *Indeterminacy* stories, which collided sometimes recklessly with the ebullient choreography of Cunningham's celebrated *How to Pass, Kick, Fall and Run* (1965).

Some of the variable or open-form music from the Cunningham repertory has become fixed — frozen and repeatable — by its release on commercial sound-recordings (and regretfully disembodied from the dance). Examples include the music for *Place* (1966), *RainForest* (1968), and *Five Stone Wind* (1988). Video recording and films have frozen — made repeatable — otherwise variable work. Examples include *Variations V* (1965), and *Channels/Inserts* (1981). But such fixing is an artifact of technology inadequate to do more than capture and repeat. It is at best a translation from a live medium to a canned medium; though perhaps better than nothing, canned is not fresh.

If cognition was occasionally a musical challenge, musical perception could also be difficult. Some composers made music that was the opposite of "too loud," that is, "too quiet," and explored issues of ambiance and acoustical perception at the periphery of audibility and into inaudibility. At the threshold of audibility everyone hears something different; some hear nothing at all — a particularly interesting circumstance for aesthetic speculations about music.

Recent work and conclusion
Recent music for the Cunningham Dance Company

Merce Cunningham en/in Five Stone Wind, *1988*
Photo Colette Masson

continues in some directions established earlier, though often using more recent electronic technology. The digital computer has become an important resource. Large, mainframe computers have been used for composition and sound processing, as in the music for *Points in Space* (1986, John Cage's *Voiceless Essay*) in which the sounds of the composer's speaking voice were removed, leaving only Cage's unvoiced phonemes as the essential musical vocabulary. The glow of laptop portable computers is seen in the orchestra pit, where the musicians use them to control aspects of live-performance. David Tudor explored the exotic world of neutral networks — digital circuits that can be adventurously self-teaching and develop their own creative and musical responses.

Tudor's contribution as a composer with electronic resources has developed from the now-legendary *Rainforest* into a formidable repertory of pioneering works. After *Sounddance* (1975, Tudor's *Toneburst*), a new work employing a complex electronic system appeared at three-year intervals. These include *Exchange* (1978, Tudor's *Weatherings*), *Channels/Inserts* (1981, Tudor's *Phonemes*), *Phrases* (1984, Tudor's *Fragments*), *Shards* (1987, Tudor's *Webwork*), *Polarity* (1990, Tudor's *Virtual Focus*),

and *Enter* (1993, Tudor's *Neural Network Plus*).

Composer collaborations still occur, manifestations of creative explorers on an electronic technology adventure and, as in the choreographic and musical epic *Five Stone Wind* (1988, music by Cage, Kosugi, and Tudor), continue to result in collective masterpieces.

An important attribute of the musical component of the Merce Cunningham Dance Company, with or without electronic music resources, is the pushing of the envelope possibilities. This attribute sometimes causes consternation. But it is a wellspring of confidence and exuberance for creative artists, in all of the creative arts: music at extremes of loud and quiet, dance at extremes fast and slow, lighting at extremes of dazzle and dark, décor at extremes of sparse and cluttered. It is from the enormous range of possibilities between extremes of too much and too little that wonderful ideas flourish — and nourish the so often transcendent art of the Merce Cunningham milieu.

Gordon Mumma, "Electronic Music for the Merce Cunningham Dance Company," *Choreography and Dance* 4, no. 3 (Amsterdam: 1997): 51-58. © 1999 Harwood Academic Publishers, Switzerland

Cunningham y sus bailarines

Carolyn Brown, Douglas Dunn, Viola Farber,
Steve Paxton, Marianne Preger-Simon,
Valda Setterfield, Gus Solomons, David Vaughan

Este diálogo tuvo lugar el 7 de marzo de 1987 en Nueva York, durante uno de los seis seminarios presentados durante el festival/simposio Merce Cunningham and the New Dance *celebrado del 5 al 8 de marzo en el Haft Auditorium del Fashion Institute of Technology.*

David Vaughan: Cuando Merce Cunningham estaba en su plenitud como bailarín, ¿cómo trabajaba con sus bailarines para transmitirles el material coreográfico que había creado en piezas anteriores? Y a medida que el paso de los años le ha impuesto limitaciones físicas, ¿cómo han cambiado sus métodos, si es que han cambiado? ¿Cómo ha cambiado su coreografía, si es que ha cambiado? Marianne Preger-Simon estuvo en la compañía desde 1953 hasta 1959. ¿Cómo ha cambiado su coreografía, si es que ha cambiado? ¿Qué puedes decirnos?

Marianne Preger-Simon: Según recuerdo, él nos ofrecía piezas para hacer en clase, cuando llegaba el momento de bailar, y solían ser fragmentos de danzas a modo de demostración. Así aprendimos algunas de ellas. Otras nos las mostraba individualmente y nos las enseñaba paso a paso.

Viola Farber: Cuando yo entré en la Cunningham Dance Company…

David Vaughan: Viola estuvo en la compañía desde 1953 hasta 1965, y volvió a incorporarse brevemente en 1970, como artista invitada.

Viola Farber: … Merce estaba trabajando en dos danzas, pero no sé si tenían nombre, o por lo menos, yo no lo sabía. Yo nunca sabía a qué danza correspondían los fragmentos que aprendíamos. Cuando llegaba el momento, él decía "Hagamos *Septet*", y yo pensaba: ¿A qué pasos se refiere? No sé si alguien más tendrá una experiencia parecida, o si es que yo era especialmente tonta, pero así es como lo recuerdo. No tenía ni idea de en qué danza trabajábamos, porque aprendíamos simplemente pasos.

David Vaughan: Pero en aquella época, Merce trabajaba con un repertorio bastante amplio, para las primeras representaciones de lo que se convirtió en la Cunningham Dance Company, ¿verdad?

Viola Farber: Sí, trabajaba en dos danzas.

David Vaughan: Ah, ¿sólo dos? ¿Te acuerdas de cuál era la otra? En este punto, debería señalar que Marianne, Viola y Carolyn Brown formaban el reparto original femenino de *Septet*, una obra que la compañía ha decidido reponer por primera vez desde 1964.

Viola Farber: Trabajábamos en el estudio de la Calle Ocho. No recuerdo cuál era la otra pieza…

David Vaughan: Carolyn, ¿tú te acuerdas? Carolyn es la más veterana, pues estuvo en la compañía desde 1953 hasta 1972.

Carolyn Brown: Merce empezó *Septet* antes de ir al Black Mountain [College]. Creo que la otra debía de ser aquella pieza del azar, de cuatro partes…

David Vaughan: Sí, *Suite by Chance*. Creo que una de las cosas que sorprenderán a la gente cuando vean *Septet* es que se trata de una danza hecha en función de la música. No aprendisteis *Septet* en función de la música, ¿verdad? Porque evidentemente, *Suite by Chance* no se aprendía en función de la música.

Viola Farber: No, porque entonces yo me acordaría muy claramente de la música.

David Vaughan: Así pues, la música se añadió luego, ¿no?

Viola Farber: Bueno, Merce debía de saber en función de qué [música] lo hacía. Pero nosotros no ensayábamos en función de la música, porque la música se interpretaba en directo. No creo que tuviéramos ninguna grabación. Si John [Cage] y David Tudor no venían a tocar, o sólo David –que sabía tocar a cuatro manos con dos manos–, si no estaban allí, creo que ensayábamos sin música.

Carolyn Brown: Al principio, no. Merce experimentaba sólo con el movimiento. Pero en el Black Mountain College ensayábamos mientras David tocaba fragmentos de piano, y cuando David no podía ensayar con nosotros, trabajábamos con un disco de música de Satie.

David Vaughan: Entonces, trabajar con material de clase parece ser algo que se hacía antes y todavía se sigue haciendo, ¿no?

Gus Solomons: Probablemente. Yo recuerdo aprender frases –frases de danza– en clase, pero tengo pocos recuerdos de cómo aprendíamos los fragmentos de solos y otras cosas. Supongo que Merce nos hacía una demostración y luego, en seguida, *sacaba* de nosotros individualmente lo que quería ver. En otras palabras, él nos daba una indicación del movimiento –"ésta es un giro de caderas"— y luego nos observaba hacerlo y nos decía en qué nos equivocábamos y cómo quería que lo hiciéramos. Para mí, el proceso era casi invisible.

David Vaughan: Sí, debe de ser difícil explicar retrospectivamente cómo funcionaba. Gus estuvo en la compañía desde 1965 hasta 1968. Pero antes de dejar esta cuestión del material de clase, quería preguntaros: ¿es cierto que presentaba el material de una forma más *cuadrada* en clase? ¿Lo fijaba y después jugaba con él?

Viola Farber: Yo no recuerdo que lo presentara de una forma muy cuadrada en clase.

Marianne Preger-Simon: Estoy de acuerdo.

David Vaughan: Quiero decir *rítmicamente* cuadrado.

Viola Farber: *Yo* también me refería a eso.

Valda Setterfield: Sobre el material de los solos. Según mi recuerdo, particularmente de mi solo en *Walk-around Time* y de *Changing Steps*, Merce nunca me enseñó *nada*. Cuando ensayaba mi solo de *Walk-around Time*, él estaba sentado en una silla todo el tiempo, y me iba diciendo: "¿Puedes hacer esto? ¿Puedes probar aquello? ¿Y qué tal un poco de esto y algo de lo otro?" Era maravilloso, porque yo nunca vi aquel movimiento en el cuerpo de nadie más, algo que, aunque intentes ser objetivo, siempre te influye, te colorea la sensibilidad.

David Vaughan: Valda bailó por primera vez con la compañía en 1961, en una especie de aprendizaje –no, me equivoco, ya estabas en el reparto original de *Aeon* en 1961– y luego se integró en la compañía desde 1965 a 1975. ¿Trabajó Merce con alguien más tal como ella lo ha descrito en los solos de *Changing Steps*?

Douglas Dunn: Sí, a mí tampoco me enseñó apenas

nada sobre el solo de *Changing Steps*, sino que me hizo hacer una cosa una y otra vez, algo que yo no entendía. Ni siquiera ahora entiendo muy bien qué me pedía que hiciera, pero por fin hice algo que debió de parecerle bien y ya me dejó. Es interesante que ahora otra persona haga ese papel. Una vez lo vi y era… creo que era la misma escena. Supongo que vio la cinta de vídeo. Pero me gustaría explicar mi propia sensación de aprender material de Merce. Cuando yo entré en la compañía…

David Vaughan: Doug estuvo desde 1969 hasta 1973.

Douglas Dunn: … Merce estaba haciendo dos piezas, *Second Hand* y *Tread*. Me era fácil distinguirlas porque una le planteaba muchas dificultades, y en cambio, con la otra disfrutaba. La que le hacía sufrir era *Second Hand*: intentaba adaptar esa danza contando según la música del *Socrate* de Erik Satie. No ponía la música en los ensayos, pero tenía todas las notas en su cabeza, e intentaba ser muy preciso.

En cambio, en *Tread* iba muy deprisa y muy suelto. Y en aquella época, durante mis primeras sesiones de estudio para aprender aquellos fragmentos, Merce *mostraba* todo el material, no lo explicaba, simplemente lo mostraba. Recuerdo haber estado allí de pie mientras él se disponía a enseñarme una frase. Yo me decía: Ahora, Douglas, mira bien de qué pie se trata, mira lo que hace, simplemente observa, observa. Y entonces él empezaba a moverse por el suelo y estaba *aquí*, y luego estaba *allí*, y de pronto, yo me daba cuenta de que no había visto nada que pudiera repetir mecánicamente.

Aquellos eran de entre los fragmentos de danza lás bonitos que yo había visto nunca y no sé si los había improvisado allí o los había preparado aquella mañana, o un año antes o lo que fuera. No tengo ni idea. De pronto, se movía de una forma muy emocionante y muy articulada, pero yo no podía utilizar lo que había visto. Me di cuenta de que tenía un verdadero problema.

David Vaughan: ¡Por no decir algo peor! *Changing Steps* era una pieza que Merce hizo poco después de que Carolyn dejara la compañía en 1972. Ella era la última superviviente del grupo original y llevaba mucho tiempo con la compañía, de modo que su marcha significó un gran cambio. Hablando de *Changing Steps,* Merce ha dicho que quería una pieza en la que cada uno de los bailarines de la compañía tuviera un solo, porque siempre había pensado en ellos como solistas, y quería mostrarlos como solistas. Así que esa danza se componía particularmente de las cualidades individuales de los bailarines.

Esto me lleva a otra cuestión general. Merce tiene una característica muy importante que no comparten todos los coreógrafos. Tal vez podríamos decir que los coreógrafos se dividen en dos clases: aquellos que toman cualidades y material de los bailarines con los que trabajan, y aquellos que llegan con una idea fija y la imponen sobre los bailarines, pase lo que pase. Bueno, pues Merce siempre ha visto las cualidades individuales de los bailarines, y sería interesante plantear cómo encaja eso en su idea del proceso del azar, ya que él trabaja a partir del proceso aleatorio *antes* de llegar al estudio. Entonces, ¿cómo funciona? ¿Puede alguien darnos una idea de cómo se relacionan esas dos cosas?

Steve Paxton: El proceso aleatorio puede aplicarse a muchos elementos distintos al hacer una danza. Creo que, en general, Merce trabajaba con el espacio, la dirección y otros conceptos abstractos, no con cualidades. No sé cómo podrías siquiera *nombrar* todas las cualidades para someterlas a un proceso aleatorio. Por eso me pregunto si esas dos ideas están realmente en conflicto.

David Vaughan: Pero no es una simple cuestión de cualidades. Es una cuestión de movimiento real, o de la cualidad tal como *se expresa* en la forma de moverse del bailarín.

Steve Paxton: ¿Quieres decir *opuesto* al procedimiento aleatorio o *vinculado* al procedimiento aleatorio?

David Vaughan: Las dos cosas.

Steve Paxton: Creo que había danzas –o *partes* de danzas– en las que él se centraba en ciertos bailarines, por sus cualidades. Pero eso no estaba ligado a los procedimientos aleatorios. Por ejemplo, si Merce trabajaba con la cualidad de Viola en un fragmento de la danza en el que yo participaba, se suponía que yo abordaría su cualidad de algún modo. ¿Es eso lo que

significa para ti trabajar con cualidades de distintos bailarines?

David Vaughan: Sí, podría ser.

Valda Setterfield: Creo que Merce es la única persona que podría responder a esa pregunta.

Viola Farber: Y tampoco la contestaría.

Valda Setterfield: No, exacto, no la contestaría.

Gus Solomons: Creo que es una combinación de todo lo que se ha dicho.

Steve Paxton: Lo que más me sorprendía de trabajar en la compañía cuando empecé…

David Vaughan: En 1961, y hasta 1964.

Steve Paxton: … Lo que más me sorprendía era que no nos sentáramos todos a arrojar monedas al aire. Yo me imaginaba que haríamos algo así, pero lo que hacíamos en realidad era llegar y ponernos a aprender pasos.

Carolyn Brown: ¿No es posible que la idea de lo accidental (que Rauschenberg utilizaba a menudo, la aceptación de lo accidental en su trabajo) fuera precisamente lo que los bailarines aportaran a la obra? El azar o lo aleatorio definido como accidente. Quiero decir que Merce no nos conocía. Al final, a mí ya me conocía demasiado bien, pero cuando empezábamos a trabajar con él, no nos conocía. Así, cuando cada nuevo bailarín llegaba a la compañía, su foco se centraba ahí, porque se trataba de un material nuevo y emocionante para *él.* En ese momento, él ya conocía a los demás, y siempre era el más nuevo de la compañía el que estimulaba su interés. Y el resto de nosotros pensaba: "Ya me gustaría atraer así su atención". ¿A ti no te pasó eso, Steve? ¿No tuviste esa sensación?

Steve Paxton: Bueno, si no sabías en qué se centraba normalmente Merce y acababas de llegar a la compañía, quizás no te dabas cuenta de que se estaba fijando en ti. En cierto momento, hizo *Winterbranch,* que en parte se elaboró centrándose en mí, pero cuando se representó, yo apenas tenía nada que hacer en ella. Creo que cuando trabajas con el azar, las posibilidades son muy amplias. Pensar que se reduce sólo a utilizar el procedimiento del *I Ching* o de los dados es simplificar en exceso. Él tenía muchas maneras de utilizar el caos o de trabajar con la indeterminación; había múltiples niveles distintos, allí mismo, en el espacio del escenario.

Una de las cosas más significativas que afectaban a la compañía eran las dimensiones y la forma del escenario en que actuábamos. Si Merce estaba haciendo algo en un estudio de 7 metros por 10, y se trasladaba a un lugar donde el escenario semicircular tenía 4 m de profundo por 35 m de ancho, ¿cómo afectaba eso a la pieza? ¿Cómo podían los bailarines, por ejemplo, hacer *Aeon* en UCLA en el tiempo adecuado y sin un mínimo de ensayos? Yo creo que el azar juega un papel en esa situación. Hizo falta una gran astucia y capacidad organizativa por parte de toda la compañía para hacer la danza allí.

Valda Setterfield: Azar *práctico*.

Steve Paxton: Sí, sí.

Valda Setterfield: Has hablado de caos. A veces, Merce producía una especie de caos voluntario, y luego, cuando se representaba la danza con más y más frecuencia, él veía cosas que quizá le parecían *demasiado* caóticas, y se ceñía a los parámetros de la posibilidad. Yo tenía la impresión de que, si por una razón u otra no le gustaba lo que había, utilizaba su astucia, como decía Steve, para adaptar las cosas cada vez más a sus deseos.

Gus Solomons: Recuerdo que casi nunca desechaba nada. No probaba cosas para luego desecharlas; todo lo que intentaba se convertía en parte de la obra. A veces, yo me preguntaba cómo sabía que algo iba a funcionar, o adónde iban a parar los errores. Tampoco le gustaba cambiar las cosas; intentaba hacerlas evolucionar, por su filosofía de que todo era aceptable. No quería rechazar nada por completo. Prefería adaptarlo, darle otra forma, en un sentido evolutivo.

David Vaughan: ¿Pero eso era *antes* de que se representara la danza?

Gus Solomons: A veces antes y a veces después, depende de cómo quedara.

Valda Setterfield: En cambio, yo creo que a veces, en lugares donde deseaba el caos –tal vez nos sentíamos demasiado cómodos en un pasaje–, él volvía otra vez a la organización del tiempo, y descubríamos que sin darnos cuenta lo habíamos hecho más lento. Al volver al tiempo original, se restauraba el caos, y eso le complacía. Creo que hacía exactamente lo que tú dices: ¡hacía las dos cosas!

Carolyn Brown: Quizás Viola también se refería a dos cosas extrañas que ocurrieron cuando Merce aplicaba en gran medida la indeterminación. Una fue en *Story* y la otra en *Field Dances*. En *Story* teníamos tanta libertad en términos de tiempo –o por lo menos, eso pensábamos nosotros– que quizás pensó que en ciertas representaciones nos aprovechábamos de él. Recuerdo una situación en la que todos teníamos nuestra propia frase que ejecutar –era la frase "objeto"–, una de nosotras se quedó demasiado rato allí fuera y a él no le gustó. La cogió literalmente y se la llevó del escenario. Porque había ciertas cosas extremadamente importantes para él, en especial la organización del tiempo, que entendía como parte de la estructura total de una pieza. Él tenía un extraordinario sentido de la organización del tiempo y una gran teatralidad.

Otra historia sobre *Story*. Steve, ¿puedo contar lo de Colonia? Tiene que ver contigo. Hay muchas historias que contar. De hecho, creo que Merce está escribiendo un libro basado en su diario de *Story*. Representamos la danza por todo el mundo, en la gira de 1964. En cada sitio, Robert Rauschenberg hacía un decorado nuevo, y ensayábamos sólo los *elementos* de la pieza, la gama de posibilidades, nuestros pasos. Y en Colonia –creo que era un momento muy oscuro para Merce durante aquella gira–, necesitábamos ensayar y él nos pidió que hiciéramos nuestra frase lenta lo más lentamente que pudiéramos. Y le llegó el turno a Steve. Steve se tomó literalmente las instrucciones de Merce, y media hora después *todavía* estaba haciendo su frase lenta. Los demás estábamos en el vestíbulo sorprendidos y preguntándonos cuánto duraría aquello. Pero Merce había sacado su cuaderno y simplemente miraba sus notas. ¡Era increíble! Y Merce seguía leyendo sus notas.

Viola Farber: Eso fue en Tokio, Carolyn.

Carolyn Brown: ¿En Tokio? Yo lo recuerdo también en Colonia.

Viola Farber: ¿Lo hiciste *dos veces*, Steve?

Steve Paxton: Yo lo hacía lo más despacio que podía. También lo recuerdo en Tokio, pero quizá fue en parte porque me había puesto enfermo en Varsovia, y en Tokio todavía estaba mal. Eso fueron cuatro o cinco meses más tarde, en la gira…

Viola Farber: Era el sexto mes.

Steve Paxton: … Y en aquel momento, me alegré de que no me dijera que lo hiciese lo más rápido que pudiera, porque seguramente, aún así habría necesitado media hora.

Douglas Dunn: Cuando entré en la compañía, me impresionó mucho el rigor del trabajo, cómo controlaba Merce el material y los detalles, "rigor" es la palabra que me parece más adecuada. Y al mismo tiempo, estaba abierto a muchos niveles a distintos tiempos y en distintas situaciones, a lo accidental y a las sorpresas. Para mí, el ejemplo más personal fue una vez que estábamos en el espacio inmenso de un gimnasio, en algún lugar de Nueva Inglaterra. Era un campo de baloncesto, pero mucho más grande, y tenía gradas a ambos lados. ¡Inmensas! ¡Enormes! Debían de caber dos mil o tres mil personas. ¡Y había veinte personas de público! Estábamos haciendo una pieza, no recuerdo cuál, en la que yo tenía que correr describiendo un semicírculo, y el espacio era muy vasto. Luchábamos por cubrir aquel espacio y hacer que la danza fuera tan grande como para llenarlo. Salí para hacerlo, y justo en medio, resbalé y me caí, fue fatal, ¡no podía haberlo hecho peor! Pero en cierto modo, por la forma en que caí, pude rodar y levantarme muy bien y continuar mi movimiento. Me sentía terriblemente avergonzado. Era el tercer error que cometía en una pieza en toda mi carrera hasta entonces, y me sentía humillado: era lo peor que podía haberme pasado.

Levanté la vista y vi que Merce lo había visto y sonreía, y me di cuenta de que le había gustado. Le había encantado. Para él, no había estropeado la pieza, no parecía que nada se hubiera descontrolado. Era bonito. Encajaba perfectamente.

Marianne Preger-Simon: Yo no recuerdo que nunca se cambiara nada o que Merce dijera que algo no quedaba bien y lo cambiáramos por otra cosa. Sólo recuerdo que tal como fuera, lo hacíamos, acercándonos al máximo a la velocidad y a la manera de contar que él nos indicaba. Pero no recuerdo que él eliminara algo porque le parecía que no funcionaba.

Viola Farber: Yo sí recuerdo que me enseñaba cosas, que yo intentaba hacerlas y que, evidentemente, a Merce no le gustaba cómo las hacía, y entonces decía: "Dejemos eso".

Marianne Preger-Simon: Bueno, pero eso es porque te pedía que hicieras cosas imposibles.

David Vaughan: ¿Qué podéis decirme sobre la parte de la repetición en el proceso de ensayo? A la gente debe de sorprenderle ver pasajes de movimientos al unísono en una obra de Cunningham. El unísono está cerca, todo sale al mismo tiempo, y sin embargo, los bailarines no tienen una música a la que agarrarse. Si observas un ensayo de Merce, siempre parece un proceso muy tranquilo. Merce se sienta, se oye el tic tac del cronómetro, y los bailarines hacen la pieza, y hay muy pocos comentarios. Pero de alguna manera, de todo esto surge una extraordinaria unidad. Creo que siempre ha ocurrido así, aunque es cierto que ahora hay un mayor unísono que antes. ¿Alguien puede aclarar más esta cuestión?

Valda Setterfield: Los ritmos siempre eran increíblemente fuertes. Aunque el público no oyera nada, nosotros oíamos golpear esos ritmos en nuestra sangre.

Viola Farber: Yo recuerdo que algunos ensayos eran muy desalentadores. Merce se sentaba y miraba su cronómetro, y cuando acabábamos la danza sólo decía: "Habéis tardado un minuto de más". A veces hacíamos cosas que podían corregirse, y cuando estábamos en buena forma, nos corregíamos unos a otros en la danza real, la concreción de lo que estábamos haciendo. Pero muchas veces sólo había que corregir el tiempo.

Steve Paxton: En mi época, una de las cosas que Merce decía al respecto: "Si queréis cumplir bien el tiempo, haced que cada detalle sea más claro", y eso parecía funcionar. Conseguíamos eliminar quince segundos de una frase de dos o tres minutos, simplemente agudizando pequeñas unidades del interior de la frase –una décima de segundo aquí, otra décima allá– y finalmente quedaba bien.

En cuanto al unísono: yo me enamoré de la compañía el primer año en que les vi actuar, y fue por *Rune*, que reflejaba un sorprendente trabajo de unísono, y se hacía con una música que no coincidía con los pasos. Tenía una fuerza extraordinaria. En aquel momento, yo intentaba entender la filosofía de la obra de Merce. Parecía basada en el zen, y también parecía abordar el azar, algo que siempre se enfatizaba. ¡Y sin embargo, bailaban al unísono! Pensé que la indeterminación tenía que manifestarse de algún modo. La indeterminación no se ve, excepto en tu cabeza. Puedes visualizar algo definitivamente caótico, pero para una manifestación más humana, tiene que organizarse de algún modo. Es otra manifestación de las posibilidades.

Hay una nueva teoría sobre el caos. En la fluídica, se dice que si tienes una pauta muy clara que se vuelve caótica, si observas el tiempo suficiente, surgirá una pauta más reconocible bajo ese caos. Hay principios organizativos que todavía no comprendemos. La idea del caos, tal como se entiende en general, no incluye toda la gama de su potencial. Suena bastante como un intenso parloteo, en ese sentido utilizamos la palabra "caos". Pero si se aplica rigurosamente, es un fenómeno mucho más estructurado.

Carolyn Brown: Hay una gran diferencia entre las obras coreografiadas utilizando procedimientos aleatorios y aquellas pocas indeterminadas en la propia representación. Las obras aleatorias se hacían con precisión, con tiempo exacto, espacio exacto, pasos exactos, y nosotros teníamos que cumplir nuestro papel con precisión. Había muy pocas obras indeterminadas. Aunque había danzas con pequeños fragmentos indeterminados, las únicas obras indeterminadas eran en realidad *Story* y *Field Dances*.

En cuanto a *Rune*, creo que una de las razones por las que logramos aquel unísono fue porque en aquella época, en el Connecticut College, nunca trabajábamos con espejo. Trabajábamos en una sala del edificio de música que parecía una biblioteca. No había espejo, así que teníamos que percibirnos uno al otro, sentirnos, teníamos que escuchar los golpes en el suelo, y ejecutar las frases una y otra vez.

David decía que los ensayos se producían en silencio. ¡En absoluto! Merce chasqueaba los dedos y daba palmadas, y a menudo también hablaba. Sólo en los últimos ensayos había silencio, en los momentos en que *no* chasqueaba los dedos. Así teníamos un sentido real de aquel ritmo, y como Viola y Valda han dicho muchas veces, el ritmo era *extraordinario*, y extraordinariamente complejo. Tenía que entrar en todo el cuerpo. Teníamos que respirar juntos.

David Vaughan: ¿Tienen que contar mucho los bailarines en la obra de Merce? Creo que la gente tiene la idea de que los bailarines tienen que estar siempre contando los pasos porque la música no les ayuda. ¿Qué responderíais a eso?

Carolyn Brown: Al principio, cuando te da la frase, a veces él mismo cuenta, y a veces no, no es siempre igual. A veces dice: "Si cuento para ti, será un desastre". Quiere que sea… más sutil, más orgánico, así que tú tienes que resolverlo. A veces, el movimiento cambia con nuestros cuerpos, pasa algo distinto según nuestra constitución, y él lo acepta. Ese es el margen de incidencia accidental, no de azar, sino accidental, tan importante para la obra de Rauschenberg, e integrado en la obra de Merce. Nosotros somos lo accidental.

Viola Farber: Antes decía que a veces, las cosas se rechazaban. Creo que ocurría en las piezas indeterminadas. Por ejemplo, hicimos un dueto terrible, porque teníamos fragmentos que ejecutar, pero no se había decidido de antemano *qué* haríamos ni *cuándo* lo haríamos. Nos íbamos apuntando mutuamente para cada fragmento a medida que transcurría la danza. A veces quizá era demasiado emocionante y entonces Merce establecía un poco más las cosas.

Sobre el unísono: En *Rune*, la danza que antes mencionaba Carolyn, que es una danza *extraordinariamente magnífica*, había un fragmento en que toda la compañía necesitaba que alguien apuntara (¡tenía que ser anónimo!), alguien que estaba detrás de nosotros, y que bailaba vivamente pero de un modo muy ligero, sin hacer ruido con los pies. Y aprendimos a hacerlo. De alguna manera aprendimos a sentir lo que pasaba detrás de nosotros. Por eso creo que desarrollamos una sensibilidad bastante agradable. A veces era una locura intentar desarrollar ese grado de sensibilidad.

David Vaughan: Viola, ¿no te dio una vez Merce una imagen para entender una danza?

Viola Farber: Existe la idea de que Merce era muy abstracto: hay un margen de *azar*, está *establecido*, y tú *haces* este movimiento que no tiene nada que ver con nada, excepto consigo mismo. Pues bien, había una danza titulada *Nocturnes*, con música de Satie, y en la última parte había una entrada. Una vez –no en el ensayo, sino en una situación más bien social–, Merce habló de esa entrada y dijo: "Yo la veo como ramas que ondean al viento".

David Vaughan: Hace poco le enseñó a Rob Remley un solo que había hecho en *Suite for Five* y le dijo que tenía que ser como un animal observando desde la maleza, que era una imagen muy concreta. Rob estaba muy sorprendido. Pero yo me pregunto si era tan extraño que nos diera una imagen de ese tipo.

Viola Farber: Tal como yo lo recuerdo, sí.

Valda Setterfield: Yo recuerdo que había imágenes, siempre de la naturaleza, como las dos que habéis citado. A mí sólo me dio una y fue cuando actué por primera vez con la Cunningham Dance Company; en realidad, estaba haciendo el papel de Viola. Viola se había lesionado. Yo llevaba mucho tiempo fuera de Estados Unidos, y hacía mucho que no trabajaba para Merce. No me había dicho si yo iba a sustituirla realmente o si tenía que aprendérmelo, de modo que me movía por allí sin saber muy bien qué hacer. Carolyn le dijo a Merce: "¿Por qué no la ayudas?" Y él le dijo (según ella me contó después): "Quiero ver qué va a hacer ella con eso".

Así que nos pusimos en marcha. Estábamos en un teatro horrible, donde el telón de fondo no llegaba al suelo del escenario, y podías ver los pies de la gente que se movía por detrás, pies desnudos que cruzaban una y otra vez. Y justo antes de que saliera, Merce me dijo: "Querida, ésta es una entrada digna de Edith Evans. *Tómala*". Fue algo realmente maravilloso, porque era algo que yo había comprendido absolutamente, y él conectó con eso.

Douglas Dunn: Muchas veces, Merce decía algo de "apartarse del camino del movimiento". Yo siempre tuve muy claro que Merce estaba lleno de todas aquellas imágenes y todas aquellas sensaciones sobre el movimiento. Pero creo que se contenía y evitaba hacer comentarios o sugerir imágenes a los bailarines sobre lo que estaban haciendo, porque por encima de todo, quería obtener aquella calidad directa, aquella simplicidad. Deborah Jowitt utilizaba la imagen de la marioneta, no para implicar que la danza fuera algo mecánico, sino simplemente, para significar que la llaneza, la simplicidad, la calidad directa de los movimientos como tales surgen sin que el bailarín tenga que hacer muchas inflexiones.

Una vez dijo que si el bailarín tenía alguna idea de la obra, en seguida ocurría algo que no era necesariamente bueno para ese bailarín. Un aspecto muy interesante de su obra es que obtiene mucho de los bailarines dejándoles libres, de un modo que pocos coreógrafos harían, y tengo la sensación de que he vislumbrado a los bailarines habitando, en cierto modo, el mundo de Merce. Porque los bailarines son en gran medida *ellos mismos*, no se convierten en *personajes*, y no se falsean ni componen si pueden evitarlo. En cierto sentido, así se obtiene más de los bailarines, y yo creo que por eso, la obra Merce se dirige hacia la vida y no se sume completamente en su mundo de fantasía.

Marianne Preger-Simon: Recuerdo que en las primeras piezas, como *Minutiae* y *Springweather*, solíamos contarnos muchas historias sobre lo que estábamos haciendo, porque era completamente nuevo para nosotros. A veces se lo decíamos y él sonreía enigmáticamente. Me acuerdo de haber sentido que era muy necesario tener algo a lo que agarrarse, porque todo era muy nuevo.

Carolyn Brown: En la readaptación de *Septet*, ¿se incluyen los nombres de las secciones en el programa?

David Vaughan: No, Merce los excluyó.

Carolyn Brown: Es un ballet muy interesante, algo bastante afín al *Apollo* de Balanchine, creo. Y *Septet* tiene una historia muy definida. La sección de las tres parejas se titulaba *In the Morgue* y trataba de la muerte. Otra se llamaba *In the Tea House*. Cuando Merce empezaba a pensar la danza, ya tenía la idea de utilizar candelabros para la sección de la morgue o ideas para el decorado del salón de té. Pero cuando ya estábamos a punto de hacerla, la influencia de Cage –no tener historias ni narrativa– eliminó todos aquellos elementos originales de la pieza.
Remy Charlip escribió un artículo en la revista *Dance* [enero 1954] sobre el uso de los procesos aleatorios que hacía Merce, y cuando le entrevistó, le hizo muchas preguntas sobre sus primeros solos y el significado de sus solos. Y Merce le dijo muchas cosas sobre el significado, le explicó de qué trataban las danzas. Pero al parecer, a Remy le aconsejaron que no utilizara aquel material. Por mi parte, *yo* creo que *todas* sus danzas (y ahora no estoy hablando sólo de mi época) tratan de algo más allá de "los simples pasos", y como dice Douglas, no tiene importancia si nosotros lo sabíamos o si el público lo sabe.

En el artículo que escribí para el libro de [James] Klosty [*Merce Cunningham*, 1975], hablaba de *Second Hand*, que era la historia de Sócrates. Y es así. El dueto no era realmente un dueto de un hombre y una mujer; tenía que ser un dueto de dos hombres. La historia estaba ahí, pero gracias a la crítica –porque *todo el mundo* cree lo que se ha escrito sobre la obra de Merce–, nadie se toma la molestia de mirar más allá y de pensar que quizá *Second Hand* tratara de algo más, que realmente trataba de algo. Trataba de la muerte de Sócrates, y estaba muy claro. Era conmovedor –los gestos que todos hacíamos hacia Sócrates al final, cuando agonizaba allí al fondo–, todo está ahí. Pero la gente prefería creer que no que no trataba de nada. Algunos incluso dijeron que trataba de la técnica de Graham, ¡qué absurdo!
¡Todo el mundo! No deberíamos creer todo lo que nos dicen. Ni siquiera en los libros de historia puedes creer que todo es verdad. Hay que sondear un poco para descubrir que hay otras cosas en la obra además del azar. Ese es el dogma, ya lo sé, pero hay que ahondar más. Hay mucho más que eso.

Viola Farber: Douglas, en alguna parte has hablado del "movimiento sin inflexiones" de Merce, pero la verdad es que no sé qué querías decir con eso. Ciertamente, cuando veías la danza de Merce en su apogeo, no era un movimiento desapasionado y sin inflexiones. Pero hay una diferencia entre poner algo por encima del movimiento, y dejar que el movimiento informe a la persona y a todo el espacio. Merce no era alguien que se limitara a representar hazañas técnicamente emocionantes. Merce estaba totalmente allí, y su personaje estaba completamente en el movimiento. Nadie más bailaba así, y en ese sentido sí era inflexionado, modulado. Era apasionado; era muy personal.

Gus Solomons: Cuando me dijo que hiciera "el movimiento plenamente", para mí, significaba generar una emoción a través del movimiento. Pero la emoción no tenía nada que ver con ninguna fantasía intelectual; tenía que ver con la sensación física que el movimiento me producía. Para mí nunca fue un problema, porque siempre lo había entendido y había trabajado así. Todavía sigo asumiendo (seguramente, más de lo que debería) que la gente funciona así.

Siempre supe secretamente que Merce tenía historias, y que a veces eran muy simples e incluso nimias. Y por eso no pensaba revelarlas a nadie. Esas "historias" le ayudaban a elaborar una pieza. Cuando el público veía la pieza, la interpretaban y la veían a su manera, ¿y por qué iba a despojarles él de ese privilegio? Tal vez la gente debería funcionar así. Es una forma de admitir lo inevitable.

Douglas Dunn: Estoy de acuerdo con Viola en el sentido de la palabra "inflexionado" o "modulado". Tal vez yo he utilizado mal la palabra. Pero estoy de acuerdo en la forma de describir cómo baila Merce. Tengo una anécdota que contar sobre algo que me afectó mucho en ese sentido.

A principios de los años setenta, Merce hizo una pieza denominada *Objects*. La pieza incluía una sección en la que cuatro de nosotros teníamos que sentarnos en el suelo y hacer como que jugábamos a las cartas, y por primera vez (y tal vez única) en mi trabajo con la compañía, me sentí realmente ofendido y disgustado. Pensé: ¿qué demonios hace este tío? He venido aquí a bailar, y él tiene toda esa mitología sobre los pasos, yo la estoy siguiendo, y eso está muy bien. Pero de pronto me pide que haga de *mimo*… no me siento cómodo haciendo eso. No me gusta esa actitud sobre el movimiento.

Bueno. Ensayamos aquel trozo durante semanas y meses. Lo hacíamos Carolyn y yo, y no recuerdo quién más. Y así llegó la primera representación, y yo seguía resistiéndome. De pronto, llegó el momento de sentarse en el suelo formando un círculo, y Merce *también* se sentó. Él nunca lo había hecho en los ensayos, nunca, y nunca nos había *enseñado* cómo jugar a las cartas; simplemente nos había *dicho* que jugáramos a las cartas. Y en la primera actuación, se sentó y seguíamos unos turnos, le tocaba jugar a uno y luego hacía como si (no teníamos cartas) le pasara las cartas al siguiente. Merce era el último, y yo ya me había humillado para cumplir mi turno lleno de resentimiento. Pero entonces le tocó a Merce y lo hizo de una forma tan bonita que me enfadé conmigo mismo por no haberme dado cuenta del potencial de aquello.

La clave de esta anécdota es que Merce tiene un tremendo potencial de actor, de *showman*, otra clase de presencia en escena. Cuando baila, utiliza ese talento, pero lo pone en el movimiento; no lo utiliza en la forma que convencionalmente llamamos actuar, ni tampoco como un mimo. Él lo presiona un poco para hacerlo surgir de un modo distinto. Se vuelve ambiguo. Te preguntas qué está pasando, y no te das cuenta de que está jugando a las cartas todo el tiempo, por decirlo así. "La expresión está en el ritmo", solía decir, y creo que es un comentario ligeramente evasivo, pero muy interesante.

David Vaughan: Una vez, en un *Event*, en el Walker Art Center de Minneápolis, Merce hizo una cosa fantástica. Con mímica, hizo como si se maquillara, como si se maquillara para escena.

Valda Setterfield: Una vez, en California, aparentemente teníamos concertada una actuación más, con la que no habíamos contado, y Merce no tenía bastante repertorio, así que decidió que hiciéramos un *Event*. Nos invitó a colaborar a todos y a hacer lo que quisiéramos. Todo el mundo estaba un tanto intimidado. Nunca habíamos trabajado con él de esa forma, y a él le desconcertó que nos intimidáramos. Así que empezamos a organizar cosas, porque le impacientaba que todo el mundo se quedara allí quieto y con aire embarazoso. Pero al final nos pusimos a la obra y encontramos cosas que hacer. Hubo un momento en que Merce se afeitó. ¿Os acordáis? ¿Se afeitó de verdad o hizo sólo la mímica?

Douglas Dunn: Se afeitó de verdad. Fue al centro del escenario con su equipo de maquillaje y nos desplazó, o nos robó la escena.

Valda Setterfield: Era Merce afeitándose, pero también aquella atención especial que prestaba a la brocha y a la acción, era igual que cuando bailaba. Transmitía la conciencia real del hecho de que todo es importante.

Douglas Dunn: Una vez, detrás del escenario, en una escalera pequeña –de cuatro o cinco peldaños–, hizo unos pasos de claqué. No temía competir con Fred Astaire o Bill "Bojangles" Robinson. Esa fue la única competición.

Valda Setterfield: Yo creo que Merce lo hacía muy bien en lo que respecta a compartir información. Sólo necesitaba que le preguntaras; no le gustaba decir cosas si pensaba que no estabas preparado para entenderlas. Pero yo le preguntaba y conseguía la información más extraordinaria, incluso si tenía que decirle: "No sé lo que está pasando aquí, pero no me siento cómodo". Lo discutíamos y lo resolvíamos entre los dos.

Recuerdo un incidente muy directo cuando estábamos haciendo *Field Dances*, que originalmente se hizo para cuatro bailarines. Luego, cuando la compañía creció, todos aprendimos los papeles para que pudiéramos estar todos, incluyendo a los nuevos. Lo estábamos haciendo en Detroit para alumnos de colegios por las mañanas, y había un fragmento en el que un hombre yacía en el suelo con las rodillas en alto y la mujer se echaba sobre él, se balanceaba sobre él, y los chicos hacían comentarios sobre sexo.

Así que yo me dirigí a Merce y le dije: "Creo que esto afecta al equilibrio de la pieza. Me pregunto si podríamos dejarlo fuera". Y él me dijo: "Ah no, no lo dejemos fuera. Si no, nunca podremos recuperarlo". Y me habló de varias formas de incorporarlo a la representación sin que afectara al equilibrio de las cosas, de no cambiar la velocidad, de seguir la misma dirección en la que yo estaba trabajando, o prestar atención a otra cosa y utilizar la dirección de otro, o trabajar con otro en ese sentido. Me demostró el más extraordinario conocimiento de arte teatral, improvisación y composición. Era fantásticamente generoso e increíblemente instructivo, y tengo que agradecerle muchas, muchísimas ocasiones en las que me ayudó así.

Steve Paxton: Me gustaría volver al comentario de Viola sobre Merce en su apogeo interpretativo, a su extraordinaria calidad y atención. El año pasado vi a la compañía en Santa Fe, donde de pronto estaban bailando a más de 2.100 metros de altura, cuando hacía unas horas estaban al nivel del mar. Todos tenían gripe y su avión había llegado con retraso, una de esas típicas ocasiones desastrosas para el grupo. La primera noche de actuación, pensé… sigue siendo una gran compañía, pero ya no es… Pero la segunda noche hubo un *Event*, y yo había pasado de la risa a las lágrimas en veinte minutos, porque una de las primeras danzas que había aprendido, fragmentos de *Suite for Five*, se incluían en aquel *Event*. Mi propio movimiento, que recordaba muy bien, veinte años después de dejar la compañía, todavía estaba allí, ¡y

era sorprendente! Y de pronto sentí una gran gratitud por haber dejado la compañía, porque así podía volver a *verla*, y es que *no puedes* verla cuando estás dentro. De pronto sentí eso.

Más tarde, Merce hizo un solo, y quizá es porque me imagino que ahora sufre cuando baila (me lo imagino; nunca he hablado de eso con él) y supongo que sólo son años de adrenalina de la escena lo que le permite abordar la idea de seguir actuando. Pero cuando empezó a bailar, bueno, era el mejor solo, con diferencia, de los que le había visto ejecutar, por lo menos, en fuerza comunicativa. Creo que sigue precisamente por el dolor… porque es capaz de superarlo y seguir ofreciendo esa increíble manifestación física, venga de donde venga. Me sentí completamente conmovido, y como Santa Fe, sentía una especie de bendición, como a veces ocurre en las actuaciones, cuando la manifestación es tan clara y tan presente que nada puede negarse y tú estás ahí con ello. La empatía con un intérprete como él es tal, que toda la sala se une y todo el mundo está realmente allí, sean cuales sean las circunstancias o el dolor del propio historial.

Antes se ha mencionado la influencia de Cage. Una vez, Cage dijo algo de que la composición era una cosa y la representación otra, y ver una obra o estar entre el público era otra muy distinta. Creo que entras en ese tipo de apreciación de lo que está pasando, y lo que intentas transmitir como bailarín cambia en cierto modo, porque no asumes que estás transmitiendo el mensaje que tienes en ti, sino que cada persona del público es única; el significado siempre depende de la traducción. El mero hecho de que hablemos la misma lengua no significa que tenga el mismo significado para todos. Y Santa Fe fue una ocasión en que la danza transmitía algo que estaba más allá de la razón o del significado. Sin embargo, sólo saludaron tres veces; no hubo una intensa ovación en pie, así que tal vez nadie más sentía lo mismo que yo. No sé, tal vez en Santa Fe no se estilan esos aplausos, allí todo es tan *frío*.

Valda Setterfield: A veces, cuando ves algo así, no te sientes conmovido como para sumirte en un gran aplauso. Para mí, es una especie de placer tranquilo, silencioso. Tal vez fue eso lo que pasó.

Steve Paxton: En aquellos saludos, apenas me dio tiempo para componerme y no parecer completamente loco. La verdad es que me hubiera sentado y me hubiera echado a llorar. Necesité literalmente la ayuda de los que estaban conmigo para levantarme. Estábamos en la parte de atrás, así que todo el mundo habría visto a un tipo en el pasillo llorando durante diez minutos. Me hubiera levantado y me hubiera puesto a gritar: necesitaba relajar la emoción que él había provocado.

David Vaughan: Muchas veces leemos que la obra de Merce se ha vuelto más no sé qué o menos no sé cuántos, más *ballética*, que tiene más unísono, etc. A mí me parece que tiene una gran coherencia. Si observáis la compañía ahora, ¿qué cambios advertís respecto a la época en que estuvisteis en ella?

Gus Solomons: Al ver las películas de las primeras obras, me ha impresionado lo poco que ha envejecido el movimiento, y me preguntaba por qué no había pensado más en ello, pero probablemente es porque es tan puro en su mecánica que trasciende cualquier fecha, cualquier tiempo, cualquier moda, y creo que la pureza es coherente. La velocidad ha aumentado. El lapso de atención –el tamaño de los fragmentos– ha disminuido, de un modo acorde con nuestra aprehensión del mundo a partir de la televisión.

Steve Paxton: ¿La velocidad ha *disminuido*?

Gus Solomons: No, la velocidad ha *aumentado* y la longitud de la frase ha *disminuido*. En otras palabras, se muestra en escenas más cortas porque ahora, nosotros –el mundo– percibimos las cosas en fragmentos más cortos, y Merce forma parte del mundo. Y eso influye en que lo haga tan bien. Pero también tiene que ver con la capacidad teatral de la que hablaba Carolyn. Porque tiene una de esas personalidades muy conscientes del público y del efecto que produce en él. No intenta complacer al público, pero lo considera en el modo de presentar lo que hace. Yo creo que ha perfeccionado ese conocimiento, ahora lo pone más fácil, más accesible. Creo que al principio, parte de su fuerza consistía en alterar y ofender las expectativas normales del público, en cierto modo. Y esa era una manera de captar la atención

que todo intérprete desea. Con los años, su estilo se ha vuelto más mágico para la gente, y él tiene un mayor control sobre su público.

Viola Farber: Yo creo que su obra ha cambiado bastante. Como dice Guy, el mundo también ha cambiado, y Merce no trabaja aislado del mundo. Yo dejé la compañía en 1965, y en 1970 actué con Merce como invitada en una obra que había hecho antes, *Crises*. Eso significaba un intervalo de cinco años. Recuerdo haber observado el ensayo del programa –la parte en que yo no actuaba, que era todo excepto una pieza– y haber pensado que la pieza de los buenos tiempos (¿o malos tiempos?) debía de parecer muy extraña en aquel programa, porque parecía muy distinta. Pensé que sería un programa muy extraño. Yo no lo veía como programa, y no sabía si lo era. Pero definitivamente, tuve la impresión de que Merce había evolucionado hacia cosas muy distintas.

Steve Paxton: ¿Pero no era eso lo que ocurría siempre? Los programas siempre parecían contener aromas radicalmente distintos.

Viola Farber: ¿Tú crees?

Steve Paxton: Desde los primeros programas, yo vi que había danzas hechas para la música, danzas con sonidos al azar, o con piano preparado, según lo que John [Cage] y David [Tudor] habían tramado.

Valda Setterfield: ¿Te refieres a que *Antic Meet* y *Summerspace* se representaran en el mismo verano? Aquello fue extraordinario...

Steve Paxton: Sí... El aspecto... Cuando vi parte de *Suite of Five* combinada con lo que hubieran incluido en aquel *Event* (no tengo ni idea de hasta dónde se remontaba atrás o adelante en la historia), me impresionó cómo la compañía mantenía la integridad del movimiento, manteniéndolo relativamente fresco. Me parece que la compañía es capaz de bailar más tiempo y más deprisa de lo que nosotros éramos capaces. Él les está formando, creo, de una forma ligeramente más...

Viola Farber: Técnicamente son más expertos, en general. No sé si está bien decir esto, pero lo diré. En

Septet, había una parte en que teníamos que lograr un unísono, pero nunca lo lográbamos. Estuve viendo el ensayo del jueves. Todavía *no* lo consiguen.

Carolyn Brown: Pero hay una película de Finlandia, y allí sí que íbamos al unísono. ¡A la perfección!

Gus Solomons: ¡Y eso es lo que cuenta! Está en la película.

Carolyn Brown: Creo que la obra ha cambiado mucho. Ahora, Merce se ha convertido en lo que yo llamaría un maestro orquestador. Tiene una gran compañía; le interesa utilizar conjuntos más grandes. Al principio, trabajaba con individualidades muy concretas; sólo éramos cinco o seis, a menudo cinco y él. Estaba empezando algo completamente nuevo; estaba evolucionando. Algunas de las primeras piezas eran muy muy sueltas. Por ejemplo, la primera pieza aleatoria, *Suite by Chance*: era el principio, el principio real de su trabajo con procesos aleatorios. No tenía las maravillas esenciales que ahora vemos hacer a los bailarines. Pero en el cuarto movimiento, estaban los orígenes de esas cosas; él simplemente estaba desarrollando esas técnicas. Hoy es como un compositor que escribe para una orquesta sinfónica y no de cámara. Nosotros éramos una orquesta de cámara. Él nos *conocía* íntimamente. Viajábamos juntos en un pequeño autobús. Sabíamos cómo comíamos, cómo discutíamos, cómo dormíamos. Lo sabíamos prácticamente todo unos de otros.

Valda Setterfield: Teníamos una edad similar.

Carolyn Brown: Estábamos muy próximos, y John Cage estaba con nosotros todo el tiempo. Ahora, cuando oigo discusiones sobre los conceptos y la filosofía del trabajo, bueno, entonces formaban simplemente parte de la dieta. Lo oíamos constantemente, hablábamos de ello. Rauschenberg venía con nosotros en el autobús; nos hablaba de lo que estaba haciendo.

Ahora es *muy* distinto. Los bailarines son mucho más jóvenes. No tienen la oportunidad de vivir juntos como nosotros. Nosotros éramos como hermanos. No creo que ahora sea lo mismo. Naturalmente, muchas cosas sí son iguales, pero creo que ahora, a

Merce le interesa la estructura. Siempre ha sido un magnífico coreógrafo en términos de estructura, y eso es lo que vemos en esas obras. Estructuralmente, son sobrecogedoras, y los bailarines están en otro planeta, muy distinto del lugar donde estábamos a principios de los cincuenta.

Steve Paxton: *Todos* estamos en otro planeta, lejos del lugar donde estábamos a principios de los cincuenta. Entonces, lo que Merce hacía se consideraba herético desde muchos puntos de vista, y lo más importante era su herejía respecto de la danza moderna de la época. Entonces parecía como si la danza moderna tuviera que seguir desarrollándose siempre por el mismo camino: que cada uno de los principales artistas desarrollaría una técnica propia y distinta, y propondría una manera de presentar esa idea al público, ya sabes, el ascenso y caída en la obra de Humphrey, o la idea de la contracción y el simbolismo psicológico de Graham, esa clase de cosas. Por alguna razón, Cunningham decidió utilizar una forma *ballética*. Carolyn, ¿tú sabes por qué lo hizo?

Carolyn Brown: No, pero cuando trabajaba con Graham en su compañía, Merce sólo era el segundo bailarín masculino para quien ella había coreografiado. Erick Hawkins fue el primero y era un bailarín con formación de ballet. Ella le dijo a Merce: "Yo no puedo formarte plenamente por lo que respecta a la velocidad y el salto", y le envió a estudiar ballet (así le conoció David Vaughan, en la escuela de Balanchine). Creo que Merce sabía que había que ampliar el vocabulario a las piernas y los pies. En aquella época –ahora no, pero entonces sí–, gran parte del repertorio de Graham se centraba en la contracción y relajación, con mucho trabajo en el suelo (para muchos hombres, es difícil hacer todo ese trabajo de suelo: no tienen la pelvis preparada para eso). Así que Graham fue quien le envió a estudiar ballet.

David Vaughan: Sí, Nina Fonaroff, que entonces estaba en la Graham Dance Company y ahora es profesora en Londres, me dijo que creía que Graham había enviado a Merce a la School of American Ballet. Nina me dijo: "Ella nunca *nos* dijo que fuéramos. Naturalmente, *íbamos*, pero no le decíamos que habíamos ido". Pero creo que ella mandó a Merce a Kirstein.

Steve Paxton: Pero para él, la danza moderna era el estilo, más o menos, en el que incorporaba brazos y piernas de ballet. Los utilizaba inventivamente, cambiando el ballet, incorporando otras cosas que había recogido, otras formas de ver el movimiento, y más tarde, lo hacía desde su *propio* trabajo. Reinterpretar sus propios cambios me parece una estrategia extraña pero muy buena, porque sus medios compositivos iban a ser muy radicales. Creo que si en esa época hubiera trabajado con un *movimiento* tan radical como lo eran sus medios compositivos, su trabajo habría sido completamente indescifrable. No habría existido un público para eso.

Carolyn Brown: Y no existía.

Steve Paxton: Había un público reducido. Yo formaba parte de él.

Gus Solomons: Nunca pensé que el movimiento de Merce fuera ballético. Supongo que es una perversión por mi parte, un punto ciego. Creo que Merce incorpora todas las posibilidades de la actividad humana.

Steve Paxton: ¡Tonterías!

Gus Solomons: Claro que sí. Esa es su idea, ¿no? Que todo movimiento –todo movimiento humano, todas las posibilidades– constituye su material. Un brazo recto y una pierna recta, moviéndose en ángulos rectos respecto al cuerpo, están entre las posibilidades, y porque resulta que coinciden con ciertas posiciones de ballet, se les denomina balléticos. Además, la dinámica y la claridad y el aislamiento con el que hace las cosas recuerdan al ballet, pero yo creo que proceden de una fuente distinta (seguro que no estáis de acuerdo conmigo, pero eso es lo que pienso).
Utiliza la columna vertebral como si fuera una extremidad más, igual en todas sus articulaciones, y reduce el centro del torso entero sólo a la pelvis, de modo que la columna queda libre como una extremidad más. Pero cuando miras ese movimiento, esas danzas, las cosas resultan reconocibles como "arabescos" o "actitudes". Pero yo sigo considerándolas una pierna hacia atrás inclinada o una pierna hacia atrás recta. Puede ser que sea el único en tener esta percep-

ción, pero sigo pensando que no debería calificarse de estilo *ballético*. Es *movimiento*.
Cuando alguien hace algo que parece una columna curvada con una dinámica aguda, se le llama contracción Graham, tanto si lo es como si no. En realidad, debería decirse que el ballet es "cunninghaniano" en su estilo, y no a la inversa.

Valda Setterfield: No, porque el ballet existe desde hace mucho más tiempo. Hay que reconocérselo. Creo que la obra de Merce es *ballética*. Se basa en la estructura formal del ballet y eso es justamente lo que más me atrajo. Cuando llegué de Inglaterra, aterricé en aquel *maelstrom* de la danza moderna que no tenía una coherencia clara para mí. Y luego, de pronto, con Merce, me encontré en una situación donde se utilizaba una clara estructura anatómica que yo podía entender; tenía sentido. Girábamos hacia delante, lateralmente y hacia atrás, como en una clase de ballet, y el calentamiento incluía todos los ejercicios del ballet clásico, excepto que los llamábamos por su nombre en inglés y no en francés. Era fantástico porque trabajábamos en paralelo para mantener la alineación más clara, que se mantenía al girar. Uno de los aspectos más interesantes de Merce es que es radical y formal al mismo tiempo. Creo que él necesita las dos cosas. Obviamente, elige una estructura formal como punto de partida.

Carolyn Brown: No estoy de acuerdo con Gus, no creo que Merce necesite piezas para impactar. No creo que nunca hiciera una cosa así. No creo que nunca hiciera nada para impactar, ni creo que cortejara al público. Todos necesitamos que nos quieran, pero creo que toda su trayectoria coreográfica demuestra que simplemente se ha zambullido hacia delante, tanto si a los demás les gustaba su trabajo como si no. Pieza tras pieza, cuando a muy poca gente le gustaba. Había un reducido público devoto que le seguía, compuesto mayoritariamente por artistas y músicos. Pero en general, la gente no iba a verle, y si iban, no les gustaba lo que veían. Esa fue la situación durante años. Pero no le detuvo. En toda su vida, nunca hizo nada intentando complacer a una multitud.

Valda Setterfield: Merce tiene una fuerza y una pasión que le impulsa hacia delante, y le desconcertaba que la gente se escandalizara o impactara. Creo que también le desconcertó una vez cuando nos impactó a nosotros.

Carolyn, hubo una época en que tú ya no estabas; llevábamos años dando clase con Merce, tres veces por semana a las once de la mañana. El calentamiento era muy formal: estructurado, lento, concienzudo, increíble. De pronto, íbamos al centro y se desencadenaba un infierno. Merce empezaba a hacer frases que tenían kilómetros de longitud. Nos las enseñaba una o dos veces. Esas frases tenían unas señales, unos hitos. A veces uno se quedaba quieto durante dos latidos, o había una postura, o describía un círculo, siempre había algo muy evidente en algún punto. Nos las enseñaba y decía "muy bien". Nosotros apenas sabíamos lo que había pasado, pero intentábamos empezar. Uno retenía algo de Merce, otro recordaba una cosa, yo recordaba otra y alguien me respondía. ¡Me parecía divino! Pensaba que esas sesiones eran las aventuras más sorprendentes que nunca había vivido en mi vida. A veces me despertaba por las mañanas y pensaba: Dios mío, no soporto otra aventura... Pero luego llegaba allí y en seguida había entrado en otra y era el paraíso.

Pero la compañía enloquecía. La gente decía: "Esto es irresponsable. Esto es inadecuado. Alguien puede lesionarse". Algunos decían (y creo que tenían razón): "No me gusta que se note que no me sé los pasos". Hubo una reunión y todo eso salió a la luz. Merce se quedó muy callado, muy callado mientras se aireaban esas protestas, y finalmente dijo: "Estoy intentando encontrar algo para mí. Hace años que os enseño. Siempre he sabido lo que iba a pasar. He estado intentando hacer frases sueltas y muy densas que no he trabajado del todo. Quiero ver qué hacéis con ellas. Quiero ver lo que pasa en clase".

Yo le dije: "Nunca lo había pasado tan bien en mi vida". Todos los demás seguían resistiendo, resistiendo. Y él abandonó aquellos experimentos, porque no había suficiente coraje. Pero yo creo que estaba desconcertado por las necesidades de seguridad de los bailarines. A él no le parecía que estuviera violando nada, que estuviera haciendo algo que nos resultara incómodo, no tenía ni idea. Y creo que eso era lo que pasaba cuando creaba una obra: *creaba una obra*. No lo hacía para conseguir un efecto. Hacía lo que tenía que hacer.

Marianne Preger-Simon: Yo me acuerdo de *Springweather*: había mucha quietud y silencio. Era una pieza larga para aquella época. Yo no llegué a verla, así que sólo puedo hablar de cómo se percibía desde dentro, pero creo que ahora, las piezas no tienen esos espacios largos, calmados, vacíos que tenían las primeras obras. Tal vez yo no las haya visto todas, pero en conjunto me parecen más densas.

Gus Solomons: El mundo ya no tiene paciencia para esa clase de obras... para la quietud.

Viola Farber: Y Merce tiene muchos más bailarines.

Douglas Dunn: Sí, pero hay una obra, *Inlets*... Esa pieza me impresiona. ¿Cuándo se hizo?

David Vaughan: En 1977. *Pictures*, de 1985, también tiene mucha quietud.

Marianne Preger-Simon: Siempre me ha impresionado que Merce creara esa maravillosa técnica para que nosotros aprendiéramos y que él nunca podía utilizar, porque sólo *bailaba*. Nosotros aprendíamos la técnica para aproximarnos a lo que él hacía intuitivamente. Eso siempre me pareció fascinante, porque cuando le veías bailar un solo, era realmente distinto de lo que hacíamos como grupo. El solo era esa especie de existencia, simplemente *ser*. En cambio nosotros éramos *danza*.

Roger Copeland: Siempre ha habido una forma distintiva de concentración visible en los rostros de los bailarines de la compañía Cunningham. No son sonrisas modeladas artificialmente, y hay un cierto compromiso intenso en el asunto que se traen entre manos. ¿Es esa concentración distintiva, en parte, el resultado de haber bailado junto a sonidos que no puedes permitir que te distraigan? No es bailar para la música y no es bailar en silencio. Creo que es algo más difícil que ninguna de esas dos posibilidades.

Douglas Dunn: Una de las cosas que observé de Merce (que parecía perfectamente natural, pero contradecía en cierto modo la idea habitual sobre la simultaneidad de la música y la danza, y al mismo tiempo, la separación de ambas) es que escucha claramente la música. Sea como sea su forma de contar o sea cual sea la estructura de su danza, él escucha. Cuando dejé la compañía, pude ver que bailaba para la música, de una forma quizás distinta a bailar siguiendo el ritmo de la música, pero la convertía en parte del paisaje en el que bailaba. A mí no me parecía que la música distrajera en absoluto. Si sentía que distraía, simplemente desintonizaba. Y hasta el grado en que *podía* escuchar, *escuchaba*, y me alimentaba de ella.

Gus Solomons: Cuando bailaba en la compañía, estábamos muy ocupados con lo que hacíamos, con todos los elementos del movimiento en que teníamos que concentrarnos, hasta las puntas de los dedos. Merce tenía una forma fantástica de lograr la concentración en ti cuando actuabas y de alejarte de la idea de "inflexionar", es decir, de poner tu propia fantasía por encima del movimiento. Había tanto que hacer que necesitabas toda tu concentración para hacerlo correctamente, de forma adecuada.

Marianne Preger-Simon: Recuerdo la primera vez que nos dieron algunos fragmentos sueltos de música para acompañar a cierta pieza. Habíamos bailado sin escuchar ninguna música, y entonces empezamos a oírla. Al cabo de poco tiempo, ya habíamos asociado ciertas frases de la danza a ciertos sonidos que venían de la música. Recuerdo que Merce estaba muy sorprendido cuando oyó que habíamos encontrado *referencias*.

Gus Solomons: Nunca podíamos encontrar referencias, porque la música nunca era la misma cada vez. Recuerdo una actuación en París. Estábamos en nuestro sitio e íbamos saliendo en diagonal. El altavoz tronaba desde la esquina. Tal vez fueran imaginaciones mías, pero yo recuerdo que en un momento dado, el sonido se detuvo. Todos estábamos en un tenso nudo, moviéndonos en una situación de difícil equilibrio. Y cuando el sonido se paró, toda la compañía cayó hacia delante a un tiempo. Habíamos estado empujando literalmente contra el muro de sonido. Fue increíble, porque muchas veces, yo ni siquiera era consciente del sonido. Nunca oía la continuidad del sonido. Iba y venía, y yo no tenía conciencia de él, excepto en situaciones como aquella. Otra vez, en Connecticut, estábamos bailando en la propiedad de Philip Johnson, y los altavoces, dios mío, estaban detrás de nosotros, porque no había proscenio. Era sólo una plataforma. El volumen era tan alto que algunos nos encontrábamos mal –físicamente mal– por el nivel de decibelios.

David Vaughan: Y lo mismo les ocurrió a los vecinos.

John Mueller: Se especuló mucho sobre lo que Cunningham estaba pensando. Algunos habíais dicho que no teníais ni idea de si Merce estaba inventando material sobre la marcha o si retomaba material de años atrás. ¿Alguien le preguntó a Merce si se estaba inventando aquello o ya lo tenía planeado?

Gus Solomons: Ninguno de nosotros se lo preguntó.

Carolyn Brown: Tal vez *Valda*.

Marianne Preger-Simon: Recuerdo que, cuando empezamos a enterarnos de que muchas veces lo que hacíamos en clase era aprender una danza, se lo *preguntábamos* ocasionalmente, y él nos decía que sí, que estaba trabajando en una danza. No recuerdo que entrara nunca en muchos detalles.

Douglas Dunn: Una de las cosas que me gustaba de asistir a las clases de Merce era que se hablaba poco. Hablar tiene un ritmo distinto que bailar, que moverse, calentarse y utilizar el cuerpo durante un intervalo determinado de tiempo, como sabe cualquiera que haya bailado o que haya hecho deporte. Algunos profesores y coreógrafos están dispuestos o incluso deseosos de explicar mientras se ejercita, o de pararse a explicar, pero no es el caso de Merce. A él le gusta construir una clase como una curva: empiezas despacio hasta que estás listo, y cuando ya puedes hacer cosas más rápidas y de mayor envergadura, las haces. Eso también es típico de una clase de ballet, no es exclusivamente suyo. En los ensayos, había el mismo tipo de intensidad. Intentabas llegar hasta tu cumbre y hacerlo, y si te parabas a hablar, todo tendía a desvanecerse. Esto no se dijo nunca, pero estaba implícito en la situación. La comunicación era física y directa. Pararte y hablar de esas cosas no te ayuda en tu trabajo.

Viola Farber: Toda esta discusión es retrospectiva, y ahora podemos permitirnos muchas especulaciones.

Pero como dice Douglas, estábamos muy ocupados *haciendo* nuestro trabajo, y muchas veces parecía una forma de autoexplicarse. Emprendíamos aquellas giras en autobús, donde compartíamos una gran intimidad. Se hablaba, como ha dicho Carolyn, así que no estábamos desinformados, no estábamos a oscuras. Hacíamos el trabajo y eso nos ocupaba por completo, y ahora puedo pensarlo de una u otra manera, pero en aquel momento era muy distinto.

Douglas Dunn: Es interesante oír hablar del autobús y la convivencia social. Yo entré en la compañía en 1969. En aquella época no viajábamos mucho, y Merce no hablaba mucho informalmente con nosotros.

Carolyn Brown: Ibais en un autobús más grande.

Douglas Dunn: Sí, podías escaparte. Pero no había el mismo ambiente de bromas entre artistas jóvenes que experimentaron los primeros miembros de la compañía. De todas formas, yo tuve la misma experiencia que mencionaba Valda: si yo preguntaba –y así lo hacía–, obtenía respuestas extraordinarias de Merce. Recuerdo una pregunta… Me sentía muy avergonzado cuando se la planteé. Llevaba dos o tres años en la compañía, me sentía fatal y no sabía exactamente por qué. Simplemente, estaba pasando una mala temporada. Así, una vez, en la comida, entre la clase y el ensayo, y sin ni siquiera pensar lo que hacía, me fui directo hacia Merce y le dije: "Oye, Merce, ¿qué haces cuando no disfrutas bailando?" Y en cuanto lo dije, me sentí peor y tuve el impulso de salir corriendo, pensando ¿por qué demonios le he hecho esa pregunta?

Él no pestañeó. Era como si ya supiera que iba a hacerle aquella horrible e insultante pregunta (él era mi *coreógrafo*, ¿entiendes?). Y me dijo que cuando te comprometes con algo, lo haces todo el tiempo, no sólo cuando te apetece. Tienes un compromiso demasiado grande como para depender de eso. Y cuando no te apetece, te esperas, esperas a que pase esa sensación y llegue otra.

Gus Solomons: Y mientras esperas, sigues haciéndolo. Eso era lo importante, ¿no?

Douglas Dunn: Él no lo dijo, pero obviamente estaba implícito. Era una respuesta muy útil, muy generosa y muy útil. En mi época, si no preguntabas, no recibías

mucha información. Si la parte física era suficiente, muy bien, eso era lo que recibías. Pero la otra parte sólo llegaba si la pedías, y eso podía resultar difícil. No había modo de procesar verbalmente –de forma automática– un montón de emociones que surgen en una intensa situación de trabajo como aquella.

David Vaughan: ¿Pensaba Merce que estaba desarrollando una técnica con otros objetivos, aparte de entrenar a su compañía?

Steve Paxton: Aprendimos mucho de las danzas y mucha coreografía en clase. La técnica –el método de aprendizaje– y la coreografía estaban íntimamente ligadas. Hiciera lo que hiciera Merce, estaba en una cápsula. Podía pasar de un trabajo balético en el centro y movimientos iguales por el suelo a una coreografía Cunningham –que teóricamente siempre es bastante radical– sin tener que cambiar los instrumentos técnicos. Creo que una de las razones por las que lo hacía era que necesitaba bailarines que estuvieran allí, accesibles, capaces de superar todos los rigores de ser bailarín… y eso significa tanto si te apetece como si no, y con la agenda más impensable: montones de clases, ensayos y actuaciones, a veces día tras día, un gran nivel de exigencia física. Necesitaba gente que pudiera hacer todo eso. Sabía que con su entrenamiento, podríamos satisfacer esas demandas y ejecutar sus danzas.

Pero las danzas, el movimiento, la evolución… Gus decía que Merce utilizaba la columna de un modo distinto al del ballet, y hay otras muchas diferencias. Pero yo no creo que se pusieran en práctica todas las posibilidades del movimiento. Carolyn dijo una vez que Merce abrió más puertas para las generaciones siguientes de las que le interesaba atravesar, y creo que tal vez tenga razón. Yo he visto nuevas influencias increíbles en este país, en los últimos veinte o treinta años, no sólo en las tendencias de la danza moderna y el ballet, sino también procedentes de Oriente y de Brasil; como por ejemplo, la influencia de la danza Capoeira. Ahora, el movimiento mundial es más amplio que nunca en lo que se refiere a intercambio mundial, y a la luz de ese panorama, la obra de Merce es bastante conservadora (me refiero al aspecto técnico). Con todo, está muy desarrollada y elaborada de un modo realmente hermoso.

Carolyn Brown: Tenemos que determinar de qué cosecha de la técnica Cunningham estamos hablando, porque la propia técnica ha cambiado. Está cambiando constantemente, aunque de un modo sutil, según sus intereses específicos de cada momento. Hay cosas básicas que se hacen en general: la espalda se calienta, se calientan las piernas, cosas así. Pero al principio de todo, en los primeros años, cuando Marianne, Viola, Remy y yo estábamos en aquel estudio tan diminuto de la Calle Ocho, él exploraba claramente su técnica; manteniendo unas cosas, eliminando otras, descubriendo qué funcionaba y qué no. La continuidad real de la clase cambiaba. Hubo un tiempo en que él hacía primero todos aquellos ejercicios de la espalda, luego las piernas, para ver su funcionaba. Luego los alternaba. Y eso continúa igual.

Ahora, cuando voy al estudio, siento que ya no es mi casa, realmente no me identifico con lo que ocurre allí en lo que a técnica se refiere. Él siempre está desarrollando la técnica para la coreografía. Si no pudiera coreografiar, o si dejara de tener una compañía… Él mismo ha dicho que no le gusta enseñar. Por eso me pregunto si sus clases de técnica continuarían evolucionando. Cuando él estaba en el apogeo de sus capacidades, ir a sus clases producía auténtico júbilo, era casi insoportable, porque bailábamos cada paso, él bailaba plenamente, cada paso. Y lo que deseabas era, en cierto modo, poder unirte a aquella pasión. Él no nos enseñaba los pasos verbalmente; nunca nos enseñaba nada diciendo: "Si hacéis esto y esto, entonces podréis hacer esto otro". Aprendíamos mirándole. Algunos teníamos que irnos a otra parte para aprender a ejecutar aquel material tan difícil.

Viola Farber: Uno de sus puntos fuertes como profesor era que, en realidad, no enseñaba. ¡Eso era lo más

bonito! Podías sentirte absolutamente perdido, como decía Carolyn, intentando unirte a él, en aquella cosa extraordinaria que estaba haciendo. Era simplemente sorprendente.

Carolyn Brown: En los primeros años, aun cuando estábamos en Connecticut, dábamos dos clases diarias con él, de cinco a siete horas. Ahora, los bailarines de la compañía van a clases de ballet; sólo le tienen a él una, dos o tres veces por semana en clase, aunque naturalmente, ensayan con él. Es muy distinto.

Cuando Gus entró en la compañía (él no era de los primeros miembros), se apuntó a la clase de principiantes. Nunca lo olvidaré. Estaba en la compañía, pero dijo que necesitaba saber de qué iba todo. Así que iba todos los días a la clase elemental, a la clase intermedia y a la de la compañía, porque quería saber en qué consistía aquella técnica.

Hoy día, en la compañía no se hacen esas cosas. Todo el mundo de la danza es diferente. Los alumnos de Martha Graham estudian ballet. Los de Twyla ni siquiera tienen una clase de danza moderna. El ballet tiene mucho más tiempo de historia, y yo temo que el ballet se lo trague todo, que lo reblandezca todo. Probablemente, Lincoln Kirstein acabará teniendo razón. Y como el ballet parece necesitar desesperadamente coreógrafos, tiene las instituciones y el dinero, y tiene los teatros de los que carece la danza moderna, absorberá cada imaginación creativa a la que pueda aferrarse.

David Vaughan: Creo que en este punto, no podemos abrir esa caja de Pandora.

Carolyn Brown, Douglas Dunn, Viola Farber, Steve Paxton, Marianne Preger-Simon, Valda Setterfield, Gus Solomons, David Vaughan, "Cunningham and His Dancers", *Ballet Review* 15, no. 3 (otoño 1987): 19-40.

Cunningham and his Dancers

Carolyn Brown, Douglas Dunn, Viola Farber,
Steve Paxton, Marianne Preger-Simon,
Valda Setterfield, Gus Solomons, David Vaughan

This dialogue was heard originally on 7 March 1987 in New York City at one of six seminars presented during Merce Cunningham and the New Dance, *a festival with symposia held 5-8 March at the Fashion Institute of Technology's Haft Auditorium.*

David Vaughan: When Merce Cunningham was in his prime as a dancer, how did he work with his dancers in terms of communicating the choreographic material that made the early pieces? And as the advancing years have brought on physical limitations, how have his working methods changed — or have they? How has his choreography changed — or has it? Marianne Preger-Simon was in the original company from 1953 to 1959. What can you tell us?

Marianne Simon: My memory is that he gave us pieces to do for the middle of the class when there was dancing to be done, and they were usually portions of dances that he was demonstrating. That was how we learned some of them. Others he would demonstrate for us individually and teach us step by step.

Viola Farber: When I first joined the Cunningham Company —

David Vaughan: Viola was in it from 1953 to 1965 and returned briefly as a guest artist in 1970.

Viola Farber: — Merce was working on two dances, and I don't think I knew that they had names. I never knew which dance we were learning parts of. When the point came that he said, "Let's do *Septet*," I thought, Which steps are those? I don't know if anyone else had that experience or if I was particularly stupid, but I do remember that. I'd no idea which dance we were working on, because we learned steps.

David Vaughan: But at that time, of course, he was working on quite a large repertory, wasn't he, for the first performances of what became the Cunningham company?

Viola Farber: Yes. He was working on two dances.

David Vaughan: Oh, just two? Do you remember what the other one was? I should point out that Marianne, Viola, and Carolyn Brown were the original female

material from Merce. When I joined the company —

David Vaughan: Doug was in it from 1969 to 1973.

Douglas Dunn: — Merce was making two pieces. *Second Hand* and *Tread*. I could tell the difference between them because one obviously drove him up the wall, and he was having a good time with the other. The one that drove him up the wall was *Second Hand*: he was trying to make this dance to counts which were coming out of Erik Satie's *Socrate*. Again, he was not playing the music in rehearsal, but he had all the notes in his head, and he was trying to be very precise.

In *Tread*, though, he was being very fast and loose. And in that period, when I was first in the studio to learn these things, Merce was *showing* all material — he wasn't talking any of this material, he was showing it all. I remember standing there, and he was about to show me a phrase. I said to myself, Now Douglas, watch which foot it is, watch what he does, just watch, watch. And then he would go across the floor, and he would be *here* and then he would *there*, and I realized that I hadn't seen a single thing that I could take in as mechanics for doing it.

This was some of the most beautiful dancing that I had ever seen and I have no idea if he was making it up on the spot, or whether he had prepared it that morning, or a year ago, or whatever! I have *no* idea. Somehow he got across there in a way that was very exciting and very articulate, but not in a way that I could take in for what I wanted to do. I realized I had a real problem.

David Vaughan: To say the least! *Changing Steps* was a piece that Merce made shortly after Carolyn left the company in 1972. She was the last surviving member of the original group and had been with the company a very long time, so it really meant a great change in the company when she left. Merce has said of *Changing Steps* that he wanted a piece in which each of the dancers in the company would have a solo, because he had always thought of them as soloists, and he wanted to show them as soloists. So that dance was made particularly on the individual qualities of the dancers concerned.

cast of *Septet*, being revived for the first time since 1964 by the company.

Viola Farber: We were working in the Eighth Street studio — I can't remember what the other piece was?

David Vaughan: Carolyn, do you? Carolyn gets the prize for longevity, having been in the company from 1953 to 1972.

Carolyn Brown: He started *Septet* before we went to Black Mountain [College]. I think we were probably doing the chance piece, the four-part chance piece?

David Vaughan: Yes, *Suite by Chance*. I think one of the things that's going to surprise people when they see *Septet* is the fact that it is a dance that is done to the music. You didn't learn *Septet* to the music, did you? Because *Suite by Chance* was obviously not learned to music.

Viola Farber: No. I would have remembered the music part very definitely.

David Vaughan: So the music was added afterwards, as it is now?

Viola Farber: Well, Merce must have known what he was doing to what [music]. But we didn't rehearse to the music, because the music was performed live. I don't think we had a tape of it. If John [Cage] and David Tudor came to play — or just David, who could play four hands with two hands — if they weren't there, I don't think we rehearsed it to music.

Caroline Brown: No, not in the beginning. He was experimenting just with movement. But at Black Mountain we rehearsed with David playing both piano parts or with a record of the Satie music whenever David was unable to rehearse with us.

David Vaughan: Working on material in class, then, seems to be something that happened then and is still done, I think.

Gus Solomons: Probably, I remember learning phrases — dance phrases — in class, but I really have very little recollection of how we learned solo parts and other things. I guess Merce demonstrated them and then right away *extracted* from us individually what

he wanted to see. In other words, he would give us an indication of the movement — "This is a hip circle here" — and then he would watch us do it and say how it was wrong and how he wanted it to be done. For me, the process was almost invisible.

David Vaughan: Yes, it is probably hard to say afterwards how it happened. Gus, of course, was in the company from 1965 to 1968. Before we leave this question of class material, though, is it true that the material was more *squarely* presented in class? Did he then fix it, play around with it?

Viola Farber: It wasn't so squarely presented in class, as I recall.

Marianne Preger-Simon: I agree.

David Vaughan: I meant *rhythmically* square.

Viola Farber: That's what *I* mean as well.

Valda Setterfield: About the solo material: My memory of it, particularly with my *Walkaround Time* solo and also *Changing Steps*, is that Merce didn't show me *anything*. In fact, for my *Walkaround Time* solo, he sat in a chair the whole time and said, "Can you do this? Can you try that? And maybe a little of this, and the other?" It was quite marvelous because I never saw it on anybody else's body — which, no matter how objective you can be, colors your sensibility about it.

David Vaughan: Valda first danced with the company in 1961 as a sort of apprentice — well, no, you were in the original cast of *Aeon* in 1961 — and then was a member from 1965 to 1975. Did Merce work the way she has described with anybody else on the *Changing Steps* solos?

Douglas Dunn: Yes, he hardly showed me anything, either, about the *Changing Steps* solo, and he made me do one thing over and over and over again which I couldn't possibly ever understand. I don't understand to this day what he was asking me to do, but I finally did something that I guess he found okay to leave with me. It's interesting that now someone else does this part. I saw it once and it was . . . I think he had the same take. I guess he got it off the video tape. But I want to tell my own feeling about learning

That leads me to another general question. Merce has an important characteristic that not all choreographers have. Perhaps you could say that choreographers are divided into two kinds — the kind that take material or qualities from the dancers they are working with, and those that come in with an idea that they impose on the dancers, no matter what. Well, Merce has always seen the individual qualities of dancers, and it may be interesting to ask how this fits in with his idea of a chance process, because he does work out the chance process *before* he comes into the studio. So how does that work? Can anybody give us an idea of how those two things relate?

Steve Paxton: Chance process can be applied to lots of different elements in making a dance. It seems to me that what he was usually working with was space and direction and abstracts like that, not qualities. I don't know how you would even *name* all the qualities in order to subject them to a chance procedure. So are those two ideas in conflict at all, really?

David Vaughan: It's not just a question of quality though. It is a question of the actual movement, or the quality as it is *expressed* in the way the dancer moves.

Steve Paxton: Do you mean as *opposed* to the chance procedure or *linked* to the chance procedure?

David Vaughan: Either one.

Steve Paxton: Hmmm. It seems to me that there were dances where he was focused on certain people — or *parts* of dances where he was focused on people — for their qualities. But that was unlinked to the chance procedures. For instance, Merce was working with Viola's quality in an area of a dance and I was in that part. I was then supposed to deal with her quality somehow. Is that what you mean by him working with qualities of different dancers?

David Vaughan: Yes, that could be.

Valda Setterfield: I think Merce is the only person who can answer this question.

Viola Farber: And he wouldn't answer.

Valda Setterfield: Yes, exactly. He simply wouldn't.

Gus Solomons: I think it is a combination of all the above.

Steve Paxton: The thing that surprised me the most about working in the company when I started —

David Vaughan: In 1961; and Steve was a member until 1964.

Steve Paxton: — what surprised me was that we didn't all sit around and throw coins. I had expected that we would all do that, and what we *did* was come and learn steps.

Carolyn Brown: Isn't it possible that the idea of accident (which was what Rauschenberg used so much — accepting accident in his work) was what we dancers brought to the work? Chance now defined as accident? I mean, Merce didn't know all of us. He knew me all too well at the end, but he didn't really know us as he began to work with each of us. So when each new dancer would arrive in the company, that's where his focus would go, because that was new material and exciting for *him*. By that time, he already knew about the rest of us, so it was always the newest member of the company who stimulated his interest, and the rest of us would say, "Oh, gee, I wish I got that kind of attention." Steve, did that happen to you? Did you have that feeling?

Steve Paxton: Well, if you didn't know where Merce normally focused and you came into the company, you wouldn't notice, perhaps that he was focused on you. At a certain point he made *Winterbranch*, which was partly made on me, but then I had hardly anything to do in it when it was performed. I think in the realms of working with chance, the possibilities are really quite broad. To think it is just the *I Ching* procedure or dice is really to oversimplify it. He had a lot of ways of tapping chaos or of working with indeterminacy; there were a lot of different levels, right down to the space of the stage.

One of the major things that affected the company was the size and shape of the stage that we performed on. If Merce was making something in a twenty-five-by-thirty-five-foot studio, and he went to a place where a semicircular stage was fourteen feet deep and twenty-eight feet wide, how did that affect the piece?

How were the dancers able, for instance, to do *Aeon* at UCLA and to do it in the proper time with a minimum of rehearsal? It seems to me that chance has a part to play in that. It took real savvy and organizational capacity on the part of the whole company to do the dance there.

Valda Setterfield: Practical chance.

Steve Paxton: Yeah, yeah.

Valda Setterfield: You speak of chaos. Sometimes he produced a kind of *willed* chaos, and then as the dance was performed more and more frequently, he saw things that he found *too* chaotic perhaps, and he would draw in the parameters of possibility. It is my impression that if for one reason or another he didn't like what was there, he used his savvy, as Steve said, to make something conform more to what he wanted to have happen.

Gus Solomons: I remember that he threw away almost nothing. He didn't try things and then throw them away; everything he tried became part of the work. I sometimes wondered how he knew that something was going to work and where all the mistakes went. He didn't like to change things, either; he would try to make them evolve, because of his philosophy that everything was acceptable. He didn't want to reject anything. He would twist it into shape in some way, in some evolutionary way.

David Vaughan: But this was *before* the dance was performed?

Gus Solomons: Sometimes before and sometimes after depending on how it looked.

Valda Setterfield: I think, conversely, that sometimes in places where he desired chaos — perhaps we had gotten too comfortable with a passage — he would revert to timing it again, and usually we had slipped and made it slow. By taking it back to its original tempo, the chaos was restored, which made him happy. I think he did exactly what you say — he did both of those things.

Carolyn Brown: Perhaps Viola is also talking about two rare occurrences when he did use a lot of inde-

terminacy. One was in *Story* and the other was in *Field Dances*. We had *so* much freedom in *Story* in terms of timing — or at least we thought we did — that perhaps he thought we were taking advantage of him in certain performances. I remember one situation in which we each had our own phrase to do — it was the "object" phrase — and one of our members stayed out there too long, and he didn't like it at all. He picked her up bodily and walked her off the stage. Because there were certain things that were extremely important to him — especially timing. Timing as part of the total structure of the piece. He has an extraordinary sense of timing and theatrical showmanship.

Another story about *Story* — Steve, can I tell about Cologne? You're *it* for this one. There're lots of stories to tell. In fact, I think Merce is writing a book based on his *Story* journal. We performed the dance all over the world in the 1964 tour. In each place Robert Rauschenberg made a new set for it, and we rehearsed only the *elements* of the piece, the gamut of possibilities — our steps. And in Cologne — which was somehow a very dark time for Merce on that tour — we needed to be rehearsed, so he asked us to do our slow phrase, as slowly as we could. He went around the room, one by one, and it came time for Steve to do *his* slow phrase. Steve took Merce's instructions very literally, so that a half-hour later, Steve was *still* doing his slow phrase. The rest of us were out in the hallway, saying "Wow, how long is this going to go on?" But Merce had simply taken out his notebook and was looking at his notes, and Steve just kept doing his slow phrase. It was terrific! And Merce was still looking at his notes.

Viola Farber: Carolyn, that was Tokyo.

Carolyn Brown: Tokyo? I remember it in Cologne too.

Viola Farber: You did it *twice*, Steve?

Steve Paxton: I did it as slow as I could. I remember it in Tokyo too, but that was partly because I had been sick since Warsaw and was still ill in Tokyo. This was four or five months later on the tour —

Viola Farber: It was the sixth month.

Steve Paxton: — and at that point, I'm just glad he didn't say "Do it as fast as you can," because probably it still would have taken a half an hour.

Douglas Dunn: I was very struck when I was in the company by the intense rigor of the work, the understanding Merce had of the material and the detail — "rigor" is the word I like. At the same time he was open on various levels at different times and in different situations, to accidents and surprises.

The example that is most personal for me was when we were in a huge gymnasium space somewhere in New England. It was a basketball court, only bigger, and it had bleachers going up both sides — huge! Vast! It must have held two thousand or three thousand people. And there were about twenty people in the audience! We were doing a piece — I don't remember which one — in which I have a run, a big semicircular run, and it was a vast space. We were all struggling to cover this space and make the dance as big as we could to fill the space. I took off to do this run, and right in the middle of it, I slipped and fell, which was totally wrong — it couldn't have *been* more wrong! But somehow, the way I fell, I was able to just roll and get right up and continue running. I was terribly embarrassed. This was the third mistake I had made in a piece in my career at that time, and I was humiliated: this was the worst thing that could have happened to me.

I looked up and Merce was smiling, having seen it, and I realized he dug it. He absolutely loved it. It didn't ruin the piece for him, it didn't cause him to feel that it was out of control. It was beautiful. It fit right in.

Marianne Preger-Simon: I don't remember anything ever being changed, or Merce saying "That didn't look good" and then changing it to something else. I just remember that whatever there was, we did it, as close to the speed and counts as he gave it to us. But I don't remember him ever eliminating something because he didn't think it worked.

Viola Farber: I *do* remember being taught things and attempting to do them, and obviously Merce didn't like how I did them, so he said "Let's drop that."

Marianne Preger-Simon: Well, that's because he asked you to do impossible things.

David Vaughan: What about the repetition part of the rehearsal process? It must really surprise people to see unison passages in a Cunningham work. The unison is so close and everything always comes out together, and yet the dancers don't have any music to hang on to. If you watch Merce rehearse, it always seems to be a very quiet process. Merce sits there, and the stopwatch is ticking away, and the dancers do the piece, and there is very little comment. But somehow out of this comes an extraordinary unity. I think this has always been the case, even if it is true that there is more unison now than there was. Does anyone want to throw some light on this issue?

Valda Setterfield: The rhythms were always so incredibly strong. The audience may not have heard anything, but the rhythms were pounding in our blood.

Viola Farber: I remember that sometimes rehearsals were very unnerving. Merce would sit and look at his stopwatch, and the only thing he would say when we had finished a dance was "You're a minute too slow." Sometimes we had done other things that could be corrected, and when we were in good shape, we corrected each other in the actual dancing — the shape of what we were doing. But there were many times when it was just the time that was corrected.

Steve Paxton: In my era, one of the things he said relative to that was "If you want to get the time right, make every detail clearer," and that seemed to work. We would be able to shave fifteen seconds off a two-or-three-minute phrase that we had been slagging in a little just by sharpening up very small units inside the phrase — a tenth of a second here, a tenth of a second there — and finally getting it right.

As for the unison: I fell for this company in the first year I saw it because of *Rune*, which had some amazing unison work in it, and it was done to music that didn't go with the steps. It was extraordinary in its power. At that point I was trying to understand the philosophy of Merce's work. It seemed to be based in Zen and it seemed to be dealing with chance — that's what was always put forth. And yet here was dancing in unison! Then, I thought, Wait a minute, indeter-

minancy has to manifest itself somehow. You can't see indeterminancy, except maybe in your mind. You can envision something which is ultimately chaotic, but in terms of actual manifestation in a human way, it has to be organized somehow. This is another manifestation of the possibilities.

There's a new theory about chaos. They say in fluidics that if you have a very clear pattern that becomes chaotic, a more recognizable pattern will emerge again underneath that chaos if you watch it long enough. There are organizing principles which we don't understand yet. The idea of chaos as it is regularly understood doesn't include the full range of its potential. It just sounds like a lot of blather happening — that's the way we use the word "chaos." But rigorously applied, it is actually a far more structured phenomenon.

Carolyn Brown: There is a big difference between the works that were choreographed by using chance procedures and the very few that were indeterminate in actual performance. The chance works were made precisely, with exact time, exact space, exact steps, and we were expected to do them precisely. There were very few indeterminate works. Although there are dances that have bits of indeterminacy in them, *Story* and *Field Dances* were really the only indeterminate works.

As to *Rune,* I think one of the reasons that we were able to do that unison material together was because

in those days, at Connecticut College, we never worked with a mirror. We worked in a room in the music building that was more like a little library. There was no mirror, so we had to sense each other, we had to feel each other, we had to hear the beat in the floor, and we had to do the phrases over and over. But, mind you, David said that rehearsals took place in silence. Not at all! When Merce was snapping fingers and clapping hands, it was noisy, and he was often talking too. It was only in the later rehearsals that it was quiet — when he was *not* snapping fingers. So we had a real sense of that rhythm and as Viola and Valda have said many times, the rhythm is *extraordinary* and extraordinarily complex. It had to get into the whole body. We had to breathe together.

David Vaughan: Do the dancers *count* very much in Merce's work? I think people have the idea that the dancers must all be counting like mad because the music doesn't help them, but would you tell us?

Carolyn Brown: In the beginning, when he gives you the phrase, he sometimes counts it, he sometimes does *not* count it — it's not always the same. Sometimes he says, "If I count for you, it will throw it off." He wants it . . . more subtle, more organic, and you just have to figure it out. Sometimes it changes on our bodies — something else happens because of the way we are built, and he accepts that. *That* is the area of accident — not chance, but accident, so important to Rauschenberg's work, is absorbed into Merce's work. *We're* the accidents.

Viola Farber: Earlier I was saying that things were sort of pulled back sometimes. I think that happened in the indeterminate pieces. For instance, there was a duet we did which was terrifying because we had sections to do but it was not decided beforehand *what* we did *when.* Rather, we gave each other cues for each section to do as the dance went along. It was perhaps *too* exciting. So Merce made it a little more set.

About unison: In *Rune,* the dance Carolyn talked about, which is an *extraordinarily magnificent* dance, there was a section where the whole company had to take a cue from someone (who shall be nameless!) who was behind us, and who danced very lively and lightly, so there was no pounding of feet. And we learned to do it. Somehow we learned to feel what was going on behind us. So I think we developed sensibilities that are quite nice to have. They were maddening, sometimes, to try to develop.

David Vaughan: Viola, didn't Merce actually give you a dance image once?

Viola Farber: There's this idea of Merce being very abstract — there's *chance*, and it's *set*, and you *do* this movement, and it has nothing to do with anything but itself. Well, there was a dance called *Nocturnes* which was done to music of Satie, and in the last part of it there was an entrance. Once — not in rehearsal but in some kind of social situation — Merce talked about that entrance and said "I think of that being like branches waving in the wind."

David Vaughan: Just recently he taught Rob Remley a solo that he had done in *Suite for Five* and told him that he had to be like an animal watching out of the undergrowth, which was such a concrete image. Rob was very surprised. But was it in fact as rare as that, that he would give you that kind of an image?

Viola Farber: As I remember, yes.

Valda Setterfield: I remember there being images, but they were always from nature, as the two of you cited. The only one he ever gave me was during the first time I performed with the Cunningham company — actually, I was doing a part of Viola's. Viola was injured. I had not been in America very long, nor had I worked with Merce very long. I was not informed if I was really going to do the part or if I should learn it, so I hovered around in the back, trying to figure out what to do. Carolyn said to Merce, "Why don't you help her?" He said (she told me later), "I want to see what she'll do with it."

So we went out on the road. We were in a terrible theater where the back curtain didn't come down to the stage floor, and you could see all the crossovers — bare feet going back and forth — and just before I went on, Merce said to me, "This, my dear, is an entrance worthy of Edith Evans. *Take* it." That was actually quite marvelous, because it was something that I absolutely understood, and he plugged into that.

Douglas Dunn: Merce often said something about "getting out of the way of the movement." To me there was never any question but that Merce was full of *all* these images and all this feeling about movement. But he did, I feel, restrain himself in general from making comments or suggesting images to the dancers about what he or she was doing, because he wanted most of all to have this directness, this simplicity. Deborah Jowitt used the image of the puppet, not to imply that the dancing is mechanical, but just that the plainness, the simplicity, the directness of movement as such, comes across without the dancer inflecting it greatly.

Merce once said that if the dancer has an idea about the work, something starts to happen, which is not necessarily so good for the dancer. A very interesting aspect of his work is that he gets so much from dancers by leaving them alone in a way that other choreographers do not, so I feel I get glimpses of the dancers themselves inhabiting, in a sense, Merce's world. Because the dancers are *themselves*, to a large extent, they are not becoming characters, and they are not making themselves up if they can help it. In a way you get *more* of the dancers, and that to me is what makes Merce's work go toward life and not completely off into his own fantasy world.

Marianne Preger-Simon: I remember that in the very early pieces like *Minutiae* and *Springweather* we used to make up endless stories about what we were doing

231

because it was so new for us. Sometimes we would tell him, and he would sort of smile enigmatically, you know. I remember feeling that it was very necessary to have something to hang on to, because it was so new.

Carolyn Brown: For the revival of *Septet*, does the program list the section's names?

David Vaughan: No, he left those out.

Carolyn Brown: It's a very interesting ballet — something akin to Balanchine's *Apollo*, I think. And *Septet* has a very definite story. The section with three couples was called *In the Morgue*; it was about death. Another section is called *In the Music Hall*; another, *In the Tea House*. Even when he was thinking about this dance, he had ideas about using candelabras for *In the Morgue*, and ideas of a set for *In the Tea House*. But at the point it was beginning to happen, Cage's influence — to have no stories and no narrative — obliterated all that early history of the piece.

Remy Charlip wrote an article for *Dance* magazine [January 1954] about Merce's use of chance processes, and when Remy interviewed Merce he asked him a lot of questions about his earlier solos and the meanings of his solos. And Merce told him a lot of things about meaning, what the dances were about. . . . But . . . it seems that Remy was told not to use that material. Now *I* think *all* of his dances (and I'm not talking only about through my time there) are about something beyond just "the steps," and, as Douglas says, it's not important either that we knew it or that the audience knows it.

In the article I wrote for the [James] Klosty book [*Merce Cunningham*, 1975], I talked about *Second Hand*, which was the story of Socrates. And it is there. The duet is not actually a duet of male and female; it should be a duet with two males. The story is there, but because the critics — because *everyone* believes what is written about Merce's work, they never looked further to think that, maybe, *Second Hand* was about something *else* — as actually *about* something. It was about Socrates' death, and it was very clear. It was very moving and very touching — the gestures that we all make toward Socrates at the end, dying in the back — it's all there. But everybody believed no, it's not about anything. Some people even said it's

something about Graham technique, for God's sake! Everyone! You shouldn't believe everything that is said to you. You really should not! If you read history books, there's not a whole lot of absolute truth there, either. You have to dig around to find out that there are other things going on in the work besides chance. That's the dogma, I know, but look deeper. There is a *lot* going on there.

Viola Farber: Douglas, elsewhere you've talked about Merce's "uninflected movement," but I don't quite know what you mean by that. Certainly when one saw Merce dance at the height of his powers, it was not dispassionate, uninflected movement. But here is a difference between putting something on *top* of the movement and letting the movement inform the entire person and, indeed, the entire space. Merce was not someone who was performing only technically exciting feats. Merce was totally *there*, and his character was totally in the movement. No one else danced like that, and in that sense, it *was* inflected. It was passionate; it was very personal.

Gus Solomons: When I was told to "do the movement full," what that meant to me was to generate an emotion through the movement. But the emotion had nothing to do with some intellectual fantasy; it had to do with the physical feeling the movement gave me. It was never really a problem for me, because I always understood and worked that way myself. I still assume (probably more that I ought to) that people function that way normally.

I always knew inside my secret head that Merce had stories, and that they were very simple and almost silly sometimes.

And that was the reason why he wasn't going to tell anybody what they were. Those "stories" helped him make a piece. When the audience saw it, they would put their own interpretation on it and see it in their own way — so why should he get in the way of that privilege which they would have? That seems the way people *should* function. It's a way of admitting the inevitable.

Douglas Dunn: I agree with Viola, with her use of the word "inflected." The way I used it was a poor choice of word on my part perhaps. But I agree with the way she describes Merce's dancing. I have a story about something that affected me greatly in this respect.

When Merce made a piece called *Objects* in the early 1970s, there was a section in which about four of us had to sit down on the floor and mime playing jacks, and for the first and perhaps only time in my stint with the company, I was really offended and turned off. I thought, What the hell is this guy doing? I came here to dance; and he has all this mythology about the steps, and I'm doing it, and that's great. And all of a sudden I'm asked to be a *mime* — something I wasn't comfortable with at all. I don't like that attitude about movement.

Well, we rehearsed this part for weeks and months. Carolyn and I did it — I don't remember who else. Then came the first performance, and I was really resisting. Suddenly, when the moment came to sit down in a circle, Merce *also* sat down. He had never done this in rehearsal, ever, and he had never *shown* us how to play jacks; he just *told* us to play jacks. And in the first performance, he sat down and we took turns. One of us would play and then we would mime (we didn't have any jacks) passing the jacks to the next person. Merce was last, and I had already humiliated myself by doing my turn in resentment. But when it was Merce's turn, he did it so *beautifully* that I was very angry with myself for not realizing that here was another potential.

The point of the story is that Merce has tremendous potential as an actor, a showman, another kind of stage presence. When he dances, he uses it all, but he puts it into the movement; he doesn't use it the way we conventionally think of as acting, or as a mime would. He pushes on it a little bit and it comes out a different way. It becomes ambiguous. What's going on? you say — you don't know that he's playing jacks all the time, so to speak. "The expression is in the rhythm," he used to say, which I think was slightly evasive, but it is an interesting comment.

David Vaughan: He did a wonderful thing in an *Event* once at the Walker Arts Center in Minneapolis. He mimed making up — putting on stage makeup.

Valda Setterfield: Once in California apparently we had one more performance scheduled than we knew about. Merce did not have enough repertory, so we did an *Event*. He invited us all to contribute to it and do what we wanted. Everybody was a little shy. We had never worked with him in that way, and he was a little bewildered because we were shy. So he began to organize things, because he was impatient with the fact that everybody was standing there looking timid. But we came to and found things to do. Well, there was a point in it when Merce shaved. Do you remember that? Did he really shave or did he mime?

Douglas Dunn: He *really* shaved. He went right down center stage with his makeup stuff and upstaged — or downstaged — us.

Valda Setterfield: It was Merce shaving, but it was also that kind of attention to the brush and the action which was the same thing as when he was dancing. It gave one a real understanding of the fact that everything is important.

Douglas Dunn: Once backstage on a little staircase — four or five steps — he did an absolute soft shoe on it. He wasn't afraid to compete with Fred Astaire or Bill "Bojangles" Robinson. That was the only competition.

Valda Setterfield: For me, Merce was awfully good about sharing information. The only thing he needed was for you to ask; he didn't like to tell you things if he thought you weren't ready to understand them. But I asked, and I got the most extraordinary information, even if I had to say to him, "I can't figure out what is going on here, but it isn't feeling comfortable." We would thrash it out between us.

I remember a very straightforward incident when we were doing *Field Dances*, which was originally made for four dancers. Then, when the company got bigger, we all learned those parts so everybody could be in it, including new people. We were doing it in Detroit for schoolchildren in the mornings, and there was a part where a man lay on the floor with his knees up and the woman lay across him, balanced on him, and the kids would call out "Hey, that's sexy stuff." I had a walk that had originally been Viola's, which had a lot of hip rotations in it, and the kids would call out all kinds of sexy things.

So I went to Merce and said, "I think this is really upsetting the balance of the piece. I wonder if I could leave it out." He said "Oh, no. Don't leave it out. If you do, you'll never get it back." And he talked to me about ways to incorporate it into the performance and not upset the balance of things: about maybe not shifting speed; about maybe pursuing the same direction that I was already working in, or playing attention to what else's direction, or working with somebody else at that point. He gave me the most extraordinary understanding of stagecraft and improvisation and composition. He was fantastically generous and incredibly instructive, and I thank him for many, many occasions when he did that.

Steve Paxton: Getting back to Viola's remark about Merce at the height of his performing power — his extraordinary quality and attention. Last year I saw the company in Santa Fe, where they were suddenly dancing at seven thousand feet, having just come from sea level. They all had the flu and their plane was late — one of those typical disaster times for the company. The first evening of performance left me feeling . . . it's still a great company, but it isn't . . . The second night was an *Event*, though, and I was moved to both laughter and tears for the last twenty minutes, because one of the earliest dances that I had learned, bits of *Suite for Five*, was still being done in this *Event*. My own well-remembered movement, twenty years after leaving the company — still there, amazing! And suddenly being very grateful that I had left the company so I could once again *see* the company, because you *can't* when you're inside. Suddenly feeling that.

Later Merce did a solo, and maybe it's because I imagine that he is in pain when he dances now (I imagine — I have never discussed it with him) and I suppose that it's only years of stage adrenaline that allow him to address the idea of performance at all anymore. But when he started dancing, it was by far the best solo I have ever seen him do in terms of its communicative power. I think it almost might be because of the pain that I presume he is in . . . because he is able to take that in stride and still present this incredible physical manifestation, wherever it comes from. I was completely moved and I felt like Santa Fe had a kind of blessing, as occasionally happens in performance — when the manifestation is so completely clear and present that there is no denying anything, and you're there with it. The empathy with such a performer is such that the entire room is unified and everyone is there, no matter what their circumstances or their own background's pain.

Earlier, the "Caging" influence was mentioned. Once Cage said something about how composition is one thing and performance is another, and seeing a work or being in an audience is yet another. I think that once you step into that kind of appreciation of what's going on, what you as a dancer are trying to convey becomes different somehow, because you don't presume that you are conveying the message that you have *in* you, but rather that each person in the audience is unique; the meaning is always a matter of translation. Just because we are speaking in the same language doesn't mean that we all take in the same meaning. And Santa Fe was an occasion where something beyond reason or meaning in the dance was being conveyed. However, they only got about three bows there; there was no standing ovation at the end, so maybe nobody else was feeling that at all. I don't know, maybe Santa Fe just doesn't *do* that kind of thing — it's so *cool* there.

Valda Setterfield: Sometimes when you see something like that, you are not moved to make a great show of applause. It is a kind of quiet pleasure, for me anyway. So maybe that happened too.

Steve Paxton: I barely had time enough in those bows to pull myself together so that I wouldn't look a total fool. I would have been sitting there weeping, really. I literally needed the help of the people I was with to get up. We were in the back, so everybody would have seen this guy on the aisle weeping to himself for about ten minutes. I would have stood up and shouted a lot; I actually needed to release the emotion that he had provoked.

David Vaughan: One often reads that Merce's work has become more or less of something — more balletic, that there is more unison in it, and so on. But it seems to me that, in fact, there is a great consistency. Looking at the company now, what changes do you notice compared to when you were in it?

Gus Solomons: Looking at films of early work, I was impressed with how little the movement was aged, and I wondered why I haven't thought it through fully, but it is probably because it is so pure in its mechanics that it transcends any date, any time — any fashion — and I think that the purity is consistent. The speed has increased. The attention span — the size of the chunks — has decreased, consistent with our apprehension of the world since television.

Steve Paxton: The speed has *decreased*?

Gus Solomons: No, speed has *increased*, and the length of phrase has *decreased*. In other words, it comes in shorter shots, because we — the world — now perceive things in shorter chunks, and Merce is part of the world. And that affects what he *does* so well. But it also has to do with the showmanship that Carolyn talks about, because he is the kind of personality that is very aware of the audience and the effect on the audience. He doesn't cater to it, but he considers it in the way he presents what he does. I think that as he has gotten more proficient at understanding that, he has gotten more facile at serving that. I mean, at the beginning, part of his power was to disturb and offend the normal expectations of his audiences, in a way. And that was a way of getting the kind of attention that a performer wants. Over the years, his style has become more magical to people, and he has more power over his audience.

Viola Farber: I think his work has changed a great deal. As Gus says, the world has changed too, and Merce doesn't work in isolation from it. I left the company in 1965, and in 1970 I did a guest performance with Merce in a work that he had done earlier, *Crises*. That was a five-year gap. I remember watching the rehearsal of the program — the part that I wasn't in, which was everything but one piece — and thinking that the piece from the good old (or bad old?) days must look very strange on that program because it was so different. I felt it would be a very odd program. Since I didn't see it as a program, I don't know if it was. But I very definitely had the impression that Merce had *moved on* to very different kinds of things.

Steve Paxton: Wasn't that always the case, though?

The programs always seemed to me to contain radically different flavors.

Viola Farber: Really?

Steve Paxton: From the first programs I saw, there were dances to the music, there were dances to random sounds or prepared piano — whatever John and David [Tudor] had concocted.

Valda Setterfield: You mean *Antic Meet* and *Summerspace* taking place in the same summer? It was extraordinary.

Steve Paxton: Yes . . . The *look* of the thing. Seeing part of *Suite for Five* on the 1986 company with whatever else he had included in this *Event* (I have no idea how far back or far forward in history he went), I was impressed with how the company kept the integrity of the movement — kept it relatively fresh. I find the company now able to dance longer and faster than we were able to do. He's training them, I think, in a slightly more . . .

Viola Farber: They're technically more proficient generally speaking. I don't know if it is proper to say this, but I will. In *Septet* there was one part where we were to be in unison, but we never were. And I watched the rehearsal on Thursday. They *still* aren't.

Carolyn Brown: But there is a movie from Finland, and we *were*. On the button!

Gus Solomons: And that's what counts! It's *on* film.

Carolyn Brown: I think the work has changed a great deal. Merce has become now what I would call a master orchestrator. He has a larger company; he is interested in using larger ensembles. In the beginning, he was working with very specific individuals; there were only five or six of us — often five plus himself. He was starting out brand new; he was developing. Some of the early pieces were very, very spare. For instance, the early chance piece *Suite by Chance*: it was the beginning, the *real* beginning, of him working totally with chance processes. I didn't have in it the gut busters you see the dancers doing today. But in the fourth movement, there were the beginnings of these things — but he was just devel-

235

oping that craft. Today he is like a composer writing for orchestra rather than for chamber ensemble. We were a chamber ensemble. Also, he *knew* us intimately. We traveled around together in a little bus. He knew how we ate, how we quarreled, how we slept. He knew everything about us, practically.

Valda Setterfield: We were more the same age then.

Carolyn Brown: We were very close, and John Cage was with us all the time. When I hear discussions now about the concepts and the philosophy of the work — that was simply a part of our diet then. We heard it constantly, we talked about it. Rauschenberg was in the bus with us: he talked about what he was doing.
Today it is *very* different. The dancers are much younger. They don't have the opportunity to live together as we really did. We were like brothers and sisters. I don't think it is the same at all now. Of course, a *lot* is the same, but I think Merce's interest now is in structure. He has always been a magnificent choreographer in terms of structure, and that's what we see now in these works. Structurally, they are mind-boggling, and the dancers are on another planet than the one we were on in the early 1950s.

Steve Paxton: We are *all* on another planet than we were on in the early 1950s. At that time, what Merce was doing was heretical from several different viewpoints, and, maybe most important, it was his heresy relative to the modern dancers of his day. At that point it looked as though modern dance was going to go on developing in the same way: that each of the major artists would develop a technique of his or her own that was different, and come up with a way of presenting that idea to the public — you know, rise and fall in Humphrey's work, or the idea of contraction and psychological symbolism of Graham's, and all of that sort of thing. Cunningham for some reason chose to employ a balletic mode. Carolyn, do you know why he did that?

Carolyn Brown: No, but when he was working with Graham in her company, he was only the second male that she had choreographed for. Erick Hawkins was the first, and he as a ballet-trained dancer. She said to Merce, "I can't train you fully in terms of

speed and jumping," and she sent him off to study ballet. (That is where David Vaughan met him, at the Balanchine school). I think Merce knew that the vocabulary needed to be extended into the legs and feet. So much of the Graham repertory in those years — not now, but in *those* years — was centered on the contraction and release and so much work on the floor (it is very difficult for many men to do all that work on the floor: their pelvises really aren't constructed to do that). So Graham is the one who sent him off to study ballet.

David Vaughan: Yes, Nina Fonaroff, who was in the Graham company at that time and now teaches in London, told me that she thought that Graham had sent Merce to the School of American Ballet. Nina said, "She never told *us* to go. Of course, we *did*, but we wouldn't tell her that we did." But I think she sent him to Kirstein.

Steve Paxton: But modern dance was the style for him, more or less, into which he would incorporate balletic arms and balletic legs — use them inventively, change the ballet, incorporating other things he had picked up, other ways he saw movement going, and later, doing it from his *own* work. Reinterpreting his own permutations, as it were, strikes me as being very odd and in some way as a great strategy, because his compositional means were to be so radical. I think if he had been working with *movement* as radical in those days as his compositional means were, it would have been completely undecipherable. There would simply have been no audience for it.

Carolyn Brown: There *wasn't* any.

Steve Paxton: There was a bit of audience. I was certainly one of them.

Gus Solomons: I never thought of Merce's movement as being balletic. That's a perversity of mine, I guess — a blind spot. I think Merce incorporates all the possibilities of human activity.

Steve Paxton: Bullshit!

Gus Solomons: Well, he does. That's his idea, isn't it? That all movement — all human movement, all possibilities — are his material. A straight arm and a straight leg, moving at right angles to the body, are among the possibilities, and because they happen to coincide with certain positions of ballet, they get called balletic. In addition, the dynamics and the clarity and the isolation with which he does things are also reminiscent of ballet, but I think they come from a different source. (I'm sure you disagree with me, but anyway, that's what I think.)

He uses the spine as another *limb*, with equal articulation in all the joints of that spine, and reduces the center from the whole torso to just the pelvis so that the spine becomes free as a limb. But when you look at that movement, at those dances, things are recognizable to you as "arabesque" or "attitude." But I still think of that as a leg to the back bent, or a leg to the back straight. I may be unique in that perception, but I think it doesn't deserve to be called a balletic style. It's *movement*.

You know, when anybody does something that looks like a curved spine with sharp dynamic, it is called a Graham contraction, whether it is or not. It really should be said that ballet is "Mercean" in style, rather than the opposite.

Valda Setterfield: No, ballet has been going on longer. Give it its due. I think Merce's work is balletic. It is based on the formal structure of ballet, and that was what attracted me to it. When I came here from England, I was thrust into this maelstrom of modern dance which had no clear coherency for me. Then, suddenly, I was placed in a situation with Merce where there was a clear anatomical structure being used, and I understood it; it made sense. We also turned out front, side, and back, as you do in ballet class, doing a warm-up which included all the things you did in ballet class, except we called them by an English name and not a French name. The thing that was marvelous was that we worked in parallel to sustain and maintain the alignment more clearly, which held as you turned out. One of the interesting things about Merce is that he is both radical and formal at the same time. I think he needs that. Obviously, he chose a very formal structure with which to begin.

Carolyn Brown: I disagree with Gus — that he needed to make pieces to shock. I don't think he ever did

that. I don't think he set out to shock, and I don't think he set out to woo an audience. We all need to be loved, but I think his whole choreographic career indicates that he has simply plunged ahead whether anyone liked his work or not. Piece after piece that few people liked. There was a small devoted following, mostly of artists and musicians. But in general, people didn't go, or if they did, they didn't like what they saw. That was the situation for years. It didn't stop him. He never deliberately set out to make a crowd pleaser in his life.

Valda Setterfield: He has a force and a passion that drives him forward, and he was shocked when he shocked people. I think he was shocked once when he shocked *us*.

Carolyn, there was a time after you had left — we had been having class with Merce for years, three times a week at eleven in the morning. The warm-up was very formal — structured, slow, thorough, terrific. Suddenly, we got to the center, and all hell broke loose. He began to make phrases that were *miles* long. He would show them once, twice. There were clear landmarks in them. Sometimes one stood still for a couple of beats, or there was a position, or one made a circle — there was something very obvious that one did at some point. He would show them, and he would say "Okay." We hardly knew what had happened, but we would sort of start. One would take something off this person, then another person would remember something, and somebody would feed back off me. I thought it was divine! I thought those sessions were the most amazing adventures I'd ever had in my life. I would wake up sometimes in the morning and think Oh, God, I can't stand an adventure — but I would get there, and pretty soon I was in *another* one and it was heaven.

However, the company went crazy. People said, "This is irresponsible. This is inappropriate. It could cause injury." Some people said (which I think was the truth), "I don't like being seen not knowing what the steps are." There was a meeting and it was all brought up. Merce got quieter and quieter and quieter as these protests were aired, and finally said, "I'm trying to find out something for *me*; I've been teaching you for years. I always know what's going to happen. I've been trying to make loose and very dense phrases which I haven't fully worked out. I want to find out what you do with them. I want to find out in the class what is happening."

I said, "I'm having the greatest time I ever had." Everybody else still resisted, resisted, resisted. And he gave those experiments up, because there was not that kind of courage. But I think he was incredibly shocked by the safety-factor needs of the dancers at that time. He had no idea that he was violating something, that he was doing something we wouldn't be comfortable with — no idea at all. And I think that's what happened when he *made work*: he made work. He did not make work for an effect. He did what he had to do.

Marianne Preger-Simon: Well, I remember all the way back to *Springweather*: it had a lot of stillness and silence. It was a very long piece for those days. I never saw it, so I can only speak about what it was like from the inside, but it seems to me that the pieces *now* don't have those lengthy, quiet, empty spaces that some of the earlier ones had. Maybe I haven't seen them all, but they seem more dense.

Gus Solomons: The world doesn't have patience for that kind of work anymore — for the stillness.

Viola Farber: And he has lots more dancers.

Douglas Dunn: Well, though, there's *Inlets*. That's a piece that impresses me. When was it made?

David Vaughan: 1977. *Pictures*, from 1985, has a lot stillness too.

Marianne Preger-Simon: Something that always struck me was that Merce created this wonderful technique for us to learn that *he* never used because he just *danced*. We learned the technique to approximate what he did intuitively. I always found that fascinating, because when you saw him dance a solo, it was really different from anything that we did as a group. The solo was this creature, just *being*. We, on the other hand, were *dancing*.

Roger Copeland: There has always been a distinctive form of concentration visible in the faces of Cunningham's dancers. There are no artificially plastered-on smiles, and there is a certain intense engagement in the business at hand. Is that distinctive concentration in part the result of having danced alongside sounds that you can't allow to distract you? It's not dancing *to* music and it's not dancing in silence. It's something, I think, that's tougher than either of those two possibilities.

Douglas Dunn: One of the things that I observed about Merce (which seemed perfectly natural, but contradicts somewhat the usual idea about the simultaneity of the music and the dance and the separation of the two at the same time) is that he clearly listens to the music. Whatever his counts or whatever the structure of his dance, he is listening. I could see, once I left the company, that he was dancing to the music — in a different way from dancing to the rhythm of music, perhaps, but he was making it part of the landscape that he was dancing in. I didn't find the music distracting at all. If I found it distracting, I just tuned it out. And to the extent that I *could* listen, I *did*, and fed off it.

Gus Solomons: When I was dancing in the company, we were very busy with what we were doing — with all the elements of the movement we had to concentrate on, including fingertips. Merce had a wonderful way of building concentration in the performer and keeping you from that word "inflecting" — that is, putting your *own* fantasy on top of the movement. There was so much to do that it took all your concentration to do it correctly, properly.

Marianne Preger-Simon: I remember the first time we were given some of that very spare music to go with a certain piece. We had been dancing without hearing any music, and then we started to hear it. Within a very short time we had attached certain phrases in the dance with certain sounds that came from the music. I remember that Merce was very surprised when he heard that we had found *cues*.

Gus Solomons: We were never able to find cues, because the music was never the same from time to time. I remember one performance in Paris. We were in place and were coming down in the diagonal. The speaker was blasting from the corner. Now maybe this is in my imagination, but I remember that at one point the sound stopped. All of us were in a tight knot, moving down in a very difficult balancing situation. And when the sound stopped the whole company fell forward together. We had been literally pushing against the wall of sound. It was just remarkable, because I was not often aware of the sound. I never heard the continuity of the sound. It came in and out, so I was never aware of it, except in situations like that.

Another time, in Connecticut, we were dancing on Philip Johnson's lawn, and the speakers, God help us, were in back of us because there was no proscenium. It was just a platform. The volume was so loud that some of us got sick — physically sick — from the decibel level.

David Vaughan: So did the neighbors.

John Mueller: There's much speculation about what Cunningham was thinking. Some of you've mentioned that you had no idea if Merce was inventing material on the spot or was picking some from two years earlier. Did anyone ever ask Merce, "Are you just making this up now, or did you have it planned?"

Gus Solomons: None of *us* did.

Carolyn Brown: Valda may have.

Marianne Preger-Simon: I remember that as we got to know that what we were often doing in class was learning a dance, we would *ask* occasionally, and he would tell us yes, he was working on a dance. I don't remember him ever being very detailed about it.

Douglas Dunn: One of the things I loved about going to Merce's class was that there was so little talking. Talking has a very different rhythm from dancing — from moving and getting warmed up and using your body through a given amount of time, as you know if you've danced or played sports. Some teachers and some choreographers are willing, or desirous even, of explaining as they go along, or stopping to chat, but Merce is not like that. He wants to build a class as a curve: you start slowly until you're ready, and as you're more able to do faster and bigger things, you do them. That is typical of a ballet class also, so it's

not unique to him. In rehearsal, there was the same kind of intensity. You tried to get up there to your peak and do it, and if you stopped to talk that tended to go away. This was never discussed, but it was implicit in the situation. The communication was physical and direct. It doesn't assist you in your work to stop and talk about these things.

Viola Farber: All this discussion is retrospective, there are lots of speculations that one can indulge in now. But as Douglas says, we were busy *doing* the work, and it often seemed quite self-explanatory. We went on these endless bus tours where we were in close proximity. There was talk, as Carolyn has said, so we were not uninformed — we were not in the dark. We were doing the work and that was very occupying, and now we can think one way or another about it, but at the time it was very different.

Douglas Dunn: It's interesting to hear about the bus and conviviality. I was in the company in 1969. By that time, we didn't do a lot of bus traveling, and Merce did not talk casually with us.

Carolyn Brown: You were in a *big* bus.

Douglas Dunn: Yes, you could get away. But there wasn't this kind of banter among young artists that the earlier company members experienced. However, I had the same experience that Valda mentioned: that if I asked — and I did — I got extraordinary answers from Merce. One question . . . I was so embarrassed when I asked it. I'd been in the company two or three years, and was feeling horrible. I didn't exactly know why; I was just having a very hard time. So once at lunch, between class and the rehearsal, and without even knowing I was going to do it, I walked right up to Merce and said, "Gee, what do you do, Merce, when you're not enjoying dancing?" And as soon as I said it, I was completely shocked and wanted to run away: Why am I asking this?

He didn't bat an eye. It was as if he already knew I was going to ask him this horrific and insulting question. (This is my *choreographer*, you know!) And he said that when you commit yourself to something, you do it all the time, not just when you feel like doing it. You have a greater commitment to it than that. That in the times when you don't feel like doing it, you wait — wait until that feeling passes into some other feeling.

Gus Solomons: And while waiting, you keep doing it. That was the important thing, wasn't it?

Douglas Dunn: He didn't come out and say it, but that was definitely implied. It was extremely helpful; it was a very generous and helpful statement. While I was there, if you didn't ask you didn't get a lot. If the physical thing was enough, fine; you got that. But the other thing wasn't forthcoming unless you requested it, and it could be quite difficult. There was no way to process verbally — automatically — a lot of the feelings that go on in an intense work situation like that.

David Vaughan: Did Merce feel that he was developing a technique for purposes other than training his company?

Steve Paxton: We learned a lot of the dances and a lot of the choreography in class, so the technique — the training method — and the choreography were intimately bound. Whatever he was doing was in a capsule. He could go from balletic work in the center and even movement across the floor into Cunningham choreography — which is supposed to be quite radical — without really having to shift technical gears. I think one of the reasons he did that is that he needed dancers who were there and available through all the rigors of being a dancer . . . which means whether you feel like it or not, with the weirdest kind of schedule: lots of classes and rehearsals and performances, perhaps day after day — that kind of physical demand. He needed people who could do that. He knew that with his training, we could fulfill those demands and dance his dances.

But then the dances, the movement, the development . . . Gus mentioned that the spine was used differently than in ballet, and there were many other differences as well. But I don't feel that all the movement possibilities are there in practice. Carolyn once said that Merce opened more doors for succeeding generations than he cared to walk through, and I think that's possible. But we've seen incredible new influences on movement in this country in the last twenty or thirty years, not only in the developments in modern dance and ballet, but also from the Orient and from Brazil — the Capoeiran influence, for example. The movement world right now is broader than it has ever been before in terms of world exchange, so in light of that, Merce's work is quite conservative. (I mean the technical side of it.) Nonetheless, it is fully developed and beautifully made.

Carolyn Brown: We have to determine just what vintage of Cunningham technique we're talking about, because the technique itself has changed. It's constantly if subtly changing, depending upon his specific interests at the time. There are basic things that get done generally — the back gets warmed up, the legs get warmed up, and things like that. But in the very beginning, in the early years when Marianne and Viola and Remy and I were in that tiny little studio on Eighth Street, he was definitely exploring his technique — keeping things, tossing them out, finding out what worked and what didn't. The actual continuity of the class changed. There was a time when he did all the back exercises first, and then the legs, to see if *that* worked; then he alternated them. And that hasn't stopped.

When I go to the studio now, I feel that this isn't my home, I really don't identify with what's happening there now in terms of the technique. He is always developing the technique for the choreography. If he couldn't choreograph, or if he stopped having a company . . . since he's said he doesn't like to teach, I wonder if the technique classes would continue to evolve. When he was at the height of his powers, to take his class was so exhilarating it was almost unbearable, because he danced every step of it — he just danced it full out, every step of it. So that what one wanted to do, somehow, was to join that passion. He did not teach us the steps verbally; he never taught us how to do a thing by saying "If you did this and this, then you could do that." You learned by watching him. Some of us had to go elsewhere to find out how to do this awfully difficult stuff.

Viola Farber: One of his strengths as a teacher at that

p. 242-243
Merce Cunningham Dance Company en/in Travelogue, *1977*
Photo Charles Atlas

time, actually, was that he didn't teach. That was what was beautiful about it! One could get absolutely lost, as Carolyn said, in trying to join him, in this extraordinary thing he was doing. It was just amazing.

Carolyn Brown: In the early years, even if we were in Connecticut we took two classes a day with him, five days a week, and then we rehearsed with him for five or six or seven hours. The Cunningham dancers today go to ballet class; they only get him once or twice or three times a week for class, and of course they rehearse with him. That's different.

When Gus first joined the company (he wasn't an early member), he took the beginning class — I'll never forget it. He was in the company, but he said "I have to know what this is all about." He took the elementary class every day, he took the intermediate class, and he took the company class, because he wanted to know what the technique was about.

Today's company doesn't do that. The whole dance world is different. Martha Graham's people study ballet. Twyla's people — they don't even *have* a modern-dance class. Ballet's been around a lot longer, and I fear ballet's going to swallow it all up — it's going to bland it out.

Oh, I think probably Lincoln Kirstein is right. And since the ballet seems desperate for choreographers and since it's got the institutions and it's got money, and it's got theaters that modern dance doesn't have, it will absorb every new creative imagination it can latch on to.

David Vaughan: I don't think we can open up that can of worms at this point.

Carolyn Brown, Douglas Dunn, Viola Farber, Steve Paxton, Marianne Preger-Simon, Valda Setterfield, Gus Solomons, David Vaughan, "Cunningham and His Dancers," *Ballet Review* 15, no. 3 (Fall 1987): 19-40.

Merce Cunningham como escultor

Robert Greskovic

Como artista, Merce Cunningham puede considerarse desde distintos puntos de vista. Cualquier aspecto en que nos centremos puede ser un intento de analizar las ricas complejidades del arte de Cunningham y ofrecer un elemento particular a la reflexión. Mientras ninguna visión se presente como un ingrediente solitario o predominante del arte de Cunningham, estas consideraciones pueden ofrecer claves útiles para comprender y admirar al hombre y la obra. Hasta ahora, el coreógrafo Merce Cunningham ha sido minuciosamente considerado como bailarín, como solista, como director y como actor. Todas esas distinciones se han hecho en su momento a lo largo de su formidable trayectoria, que empezó en 1944, a juzgar por sus palabras garabateadas en una de las desordenadas páginas de su libro *Changes: Notes on Choreography*.[1] Este año, su propia compañía de bailarines cumple su treinta aniversario, y este hecho, junto con la reciente temporada quincenal de la compañía en el City Center Theater (15-27 marzo) y la semana de *Events* en el Park Avenue Armory (6-11 junio) me han llevado a decidir que añadiría "escultor" al conjunto de sensibilidades artísticas de Merce Cunningham.

Los valores de la danza se han comparado a menudo a los valores de la escultura, concretamente la escultura de figuras. Aunque la escultura de figuras existe estáticamente en tres dimensiones, su dominio plástico de posibilidades espaciales (arriba y abajo, frente a frente, frente a dorso) se relaciona convenientemente con los momentos individuales de un bailarín actuando. Ciertas disposiciones arquetípicas que aparecen recurrentemente en figuras esculpidas como piernas y brazos, torso y cabeza corresponden directamente a posiciones básicas de la danza académica. La *actitud* derivada del celebrado Mercurio de Bologna es, por supuesto, el ejemplo más obvio. Todos los grandes coreógrafos clásicos del mundo, en algún punto de sus frases o de su obra, nos remiten a la clara y plena dimensión que define el gran estatuario. Hay una conciencia inherente y simultánea de todas las direcciones del espacio. Es cierto, tal posición de alerta es básica para expresar la técnica dancística; pero el coreógrafo inspirado confiere vida y posteridad al bailarín bien preparado técnicamente, diseñando maneras originales para que ejerza su ocupación del espacio. George Balanchine, por ejemplo, moldeó el vocabulario existente con el que se habían formado sus bailarines para un estado de elevación. Balanchine decidió exhibir a los bailarines con posiciones ceñidas y cerradas u otras más abiertas y expansivas. Intensificó la forma básica del vocabulario del bailarín y lo hizo más claro y teatralmente más puro. Creo que Frederick Ashton ha creado elementos embellecedores dentro de los propios límites del vocabulario de la danza. Hay detalles internos más agudos y complejos para la danza concebidos por Ahston. Acentos opuestos variados y elaborados –*épaulement*, series, desplazamientos de pelvis a torso– constituyen los pasos ashtonianos y sitúan su claridad y densidad. Me parece muy lógico que, entre las dos formas básicas de diseñar la figura en la danza académica, Balanchine muestre una decidida preferencia por el *effacé* (que amplia y abre la figura) y Ashton por el *croisé* (que elabora la figura con una definición interna enfatizada).

Las distinciones y definiciones entre la coreografía de Balanchine y Ashton son más o menos visiones agudas de la plasticidad que hemos llegado a conocer a partir de la danza clásica estricta. La expresión heroica, lírica o estilizada que cada uno presta a las maniobras y visiones clásicas emana directamente de su auténtica base académica. Con Merce Cunningham, esta base se ve a menudo alterada, pero también realzada. Estos ajustes que observo me permiten ver la mano coreográfica de Cunningham como la de un escultor. Cunningham muestra visiones de danza no sólo de una escala y una complejidad únicas, sino también de una disposición más variada. Sus bailarines trabajan *desde* determinadas posturas en lugar de trabajar *a través* de ellas. Esas posiciones intermedias –semitonos, si se quiere– adquieren un énfasis en la obra de Cunningham que normalmente se reserva a diseños más plenos y regulares. Probablemente, el paralelismo más obvio que puede trazarse con las "otras" posiciones de Cunningham son los énfasis de una escala de doce tonos en música del siglo XX. Como los compositores de doce tonos, Cunningham no buscaba elementos "nuevos" fuera de su vocabulario académico familiar, sino que ha juzgado que unas posiciones antes subordinadas a las posiciones regulares y establecidas eran aptas para exponerse, y les ha conferido todo el peso.

Sin embargo, otro precedente relacionado viene a la mente, y con él resurge el toque escultórico de Cunningham. Siempre que observo una danza de Cunningham, especialmente las mejores, me sorprende el cuidado personal y evidente que el coreógrafo ha dedicado a su producción. Pese a todas las teorías del azar, las opciones alternativas y la serenidad casual, nunca hay *nada* arbitrario en esas obras. Incluso los detalles de pequeña escala, los ligeros toques, tienen el peso de una pretensión definida. Hay una sensación omnipresente en la obra de Cunningham, como en toda coreografía inspirada, de la mano maestra que predetermina cada incremento de la dimensión involucrada. Una existencia invisible controla toda la escena en movimiento. En todo el repertorio de Cunningham sentimos la vigilancia de su visión. Y bajo esa luz me viene a la memoria la imagen de un gran antepasado de Cunningham, Marius Petipa. De hecho, pienso en una imagen concreta de Petipa, la que nos legó Nicolas Legat en sus reminiscencias del antiguo maestro de la danza clásica: "Trabajaba en muchas de sus agrupaciones en casa, donde utilizaba figuritas como peones de ajedrez para representar a los bailarines, disponiéndolas por todo el tablero de la mesa".[2] Del mismo modo que puedo imaginar al elegante maestro del ballet del XIX determinando sus coreografías mientras admiro las disposiciones de una pieza de Petipa, puedo imaginar a Cunningham trabajando mientras me dejo subyugar por sus danzas. Mientras me dejo sorprender por la complejidad de la plástica dancística de Cunningham y sus disposiciones de las figuras, el proceso que visualizo no sólo implica las disposiciones de las distintas figuras en el espacio, sino también la disposición distinta que cada figura adopta en su propio espacio. Es como si Cunningham hubiera heredado los figurines de Petipa, todos sorprendidos en diversas posiciones estándar –*croisé*, *effacé*, *épaulé*, *écarté*– y antes de empezar a planificarlas para su propio espacio de representación, eligiera alterar parte de su diseño básico. No me cuesta mucho imaginar a Cunningham mirando, con un guiño de ojos característico, una figura en una extensión estándar *à la seconde* y tocando ligeramente la pierna levantada para efectuar una variación pre o *post-seconde*. Lo que impide que las poses como esas ajustadas alternativas de Cunning-

ham parezcan extrañamente distorsionadas o desalentadoramente desequilibradas es la armonía estructural que mantienen. Junto con el gran ajuste de un diseño regular de danza, Cunningham hará otras alteraciones relacionadas pero menores: una inclinación de cabeza, un énfasis del hombro, una desviación de la pelvis. Las nuevas direcciones que describen los bailarines en el espacio se apoyan firmemente en simples teorías de equilibrio y contrapeso. Por eso, cuando observamos las infrecuentes configuraciones de Cunningham, seguimos viendo algo de la geometría habitual de Petipa, y es una agradable sorpresa que nunca produce un impacto brusco.

Aunque Cunningham siempre muestra su sensibilidad escultórica en sus danzas, una de sus piezas recientes parece tratar realmente del "estatuario". En su sentido más simple, los desplazamientos y pausas que componen esta danza en concreto nos recuerdan al juego de las "estatuas" con el que nos entreteníamos de pequeños, donde el niño que dirigía nos ponía precipitadamente en movimiento y luego, sin avisar, nos desafiaba a quedarnos inmóviles manteniendo la postura en que estuviéramos, por torcida que fuera (pero tal vez sería el momento oportuno de señalar que las danzas de Cunningham nunca tratan de algo concreto. Siempre que observamos o utilizamos, para nuestro análisis o discusión, un esquema percibido en una danza suya, debemos considerarlo como una conveniencia momentánea y no como un concepto clave). Aquí, mi ejemplo es *Locale* (1979; la presentación en escena, más que la película), y utilizo esos detalles porque ejemplifican la autoridad escultórica de la obra de Cunningham. Dado que esta danza se compone de dos tríos y cuatro dúos, hay una riqueza combinatoria particular y muy evidente. Cunningham no sólo nos muestra a sus bailarines en unas poses plásticas maravillosamente dispuestas, sino que sus agrupaciones de dos y tres figuras con esas poses aparecen doblemente concebidas. Lo que vemos surge virtualmente de un proceso de esculpir cada figura. Es como si el maestro hubiera reunido en torno a él diversas cariátides y atlantes clásicos, arcaicos *korai* y *kouroi* y esfinges de la antigüedad y los hubiera orquestado todos en distintas actividades, deteniéndolos de vez en cuando en poses de estatua imaginadas por él. A pesar del hecho de que las poses que componen esta danza están llenas de detalles asimétricos e inhabituales de oposición y extensión, hay una penetrante formalidad en toda la obra. Este aire formal se debe en parte al porte relajado y vertical que los bailarines mantienen serenamente mientras cambian de posición sus extremidades y acentúan sus torsos. También, junto con el placer de mantenerse alerta ante las poses impredecibles, hay una sensación de inevitabilidad que deriva del sereno control y la precisión con que los bailarines interrelacionan su plástica única uno con otro.

Siempre formal, constantemente original, nunca estático ni distorsionado, el reparto de catorce bailarines de *Locale* se subdivide en series definidas por los leotardos y mallas con códigos de color, diseñados por Charles Atlas. La paleta y las texturas son especialmente cautivadoras; cada uno de los seis matices hace juego con un tono gris, neutral, igual en valor tonal que el color con que se coordina: el amarillo limón se combina con el gris más pálido, el tono lima con un gris ligeramente más intenso, el azul celeste con el siguiente tono de gris, el rosa con su correspondiente gris, el naranja rojizo con un gris aún más profundo, y un azul Prusia brillante con un gris casi pizarra. Los colores son de un Milliskin satinado, que en ese conjunto parece una cobertura de azúcar glaseada, mientras que todos los grises son de punto liso y mate. Como ocurre a veces con los diseños en las danzas de Cunningham, se elimina una capa de color durante la danza. En este caso, se trata de las mallas grises de los hombres, que finalmente se quitan (de hecho, cuando Neil Greenberg aparece por primera vez, lleva sólo su color —un traje naranja entero y sin mallas grises encima). A mitad de la danza, todos los hombres llevan sólo cuerpos de color, ya que se han quitado los leotardos. Luego, todo el mundo vuelve a llevar gris (incluso Greenberg) en las agrupaciones finales de la última pose. Mientras los hombres no llevan las medias grises, los esquemáticos grupos de la pieza se abren, y se crean agrupaciones mayores de combinaciones multicolores. Pero —algo característico de los desplazamientos cunninghanianos de plano—, mientras se contempla la expansión y se admiran las mezclas de color, se advierte la similitud de los limones y las limas, y se observa que el proverbial *cambio* ha resultado simplemente más de lo mismo.

Quizá porque Cunningham inicialmente jugaba con las diversas posibilidades visuales de *Locale* en la película, donde el energético uso de la Steadicam lleva al espectador por toda la obra, su versión teatral es bastante directa. Situada contra unas piezas laterales y un telón de fondo completamente negros, *Locale* en vivo apunta neta y sencillamente fuera del proscenio. En cambio, *Trails*, compuesta exclusivamente para el escenario (en 1982), juega con más de un ángulo de visión a la vez. Y es otra clase de experiencia escultórica la que Cunningham nos ofrece en ese caso, de distinta escala. Cuando algunos bailarines entran en escena y recogen las frases y secuencias de pasos iniciadas por los otros bailarines ya en escena —y en ese movimiento complementario yo creo detectar los "rastros" del título,[3] Cunningham no se contenta con establecer el simple unísono de la danza. Así, mientras les observamos ejecutar los mismos pasos, no se orientan en la misma dirección. Cuando observamos las perspectivas laterales, posteriores y/o de tres cuartos de los mismos movimientos, intuimos que Cunningham compensa el hecho de que no podemos movernos alrededor de su danza: nos ofrece las perspectivas que lograríamos ver si pudiéramos dar una vuelta alrededor de la escena. La misma sensibilidad escultórica que diseña los movimientos y las poses, ocupando exuberantemente su espacio, actúa aquí, pero a distancia. Además de trabajar en primer plano para fijar a sus bailarines al espacio, el ojo de Cunningham se desplaza claramente al exterior y rodea su obra para mostrarnos toda su variabilidad.

Esa persistente claridad de dimensiones —con la que los bailarines de Cunningham posan y se mueven en el espacio y de la que Cunningham nos alerta mediante perspectivas variadas de su danza— constituye su forma básica de trabajar, distinta a la de sus colegas "modernos". En ningún otro ejemplo del ámbito de la danza con pies descalzos, vemos un uso tan pleno de los pies como el de este artista. La plena definición del pie es un detalle comprensiblemente pertinente en alguien tan preocupado formalmente por las dimensiones físicas de la danza. Ha habido comentarios, no siempre favorables, sobre la relación de la técnica de Cunningham con la del ballet. Creo que, en general, tales observaciones se dirigen al porte general de cabeza elevada que caracteriza la postura del bailarín de Cunningham, y la viva disposición desde el centro del eje vertical para moverse en cualquier dirección en cualquier momento. Naturalmente, todo esto es cierto, pero el peso y el centro elevados apenas conferirían a los bailarines de Cunningham algo más que una decorativa ligereza si no fuera por su trabajo de los pies, plenamente articulado. La visión bifocal de los pies que caracteriza sus obras –el pie como un apéndice separado de la pierna y como un medio de prolongar la longitud de ésta– convierten en única su técnica del pie desnudo. El otro coreógrafo de pie descalzo cuya técnica ha sido calificada de "ballética" –un adjetivo fácil que yo proscribiría de buena gana en la crítica de danza– es Paul Taylor. ¿Pero puede haber dos formas de trabajar más distin-

tas? La obra de Taylor, incluso sus invenciones más imprevisibles, utilizan y exhiben de forma coherente los pies, descaradamente como tales; por ejemplo, como apéndices independientes de las piernas. Sus bailarines emprenden el vuelo fácil y articuladamente, a partir de rápidos saltos de pies, y sus "dispositivos de aterrizaje" se mantienen siempre dispuestos para una fácil y articulada recuperación. El uso que hace Taylor de un centro de gravedad más bajo mantiene a sus bailarines consistentemente sobre sus pies. La flexible facilidad del trabajo de pies de sus bailarines es siempre evidente. No hay momentos en que la función del pie desaparezca completamente en la longitud de la pierna.

El trabajo de pies de Cunningham va y viene entre dos extremos. En un extremo, la plena superficie del pie se desliza por el escenario, mediante desplazamientos casi resbaladizos y en un ímpetu *dégagé* para

los levantamientos de piernas; al otro extremo, actúa la plena forma del pie, mediante un tobillo cerrado, para ampliar la longitud de la pierna. El ojo de halcón de Cunningham para los detalles ha considerado que podía trabajar con diversas posiciones de *demi-pointe*, incluyendo un uso consistente del *relevé* que equilibra todo el peso del bailarín sobre el eje de la articulación de las yemas de los dedos de los pies. El único detalle ausente en el trabajo de pies de Cunningham es una *pointe* plena; pero en una técnica de pies descalzos tan rica, esta ausencia es como si en una lograda técnica de deslizamiento faltara tan sólo el cerrar los dedos de los pies.

Mi propio foco de atención en un trabajo de pies tan inhabitualmente rico como el de la obra de Cunningham surgió mientras veía *Coast Zone*, una de sus dos nuevas obras de esta temporada. Como *Locale* y *Channels/Inserts* (1981), *Coast Zone* es la versión en escena de una obra concebida originalmente para cine. A diferencia de estos dos precedentes, me resultó difícil seguirla como pieza. Tal vez por esa razón acabé concentrándome en los pies. Gracias a un artículo subsiguiente de Jennifer Dunning[4] sobre el rodaje de *Coast Zone*, supe que, en ese proyecto, Cunningham estaba motivado por la "posibilidad de primeros planos". Si el escrutinio en primer plano no es algo que podamos lograr fácilmente en un espacio teatral, supongo que tendré que esperar a la versión cinematográfica de *Coast Zone* para "verlo".

La otra obra nueva de la temporada era *Quartet*, una pieza para el propio Cunningham y cuatro de sus bailarines (Helen Barrow, Karen Fink, Judy Lazaroff y Rob Remley). Sigue la pauta que Cunningham ha desarrollado en los últimos años para piezas de grupo en las que se incluye él mismo. Él se mantiene separado del grupo; no sólo por su vocabulario de movimientos, sino también mediante la distancia. En la superficie hay obviamente un contorno dramático definido para esa ruptura, donde la solitaria figura del hombre mayor se yergue fuera del grupo de figuras más jóvenes. Bajo ese escenario, veo confirmarse mi teoría de un Cunningham escultor. En un principio, las habilidades ágiles y articuladas de Cunningham como bailarín le situaban en la posición, si se quiere, de su propio modelo artístico. Ahora que sus extremidades han dejado de ser excepcionalmente sutiles o

fuertes, él ha desplazado esta exploración sobre lo que puede hacer un bailarín plenamente preparado, y la ha desplazado de su propia persona a la de sus bailarines. Y ahora que este artista trabaja más y más *fuera* de sus propias capacidades, está sondeando cada vez más posibilidades. La extraordinaria profundidad y concentración con que siempre fue capaz de intensificar la concepción de su propia actuación tal vez no forme parte de todos los intérpretes de su compañía, pero la vigilancia general que él aporta ansiosamente al crear para otros constituye una compensación razonable. Su atención escultórica hace que en los demás parezca deliberado lo que en él es intrínseco.

De todos sus bailarines actuales, Helen Barrow, una de las más recientes, también es una de las mejores. El papel de Barrow en *Quintet* (que originalmente hacía Susan Emery antes de que se ausentara una temporada) es un papel escultóricamente rico, y ella llena sus dimensiones con una feliz combinación de soltura e intensidad. Aunque no es especialmente alta junto a los demás, miembros más familiares de la compañía, Barrow parece gigantesca en sus solos, y este fenómeno se debe a la escala de sus movimientos. Puede expandirse y extenderse mucho más allá de su centro, pero no muestra ninguna tensión. Muestra un matiz de reserva, algo que hace pensar que le sobra potencia, que se guarda fuerzas sin utilizar. Cuando equilibra una pose replegada y torcida sobre una firme pierna con un generoso *grand plié*, parece un pavoroso cóndor que posa convincentemente como un delicado flamenco. Catherine Kerr tiene una fuerza serena similar; es casi impasible, indiferente. Su forma de bailar tiene alcance real y notable fuerza, todo ofrecido sencillamente. Sus activos, extendidos y prominentes dedos de los pies parecen positivamente prensiles. Karen Fink, que ha actuado poco en esta temporada, causó un razonable impacto pese a su delicada constitución y sus finos rasgos. Megan Walker, delgada como un huso, también parece más alta de lo que realmente es. Aunque no tan energética ni tan fuerte como lo fueron Karole Armitage y Lisa Fox en su formidable y piernilarga participación en el repertorio del reciente pasado de Cunningham, Walker es muy lograda y ofrece una hábil síntesis de los movimientos de su maestro.

En cuanto a los hombres, Robert Swinston es probablemente el más dotado y a la vez el más despreocupado. Con sus grandes pies, puede efectuar un salto alto y notable; y mediante una trayectoria *renversée*, su fácil y expansivo torso superior llena el salto como si el bailarín se levantara de la cama tras una noche de pleno descanso. El uso sin tensión de su hermosa y bien proporcionada cabeza sobre un cuello largo y delgado confiere pleno peso a sus movimientos inclinados hacia delante y atrás. Parte del sorprendente impacto que produce deriva de esa forma de atacar sin esfuerzo. Parte de su desventaja también, cuando algo del trabajo de sus pies y piernas parece ensombrecido o reducido por su falta de constancia en el cuidado y el control. Chris Komar, actualmente el miembro más veterano después del propio Cunningham, ejecuta su papel con apropiada técnica y dignidad, incluso con excentricidad. Neil Greenberg destaca y nos obliga a mirarle, con su brillo especial y su joven impaciencia. Está claramente dotado para su trabajo, pero su musculatura, todavía juvenilmente blanda, acentúa el hecho de que no siempre trabaja con el porte vertical de una región lumbar elevada.

En una obra como *Channels/Inserts*, Alan Good está mejor que nunca. Notable con su aspecto moreno, Good tiene un auténtico lugar, aunque limitado, en el repertorio actual, y Cunningham sabe hasta qué punto puede ampliarse (en un paralelismo del mundo del ballet, Good es similar a Afshin Mofid del New York City Ballet). Pero todo el mundo está muy bien en *Channels*. Susan Quinn, que parece plásticamente incapaz de colocarse en la pose de cariátide que originalmente correspondía a Armitage en *Locale*, es tan buena como Armitage en *Channels*, de un modo especial, volando en la secuencia de los *grands jetés*. Rob Remley, que baila razonablemente bien en casi todo el repertorio, parece particularmente centrado y potente en esta obra. *Channels* es una de esas piezas sublimes en que todos, incluso los sustitutos de bailarines originales, parecen llenos de inspiración y logro. Compuesta por Cunningham originalmente para cada bailarín de la compañía excepto él mismo en 1981, *Channels* está perfectamente proporcionada para desplegar un conjunto cohesionado y distinguir sus miembros. Como todas las grandes obras concebidas para el repertorio de una compañía, esta obra "interpreta" y "utiliza" a cada uno deliberadamente. Debería servir como un gran ejemplo, especialmente para aquellos que se lamentan regularmente por la marcha de sus bailarines preferidos de la compañía, de que los intereses y percepciones de Cunningham sobre la danza y los bailarines sigue constantemente fresco y agudo. Supongo que es inevitable que a medida que Cunningham aumenta las dimensiones de su compañía, se diseminarán más sus habilidades técnicas; es razonable pensar que un director tenga más dificultades para encontrar quince bailarines de primer rango para su compañía que para encontrar cinco o seis en una compañía más pequeña. Lo que podemos echar en falta de fuerzas individuales (o plasticidad y personalidad) podemos verlo compensado por las interacciones más complejas de un grupo más extenso, si es que nos molestamos en mirar en todas direcciones. Cuando comparo *Channel/Inserts* con otras grandes obras de grupo del inmediato pasado de Cunningham (como *Torse*, *Exchange*, *Fractions*), siento algo más que gratitud ante el hecho de que el maestro decidiera expandir su compañía.

Las preocupaciones escultóricas que distingo en el trabajo de Cunningham –su insaciable fascinación por trabajar la totalidad de la figura del bailarín desde todos los ángulos concebibles del espacio– se han hecho más y más pronunciadas. Y cuanto más amplio y viable se ha vuelto el conjunto de que dispone, más puede él inventar. Aunque no niego la importancia de la presencia en un bailarín o la deseabilidad de una gran eficiencia técnica, también siento simpatía hacia los objetivos de Cunningham en un conjunto que no se caracteriza precisamente por una fuerte distinción individual. Haciendo exactamente lo que Cunningham quiere, sus bailarines actúan como paneles de cristal translúcido e incoloro, ejecutando los movimientos que les han dado. Supongo que intento contrarrestar la argumentación de algunos observadores que creen que la compañía se halla en un período de limbo, porque le falta lo que ellos denominan artistas distintivos (no me importa el hecho de que muchas de las mujeres actuales de la compañía lleven un peinado similar. Algunos opinan que esto contribuye a la monotonía, pero yo creo que nos fuerza a mirar más de cerca *cómo* hacen los bailarines lo que están haciendo. Si no disponemos de características fáciles e inmediatas, tendremos que encontrar otras, probablemente más orgánicas, valores de la *danza* para seguir adelante). Como no puedo imaginar a Cunningham intentando suprimir la individualidad de ningún bailarín, me parece posible que, cuando elige miembros para sus conjuntos cada vez mayores, se sienta atraído por los inocentes más que por los idiosincrásicos, con la esperanza de plasmar lo que él diseña de la forma más sencilla y clara posible. Sabemos que a Balanchine le gustaba decir "limítense a dar los pasos". Tal vez a Cunningham le guste encontrar bailarines que hagan exactamente lo que se les pide que hagan.

Uno de los rasgos del arte de Cunningham, y en realidad, de todo gran arte, es su inflexible integridad. Si pensamos en el ámbito del diseño, sobre todo el diseño de vestuario, encontramos un sorprendente conjunto de distinción y originalidad dentro de unas gamas muy limitadas. El único requisito que Cunningham ofrece (o simplemente indica) a sus diseñadores es bastante específico: que se muestre claramente toda la forma de las figuras de sus bailarines. ¿Qué maestro de la escultura de figuras pediría a sus modelos que posaran con atavíos que ocultaran la figura? En los primeros tiempos, el uniforme para el bailarín de Cunningham eran mallas y leotardos de varios colores y formas. Posteriormente, lo mismo se ha aplicado a los cuerpos, y ocasionalmente, a los pantalones de chándal. En particular, cuando actúa el propio Cunningham, sus vestuarios posteriores, más gruesos y menos ceñidos, ayudan a disimular la silueta ya no tan joven de las piernas del maestro.

Algunos artistas han colaborado diseñando para Cunningham a lo largo de los años, como en el pasado Jasper Johns y Robert Rauschenberg, y más recientemente Mark Lancaster y Charles Atlas. La fase actual con Lancaster y Atlas ha sido muy brillante. Han mantenido la impresión de que en sus danzas, los bailarines son más figuras coloreadas que vestidas. Ocasionalmente, alguno ha elegido alguna pieza de vestuario obvia en lugar de la ropa de danza, como hizo Atlas en *Channel/Inserts* y Lancaster en *Gallopade*; pero incluso en esos ejemplos, las extremidades y articulaciones de las figuras se mantienen libres y capaces de describir sin limitaciones toda la gama coreográfica de

exploración del espacio concebida por el maestro. Interpretar las camisas, jerseys o pantalones de sus bailarines como ropa es como identificar la función original de los elementos de diseño de un collage de Kurt Schwitters; nos recuerdan a otro contexto, anterior, pero nos sigue fascinando su existencia inmediata e indeterminada en el nuevo mundo de su obra. Sin embargo, esas dualidades de vestuario y ropas siempre se subordinan al ingrediente de diseño predominante en la obra de Cunningham: el del puro color. La paleta roja y gris de *Trails* (Lancaster) tiene una intensa tonalidad. Ambos matices tienen un valor tonal igual, y la oposición del uno al otro zumba cuando se encuentran. La intensidad cromática no es un elemento que generalmente asociemos a la exploración escultórica, pero los diseñadores de Cunningham confieren a sus danzas, con sus sensibilidades tridimensionales, la dimensión separada del color. Probablemente la única vía de aproximación de que dispongo para observar las difusiones de *Coast Zone* sea mediante los diseños de Lancaster; con una paleta limitada a tres colores (morado, naranja y turquesa), cada bailarín aparecía coloreado (con leotardos y mallas) con dos de ellos. Fuera cual fuera la combinación de bailarines que actuaban entre un reparto de doce, siempre parecía haber un color como denominador común de todos. Esas constantes cromáticas me ayudaron a encontrar un punto en el que centrarme, desde las visiones iniciales, en lugar de ver movimientos inconexos en el espacio.

Los ingredientes del diseño y el movimiento –aparentemente sencillos, pero en realidad muy trabajados– que configuran el teatro dancístico de Cunningham pueden concebirse de forma independiente, pero se integran en la misma experiencia visual. La parte auditiva de ese teatro, basada en John Cage y otros, siempre ha sido el más separado de los elementos dispares en la experiencia Cunningham. Excepto cuando un escenario dotado de micrófonos, que acentúan el sonido de los pies de los bailarines, se integra en la partitura (como en *10s with Shoes*), el sonido se mantiene lejanamente aparte del resto de la obra. Puede ser discordante por su volumen o su carácter repentino, o distraer por su especificidad –historias contadas o llamadas telefónicas–, o bien puede ser suave o dramáticamente atmosférico. Pero raramente apoya la danza del modo en que la música tradicional apoyaba la danza tradicional, aunque puede ocurrir, como en las chisporroteantes energías de *Toneturst* de David Tudor para *Sound-dance* o en las pulsaciones murmurantes de la *Improvisation III* de Cage para *Duets*. Yo tengo lo que considero un alto nivel de tolerancia para sonidos de elevados decibelios, así que exceptuando la sorpresa que un inesperado golpe de sonido puede producirme, pocas veces me molestan esas partituras. En general, me parecen incidentales en la experiencia de la obra de Cunningham. Para mí, las sorprendentes formalidades que resultan de los movimientos organizados por Cunningham no surgen de los sonidos concebidos por sus colaboradores musicales. El interés de esos músicos en el material encontrado es aún más fuerte que el de Cunningham o el de sus diseñadores. La naturalidad y cotidianeidad de los gestos y diseños de Cunningham confieren una textura contemporánea a la estética clásica; dan acento humano a los valores formales. Con Cage y los demás, los sonidos encontrados retienen sus valores casuales. Hay poca transformación en sus collages; reconocemos todos los fragmentos de un modo lineal que acaba más desatado que atado. El aparente carácter casual de los sonidos contrasta con la formalidad visual. Percibo una definitiva diferencia entre el elemento visual y el auditivo, y mis ojos predominan sobre mis oídos en todo momento.

Los ojos y la mano de Cunningham han aportado la diferencia y la grandeza de sus danzas a lo largo de toda su trayectoria. El artista ha mostrado un interés inagotable por moldear sus danzas en todas las direcciones posibles. A veces, ha llegado a mostrar su escultórica forma de trabajar en plena danza. Mediante su exploración del trabajo doble en *Duets* (1980), muestra a un bailarín moviéndose desafiante, y situando las extremidades de su pareja en una nueva disposición. En su propio dueto con Catherine Kerr, hay un momento en que él permanece en *relevé passé* con un brazo elevado directamente desde el inclinado torso de ella. Tras reforzar a Kerr en su pose, Cunningham se centra en ese brazo vertical. Alternativamente agarra, golpetea y toca el brazo de ella desde el hombro a la muñeca. Podría verse como una torre de manos, hecha mano sobre mano, para decidir quién empieza un partido de béisbol, pero yo prefiero, por la finalidad de este escrito, verlo como un escultor dando sus toques finales al barro de un brazo esculpido. Hay una tarea aún más significativamente escultórica en su *Roadrunners* (1979), más significativa y también más ingeniosa. Se acerca a una de las mujeres (yo recuerdo a Megan Walker), que está de pie, con una pierna equilibrada y tensa en el aire, en una *seconde* muy cunninghaniana. Él toma la pierna extendida con sus dos manos (una por debajo de la rodilla y la otra por encima) y la inclina en una extensión angular. En momentos así, uno tiene la impresión de que Cunningham obtiene gran parte de su coreografía original de la figura: toma las posibilidades que tiene entre manos y juega con ellas.

Hay algo especialmente conmovedor en esos momentos. Incluso cuando forman parte de una atmósfera generalmente ligera, caprichosa (como en *Roadrunners*), esas manipulaciones nos recuerdan el placer ilimitado que Cunningham obtiene integrando la figura del bailarín en una danza. En su rostro no aparece ninguna señal, mientras representa interesado su trabajo ante la plena visión del público, de que sienta melancolía por el hecho de que su propio cuerpo ya no puede manipularse con la misma facilidad que antes. Por el contrario, percibimos furtivamente el deleite que obtiene manteniéndose en segundo plano y creando más fórmulas para que la danza habite sus espacios. Y la chispa extra que brilla en los ojos de Cunningham sugiere que, por encima del placer que obtiene ofreciéndonos cierta visión de un bailarín que no habíamos experimentado nunca, hay una excitación más íntima: la que Cunningham siente cuando sus exploraciones le muestran algo que tampoco él había visto nunca.

1. Merce Cunningham, *Changes: Notes on Choreography* (Nueva York: Something Else Press, 1968): sin paginar.
2. Nicolas Legat, *Ballet Russe: Memoires*, traducción y prólogo de Sir Paul Dukes (Londres: Methuen, 1939): 20.
3. En inglés, *trails*, significa rastros, huellas, pisadas, estelas... (N. de la T.)
4. Jennifer Dunning, *The New York Times*, 26 marzo 1983.

Robert Greskovic, "Merce Cunningham as a Sculptor", *Ballet Review* 11, no. 4 (invierno 1984): 88-95.

Merce Cunningham as Sculptor

Robert Greskovic

As an artist, Merce Cunningham can be observed from various points of view. Any aspect focused on will be an attempt to sort through the rich complexities of Cunningham's art and bring a particular element into considered view. So long as no one view is presented as solitary or even dominant ingredient of Cunningham's art, such considerations can give helpful insight for admiring and understanding the man and his work. By now Merce Cunningham the choreographer has been thoughtfully considered as a dancer, as a soloist, as a director, and as an actor. All these distinctions have been made in due course along the way of his formidable career, which, if we take his scrawly handwritten word for it — on one of the topsy-turvy pages in his *Changes: Notes on Choreography*[1] — began in 1944. This year marks the thirtieth anniversary of his own company of dancers, and the present company's two-week season at the City Center Theater (15-27 March) and week of *Events* at the Park Avenue Armory (6-11 June) made me decide to add "sculptor" to Cunningham's array of artistic sensibilities.

Dance values have been compared often to the values of sculpture, specifically figure sculpture. Though figure sculpture exists statically in three dimensions, the plastic command it has of spatial possibilities (up and down, side to side, front to back) is conveniently related to the individual moments of a dancer dancing. Certain archetypical arrangements that recur in sculpted figures for limbs, torso, and head correspond directly to basic positions in academic dance. The *attitude* derived from the celebrated Mercury of Bologna is, of course, the most obvious example. All the world's great classical choreographers refer us, at some point or other during phrases of their work, to the clear and full dimension that great statuary defines. There is an inherent awareness of all directions in space, simultaneously. True, such alertness is basic to sound dance technique; but the inspired choreographer makes the technically well-equipped dancer larger-than-life alive by designing original ways for him to exert his occupation of space. George Balanchine, for example, shaped the extant

vocabulary with which his dancers were bred into a heightened state. Balanchine chose to show dancers with tighter closed positions or more expansive open ones. He intensified the basic shape of the dancer's vocabulary and made it clearer and theatrically more pure. Frederick Ashton, it seems to me, has created embellishments within the dance vocabulary's very bounds. There are sharper, more complex internal details to dancing of Ashton's devising. Varied and elaborate oppositional accents — épaulement, batteries, pelvis-to-torso shifts — give Ashtonian steps and poses their clarity and density. I find it appropriate that of the two basic ways for designing the figure in academic dance, Balanchine shows a decided preference for effacé; Ashton, for croisé: the former, enlarging and opening the figure up; the latter, elaborating the figure with accented, internal definition.

The distinctions and definitions with which Balanchine or Ashton designs dancing are, more or less, keen views of the plasticity we have come to know from strict, classical dancing. The heroic, lyrical, or fanciful expression each gives to classical maneuvers and stances emanates directly from their true academic basis. With the work of Merce Cunningham, the base is often altered as well as heightened. These adjustments that I note make me see Cunningham's choreographic hand in terms of a sculptor's. Cunningham shows dance views not only of unique scale and complexity but also of more various disposition. His dancers work *from* positions that we normally expect dancers to work *through*. These in-between positions — half-tones, if you like — get an emphasis in Cunningham's work that is usually reserved for fuller, more regular designs. Probably the most obvious parallel to be drawn with Cunningham's "other" positions is the twelve-tone scale emphases in twentieth-century music. Like the twelve-tone composers, Cunningham has not sought "new" elements outside his familiar academic vocabulary; rather, he has seen fit to expose and give full weight to positions that previously were subordinate to the established, regular ones.

Another related precedent, however, springs to mind, and with it Cunningham's sculptor's touch.

Whenever I'm watching a Cunningham dance, the great and the good, I am struck by the personal, evident care that the choreographer apparently gave to its making. For all the chance theories, the alternative options, and the casual serenities, *nothing* about these works is ever arbitrary. Even small-scale, light-touch details have the weight of definitive intent. There is a sense ever-present in Cunningham's work, as in all inspired choreography, of the masterful hand that predetermined every increment of the dimension involved in it. An invisible insistence controls the whole moving picture. Everywhere in the Cunningham repertory we sense the watchfulness of his vision. And it is in this light that I recall an image of a great ancestor of Cunningham's — Marius Petipa. It's a specific Petipa image that I think of, one given us by Nicolas Legat in his reminiscences of the past master of classical dance: "He worked on many of his groupings at home, where he used little figures like chess pawns to represent dancers, arranging them all over the table".[2] Just as I can sense the elegant nineteenth-century ballet master determining his designs whenever I'm admiring the arrangements of Petipa piece, so can I imagine Cunningham at work when I'm enthralled by his dances. The process I envision as I'm struck by the complexity of Cunningham's dancer plastique and his figure arrangements involves not only the arrangement of different figures in space but also different arrangement each figure takes in his own space. It's as if Cunningham had inherited Petipa's figurines, all struck in various standard poses — *croisé, effacé, épaulé, écarté* — and, before setting about planning them for his own performing space, he chooses to alter some of their basic design. I can easily see Cunningham looking, through a characteristic twinkle of his eye, at a figure in a standard extension à la seconde and nudging the working leg to a pre- or post-seconde variation. What keeps poses like these adjusted alternatives of Cunningham's from seeming uncommonly distorted or unnervingly unbalanced is the structural harmony they maintain. Along with the major adjustment of a regular dance design, Cunningham will make smaller, related alternations — a tip of the head, an

accent of the shoulder, a tilt of the pelvis. The new directions Cunningham dancers describe in space rest solidly in simple theories of balance and counterbalance. So, as we look at Cunningham's unusual configurations, we still see something of Petipa's usual geometry — a pleasant surprise that's never a jolting shock.

Though Cunningham always shows his sculptural sensitivity in his dances, one of his recent pieces appears actually to be "about" statuary. In their simplest sense, the travels and pauses that make up this particular dance remind us of the game of "statues" we played as kids, where the leader kid set us all in helter-skelter motion and then without warning dared us to freeze and hold whatever askew pose we happened to be in. (It might be well here and now to state, however, that Cunningham's dances are never about something in any specific sense. Anytime one notes, and uses, for purposes of discussion, a scheme discerned in a certain Cunningham dance, it must be viewed as a momentary convenience rather than as a keystone concept.) My example here is *Locale* (1979 — the stage presentation rather than the motion picture), and I use its particulars because they easily exemplify the sculptural authority of Cunningham's work. Because this dance is worked on two trios and four duos, there is a particular compound richness evident. Not only does Cunningham show us his dancers in marvelously arranged plastic poses, but his two- and three-figure groupings of those posed figures appear doubly designed. What we see comes virtually out of a process of sculpting with sculpture. It's as if Cunningham had gathered round him various classical caryatids and atlantes, archaic korai and kouroi, and old-world sphinxes and orchestrated them all into various activities, every now and then arresting them in statuesque poses of his own devising. In spite of the fact that the poses that make up this dance are filled with asymmetrical, unusual details of opposition and extension, there is a pervasive formality all through the work. Partly this formal air is due to the unstrained and lifted carriage that the dancers calmly maintain as they rearrange their limbs and reaccent their torsos. Part-

253

ly, too, there is, alongside the alert pleasures of the unpredictable poses, a sense of inevitability that comes from the calm control and precision with which the dancers interrelate their unique plastique with one another.

Always formal, constantly original, never static or distorted, the cast of fourteen in *Locale* is subdivided into sets by Charles Atlas' color-coded leotards, bodysuits, and tights. The palette and textures are especially ravishing: each of the six hues is matched by a neutral, gray tone equal in value to the color it's coordinated with: lemon yellow is paired with the palest gray, lime with a slightly stronger gray, sky blue with the next gray up, rosy pink with its equal in gray, bittersweet orange with an even deeper gray, and a bright Prussian blue with an almost slate gray. The colors are in glossy Milliskin, which in this array looks like satin candy coating, while all the grays are in matte plain jersey. As is sometimes the case with the designs in a Cunningham dance, one layer of color is removed during the course of the dance — in this instance it's the men's gray tights that eventually are removed (actually, when Neil Greenberg appears for the first time, he is wearing only his color — an orange bodysuit — without gray tights over it). The middle of the dance has all the men wearing only their colored bodysuits, having taken off their tights. Subsequently, everyone has gray on again (even Greenberg) for the final groupings of the last pose. While the men are minus their gray legs, the schematic clusters of the piece open up, and larger groupings are created out of the multicolor combinations. But — typical of such Cunninghamian shifts in plan — just as you're following the expansion and admiring the color mixings, you note how alike the lemon and limes are, and you see how the proverbial *change* has resulted in more *même chose*.

Perhaps because Cunningham initially played with the various visual possibilities of *Locale* on film, where the energetic use of Steadicam takes the viewer all around the work, his stage version remains fairly straightforward. Set off against the all-black side pieces and backdrop, *Locale* "live" aims neatly and plainly out from its proscenium setting.

But *Trails*, made solely for the stage (in 1982), plays with more than one angle of view at once. And it's another kind of sculptural experience that we get here from Cunningham, one different in scale. As some dancers enter the piece and pick up the phrases and step sequences initiated by the other dancer(s) already onstage — and in this follow-through I think I detect the "trails" of the title — Cunningham is not content to set simple unison dancing. So, as we see the same steps executed, we do not see them facing the same direction. And as we note the side, back, and/or three-quarter views of the same movements, we sense Cunningham compensating for the fact we are unable to move around his dance: he offers us the views we would get if we were able to go around his work. The same sculptural sensitivity that designs moves and poses richly occupying their space is at work here, but at a distance. Besides working close-in to fix his dancers in space, Cunningham's eye also goes clearly outside and around his work to show how various it can look.

That persistent clarity of dimensions — with which Cunningham's dancers pose and move in space, and to which Cunningham alerts us through varied views of their dancing — makes his basic way of working different from his "modern" peers. Nowhere else in the area of barefoot dancing do we see so full a use of the foot as from Cunningham. The full definition of the foot is an understandably pertinent detail to someone whose formal concerns with dancing's physical dimensions are as considered as Cunningham's. Remarks have been made, not always in a favorable light, about the relation of Cunningham's technique to that of ballet. I think such observations are generally aimed at the overall lifted carriage of the Cunningham dancer's posture and the keen readiness out of the center of that vertical axis to move in any direction at any time. All this is of course true, but the lifted weight and center would grant little more than decorative lightness to Cunningham's dancers were it not for their fully articulated footwork. Cunningham's bifocal view of the foot — as a separate appendage to the leg and as a means of extending the length of the leg —

makes his barefoot technique unique. The other barefoot choreographer whose technique has been called "balletic" — a facile word I would gladly banish from dance writing — is Paul Taylor. But could two ways of working be more dissimilar? Taylor's work, even in his most quicksilver inventions, consistently uses and shows the feet, unapologetically, as feet — i.e., as independent appendages of the leg. His dancers take flight easily and articulately, from quicksprung feet, and their "landing gear" remains ever ready for as easy and articulate a recovery. Taylor's use of a lower center of gravity keeps his dancers consistently over or on their feet. The flexible facility of his dancers' footwork is everywhere evident. There are no moments when the foot's function completely disappears into the length of the leg.

Cunningham's footwork comes and goes through two extremes. At one end, the full surface of the foot slides along the stage, through glissade-like travels and into dégagé impetus for raised-leg moves; at the other end, the full shape of the foot acts, through a locked ankle, to further the length of the leg. In between, Cunningham's hawk eye for detail has seen fit to work with various demi-pointe positions, including a consistent use of relevé that balances all the weight of the dancer on the hinge joint at the ball of the foot. The only detail lacking in Cunningham's footwork is the full pointe; but missing this position in so rich a barefoot technique is a little like missing the look of the toes in an accomplished slipper technique.

My own focus on the inordinately rich footwork in Cunningham's work came while I was watching *Coast Zone*, one of his two new works this season. Like *Locale* and *Channels/Inserts* (1981), *Coast Zone* is the stage version of a work made originally for film. Unlike these two predecessors, it was difficult for me to stay with and to follow as a piece. Perhaps that's why I ended up dwelling on its feet. In a subsequent article by Jennifer Dunning[3] on the making of the film version of *Coast Zone*, I learned that Cunningham was motivated by the "possibility of close-ups" for this project. Since close-range scrutiny is not something we can get readily in a theater space, I feel that I will have to wait for the filmed version

of *Coast Zone* in order to "see" it.

The season's one other new work is *Quartet*, a piece for Cunningham himself and four of his dancers (Helen Barrow, Karen Fink, Judy Lazaroff, and Rob Remley). It follows the pattern that Cunningham has developed over the past few years for group pieces in which he casts himself. He remains separate from the group — not only by his movement vocabulary but also by his distance from the others. On the surface, of course, there is a definite dramatic edge to such a breakup, where the solitary older figure stands outside a group of younger figures. Underneath this scenario of sorts I see evidence of my theory of sorts about Cunningham the sculptor. In the beginning, Cunningham's agile, articulate abilities as a dancer put him in the position of, if you will, his own artist's model. Now that his own limbs have ceased to be exceptionally supple or strong, he has transferred his exploration of what the fully equipped dancer can do from his own person to that of his various dancers. And now that Cunningham is working more and more "outside" his own capabilities, he is plumbing more and more possibilities. The extraordinary depth and concentration with which he was always able to intensify the design of his own performing may not be part of all his company performers, but the all-over watchfulness that he eagerly brings to creating for others is reasonable compensation. His sculptural attention makes deliberate in others what was likely intrinsic in himself.

Of all his present dancers, Helen Barrow, one of his newest, is one of his finest. Barrow's part in *Quintet* (originally made for Susan Emery before she went on leave of absence) is a sculpturally rich role, and she fills out its dimensions with a happy combination of ease and intensity. Though she's not especially tall when you see her next to the other, familiar company members, Barrow seems huge in solo passages because of the scale of her moves. She can expand and extend far away from her center, yet she shows no strain. There's a touch of reserve about her that makes you think she's still got power to spare. When she balances a folded-in and twisted-over pose on a solid standing leg in generous grand plié, she's like some awesome condor convincingly posing as a delicate flamingo. Catherine Kerr has a related calm strength; she's almost deadpan, blasé. Her dancing has real reach and notable power, all plainly delivered. Her active, widespread, prominent toes seem positively prehensile. Karen Fink, who did very little this season, made a reasonable impact in spite of her delicate build and fine features. Megan Walker, almost pencil thin, also looks taller than she is. Though not so energetic and forceful as Karole Armitage and Lisa Fox were with their own formidable, leggy participation in Cunningham's repertory of the recent past, Walker is accomplished and gives a fine account of her master's moves.

Of the men, Robert Swinston is probably the most gifted but also the most careless. With his large feet he can produce a remarkable, large jump; and if it is through a renversé trajectory, his easy, expansive upper torso fills the loop out as if he were rolling out of bed after a full night's sleep. The tension-free use of his handsome, well-proportioned head atop his long, thin neck gives full weight to his forward and back bending moves. Part of his amazing impact comes from his effortless attack. Part of its drawback does, too, when some of his foot- and legwork can look smeared or shortened by his lack of constant care and control. Chris Komar, the present company's senior member after Cunningham himself, fulfills his role with appropriate skill and dignity, and even eccentricity. Neil Greenberg stands out, and correspondingly makes us watch out for him, with his especially bright and youthful eagerness. He has clear gifts for his work, but his still youthfully soft musculature accents the fact that he doesn't always work with calmly vertical carriage out of a lifted lower back.

In a work like *Channels/Inserts*, Alan Good looks even better than he does elsewhere. Most notable for his handsome, dark looks, Good has a true, if limited, place in this present repertory, and Cunningham usually knows just how far he can be extended. (In a ballet-world parallel, Good is akin to New York City Ballet's Afshin Mofid.) But then everyone looks especially fine in *Channels*. Susan Quinn, who seems plastically unable to arrange herself into the caryatid poses that Armitage originated in *Locale*, is fine as Armitage in *Channels* — especially so, flying through the sequence of running *grands jetés*. Rob Remley, who performs reasonably well in much of his other repertory, looks especially focused and powerful here, too. But then, *Channels* is one of those sublime pieces of work where everyone, even original-cast replacements, looks charged with inspiration and accomplishment. Made by Cunningham originally for every dancer in his 1981 company except himself, *Channels* is perfectly proportioned to display a cohesive ensemble and to distinguish its members. As are all great works made to serve a repertory company, this one "reads" and "uses" everyone most knowingly. It should serve as a fine example, especially to those who regularly bemoan the departure of favorite former Cunningham dancers, that Cunningham's interests and perceptions about dancing *and* dancers remain continually fresh and sharp. It is inevitable, I suppose, that as Cunningham increases the size of his company, there will be a wider spread in their technical abilities; it stands to reason that a director is less likely to find fifteen first rank dancers for a company than he is to find five or six for a smaller one. What we might miss in individual strengths (of plasticity and personality) we might find compensated for by the more complex interactions of a larger group — if, that is, we bother to look all around. When I think past *Channels/Inserts* to other great group works of Cunningham's from the immediate past (say *Torse*, *Exchange*, *Fractions*), I am more than grateful that he sought his expanded companies.

The sculptural concerns that I discern in Cunningham's work — his unquenchable fascination for working the full of the dancer's figure into every conceivable angle of space — have become more and more pronounced. And the larger and more workable the ensemble he has available, the more he can invent. While I don't deny the importance of présence in a dancer or the desirability of great technical proficiency, I do sense a workable sympathy to Cunningham's aims in an ensemble that's not

Joseph Lennon, Rhys Chatman y/and Karole Armitage en/in
Drastic Classicism, *1981. Photo Terry Stevenson*

especially shot through with potent individual distinction. By doing exactly what Cunningham wants, his dancers are acting like panes of clear, colorless glass as they execute the moves they've been given. I suppose I'm trying to take some of the edge off the argument of some Cunningham watchers who, as a matter of course, will claim the company in a limbo period because it lacks what they call personally distinctive artists. (I don't really mind the fact that many of the present company women have similar haircuts. Some feel it makes for monotony, but I feel it forces us to look at *how* the dancers do what they're doing even more closely. If we don't have immediate, easy distinguishing characteristics available to us, we have to find other, probably more organic, *dance* values to go on.) While I can't imagine Cunningham suppressing a dancer's individuality, it seems just possible to me that, as he chooses members for his larger and larger ensembles, he's drawn to the innocent ones rather than the idiosyncratic ones, in hopes of seeing what he designs as plainly and as clearly as possible. We know Balanchine was fond of saying "Just do the steps"; perhaps Cunningham is fond of finding the dancers who will just do what they are asked to do.

One of the features of Cunningham's art, and of

all great art, really, is how uncompromising it is — its integrity to itself. If we consider the area of design, especially costume design, for Cunningham's work, we find an amazing array of distinction and originality inside the narrowest of ranges. The only requirement that Cunningham gives (or simply implies) to his designers is a rather specific one: that the full shape of his dancers' figures be clearly shown. What master figure sculptor would ask his models to pose in form-concealing garments? In the early days the uniform for the Cunningham dancer was various colors and cuts of leotards and tights. Of late, the same has been true for bodysuits and, occasionally, sweat pants. Particularly where Cunningham himself was performing, this thicker, less form-fitting latter garment became a helpful aid to concealing the no longer youthful silhouette of the master's legs.

Certain artists have been Cunningham's design collaborators over the years, most notably in the past Jasper Johns and Robert Rauschenberg, and most recently Mark Lancaster and Charles Atlas. The current phase under Lancaster and Atlas has been especially fine. They have maintained the sense that in Cunningham dances the dancers are more colored figures than clothed ones. Occasionally each has chosen some obvious clothing in place of plain dancewear covering, such as Atlas did for *Channels/Inserts* and Lancaster did for *Gallopade*; but even in these instances the figure's limbs and joints remain free and able, without constriction, to go the full range of Cunningham's space-exploring designs. Reading the shirts, sweaters, or pants on Cunningham's dancers as clothing is a little like identifying the original function of the design elements in a Kurt Schwitters collage; you are reminded of another, former context, but you remain enthralled by their immediate, nonspecific existence in the new world of their work. Still, these costume and clothes dualities are always subordinate to the dominant design ingredient in Cunningham's work: that of pure color. The red-and-gray palette of *Trails* (Lancaster) is at an intensive pitch. Both hues are of equal, high-key value, and the opposition of one to the other zings where they

meet. Chroma is not an element we usually associate with sculptural exploration, but Cunningham's designers give his dances, with their three-dimensional sensibilities, the separate dimension of color. Probably the only avenue of approach I had for watching the diffusions in *Coast Zone* was through Lancaster designs; out of a palette limited to three colors (plum, orange, and turquoise) each dancer was colored (by leotard and tights) in two of these. No matter what combination of dancers performed out of this cast of twelve, there always seemed to be a common color denominator among them. These consistent color constants helped me find a bit of focus on what looked, from these initial viewings, like rather disconnected movements in space.

The plain but by no means simple ingredients of design and movement that make up Cunningham's dance theater may be independently conceived, but they both become part of the same visual experience. The audio part of this theater, based in John Cage et al., has always been the most separate of the disparate elements in the Cunningham experience. Except when a miked stage, accenting the sound of the dancers' feet, becomes part of the score (as in *10s with Shoes*), the sound remains farthest apart from the rest of the work. It can be jarring by its volume and/or suddenness, or somewhat distracting by its specificity — stories told or phone calls made — or it can be soothingly or dramatically atmospheric. What it rarely does is support the dancing the way traditional music supports traditional dancing — though this *can* happen, such as in the spluttering energies of David Tudor's *Toneturst* for *Sounddance* or in the pitter-pattering pulsations of Cage's *Improvisation III* for *Duets*. I have what I gather is a high tolerance level for high-decibel sound, so except for the start an unexpected burst of noise can give me, I find little in these sound scores disturbing. In general they seem to me incidental to the Cunningham experience. The amazing formalities that result from the moves arranged by Cunningham do not surface in kind to me from the sounds arranged by his musical collaborators. Their interest in found material is more pronounced than Cunningham's own, or, for that matter, his designers'.

p. 260-261
Kimberly Bartosik, Emma Diamond, Robert Wood, Dennis O'Connor en/in Cargo X, 1989. *Photo Beatriz Schiller*

The naturalness and everyday-nesses in Cunningham's moves and designs give contemporary texture to classical aesthetics; they give human accent to formal values. With Cage and the others, the found sounds retain their causal values. There is little transformation in their collages; we recognize all the bits in a linear way that ends up more strung out than strung together. The air of casualness in the sound contrasts strongly with the sense of formality in the sights. I find a decided difference between the visual and audio elements, and my eyes have it over my ears in every instance.

Cunningham's eyes and hand have meant the difference of greatness to his dances and dancing throughout his career. He has shown an inexhaustible interest in shaping his dances in every possible direction. Sometimes he has even shown his sculptorlike way of working right in the dance. Throughout his exploration of double work in *Duets* (1980) he shows a dancer blatantly moving and placing his partner's limbs into some new arrangement. In his own duet with Catherine Kerr, there's a moment when she stands in relevé passé with one arm raised straight up out of her tilted torso. After steadying Kerr in her pose, Cunningham then focuses on that vertical arm. He alternately grabs, pats, and tags her arm from shoulder to wrist. It could be seen as a hand-over-hand climb to claim a baseball bat, but I prefer, for my purposes here, to see it as a sculptor patting the finishing touches onto the clay of a sculptured arm. There's an even more pointedly sculptorlike task in Cunningham's *Roadrunners* (1979) — more pointed and more witty, too. He goes up to one of his women (I recall Megan Walker) who's standing with one leg poised tautly in Cunninghamian seconde en l'air. He takes her extended leg in his two hands (one below the knee and one above) and bends it into an angled extension. And you get a feeling, from moments like these, of how Cunningham gets much of his original design for the figure: he takes the possibilities in his hands and plays with them.

There is something especially poignant in such moments. Even when they're part of a generally light, whimsical air (as in *Roadrunners*), these manipulations remind us of the unbounded delight Cunningham takes in shaping the dancer's figure into a dance. There is no sign on his face, as he performs his interested work in full view of his audience, that he's melancholy over the fact that his own body is not as easily manipulated as it once was. Quite to the contrary, there is the sly sense of relish he takes in being able to stand back and create further new ways for dance to live in its spaces. And the extra sparkle that comes into Cunningham's eyes suggests that beyond the pleasure he takes in giving us some view of a dancer we've not quite had before, there is a more private thrill: the one Cunningham himself feels when his explorations show him something even he's never quite seen before.

1. Merce Cunningham, *Changes: Notes on Choreography* (New York: Something Else Press, 1968): unpaginated.
2. Nicolas Legat, *Ballet Russe: Memoires*, translated and with a foreword by Sir Paul Dukes (London: Methuen, 1939): 20.
3. Jennifer Dunning, *The New York Times* (26 March 1983).

Robert Greskovic, "Merce Cunningham as Sculptor," *Ballet Review* 11, no. 4 (Winter 1984): 88-95.

Desde donde llegó el circo

Gordon Mumma

Nunca he sabido muy bien cómo me uní a la Merce Cunningham Dance Company, ni tampoco tengo una idea muy clara de la naturaleza de la célebre "vía informal" de comunicación. Mi relación anterior con John Cage y David Tudor había sido como colaborador musical y asistente técnico en diversos conciertos. Yo había construido equipos electrónicos especiales para ellos, y a petición de Tudor, estaba empezando a trabajar en una composición para su bandoneón, un instrumento argentino poco conocido. En distintas ocasiones, Tudor me había comentado que habían considerado la posibilidad de que alguien les ayudara con el equipo de sonido crecientemente complejo que exigía el repertorio de la compañía de danza.

En junio de 1966, Cage oficializó esta propuesta con una invitación directa mediante conferencia telefónica. Yo acepté. Una semana después, Cage volvió a llamarme para preguntarme si compondría música para una nueva danza que iban a estrenar en agosto, en una gira europea. Un tanto desconcertado, volví a aceptar.

Merce Cunningham me llamó unos días después para comentar los detalles de la nueva obra.

"Me gustaría que compusiera algo para que lo interpretara David Tudor".

Yo acepté, y le pregunté el título de la nueva danza.

" Aún no lo he decidido".

" ¿Qué duración tendrá?"

" Entre 20 y 30 minutos".

" No sé qué más debería saber. Tal vez el número de bailarines".

" Ocho bailarines, y la interpretaremos en Saint-Paul-de-Vence, en Francia, el 6 de agosto. Es un sitio muy bonito".

Eso fue todo. Yo había visto actuar a los bailarines de la Cunningham Dance Company en 1961 y en 1963. En ambas ocasiones, la experiencia había sido increíble. Ahora intentaba recopilar por teléfono la información suficiente para componer una obra en menos de tres meses. Para cumplir la fecha límite, decidí refundir la composición que ya estaba preparando para David Tudor y su bandoneón.

Aunque Cunningham sólo me había dado una información mínima (y yo no tenía la suficiente presencia de ánimo como para seguir sondeándole), su tono de voz, reconfortantemente prosaico, me dio confianza. Yo dudaba que él conociera nada de mi música, pero tuve la sensación de que confiaba en mí. Por lo menos, parecía cómodo al asumir el riesgo.

En los años siguientes, quedó claro que este encuentro inicial era representativo de gran parte de la colaboración de la Cunningham Dance Company. Los mejores y peores aspectos de las "vías informales" de comunicación y los acuerdos telefónicos, las especificaciones mínimas entre coreógrafo y compositor, la impresión combinada de libertad y responsabilidad, y una ambigüedad sobre los detalles y compromisos se veían alimentados por la confianza inmediata que Cunningham ponía en sus colaboradores y por su invitación al riesgo artístico.

A veces, a la gente que está familiarizada con la tradición de bailar para una música determinada le resulta difícil comprender la posibilidad de una danza simultánea pero independiente de la música. En la actualidad, el procedimiento se ha convertido en una tradición, practicada por muchos otros bailarines. La sorpresa suele ser mayor para aquellos componentes del público que preguntan sobre las coordinaciones y correspondencias que han advertido entre la música y la danza y se enteran de que se producen por azar en cada representación. Obviamente, no todo el mundo está de acuerdo en esas correspondencias. Aunque asistan a la misma representación, la experiencia suele ser muy distinta para cada uno.

Además, esta independencia de la música y la danza sólo es cierta en una parte del repertorio de la Cunningham Dance Company, y como procedimiento artístico ha evolucionado a lo largo de muchos años. En la década de los cuarenta, Cunningham y Cage colaboraron de una forma relativamente tradicional. Cage componía una música fijada, anotada, a menudo para una coreografía de Cunningham previamente fijada. Aun con este procedimiento, había un gran margen de innovación. Cage preparaba el piano con recursos electrónicos heterogéneos, Cunningham estaba creando un movimiento de referencias literarias, y los críticos ya estaban bastante alterados.

Tras la II Guerra Mundial, Cage volvió de un viaje a Europa con la *musique concrète* de Pierre Schaeffer, y Cunningham sentó un precedente haciendo la primera gran coreografía para música original en cinta magnética. Cunningham también había utilizado música de Erik Satie, Ben Weber, Alan Hovaness, Alexi Haieff y el músico de jazz Baby Dodds. A Cunningham le habían presentado a David Tudor como pianista para interpretar la música de Ben Weber. En los años cincuenta, las colaboraciones se ampliaron a compositores menos conocidos, más experimentales y considerablemente más arriesgados: Earle Brown, Morton Feldman y Christian Wolff.

Tudor aparecía en los programas como "pianista", pero su relación con la música de Cage (y de otros) empezó a ser cada vez más interdependiente. A menudo, Tudor ofrecía ideas fundamentales y procedimientos innovadores para la actuación. En 1958, trabajaban en el extraño y virtuoso proyecto de colaboración llamado *Antic Meet*, y poco después de su presentación, en 1961, empezaban a amplificar los pianos que acompañaban la danza *Aeon*, con la pieza *Winter Music*, de Cage. El variado repertorio incluía ahora danza coordinada con música tradicional (el piano convencional de los *Nocturnes* de Satie), conectada con música innovadora desde un punto de vista mecánico (los dos pianos preparados de *Suite for 5*, y el piano mecánico de *Crises*), y coexistiendo con toda clase de sonidos (los pianos modificados electrónicamente y los recursos no instrumentales de *Aeon* y *Antic Meet*). También se incluían conjuntos instrumentales tradicionales e innovadores, y música electrónica de otros compositores.

En los años cincuenta, junto con el desarrollo de los procedimientos aleatorios, se iniciaba la tendencia a compartir las responsabilidades creativas: la distinción funcional entre compositor e intérprete se difuminaba. Para los músicos de Cunningham, esta distinción se hizo más oscura en los años sesenta, con el uso incrementado de la tecnología electrónica, y se volvió totalmente irrelevante en los años setenta.

La agenda cada vez más apretada de representaciones, que culminó con la gira mundial de 1964, dejaba poco tiempo para la innovación creadora. Una vez le pregunté al prolífico Cage, que siempre había compuesto varias obras nuevas al año, por qué no tenía ninguna composición que datara de 1964. Sorprendido de que me hubiera dado cuenta, me respondió: "Me pasé todo ese año escribiendo cartas a fin de recaudar dinero para la gira".

El año 1964 fue difícil en muchos aspectos. La Cunningham Dance Company se hizo mundialmente famosa, Rauschenberg ganó la Bienal de Venecia, y los costes humanos y financieros eran sorprendentes. Las giras prolongadas suelen afectar a los conjuntos de representación y la Cunningham Dance Company no era una excepción. El conjunto "clásico" de Cunningham desarrollado durante los cincuenta estaba agotado. Al final de la gira, Rauschenberg y la mitad de los bailarines se despidieron. Sin arredrarse, la compañía decidió ampliar sus exploraciones, con cambios de procedimientos, innovaciones teatrales, y sobre todo tecnología electrónica. El paso más significativo fue *Variations V*, que se estrenó en 1965 en el Lincoln Center. Prácticamente sin precedentes, esta obra establecía al mismo tiempo una coexistencia de la interdependencia tecnológica y la independencia artística. Cada compleja producción de *Variations V* era logísticamente precaria y no había dos personas que pudieran ponerse de acuerdo sobre sus méritos artísticos. Las implicaciones de *Variations V* han cambiado mi vida en muchos aspectos. Fue mi primera experiencia con un dilema que luego sería recurrente: me encantaba la obra, pero me horrorizaba la agotadora preparación que implicaba cada presentación.

Para el público, *Variations V* era como un circo con múltiples escenarios. Para los intérpretes, significaba participación en un entorno hombre-máquina, plagado de imágenes y artilugios: películas, imágenes de televisión, diapositivas, una bicicleta y una colchoneta de gimnasia, plantas de plástico, muebles (todos ellos equipados electrónicamente) y un jardín de antenas verticales que se proyectaban desde el suelo.

Las antenas verticales eran sensores de capacidad, que respondían a las posiciones de los bailarines en el escenario enviando señales electrónicas a los músicos. Este era uno de los dos sistemas de sensores. El otro era una red de células fotoeléctricas que respondía a los cambios de intensidad lumínica cuando los bailarines pasaban junto a ellos. Las células fotoeléctricas enviaban asimismo señales electrónicas a los músicos.

Los músicos dirigían una orquesta de reproductores de sonido electrónicos: magnetofones, radios, fonógrafos y similares. Las señales procedentes de ambos sistemas de sensores articulaban directamente esos reproductores de sonido. Es decir, mediante sus movimientos, los bailarines articulaban al mismo tiempo el espacio de representación y los sonidos de la música. La interacción de los sistemas con los intérpretes era compleja, y contenía cierto grado de imprevisibilidad tecnológica. El público rara vez percibía una correspondencia directa o muy fácil entre los movimientos del bailarín y el sonido. Además, las diferencias del espacio, la iluminación y los materiales musicales de una representación a otra contribuían a que el resultado fuera irrepetible. Debido a esas complejidades de múltiples niveles, *Variations V* producía el inquietante efecto de ser la misma obra y a la vez siempre distinta en cada función.

Además de *Variations V*, distintas obras de repertorio desde los años sesenta indican trabajos de colaboración tecnológica, artística y social en la Cunningham Dance Company. Tres de ellas, *Story* (1963), la notoria *Winterbranch* (1964) y una obra a menor escala, *Field Dances* (1963), se hicieron previamente a la gira mundial. La cuarta, la extremadamente célebre *How to Pass, Kick, Fall and Run* (1965), se hizo justo después de *Variations V*.

La música de *Winterbranch*, *Variations V* y *How to...* era resultado de la tecnología electrónica. Pero si *Variations V* era un espectáculo complicado, *Winterbranch* y *How to...* eran de una simplicidad elemental. *Winterbranch* utilizaba música "enlatada": dos cintas grabadas con sonidos de La Monte Young se emitían a un volumen sostenido y casi ensordecedor, mediante altavoces. En *How to...*, la "música" era producto del instrumento electrónico en vivo más común: el sistema de megafonía.

La sensación de *Winterbranch* residía en su impacto teatral, debido en gran parte a la iluminación. Rauschenberg iluminó la obra con luces fuertemente enfocadas e incoloras, de modo que la luz raramente alumbraba los bailarines de un modo

directo, excepto por azar. Distribuía la actividad de iluminación durante la pieza de forma distinta en cada actuación. Acumulativamente, puede decirse que más de la mitad de *Winterbranch* transcurría a menudo en la oscuridad total. La coreografía derivaba de los gestos físicos de caída. La actuación empezaba en silencio. Al cabo de unos minutos, cuando el público empezaba invariablemente a inquietarse ante aquella ambigüedad teatral, se quedaban clavados a sus asientos por el impacto masivo y frontal de los agudísimos *Two Sounds* de La Monte Young, que continuaban hasta el final.

How to... también era una producción relativamente simple. La coreografía estaba inspirada en el movimiento de deportes y juegos, y (como en *Winterbranch*) era específico y fijo. La "música" consistía en John Cage como narrador, leyendo sus historias de un minuto de duración.

Durante el primer año de *How to...*, David Tudor actuaba con Cage, utilizando la voz de Cage como fuente de sonido para sus complejos procedimientos de modificación electrónica. El resultado era un montaje de fragmentación sonora que incrementaba la ininteligibilidad verbal en cada representación.

Hubo quejas no sólo por parte del público sino también de los bailarines. Mediante aquel misterioso procedimiento de la "vía informal" de comunicación y del casi-consenso, un rasgo característico de la Cunningham Dance Company, al final, la modificación electrónica de la lectura de Cage fue abandonada. Sin embargo, de vez en cuando, se producía un efecto similar cuando David Vaughan se unía a Cage en una lectura simultánea pero independiente de aquellas historias.

La colaboración artística y social de *Story* era mucho más audaz. La música era *Sapporo*, de Toshi Ichiyanagi, una obra de conjunto, anotada pero de final abierto, que permitía un margen considerable de actuación a los intérpretes. Más significativos eran el procedimiento de la coreografía y los recursos escénicos de *Story*. Rauschenberg (que colaboraba en la gira mundial con el artista Alex Hay) hizo un decorado nuevo para cada representación, utilizando materiales encontrados *in situ*. De este modo, ellos mismos también actuaban. Además, durante las representaciones, los bailarines escogían el vestuario que llevarían de un gran montón de ropa, y decidían lo que harían con el y con el resto de objetos que había en el escenario.

En *Story*, Cunningham les había ofrecido a los bailarines cierta libertad creativa de la que no habían disfrutado en anteriores obras del repertorio. En aquella época, los pioneros de los *happenings* exploraban activamente la dirección social y artística, y aquel proceso parecía particularmente fértil en el contexto de la Cunningham Dance Company, ya que los actores formaban un conjunto extremadamente preparado.

Las limitaciones de la colaboración en *Field Dances* eran más concretas. La pieza tenía una duración indeterminada, y la "coreografía" con la que Cunningham presentaba a sus bailarines era esencialmente un vocabulario de gestos físicos. Durante la representación, los bailarines eran libres de desarrollar su propia sintaxis para dicho vocabulario. Además, elegían individualmente si querían actuar o no, y a veces se incluían en la representación bailarines ajenos a la compañía.

En el memorable año de 1964, se representaron los tres primeros *Events* de una larga serie, uno en Viena y los otros dos en Estocolmo. Los *Events* se hacían especialmente para cada ocasión. Generalmente, eran representaciones completas e ininterrumpidas en espacios fuera del proscenio, e implicaban una actuación mucho más colaborativa que la mayoría de obras del repertorio.

La marcha de Rauschenberg, y poco después, la llegada de Jasper Johns como "asesor artístico" trajeron consigo un cambio significativo en la naturaleza de los decorados. En cierto modo, hubo una expansión de la actividad colaborativa: muchos otros artistas fueron invitados a participar. La escenografía de *Place* (1966) era de Beverly Emmons, la de *Scramble* (1967) de Frank Stella, la de *RainForest* (1968) de Andy Warhol, la de *Walkaround Time* (1968) de Johns y Marcel Duchamp, la de *Canfield* (1969) de Robert Morris, la de *Tread* (1970) de Bruce Nauman, y la de *Objects* (1971) de Niel Jenny. La escenografía de *Second Hand* (1970), *TV Rerun* (1972) y *Landrover* (1972) eran de Jasper Johns. Una lista impresionante, comparable en muchos aspectos a la era de los Ballets Rusos de Diaghilev.

A un nivel muy elemental, el decorado de *Scramble*, *RainForest*, *Walkaround Time* y *Objects* implicaba una colaboración con los bailarines. Ellos movían la escenografía durante la representación, y las almohadas de plástico plateado rellenas de helio de *RainForest* solían desplazarse con los encuentros fortuitos con los bailarines. Pese a su elegancia, el decorado era básicamente una colección de elementos decorativos. El público podía quedarse boquiabierto al abrirse el telón, pero excepto por el carácter misterioso y animal de los almohadones de Warhol en *RainForest*, los bailarines no sentían ninguna afinidad colaborativa con el decorado ni con su producción.

El diseñador de la iluminación, Richard Nelson, se encontró en una posición interesante. En 1968 compuso una partitura especial, *Lightgames 1ʳ*, para *RainForest*, que cambiaba de una representación a otra, ampliando así un aspecto de la tradición de *Winterbranch*. Para *Signals* (1970), Nelson utilizó varios procedimientos infrecuentes, incluyendo la proyección con láser. Abordaba cada representación como un nuevo desafío a su ingenuidad y producía una serie de proezas y maravillas escénicas.

El decorado de Robert Morris para *Canfield* incluía la concepción de la iluminación. Los bailarines, que llevaban leotardos grises y mallas iridiscentes, se iluminaban mediante una viga luminosa vertical que se extendía desde el suelo del escenario a un lugar por encima del arco del proscenio, y se movía lentamente adelante y atrás por el principio del proscenio. La propia luz llegaba de una serie de focos de aterrizaje de un avión, montados dentro de la viga y enfocados hacia un telón gris situado al fondo del escenario. El efecto era un plano vertical de luz brillante que, barriendo lentamente el espacio, se veía interrumpida por el paso de los bailarines, evocando a la población intermitentemente fluorescente de un paisaje lunar.

Por más impresionantes que resultaran estos decorados, si existía alguna colaboración entre Cunningham y los diseñadores era un asunto privado, y no compartido con los bailarines. Muchos tenían la impresión de que los potenciales sugeridos por obras como *Story* y *Variations V* quedaban retenidos en suspenso.

La colaboración de repertorio entre bailarines y músicos también se suspendía en *Variations V*, y se produjo una sola vez, de nuevo en forma elemental, en mi propia música para *TV Rerun*. Para esta composición, titulada *Telepos*, yo diseñé cinturones elásticos ligeros para los bailarines. Los cinturones contenían sensores de aceleración y radiotransmisores. Los movimientos de los bailarines se traducían en pitidos audibles, transmitidos a un equipo electrónico especial situado en el foso de la orquesta, y amplificados mediante altavoces por el público. Este proceso de telemetría se parecía al que se utiliza en los viajes espaciales. Así, los bailarines eran colaborativamente responsables de la naturaleza y la continuidad del sonido, aunque las implicaciones de esta extensión tecnológica de la actividad humana sugerían mayor potencial de colaboración de lo que nosotros (los bailarines y yo) sentíamos al hacer esta pieza.

Sin embargo, las actividades de colaboración entre los propios músicos se hacían cada vez más fructíferas y complejas. La interpretación de mi composición *Mesa*, para la obra *Place*, incluyendo la actuación de Tudor con su bandoneón y la mía con el equipo electrónico, constituyó una colaboración interdependiente. La música de Ichiyanagi para *Scramble*, titulada *Activities for Orchestra*, como su anterior música para *Story*, era una composición anotada pero de final abierto. Permitía conjuntos de diversas dimensiones y requería nuevas y difíciles maneras de interpretar instrumentos acústicos y electrónicos simultáneamente.

Las dos nuevas obras del año siguiente (1968) fueron *RainForest* y *Walkaround Time*, con música de Tudor y David Behrman, respectivamente. La música de Tudor para *RainForest* era un dúo en colaboración entre él y yo, con una selva de extraños transductores electro-acústicos diseñados por él.

La siguiente obra de repertorio, *Canfield* (1969) era notable en muchos sentidos. La estructura coreográfica se componía de trece secciones, que se alternaban con interludios, análogos a la forma del solitario inventada por Richard Canfield, un jugador de los casinos de Saratoga Springs, Nueva York. Las secciones e interludios se disponían en un orden distinto para cada actuación, generalmente el mismo día, y no todos se incluían necesariamente. Así, la continuidad variaba cada vez, y la longitud de la danza oscilaba entre los 20 y los 105 minutos. Así pues, la coreografía se caracterizaba por extremados contrastes, con elementos líricos, absurdos, barrocos, serenos y surreales yuxtapuestos uno a otro en una sucesión a menudo desconcertante, y combinando todas las posibilidades de conjunto y solo.

La música, de Pauline Oliveros, se titulaba *In Memoriam Nikola Tesla, Cosmic Engineer*, y era una composición tan teatral como musical. Durante la actuación, la música transcurría de modo simultáneo pero independiente de la danza, el decorado y la iluminación.

Morris y Oliveros habían cumplido independientemente sus encargos respectivos, ofreciendo a la Cunningham Dance Company exclusivamente ideas sobre lo que debía hacerse, y dejando la implementación y ejecución de dichas ideas al diseñador de la iluminación, al director escénico y a los músicos. Por ejemplo, la partitura de la pieza de Oliveros contenía tres páginas de instrucciones mecanografiadas que especificaba, a veces en términos generales, la naturaleza del equipo que los músicos tenían que conseguir y desarrollar, así como las características y la continuidad de la representación con dicho equipo. Siguiendo la inquietante tradición de la producción de nuevas obras de la Cunningham Company, las especificaciones para la música, la iluminación y el decorado llegaban sólo unas semanas antes de la fecha de la primera representación.

El director escénico, James Baird, era responsable del diseño y la construcción del foco luminoso móvil y vertical. El proyecto de iluminación de *Canfield* resultaba aún más intimidante que la mayoría, ya que se trataba de ejecutar una idea que exigía una serie de innovaciones interdependientes: la configuración de luces de aterrizaje aéreo dentro de la viga vertical; una viga de doble T, ligera, multiseccionada y horizontal de aluminio de la cual se suspendía el foco vertical; un motor eléctrico único y un mecanismo reductor que se desplazaba hacia delante y hacia atrás de la viga de doble T y empujaba el foco de luz vertical que colgaba de ella. Todo este mecanismo tenía que adaptarse a las distintas dimensiones de los proscenios que encontraríamos en cada escenario durante los siguientes años; someterse a amplias variaciones de conducción eléctrica, voltaje y frecuencia; y ser instalado y desmantelado eficazmente en una sola noche por distintos miembros (muchas veces con idiomas distintos) del personal de cada teatro.

Para Baird, enfrentarse con éxito a un desafío y recibir un modesto salario era generalmente suficiente recompensa por sus esfuerzos. Pero había que considerar que si el foco luminoso tenía éxito, Morris se llevaba los honores, y si fallaba, las culpas serían para Baird.

Los músicos se encontraban en mejores circunstancias. La partitura de Oliveros tenía un final más abierto en sus posibilidades de implementación. Los músicos tenían que ejecutar unos sonidos y unos efectos teatrales de un tipo determinado, pero los instrumentos no se especificaban. Y aunque utilizamos gran cantidad de equipos para la pieza de Oliveros –al final de la representación, el foso de la orquesta era un caos terrible-, las dimensiones eran confortablemente reducidas. El equipo de sonido de *Canfield* se guardaba en unas pocas maletas. El aparejo que constituía la viga luminosa se transportaba en enormes cajas.

Más que ninguna otra obra del repertorio de aquella época, *Canfield* era una producción constantemente en progreso. El impacto de las representaciones de la obra completa, que ocupaban toda una velada, se había incrementado sobremanera. A principios de los años setenta, casi nunca presentábamos las versiones abreviadas, como habíamos hecho antes, alternándolas con otras obras del repertorio. *Canfield* parecía adoptar características del género de los *Events*, que cada vez acaparaba más nuestro tiempo. En diversas actuaciones fuera de escenarios regulares, se bailaba toda la coreografía de *Canfield*, pero con distinta iluminación, distinto decorado y música, elaborados especialmente para cada ocasión.

Cada vez más preocupados por la idea del proceso creativo en colaboración, y animados especialmente por los resultados de las colaboraciones en los *Events*, los músicos decidieron compartir las posibilidades creativas de la siguiente obra de repertorio. Se decidió previamente que cada representación tendría una música distinta; que cada músico haría una aportación independiente a los materiales de sonido; que cada aportación economizaría recursos y tendría un carácter, idea o imagen específicos. Además, titularíamos esta música realizada en colaboración según la semana y mes del año de cada representación concreta, por ejemplo, "la segunda semana de noviembre". Finalmente, los nombres de todos los músicos participantes aparecerían en el programa, permitiendo que colaboraran más de los tres músicos regulares de la compañía, y sus nombres se situarían en un orden rotatorio.

Esta nueva obra se tituló *Signals*, y ya he mencionado antes la aportación de Richard Nelson en el decorado y la iluminación. Consciente de las distintas implicaciones del título, Cage solía interpretar al piano "abreviaciones" sueltas de piezas musicales anteriores, que elegía mediante operaciones aleatorias con tiradas del *I Ching*. Yo elegí la idea de sonido ambiental, a menudo sonidos tipo señal como campanas, que se producían suavemente y a gran distancia, a menudo en el exterior. Tudor seleccionaba un sonido continuo de una sola fuente, como actividades de insectos, señales de electroencefalograma, o un ejemplo sentimental de música de salón.

Los músicos colaboraron en una obra posterior del repertorio, *Landrover* (1972), de un modo distinto. Como *Canfield* y *Scramble*, que la habían precedido, la coreografía de esta obra se dividía en secciones, cuyo orden se disponía de modo distinto en cada actuación. Inspirándonos en ese procedimiento, Cage, Tudor y yo decidimos hacer lo mismo con la música. Las secciones coreográficas de la obra eran cuatro y tenían una longitud variable, pero no todas se incluían necesariamente en cada representación. Establecimos tres secciones musicales con la misma longitud, y la longitud total de las tres coincidía con la coreografía. Cada uno de nosotros se responsabilizaba de una sola sección, e inmediatamente antes de la actuación, sorteábamos con pajas el orden de las tres secciones musicales.

Cage eligió contribuir con una lectura de un breve fragmento de su *Mureau*, que situaba en algún punto del largo silencio de su sección. Durante toda su sección, Tudor presentaba señales sísmicas, que aceleraba hasta un nivel audible y modificaba suavemente con ecualización electrónica. Yo hice un conjunto de instrucciones verbales, por si alguien más quería interpretar mi sección, aunque acabé representándola invariablemente yo mismo. Esas instrucciones detallaban "un fenómeno inarticulado al máximo y sostenido en el umbral de la percepción". Aunque el fenómeno no necesariamente tenía que sonar, creé para mi sección una especie de manto supersónico con equipamiento electrónico especial. De acuerdo a las instrucciones, ajusté el fenómeno al umbral de la percepción, mi percepción. Desde luego, como los umbrales de la percepción de cada uno son distintos, el mío estaba por encima del de unos y por debajo del de otros. Cuando yo apenas lo oía, Cage decía que no oía nada, mientras que a Tudor le parecía ofensivamente audible. Los críticos lo describieron de forma heterogénea: "silencio absoluto", "un ruido intolerable" y "algo parecido al rumor de los grillos".

La unión de las distintas aportaciones de *Landrover* parecía demasiado simple como para calificarse de colaboración (no quiero decir con eso que no se invirtiera mucha energía, ¡sobre todo por parte de Cunningham y los bailarines!). Sin embargo, la combinación de elementos elegidos por los participantes, de aquel modo inexplicablemente independiente y a la vez paralelo, habría sido inconcebible para mí en otras circunstancias.

La obra denominada *Objects* (1971) resultó ser una producción intermedia, y por diversas razones no se mantuvo mucho tiempo en el repertorio. La música de *Objects* era *Vespers*, de Alvin Lucier, una pieza electrónica en directo en la que los músicos se movían a ciegas por el espacio de la representación, encontrando su camino mediante detección por ultrasonidos con el uso de instrumentos tipo sonar, que producían determinados chasquidos.

Cuando se encargaba a un compositor externo a la Cunningham Dance Company que creara música para una nueva producción, la elección solía hacerse por consenso entre Cunningham y los músicos habituales. Si Cunningham tenía una persona determinada in mente desde el principio, los demás solían estar de acuerdo. Era casi como si todos hubieran tenido una idea paralela. Teníamos a Alvin Lucier en la cabeza desde hacía unos años. Sin embargo, la Cunningham Dance Company había ido postergando la iniciativa.

Una manera de salir del dilema fue pedirle a Lucier una obra ya hecha. Durante unos días llevé conmigo un magnetofón portátil con una cinta de *Vespers* interpretada por la Sonics Arts Union. Al final logré cruzarme con Cunningham en un vestuario, entre los ensayos. Escuchó la pieza y me respondió: "Me gusta, ¿a ti no? ¿Pondréis esta cinta en la representación?"

"No, la interpretaremos en directo, con los instrumentos originales. Así, además de cumplir con las condiciones de la partitura de Lucier, podremos adaptarnos a las distintas circunstancias de la representación de la nueva danza. Puede tener la longitud que haga falta y la textura puede ser más transparente".

"¿Cómo se llaman los instrumentos que hacen esos chasquidos?– preguntó Merce.

"*Sondols*".

"Bueno, si nos gusta a todos, lo probaremos. Gracias por dejarme escucharla".

Sólo quedaban siete días para el estreno.

En el prolífico año en que Cunningham presentó *Landrover* y *TV Rerun*, también preparaba una tercera obra, *Borst Park*. En ella se tomó una rápida decisión musical.

Unos meses antes del estreno de *Borst Park*, Christian Wolff, Frederic Rzewski, Jon Appleton y yo estábamos interpretando una versión de conjunto reducido de la reciente pieza de Wolff, *Burdocks*, en la New York University. Se trataba de una obra expansible, de música trascendental, de una a diez secciones y de una a diez orquestas (considerando una orquesta un mínimo de cinco músicos). Cunningham estaba entre el público e inmediatamente dijo que quería que *Burdocks* fuera la música de *Borst Park*. Así, disfrutamos de casi dos meses de preparación antes del estreno de *Borst Park*.

La producción de *Events* aumentó considerablemente en 1972, y la colaboración musical se hizo más diversa. Como Cage, Tudor, David Behman y yo estábamos actuando independientemente en un nuevo festival de música en Bremen, Alemania, en mayo de 1972, Christian Wolff y catorce estudiantes de música del Darmouth College colaboraron con la Cunningham Dance Company en el *Event No. 36,* en la Universidad de New Hampshire. A excepción de una sola representación de *Canfield* en la Brooklyn Academy of Music, todas las actuaciones de 1973 fueron *Events* o conferencias demostrativas, para los cuales se ampliaron nuestros trabajos musicales con la colaboración exclusiva de David Behrman.

Además de las representaciones del repertorio, y de la creciente producción de *Events*, a fines de los años sesenta, la Cunningham Dance Company empezó a aceptar más invitaciones de las universidades. En general, estas invitaciones oscilaban entre una estancia de tres días y una de cuatro semanas, e implicaban el uso de todos los recursos del conjunto. Además de conferencias demostrativas, representaciones del repertorio y de diversos *Events*, los bailarines enseñaban técnica, repertorio y composición. Los músicos presentaban seminarios talleres y conciertos, y el responsable de iluminación ofrecía cursos. A veces, esas estancias permitían crear también nuevas obras.

Hay un aspecto de nuestro trabajo que resulta embarazosamente obvio. Por mucho que aspiremos a ello, no tenemos un sentido igualitario de la colaboración. Hay una jerarquía en la dinámica social de la Cunningham Dance Company, y su narrativa parece indicar que los músicos se hallan en una posición privilegiada. Pero si jerarquía es la palabra adecuada para describir la compañía, hay que precisar que se trata de una jerarquía extremadamente compleja y sometida a cambios constantes.

Hay desigualdades inherentes a la situación porque se necesitan múltiples técnicas y especialidades para la elaborada producción requerida por la Cunningham Dance Company; y los riesgos prácticos que adoptan las diversas categorías de participantes son bastante distintos. Los bailarines se arriesgan a confrontaciones físicas de una magnitud mayor a las de los músicos. Los bailarines tienen que evitar golpearse unos a otros, mientras que si un músico sobrepasa el sonido del otro, el resultado difícilmente producirá daños físicos. Así, los bailarines planifican sus actos con mayor vigilancia que los músicos. Para los bailarines, tal vez esta situación implica una menor libertad.

En contraste, la dinámica social de la producción musical ha tenido un curso relativamente simple e inspirador. La historia empezó en los años cuarenta, con Cage como "pianista y compositor". En los años cincuenta, Cage era "director musical" y Tudor era "pianista". En los años sesenta, esas categorías se hicieron irrelevantes, las funciones eran cada vez más compartidas y complejas, y fue entonces cuando yo me uní al conjunto. Cuando Cage empezó a sentirse incómodo con la idea de ser el "director musical", todas las categorías desaparecieron. En los años setenta, con la incorporación de Behman (y ocasionalmente de otros), evolucionamos hacia una colaboración notable. No éramos iguales: cada uno tenía sus especialidades y algunas de ellas no eran intercambiables. Nadie podría imaginarme a mí leyendo las historias de Cage para *How to Pass, Kick, Fall and Run*, o a Cage (en lugar de Tudor) interpretando la música de Bo Nilsson para *Night Wandering*, o a Tudor (ni a nadie que no fuera Cage) interpretando los *Nocturnes* de Satie. Todo el mundo se preocupaba si yo no estaba cerca cuando había que resolver deprisa cualquier problema electrónico, y a mí me quitaba el sueño la perspectiva de que Tudor no montara su propia parafernalia electrónica en *RainForest*. Pero con los *Events* de los años setenta, los músicos habían alcanzado una notable coexistencia de especialización y comprensividad.

Hay muy pocos grupos de artistas constantemente innovadores que, como los de la Cunningham Dance Company, logren sobrevivir a sus difíciles circunstancias económicas y prosperar durante un cuarto de siglo. Si la situación económica mejora al volverse famosos, deben aprender a sobrevivir a la erosión de sus vidas privadas. El abismo generacional creciente entre los miembros más viejos y los más jóvenes del conjunto tiene sus propias consecuencias.

Además, la cuestión de la disparidad de edad tiene consecuencias en otros contextos. Cuando la práctica del arte y la tecnología avanzan rápidamente, la innovación es en gran medida territorio de los jóvenes. Los mayores se ponen nerviosos y tienden a reaccionar a través de sus instituciones, incluyendo sus sindicatos, que pueden adoptar una posición desagradablemente represiva. Por ejemplo, el sindicato puede sostener que un bailarín cuyas acciones producen sonido amenaza la seguridad de los músicos. Del mismo modo, los instrumentos musicales electrónicos que tocan los músicos "amenazan" la seguridad de los electricistas. Y la coreografía que afecta al decorado "amenaza" la seguridad del artista escénico.

A veces, los cambios en las tradiciones artísticas chocan con los políticos en formas que van más allá de nuestro conocimiento y control. Representamos la pieza *Event No. 23* en una gran sala de baile del sur de California. El formato de la actuación y los arreglos físicos del lugar permitían al público libertad de movimientos, de salir y volver a entrar a su antojo en el espacio de representación. Un conjunto de nerviosos porteros, formados en una era de constante inquietud civil, conminaban activamente al público a que no se moviera o bien intimidaban a la gente que abandonaba el lugar de la escena.

En otras situaciones, hay que ser conscientes de su influencia. Jean Tinguely me sugirió una vez que era inmoral tolerar el régimen represivo y elitista de Oriente Medio aceptando una invitación para actuar allí. Era un argumento delicado, pero lo que desde fuera del país podía interpretarse como una actitud de tolerancia hacia el régimen podía ser en realidad una acción subversiva, visto desde dentro. Y en los países con los medios de comunicación sometidos a un control férreo, declinar una invitación, especialmente por motivos políticos, no suele surtir ningún efecto. La prensa no lo difunde y no se consigue nada. Es necesario ofrecer la oportunidad de confrontación cultural y de intercambio de ideas.

La decisión de declinar una invitación o de negarse a actuar requiere una astuta consideración y una sincera búsqueda de perspectiva. Cuando a Cage le desafiaron con la pregunta de por qué la Cunningham Dance Company actuaría en un país política-

mente represivo, contestó: "Debería recordar de qué país venimos nosotros".

Para mí, la gira por Suramérica de 1968 y la gira europea de diez semanas de 1972 fueron nuestros logros internacionales más importantes. A excepción de unos pocos lugares, no fueron ocasiones confortables ni glamurosas. Éramos pioneros: producíamos confrontaciones culturales en circunstancias donde los riesgos no siempre eran fáciles de acomodar. En Suramérica, nos enfrentábamos a amantes del ballet hiperconservadores con nuestras manifestaciones relativamente extremas de danza moderna. Muchos reaccionarios políticos e ideológicos que se contaban entre el público rechazaban las mismas *ideas* de libertad encarnadas en nuestro trabajo.

Pese a todo, era una oportunidad muy valiosa: colaborar en un proceso con un conjunto dotado de unos niveles de representación excepcionalmente elevados. Un grupo de personas distintas encontrándose en un solo punto: la congruencia de ideas disparatadas, basadas en la premisa de una rigurosa disciplina y arriesgada experimentación.

"Una preparación continua para el impacto de la libertad", como Peter Brook calificó la obra de Merce Cunningham.

Gordon Mumma, "From Where the Circus Went", en James Klosty, *Merce Cunningham* (Nueva York: Saturday Review Press/Dutton, 1975): 65-73.

From Where the Circus Went

Gordon Mumma

How I joined the Cunningham Dance Company was never very clear, and of the nature of the proverbial "grapevine." My previous relationship to John Cage and David Tudor had been as musical collaborator and technical assistant in several concerts. I had built special electronic music equipment for them, and at Tudor's request I was beginning work on a composition for his bandoneon, a none-too-common Argentine instrument. On several occasions Tudor had mentioned that they were considering someone to assist them with the increasingly complex sound equipment of the dance company repertory.

It became official in June 1966, when I received a direct invitation from Cage by long- distance telephone. I accepted. A week later Cage called again to ask if I would compose the music for a new dance which was to be premiered on a European tour in August. A bit stunned, I again agreed.

Merce Cunningham phoned a few days later to discuss details of the new work.

"I'd like it if you could do something for David Tudor to play."

I agreed, and asked about the title of the new dance.

"I haven't decided yet."

"How long will it be?"

"Between 20 and 30 minutes."

"I wonder what else I should know, maybe how many dancers?"

"Eight dancers, and we perform it at St. Paul-de-Vence, in France, on the 6th of August. It's beautiful there."

That was all. I had seen the Cunningham dancers perform in 1961, and again in 1963. Each time had been an awesome experience. I was now attempting to accumulate enough information over the telephone to compose a work for them in less than three months. To meet the deadline I decided to recast the elaborate composition I was already preparing for David Tudor and his bandoneon.

Though the information Cunningham had given me was minimal (I didn't have the presence of mind to probe further), his comfortably matter-of-fact tone of voice was reassuring. I doubted that he knew any of my music, but I had the feeling that he trusted me. At least he seemed comfortable taking the risk.

In the ensuing years it became clear that this initial encounter was representative of much of the Cunningham Dance Company collaboration. The best and worst aspects of "grapevine" communications and telephone arrangements, the minimal specifications between choreographer and composer, the blended sense of freedom and responsibility, and a pervading ambiguity about details and commitments were nourished by Cunningham's immediate trust of his collaborators and his invitation to artistic risk.

People familiar with the tradition of dancing to music sometimes find it difficult to comprehend the possibility of dance which is simultaneous with but independent of the music. Actually, the procedure has become a tradition and is now practiced by many other dancers. The surprise is often greatest for those of the audience who inquire about the coordinations and correspondences which they have noticed between the music and the dance, and learn that these happen by chance at each performance. Not everyone agrees about these correspondences, of course. Though they attend the same performance, it is often a very different experience for each.

Further, this independence of music and dance is true only for a part of the Cunningham company repertory, and as an artistic procedure it has evolved over many years. In the 1940s Cunningham and Cage collaborated in a relatively traditional way. Cage composed fixed, notated music, often to a previously fixed Cunningham choreography. Given this procedure, there was still innovation aplenty. Cage was preparing the piano with miscellaneous hardware, Cunningham was creating movement independent of literary references, and the critics were already unsettled.

Following the Second World War, Cage returned from a trip to Europe with *musique concrète* by Pierre Schaeffer, to which Cunningham established a precedent by making the first major choreography to original music on magnetic tape. Cunningham had also used music by Erik Satie, Ben Weber, Alan Hovaness, Alexi Haieff, and the jazz musician Baby Dodds. David Tudor's introduction to Cunningham had been as a pianist for Ben Weber's music. In the 1950s the collaborations were extended to less well-known, more experimental, and considerably riskier composers: Earle Brown, Morton Feldman, and Christina Wolff.

Listed on the programs as "pianist," Tudor's relationship to Cage's (and others') music became an increasingly interdependent collaboration. Tudor often supplied fundamental ideas as well as innovative performance procedures. By 1958 they were at work on the bizarre, virtuoso collaboration called *Antic Meet*, and shortly after its introduction in 1961 were beginning to amplify the pianos which accompanied the dance *Aeon* with Cage's *Winter Music*. The diverse repertory now included dance coordinated with traditional music (the conventional piano of Satie's *Nocturnes*), connected with mechanically innovative music (the prepared due pianos of *Suite for 5*, and the player piano of *Crises*), and coexisting with all manner of sounds (the electronically modified pianos and noninstrumental resources of *Aeon* and *Antic Meet*). That repertory also included traditional and innovative instrumental ensembles, and electronic music, by other composers.

Along with the development of chance procedures in the 1950s, there were the beginnings of shared creative responsibilities: the functional distinction between composer and performer was becoming blurred. For the Cunningham musicians this distinction became more obscure with the increasing use of electronic technology in the 1960s, and it had become irrelevent by the 1970s.

The increasingly heavy touring schedule which culminated in the 1964 world tour left little time for creative innovation. I once asked the prolific Cage, who had always made several new works each year, why he had no compositions dated 1964. Surprised with the recognition, he replied, "I spent that year writing letters to raise money for the touring."

1964 was a difficult year in many ways. The Cunningham Dance Company became world famous, Rauschenberg won the Venice Biennale,

and the human and financial costs were staggering. Heavy touring usually decimates performance ensembles, and the Cunningham company was no exception. The "classic" Cunningham ensemble developed through the 1950s was at an end. Rauschenberg and over half the dancers departed from the collaboration at the end of the world tour. Undaunted, the company determined to further its explorations with chance procedures, theatrical innovations, and particularly electronic technology. The largest step was *Variations V*, which was premiered in 1965 at Lincoln Center. With virtually no precedent, this work established at once a coexistence of technological interdependence and artistic nondependence. Every complicated production of *Variations V* was logistically precarious, and no two people could agree about its artistic merits. The implications of *Variations V* have changed my life in many ways. It was my first experience with this recurring dilemma: I loved the work and absolutely dreaded the exhausting preparation of every performance.

For the audience *Variations V* was like a multi-ringed circus. For the performers it was participation in a man-machine environment, chock full of images and gadgets: movies, TV images, slides, a bicycle and gym mat, plastic plants, furniture (all of them rigged with electronics), and a garden of vertical antennas projecting upwards from the floor.

These vertical antennas were capacitive sensors which responded to the locations of the dancers on the stage by sending electronic signals to the musicians. It was one of two systems of sensors. The other system was a network of photoelectric cells which responded to changes in light intensity as the dancers moved past them. Electronic signals from these photoelectric cells were also sent to the musicians.

The musicians operated an orchestra of electronic sound-producers: tape recorders, radios, phonographs, and the like. The signals from the two sensor systems directly articulated these sound-makers. That is, by their movements the dancers articulated both the performance space and the sounds of the music. The interaction of the systems with the performers was complex, and contained a measure of technological unpredictability. The audience rarely perceived a one-to-one or "mickey-mouse" correspondence between the dancer's movements and the sound. Further, differences of performance space, lighting, and musical materials from one performance to another contributed to a nonrepeatability of the result. Because of these multileveled complexities, *Variations V* had the unsettling effect of being the same and different at each performance.

Besides *Variations V*, several other repertory works from the 1960s indicate workings of technological, artistic, and social collaboration in the Cunningham Dance Company. Three of these, *Story* (1963), the notorious *Winterbranch* (1964), and the smaller-scale *Field Dances* (1963), were made previous to the world tour. The fourth, the extremely popular *How to Pass, Kick, Fall and Run* (1965), was made right after *Variations V*.

The music for *Winterbranch*, *Variations V*, and *How to . . .* was the result of electronic technology. But where *Variations V* was a complicated spectacle, *Winterbranch* and *How to . . .* were elemental simplicity. *Winterbranch* used "canned" music: two tape recorded sounds of La Monte Young were played at a sustained, near-deafening level over loudspeakers. For *How to . . .* the "music" was the product of that most common live- electronic instrument: the public-address system.

The sensation of *Winterbranch* was in its theatrical impact, and due largely to its lighting. Rauschenberg lit *Winterbranch* with strongly focused, noncolored lights in such a way that the light rarely hit the performing dancers directly except by chance. He distributed this light activity over the duration of the piece differently at each performance. Cumulatively, more than half of *Winterbranch* was often in total darkness. The choreography was derived from the physical gestures of falling. The performance began in silence. After a few minutes, just as the audience invariably grew restless with this theatrical ambiguity, they were pinned to their seats by the massive shock front of La Monte Young's excruciating *Two Sounds*, which continued to the end.

How to . . . was also a relatively simple production. The choreography was inspired by the movements of sports and games and (as with *Winterbranch*) was specific and fixed. The "music" consisted of John Cage, as raconteur, reading from his one-minute-long stories.

During the first year of *How to . . .* David Tudor performed with Cage, using Cage's voice as a sound source for his complicated electronic modification procedures. The result was a montage of sonic fragmentation which increased in verbal unintelligibility with each performance.

Complaints came not only from the audience but from the dancers. Because of that mysterious "grapevine" procedure of quasi-consensus, which is a typical feature of the Cunningham company, the electronic modification of Cage's reading was eventually abandoned. On occasion, though, the performance was elaborated when David Vaughan joined Cage in the simultaneous, but independent, reading of those stories.

The artistic and social collaboration of *Story* was more daring. The music for *Story* was Toshi Ichiyanagi's *Sapporo*, a notated but open-ended ensemble work which allowed for considerable interpretation on the part of the performers. More telling is the procedure of the choreographic and scenic resources of *Story*. Rauschenberg (collaborating on the world tour with artist Alex Hay) made the décor anew during each performance, using materials found on the spot. Thus they were themselves performers. Also, during the performances the dancers chose what they would wear and what they would do with it from a great pool of clothing and other paraphernalia on the stage.

In *Story* Cunningham had given the dancers some creative freedom which they had not previously enjoyed in earlier repertory works. It was a social and artistic direction being actively explored by the pioneers of "happenings" at that time, and seemed particularly fertile in the context of the Cunningham company because its performers were a highly trained ensemble.

The collaborative restraints of *Field Dances* were more specific. The duration of *Field Dances* was indeterminate, and the "choreography" which Cunningham presented his dancers was essentially a vocabulary of physical gestures. The dancers were free during performance to develop their own syntax for that vocabulary. Further, the dancers individually chose whether they would perform in it at all, and on occasion noncompany dancers were included in performance.

In the signal year of 1964 the first three of a long series of *Event* performances took place, one in Vienna, the other two in Stockholm. These *Events* were made specially for each occasion. They were generally complete, uninterrupted performances in nonproscenium spaces, and they held implications of greater collaborative endeavor than most of the repertory works.

The departure of Rauschenberg and the arrival of Jasper Johns as "artistic advisor" shortly afterwards brought about a significant change in the nature of the décor. In one sense there was an expansion of collaborative activity: many other artists were invited to participate. The décor for *Place* (1966) was by Beverly Emmons, for *Scramble* (1967) by Frank Stella, for *RainForest* (1968) by Andy Warhol, for *Walkaround Time* (1968) by Johns and Marcel Duchamp, for *Canfield* (1969) by Robert Morris, for *Tread* (1970) by Bruce Nauman, and for *Objects* (1971) by Niel Jenny. The décor for *Second Hand* (1970), *TV Rerun* (1972), and *Landrover* (1972) was by Jasper Johns. An impressive list, comparable in many ways to the era of the Diaghilev Ballet.

On a very elementary level the décor for *Scramble*, *RainForest*, *Walkaround Time*, and *Objects* involved a collaboration with the dancers. They moved the scenery around the space during performance, and the helium-filled silver-mylar pillows of *RainForest* were often moved by chance encounters with the dancers. But elegant as some of it was, this décor was still basically a collection of decorative props. The audience might gasp with appreciation when the curtain opened, but except for the mysterious, animal-like character of Warhol's pillows in *RainForest*, the dancers didn't sense any particular collaborative affinity with either the décor or its production.

The lighting designer Richard Nelson found himself in a more interesting position. In 1968 he made a special score, *Lightgames 1^R*, for *RainForest* which changed from performance to performance, thus extending an aspect of the *Winterbranch* tradition. For *Signals* (1970) Nelson employed several unusual procedures, including laser projection. He treated each performance as a new challenge to his ingenuity and produced a tour-de-force series of scenic wonders.

Robert Morris' décor for *Canfield* included the conception for the lighting design. The dancers, wearing irridescent grey leotards and tights, were lit by a vertical beam which extended from the downstage floor to a place above the proscenium arch, and it moved slowly back and forth across the proscenium opening. The light itself came from a series of aircraft landing lights, mounted within the beam and focused on a grey drop at the back of the stage. The effect was a vertical plane of brilliant light which, slowly sweeping through the space, was interrupted by encounters with the dancers, who seemed like the intermittantly fluorescing population of some lunar landscape.

As impressive as these various décors were, if any collaboration existed between Cunningham and the designers it was a private affair, and not shared by the dancers. Many people had the sense that the potentials suggested by works like *Story* and *Variations V* were being held in suspension.

Repertory collaboration between the dancers and musicians was also suspended following *Variations V*, and occurred only once, again in an elementary way, in my own music for *TV Rerun*. For this composition, entitled *Telepos*, I designed lightweight elastic belts for the dancers. The belts contained acceleration sensors and radio transmitters. The dancers' movements were translated into audible pitches, transmitted to special electronic equipment in the orchestra pit, and heard from loudspeakers around the audience. This process of telemetry was like that used in space travel. Thus the dancers were collaboratively responsible for the nature and continuity of the sound, though the implications of this technological extension of human activity suggested more collaborative potential than we (the dancers and I) actually felt in the making of this piece.

However, the collaborative activities among the musicians themselves were becoming increasingly complex and fruitful. The performance of my composition *Mesa*, the music for Cunningham's *Place*, with Tudor's performance of his bandoneon and my performance of the electronic equipment, was a closely interdependent collaboration. Ichiyanagi's music for *Scramble*, called *Activities for Orchestra*, like this earlier music for *Story*, was a notated but open-ended composition. It allowed for ensembles of various sizes and required difficult new ways of performing acoustical and electronic instruments simultaneously.

The two new works of the following year (1968) were *RainForest* and *Walkaround Time*, with music by Tudor and David Behrman, respectively. Tudor's music for *RainForest* was a collaborative duo between him and myself, performing with a forest of electroacoustic transducers of his own uncanny design.

The next repertory work, *Canfield* (1969), was notable in many ways. The choreographic structure was thirteen sections with interludes between each, analogous to the form of solitaire invented by Richard Canfield, a gambler at the casinos of Saratoga Springs, New York. The sections and interludes were arranged in a different order for each performance, usually on that day and not all were necessary to constitute a performance. Thus the continuity was different each time, and the dance varied in length from 20 to 105 minutes. The character of the choreography was one of extreme contrasts, with elements of the lyrical, preposterous, baroque, serene, and surreal juxtaposed with one another in often jolting succession, and displayed in all manner of solo and ensemble activities.

The music, by Pauline Oliveros, is entitled *In Memoriam Nikola Tesla, Cosmic Engineer*, and is as much a theatrical as a musical composition. In performance it occurred simultaneously with, but independently of, the dance and lighting-décor.

Independently, both Morris and Oliveros had fulfilled their commissions by supplying the Cunningham company only with ideas about what should be done, leaving the implementation and execution of those ideas to the lighting designer, stage-production manager, and musicians. For example, the score of Oliveros' piece was three pages of typewritten instructions which specified, often in general terms, the nature of the equipment which the musicians had to obtain or develop, as well as the characteristics and continuity of the performance with that equipment. In the sleep-depriving tradition of Cunningham company new-work production, the music, lighting and décor specifications arrived within only weeks of the scheduled first performance.

The stage-production manager, James Baird, was responsible for the design and construction of the mobile, vertical light-beam. The *Canfield* light-beam project was more intimidating than most because Baird was responsible for implementation of an idea which required a series of interdependent innovations: the aircraft landing-light configuration within the vertical beam; a light-weight multi-sectioned, horizontal aluminum I-beam from which the vertical beam was suspended; and a unique electric motor and reduction-gear mechanism which traveled back and forth along the I-beam and pulled the vertical light-beam hanging below it. All of this mechanism had to be adaptable to the various sizes of proscenium stages which we would encounter for the next several years; operate with wide variations in mains, voltage, and frequency; and be efficiently installed and dismantled on one-night stands by a different (often foreign-language) stage crew at each theater.

For Baird the successful confrontation of a challenge and a modest salary was ordinarily more than sufficient reward for his efforts. But consider: if the light-beam succeeded, Morris got the credit; if it failed Baird got the blame.

The musicians were in more generous circumstances in *Canfield*. The Oliveros score was more open-ended in its possibilities of implementation. The musicians were committed to specific kinds of sounds and theatrical effects, but not to specific hardware. And though we used lots of equipment for Oliveros' piece — by the end of a performance the orchestra pit was an awful mess — the physical scale was comfortably small. The *Canfield* sound equipment was packed into a few suitcases. The light-beam apparatus was shipped in large crates.

More than any work in the repertory at that time, *Canfield* was a continual production-in-progress. The impact of performances of the complete *Canfield*, which filled an entire evening, had become very great. By the early 1970s we were rarely presenting the abbreviated versions, as we once had, in performance with other repertory works. *Canfield* seemed to be metamorphosizing into the genre of the *Event* performances, which had come to occupy more of our creative time. In several nonproscenium *Event* performances the entire choreography of *Canfield* was danced, but with different, specially made lighting, décor, and music.

Increasingly preoccupied with the idea of a collaborative creative process, and encouraged particularly by the results of our *Event* collaborations, the musicians decided to share in the creative responsibilities for the next repertory work. We decided in advance that each performance would have different music; each musician would make an independent contribution of sound materials; and each contribution would be sparing in its resources and might have a specific character, idea, or image. Furthermore, we would title this collaborative music by the week and month of each specific performance, e.g., "the second week of November." Finally, the names of all participating musicians would appear on the program, allowing for the possibility that more than the three regular Cunningham company musicians would collaborate, and their names would be listed in rotating order.

This new work was called *Signals*, and I have mentioned Richard Nelson's contribution to the lighting and décor. Sensing the various implications of the title, *Signals*, Cage generally played sparse "abbreviations" of early music on the piano, which he derived during performance by chance operations with the *I Ching*. I chose the idea of a sound ambience, often of signal-type sounds like bells, which occurred quietly at a great distance, often in the outdoors. Tudor commonly selected a continuous sound from a single source, such as insect activities, electro-encephalic signals, or a sentimental example of parlor music.

The musicians collaborated in a later repertory work, *Landrover* (1972) in a different way. Like *Canfield* and *Scramble*, which preceded it, the choreography of *Landrover* existed in sections, the order of which could be arranged differently for each performance. Taking our lead from this procedure, Cage, Tudor, and I decided to do the same with the music. The choreographic sections of *Landrover* were of unequal length and four in number, but did not all have to be performed. We established the musical sections to be equal in length and three in number, with the total length equal to that of the choreography. Each of us was completely responsible for a single section, and immediately preceding the performance straws were drawn to determine the order of the three musical sections.

For this contribution Cage chose to read a short fragment from his *Mureau*, which he would place somewhere in the large, remaining silence of his section. For the entire length of his section Tudor presented seismological signals, which he speeded up to an audible range and modified gently with electronic equalization. I made a set of verbal instructions, in the event someone else wanted to perform my section, though I invariably performed it myself. These instructions specified "a phenomenon unarticulated insofar as possible and sustained at the threshold of perception." Though that phenomenon doesn't necessarily have to be sound, for my section of *Landrover* I created a kind of supersonic blanket with special electronic equipment. In accordance with instructions I adjusted this phenomenon at the threshold of perception — my perception. Of course, since everyone's perception thresholds are different. It was above some and below others. I could barely hear it, Cage said he never heard it, and Tudor found it obnoxiously audible. Critics described it variously as "absolute silence," "intolerable roaring," and "something like crickets."

The putting-together of *Landrover* seemed almost too simple to deserve being called a collaboration. (I don't mean to imply that a lot of energy wasn't spent, particularly by Cunningham and the dancers!) Yet the combination of elements which were chosen by the participants, in that inexplicably independent yet parallel way, would have been inconceivable to me in any other circumstances.

The work called *Objects* (1971) turned out to be an interim production, and for various reasons it didn't last long in the repertory. The music for *Objects* was Alvin Lucier's *Vespers*, a live-electronic piece in which the musicians moved blind through the performance space, finding their way by echolocation with the use of clicking, sonar-type instruments.

When a composer outside the Cunningham company was commissioned to do music for a new production, the choice was usually made as a consensus between Cunningham and the regular musicians. If Cunningham had a specific person in mind at the outset, everyone else was likely to concur. It was likely to have been a parallel idea in the other minds as well. Alvin Lucier had been in our minds for several years. However, the Cunningham company procrastinated in making a commitment to him.

One way out of the dilemma was to ask Lucier for an already completed work. For several days I carried with me everywhere a portable tape recorder and a tape of Lucier's *Vespers* performed by the Sonic Arts Union. Eventually my path crossed that of Cunningham, in a dressing room between rehearsals. He listened to *Vespers*, and replied:

"I like it, don't you? Will you play this tape in performance?"

"No, we'll do it live, with the original instruments. Besides meeting the requirements of Lucier's score, it will allow us to adapt to various performance circumstances of the new dance. It can be any length, and the texture can be more transparent."

Merce asked, "What are the instruments called that make that clicking sound?"

"Sondols."

"Well, if we all like it, let's give it a try. Thank you for letting me hear it."

Only seven days remained until the premiere.

In the productive year that Cunningham introduced *Landrover* and *TV Rerun*, he was also preparing a third work, *Borst Park*. Here, a very quick musical decision was made.

Christian Wolff, Frédéric Rzewski, Jon Appleton, and I were performing a small-ensemble version of Wolff's recent *Burdocks* at New York University a few months before the Cunningham company premiere of *Borst Park*. *Burdocks* was an expandable, transcendental music of one to ten sections and for one to ten orchestras (an orchestra consisted of a minimum of five musicians). Cunningham was in the audience and immediately wanted *Burdocks* as the music for *Borst Park*. Thus we enjoyed nearly two months of preparation time before the premiere of *Borst Park*.

The production of *Events* increased considerably in 1972, and the musical collaboration became more diverse. Since Cage, Tudor, David Behrman, and I were performing independently at a new-music festival in Bremen, Germany, in May 1972, Christian Wolff and fourteen student musicians from Dartmouth College collaborated with the Cunningham company for *Event No. 36* at the University of New Hampshire. With the exception of a single performance of *Canfield* at the Brooklyn Academy of Music, all the performances of 1973 were *Events* of lecture-demonstrations, for which our musical endeavors were expanded by the full-time collaboration of David Behrman.

Besides repertory performances, and the growing production of *Events*, in the late 1960s the Cunningham company became more involved with university residencies. A residency lasted as little as three days or as long as four weeks, and made use of all the resources of the ensemble. Besides lecture-demonstrations, repertory, and *Event* performances, the dancers taught classes in technique, repertory, and composition. The musicians presented seminars, workshops, and concerts, and the lighting designer taught stage design courses. The residency schedules sometimes allowed for the making of new works as well.

One aspect of our work is uncomfortably clear. As much as we may aspire to it, we do not have a sense of collaborative equality. There is hierarchy in the social dynamics of the Cunningham Dance Company, and this narrative may seem to indicate that the musicians are in a privileged position. But if hierarchy is the proper word to describe the company, it is an extremely complex hierarchy which is constantly changing.

There are inequalities inherent in the situation because so many skills and specializations are necessary for the elaborate production the Cunningham Dance Company requires; and the practical risks taken by the various categories of people are quite different. The dancers risk physical confrontations which are of a magnitude greater than those of the musicians. The dancers have to avoid knocking each other over, while if one musician overwhelms the sound of another, the result rarely involves physical injury. Thus the dancers plan their actions with a greater vigilance than required by the musicians. For the dancers it is perhaps a situation of having inherently less freedom.

In contrast, the social dynamics of the musical production have had a relatively simple and inspiring course. The history began in the 1940s with Cage as "pianist and composer." In the 1950s Cage was "musical director" and Tudor was "pianist." In the 1960s these categories became irrelevant, the functions were increasingly shared and complicated, and I joined the ensemble. When Cage became uncomfortable with the idea of being "musical director" all categories disappeared. By the 1970s, with the addition of Behrman (and others on occasion) we had evolved into a remarkable collaboration. We were not equal: each had specializations and some of these were not interchangeable. No one could imagine me reading Cage's stories for *How to Pass, Kick, Fall and Run*, Cage (instead of Tudor) performing Bo Nilsson's music for *Night Wandering*, or Tudor (or anyone except Cage) performing Satie's music for *Nocturnes*. Everyone worried if I wasn't around when some complicated electronic problem had to be quickly solved, and I lost sleep over the prospect of Tudor's not setting up his own electronic menagerie for *RainForest*. But with the *Events* of the 1970s the musicians had reached a remarkable coexistence of specialization and comprehensivity.

There are very few persistently innovative groups of performing artists which, like the Cunningham Dance Company, manage to survive their preposterous economic circumstances and thrive for a quarter of a century. If, on the one hand, their economic situation improves as they become famous, on the other, they must learn to survive the erosion of their private lives. The constantly widening gap in generation between the oldest and youngest member of the ensemble has its own consequences.

The question of age disparity has consequences in other contexts, too. When the practice of art and technology advance rapidly, innovation is largely the province of the young. The older practitioners are nervous and tend to react through their institutions, including their unions, which may take an unattractively repressive position. For example, the union may hold that a dancer whose actions produce sound threatens the security of the musicians. Likewise, electronic musical instruments performed by musicians "threaten" the security of electricians. Choreography which affects the décor "threatens" the security of the scenic artist.

Changes in artistic traditions sometimes conflict with politics in ways beyond our knowledge and control. We performed *Event No. 23* in a large ballroom in southern California. The format of the evening and physical arrangements of the hall allowed the audience freedom to move, leave and re-enter the performing space at will. A corps of nervous ushers, nurtured in an era of constant civil unrest, actively discouraged the audience from moving at all or else intimidated the people who left the performance area.

In other situations we must be conscious of our influence. Jean Tinguely once suggested to me that it was immoral to condone a repressive and elitist regime in the Middle East by accepting an invitation to perform in that country. This is a delicate argument, but what is viewed as a condoning action from outside the country can be in reality a subversive action, seen from inside it. And in countries with heavily controlled communications, declining an invitation, particularly for political reasons, usually has no effect. It is unreported and virtually nothing is accomplished. An opportunity for cultural confrontation and the exchange of nourishing ideas is missed.

The decision to decline an invitation, or refuse to perform, requires astute consideration and an honest search for perspective. When Cage was challenged

p. 280-281
Merce Cunningham Dance Company en/in Beach Birds, *1991*
Photo Nicklaus Stauss

p. 280-281
Merce Cunningham en/in Five Stone Wind, *1988*
Photo Colette Masson

about why the Cunningham company would perform in one politically appalling country he replied, "You must remember what country we come from."

For me the South American tour of 1968 and the ten-week European tour of 1972 were our most important overseas accomplishments. With the exception of a few places, these were not comfortable or glamorous occasions. We were pioneering: producing cultural confrontations in circumstances where the risks were not always easy to accommodate. In South America we confronted hyperconservative ballet-lovers with our relatively extreme manifestations of modern dance. Many political and ideological reactionaries of those audiences had trouble with the very *ideas* of freedom embodied in our work.

It continues a precious opportunity: to collaborate in a process with an ensemble with exceptionally high performance standards. An ensemble of different people meeting perhaps at only a single point: the congruence of disparate ideas, based on the premise of rigorous discipline and risky experimentation.

"A continual preparation for the shock of freedom," as Peter Brook called Cunningham's work.

Gordon Mumma, "From Where the Circus Went," in James Klosty, *Merce Cunningham* (New York: Saturday Review Press/Dutton, 1975): 65-73.

Merce Cunningham: cinco años más

David Vaughan

1995

El año 1995 empezó con un clima desfavorable para la Merce Cunningham Dance Company, pues su actuación en el Lafayette College de Easton (Pensilvania), en un fin de semana de febrero, coincidió con una fuerte tormenta de nieve que azotó diversos puntos de Estados Unidos. Sin embargo, la actuación pudo hacerse y la compañía logró volver sin problemas a Nueva York. En marzo, el Boston Ballet ofrecía las primeras representaciones de *Breakers* en su ciudad natal, tras presentar la obra en el Kennedy Center for the Performing Arts de Washington DC el año anterior; la pieza continuaba incluida en el repertorio de la compañía de Cunningham.

En 1995, la compañía ofreció por última vez una actuación que se había convertido en una especie de temporada anual neoyorkina, en el City Center Theater. El repertorio incluía una nueva obra, *Ground Level Overlay*, y una nueva versión de *Rune*, con vestuario nuevo y con un telón de fondo diseñado por Mark Lancaster.

Ground Level Overlay

Ground Level Overlay es un destacado ejemplo de la interacción sinergética de elementos independientes que caracteriza las danzas de Cunningham: coreografía, música y diseño.

Música

Stuart Dempster, compositor y trombonista, había tocado con la compañía en Aviñón en 1976. Su partitura para *Ground Level Overlay*, con su propio título, *Underground Overlays*, se inspiraba en la experiencia de trabajo anterior con Cunningham, de la que el propio Dempster escribió: "Toqué y grabé *In the Great Abbey of Clement VI*". Y continuaba: "El material para esta pieza se grabó en un antiguo depósito de agua de dos millones de galones de capacidad, en Fort Worden, Port Townsend, a unos 110 kilómetros al noroeste de Seattle [en el estado de Washington]. Es un lugar que ha logrado cierta notoriedad desde que en 1988 se grabó allí el CD *Deep Listening*. John Cage se sintió profundamente conmovido por esta grabación. El antiguo depósito de agua es conocido localmente como 'la cisterna', o de un modo más afectuoso, como 'la capilla cisterna'. Tiene un increíble tiempo de reverberación: 45 segundos. Cualquier sonido reverbera cálidamente con una igualdad casi perfecta en la calidad del tono y en la gama dinámica durante unos 45 segundos de disminución".

En la elaboración de esta obra, diez trombonistas descendieron a más de 4 m de profundidad, al interior de una cisterna de 56 m de diámetro, y se diseminaron a lo largo de su circunferencia. Dempster, como compositor, solista y director, se situó en el centro, girando lentamente para dar diversas instrucciones a cada uno de los intérpretes. El resultado es una cálida y centelleante serie de superposiciones desde ese depósito de agua subterráneo; de ahí el título de la obra. Las cintas resultantes están concebidas para ejecutarse como una representación, de modo separado o simultáneo, mientras unos músicos en vivo mezclan su música a la de la cinta(s), creando más superposiciones.

Diseño

Merce Cunningham había visto el trabajo de Leonardo Drew en casa de un amigo. Se había quedado tan impresionado que le pidió al artista que diseñara el decorado para una nueva danza. Drew nunca había trabajado en el teatro, pero aceptó el encargo, y creó una escultura colgante compuesta de objetos encontrados. Suzanne Gallo, la coordinadora de vestuario de la compañía de Cunningham, diseñó trajes que parecían ropa de calle contemporánea, en diversos tejidos de color negro. La sombría iluminación fue obra de Aaron Copp.

Coreografía

La única declaración de Cunningham sobre *Ground Level Overlay* es la siguiente: "Esta danza empezó procesando frases de movimiento para integrarlas en LifeForms, el programa de danza que yo utilizo. Expresa la continuidad de mi interés en que los bailarines se enfrenten a las complejidades del movimiento".

El 8 de marzo de 1995, día de la primera actuación en el City Center, hubo un ensayo frente al decorado, con los bailarines vestidos mientras Copp ponía en marcha la iluminación. Dempster, en el foso de la orquesta, le preguntó a Cunningham si le importaba que los músicos tocaran (generalmente, los bailarines ensayan en silencio y a menudo no oyen la música de una determinada pieza hasta el momento de la primera representación). Cunningham aceptó e inmediatamente descubrió que, como diría más tarde, "teníamos algo". El entorno urbano sugerido por el decorado, el vestuario y el obsesivo sonido de los trombones y otros metales, en directo y grabados, se combinaban con la coreografía, especialmente en los duetos, para crear una potente atmósfera que sólo puede describirse como dramática, aunque sin un contenido narrativo explícito.

Los nuevos diseños de Lancaster para *Rune* se alejaron de la impresión otoñal de las versiones anteriores. Las mujeres llevaban vestidos ajustados de un tejido de punto de colores apagados, los hombres leotardos y mallas. El telón de fondo ostentaba una cenefa de hojas. Había dos repartos, y como la danza sólo preveía tres representaciones, el segundo grupo sólo actuó una vez. (Sin embargo, *Rune* volvió a representarse en París tres años más tarde).

Durante la temporada del City Center, Cunningham empezó a incluir en los programas del repertorio regular piezas cortas, que denominaba *MinEvents*, de unos cuarenta minutos de duración (opuestos a los noventa minutos de duración de la pieza para toda una velada, que llamaba *Event*). Entre otras cosas, estas piezas cortas o *MinEvents* incluían una nueva secuencia conocida como *The Slouch*.

Hacía mucho tiempo que Cunningham deseaba ir a Rusia con su compañía. Inmediatamente después de la temporada del City Center, David Eden, un productor independiente, le organizó una visita, no con su compañía sino con Robert Swinston, su ayudante, para dar unas clases de posgrado en Moscú. Mientras Swinston se quedó a continuar las clases, Cunningham fue a San Petersburgo para hablar de su obra y mostrar unos vídeos.

En abril, la compañía volvió a viajar al Extremo Oriente, esta vez para visitar por segunda vez Taipei, donde ofrecieron cuatro representaciones de repertorio en el Centro Cultural nacional Chiang Kai Chek. A principios de junio, estaban en Los Ángeles para una representación en el Interactive Media Festival, interpretando las primeras obras realizadas utilizando el programa LifeForms: *Beach Birds* y *Trackers*. Al mismo tiempo, Cunningham había estado trabajando en otra nueva danza para interpretarla en el festival Montpellier Danse 95.

Windows

Como todas las danzas de Cunningham desde 1991, *Windows* estaba hecha en parte utilizando LifeForms. El título, como en muchas de esas obras (*Enter*, *Trackers*, CRWDSPCR) deriva del lenguaje informático, en este caso las "ventanas" que dividen el espacio de la pantalla del ordenador y que pueden moverse por ese espacio. *Windows*, que se estrenó en la Opéra Berlioz/Le Corum el 23 de junio, era un trabajo que implicaba a catorce bailarines de la compañía.

Música

Windows era la tercera obra de Cunningham con una partitura de Emanuel Dimas de Melo Pimenta. *Microcosmos*, según el compositor, era una de las primeras piezas de música basadas en la nanotecnología: "*Microcosmos* se ha creado tras una investigación microfotográfica de metales férricos. Posteriormente, la información microfotográfica se trasladó a datos tridimensionales del CAD (Computer Aided Design; diseño asistido por ordenador). Después, utilizando tecnología de gráficos de datos, se creó una estructura bidimensional definiendo veintitrés voces. Los acontecimientos sonoros se determinaban mediante los conflictos entre las reacciones químicas presentes en la composición del metal férrico y la estructura bidimensional. La estructura se generó como referencia de tiempo y frecuencia. Cada sonido se define, en última instancia, por el diseño morfogenético de ese metal férrico; sonidos provocados esencialmente por la presencia de partículas de carbón en la estructura atómica de esa muestra mineral. Tras el análisis de sonido del metal, se trabajaban los timbres, creando en el laboratorio sonidos imposibles de la naturaleza. Toda la estructura de *Microcosmos* es una trampa para nuestros sentidos, una trampa lógica para nuestro orden tradicional de razonamiento. Cada parte de la pieza se creó en Realidad Virtual a tiempo real. Las principales herramientas utilizadas para crear *Microcosmos* fueron AutoCAD, 3DS, Cyberspace Developer Kit, Avalon y Cubase".

Diseño

El telón de fondo de *Windows* se tomó de una aguatinta de John Cage, un grabado sobre papel gris tratado con humo, *Global Village 1-36 (Dyptich)*, impreso originalmente en una edición de quince ejemplares. Según Laura Kuhn, directora ejecutiva del John Cage Trust: "Formaba parte de una serie 'encontrada', que John Cage completó en 1989. Era 'encontrada' porque se trataba de un derivado de su obra anterior *Where There Is, Where There - Urban Landscape* (1987-1989), y además, sugería diversos locales urbanos modernos a través de sus rascacielos situados aleatoriamente (barras negras, verticales) contra una penetrante neblina (papel ahumado) e inmersos en ella".

Como en *Ground Level Overlay*, el vestuario, las mallas y los leotardos, con una cenefa estampada, eran un diseño de Suzanne Gallo.

Durante su estancia en Montpellier, la compañía representó dos *Events* más al aire libre, el primer *MinEvent* en una gran plaza de Montpellier y el segundo en la Cour de l'Espace Vigneron, en la Place du Jeu de Ballon de Aldébaron/Baillargues. Stuart Dempster se había unido a los músicos de la compañía en esta estancia, y en Baillargues utilizó el reverberante espacio de una sala situada junto al patio donde actuaban los bailarines.

La gira continuó a principios del mes siguiente, con dos actuaciones del repertorio en el Théâtre Municipal de Luxemburgo, y a finales de julio, la compañía ofreció tres representaciones de *Ocean* en el Teatro La Fenice de Venecia, donde a Merce Cunningham se le concedió el León de Oro de la Bienal en reconocimiento a toda su obra (algunas hileras de asientos situados al nivel de la orquesta se retiraron para ampliar el escenario y disponer del espacio circular necesario para su danza). La compañía de Cunningham actuó por última vez en el histórico teatro antes de que se incendiara unos meses después.

Después de Venecia, la compañía viajó a París para ofrecer una serie de cuatro *Events* en el patio del Palais Royal, como parte del festival Paris-Quartier d'Été. En aquella ocasión, a los músicos de la compañía, incluyendo a Dempster, se les unió el clarinetista de jazz Steve Lacy. Tras este compromiso, Cunningham se fue a Viena con Elliot Caplan, el cineasta de la compañía, para proyectar sus películas y hablar de ellas en el festival Mi Pul Tanz de Viena.

La gira europea se reanudó en octubre, primero con una serie de actuaciones en diversas ciudades de Francia: Sceaux, Cherburgo, Orleans, Noisiel, y finalmente Albi, en un suntuoso teatro a la italiana. A final de mes la compañía estaba en Londres, ofreciendo una serie de tres *Events* en los Riverside Studios, seguido de tres actuaciones de un programa de repertorio en Sadler Wells, todo en el espacio de una semana. En otoño, Takehisa Kosugi fue designado director musical de la compañía, sustituyendo a David Tudor, que estaba enfermo y que asumió el cargo de asesor musical.

Hubo otra cita europea en diciembre, cuando la compañía viajó a Ljubljana (Eslovenia) para una sola actuación. Al día siguiente de su retorno, interpretaron una pieza corta (*MinEvent*) en el estudio de Merce Cunningham de Westbeth, en Nueva York, en una fiesta para miembros de la Junta de Directores y amigos.

1996

El año empezó con una gira por tres ciudades de Texas: San Antonio, Houston y Austin. Al volver a Nueva York, a principios de febrero, la compañía ofreció durante una semana diversos *Events* en el Joyce Theater, de nuevo frente a la gran pintura de Robert Rauschenberg que se había utilizado como decorado allí mismo dos años atrás.

Dos importantes representaciones de obras de Cunningham se presentaron al final del invierno: en febrero, justo antes de la temporada de Joyce, la Dayton Contemporary Dance Company de Ohio representó *Channels/Inserts*, con una puesta en escena de Chris Komar, y en marzo, el White Oak Dance Project de Míjail Barishnikov incluyó el *Septet* de Cunningham a su repertorio, a menudo con el propio Barishnikov bailando en el papel original de Cunningham, dirigido por Chris Komar y Robert Swinston, y con el propio Cunningham y Carolyn Brown supervisando los últimos ensayos. El 12 de abril, Cunningham y Barishnikov estaban en Seattle, donde Barishnikov entregó a Cunningham el Lifetime Achievement Award en su alma máter, el Cornish College, durante la primera velada dedicada al Arts Achievement Award.

Cunningham nunca había imaginado que *Ocean* se representara tras su creación en 1994 en el KunstenFESTIVALdesArts de Bruselas y el Holland Festival de Amsterdam, pero la pieza parecía haber cobrado vida propia. Las primeras representaciones norteamericanas tuvieron lugar en abril en la University of California, de Berkeley, en el amplio escenario del Harmon Arena, con un espacio redondo marcado en el suelo y el público a los cuatro lados.

Desde Berkeley, la compañía viajó hacia el norte, a Seattle, donde a principios de mayo se presentó la nueva obra, *Installations*, en tres representaciones, en el Meany Hall de la University of Washington.

Installations

En 1994, Elliot Caplan había creado una vídeo-instalación basada en su película *Beach Birds For Camera*, exhibida por primera vez en el Whitney Museum of American Art, en Philip Morris, y en 1996 en la Fondation Cartier de París, en la exposición *Comme un oiseau*. Esta instalación le dio a Cunningham la idea para la nueva danza, cuyo decorado era otra vídeo-instalación de Caplan. En ella se proyectaban imágenes de los bailarines formando agrupaciones diseñadas por Cunningham antes de que se compusiera la coreografía de la danza. Esas imágenes "apuntaban", en palabras de Cunningham, a algunas de la propia danza. Había una serie de agrupaciones estáticas, y una sorprendente secuencia en la que una pareja de bailarines adoptaba una posición delante del escenario y luego, sucesivamente, uno tras otro, eran sustituidos por otro bailarín después de que él o ella hubiera interpretado un breve solo, hasta que los catorce que integraban la pieza habían participado (esta secuencia y otros pasajes de la danza encontrarían más tarde su camino en los *Events*).

Elliot Caplan también diseñó la disposición de los cortinajes que formaban el telón de fondo, con los monitores de vídeo situados por el escenario, con pie o colgantes, colaboró con Kelly Atallah en la iluminación, y con Suzanne Gallo en el vestuario. Caplan escribió el comentario siguiente: "Como diseñador y como cineasta, mi trabajo con la danza es directo, y me esfuerzo en ser claro. Mi intención es mantener una situación para el público en la que los ojos del espectador puedan vagar por el escenario alternando entre la actuación y la imagen grabada. Este tipo de experiencia puede ser vivificante para el bailarín y atractiva para el espectador; debería ser como mirar un cuadro y no como ver la televisión. Tendría que haber muchas cosas que ver. Por encima de todo, pretendo intensificar la experiencia de la danza, no ponerme en su camino".

La música era de Trimpin, un compositor alemán residente en Seattle. Trimpin escribió, a propósito de esta composición: "*Thirteenstitches* está basada en transiciones acústicas, utilizando el espacio físico que rodea al público como instrumento. El sistema de sintonización para esta pieza se basa en la serie natural de armónicos, que no suele utilizarse debido a nuestra perspectiva occidentalizada de composición. Todos los sonidos que se oyen son 'reales', nada es amplificado o sintetizado. Las pautas melódicas y rítmicas que surgen en *Thirteenstitches*, en cierto modo tradicionales, son contradictorias con la dirección siempre experimental de la coreografía de Cunningham. El movimiento lateral simultáneo de la danza (visual) y los movimientos acústicos (audio) dan lugar a una sincronización mental que resuelve las dos estructuras disímiles en una sola entidad. Crear fricción, es decir, mantener dos actitudes claramente distintas que trabajan una frente a otra, supone un riesgo que me interesaba explorar en *Thirteenstitches*".

En junio, la compañía hizo una gira por cinco ciudades alemanas, la mayoría bastante cercanas entre sí, de modo que permitían estancias de una sola noche. En la primera, Ludwigsburg, en el marco del Ludwigsburger Schlossfestspiele, la compañía ofreció la primera representación de una nueva obra, *Rondo* (una versión anterior, incompleta, se había ofrecido en Austin bajo el título de *Tun In, Spin Out*, y también se habían incluido algunos extractos en los *Events* representados en los Riverside Studios de Londres en 1995 y en el Joyce Theater, en febrero de 1996).

Rondo

Rondo consta de dos partes: Cunningham arroja monedas al aire para determinar el orden de las danzas y el reparto durante la primera parte (todos los bailarines conocen la totalidad de las coreografías), de modo que cada representación es distinta.

Esta primera parte consiste en ocho danzas: dos solos (uno para una mujer, otro para un hombre), un dueto, un trío, un cuarteto, un quinteto, un sexteto y un septeto. Cada danza se basa en una distinta calidad de movimientos: el solo femenino se baila de pie, con las rodillas dobladas; el solo masculino se baila en el suelo o sobre una de las dos rodillas; el dueto es una forma de andar y el paso básico es un *plié-estirar-relevé*; el trío es un *hop, skip and jump* [vendría a ser un salto pequeño, un salto sobre un pie y un gran salto]; el cuarteto también es una forma de andar, con movimiento de estirar y rodillas dobladas, y se convierte en correr al duplicarse el ritmo; el quinteto trabaja con "otras partes del cuerpo" (por ejemplo, cabeza, manos); el sexteto también se basa en el *plié-estirar-relevé*, pero con la posibilidad de otros movimientos en el "and" [es decir: *one, two, three "and"*… o bien, un dos, tres "y"]; el septeto se construye de un modo similar, excepto que implica correr tanto como andar, y los movimientos interpolados están incluso más sincopados y basados en gestos cotidianos más que en los movimientos de los brazos característicos de la coreografía LifeForms de Cunningham.

En cada una de esas danzas están presentes otros miembros de la compañía, como observadores o "haciendo otra cosa", como dice Cunningham, "como la gente en un parque". Por ejemplo, en el trío, varios bailarines entran por un lado del escenario e imitan (o "marcan", como actores sustitutos aprendiéndose el papel) los movimientos de los tres, entrando y saliendo del escenario; al final del quinteto, los otros bailarines cruzan el escenario haciendo el salto de la rana, luego los cinco se unen para salir; en el sexteto, otros cuatro bailarines forman un grupo al fondo del escenario y luego se dispersan.

La segunda parte de *Rondo* es siempre la misma, en palabras de Cunningham, "como un cambio de tiempo". Esto se refleja en la iluminación de Kelly Atallah, sombría en la primera parte, con un lienzo en medio del escenario y un telón de fondo negro. Cunningham quería cambios de iluminación que sugirieran "otra zona del bosque", de modo que en la segunda parte, el lienzo y el telón negro se elevan para revelar un telón blanco, y la iluminación se hace más brillante. En la segunda parte, casi todos interpretan al unísono, aunque hay un elemento aleatorio: empieza el primero que esté preparado después de hacer el cambio de vestuario que corresponde. La coreografía consiste principalmente en frases separadas con ritmos cambiantes. Una pareja interpreta un dueto a solas en el escenario.

En la primera parte, los bailarines van vestidos como en clase o en los ensayos; para la segunda, Cunningham le pidió a Suzanne Gallo algo más formal, y ella los vistió de blanco y negro.

La música es una de las últimas composiciones de John Cage, *FOUR*[6], es decir, la sexta de una serie de piezas para cuatro músicos (la tercera era la música de *Beach Birds* en 1991). De esta pieza se ha dicho que servía "para cualquier forma de producir sonidos (vocalización, canto, interpretación de un instrumento o instrumentos, electrónica, etc.)".

La gira alemana continuó con actuaciones en Düsseldorf, Colonia, Essen, y finalmente Leverkusen. Diez días después de su retorno a Estados Unidos, la compañía estaba en Raleigh, Carolina del Norte, para ofrecer cuatro actuaciones en el American Dance Festival de la Duke University. Pero primero interpretaron otro de sus *Events* frente al Museum of Art de Raleigh. En la Duke University, se estrenó *Rondo* por primera vez en Norteamérica. Cinco días después, a finales de junio, la compañía volvía a Europa para interpretar una serie de *Events* en el Teatro ai Parchi di Nervi, durante el 28° Festival Internazionale del Balletto. Podemos afirmar sin temor a equivocarnos que las actuaciones de Cunningham eran distintas de todas las demás que incluía el festival.

Las apariciones en festivales de verano continuaron con dos representaciones en Val de l'Arc, Aix-en-Provence, a mediados de julio. Durante la segunda representación, la compañía recibió la noticia de que el ayudante de Cunningham, Chris Komar, había muerto tras una larga enfermedad. La actuación, que concluyó con *Sounddance*, renovada dos años antes con Meg Harper, fue dedicada a la memoria de Komar. Este encargo terminó con otro *Event* al aire libre, en el Théâtre de Verdure del Jas de Bouffan (un parque famoso por las pinturas de Cézanne). Hacía mucho calor, y Fast Forward, el dotado percusionista, "interpretó" una manguera de jardín con la que roció a los bailarines.

En 1996, la compañía actuó por primera vez en el Lincoln Center Festival de Nueva York, e interpretó *Ocean*, al aire libre, también por primera vez, en un escenario especialmente construido en Damrosch Park, desde el 30 de julio hasta el 4 de agosto. Durante el festival hubo además dos conciertos compuestos para o utilizados por Merce Cunningham: uno de música electrónica de David Tudor, Takehisa Kosugi y David Behrman, y una de las músicas para orquestas pequeñas interpretada por el Eso Ensemble, dirigida por Jonathan Sheffer. La música de Alexei Haieff para *Princess Zondilda and her Entourage* fue interpretada por primera vez desde que se interpretaba la danza unos cincuenta años atrás, junto con el *Credo in Us* de John Cage (su primera colaboración con Cunningham) y *The Seaons, Ixion* de Morton Feldman (la música para *Summerspace*), *The Open Road* de Lou Harrison, y la obra de Erik Satie *Le Piège de Méduse*, con sus danzas incidentales para el mono mecánico (todas las composiciones musicales excepto la de Satie fueron grabadas posteriormente en un CD).

Al finalizar la interpretación de *Ocean*, la compañía volvió a Europa, esta vez a Copenhague, para tres actuaciones de repertorio en el nuevo escenario del Royal Theatre, en el festival Dancin' City' 96.

El 13 de agosto de 1996 murió David Tudor, casi exactamente cuatro años después de la muerte de John Cage. No había podido interpretar *Ocean* como deseaba. El 17 de septiembre hubo un homenaje a su vida y su obra en el Judson Memorial Church de Washington Square, donde se exhibió la vídeo-instalación de Molly Davies en la que participaba David Tudor.

Quedaba un festival europeo más, La Bâtie/Festival de Genève a mediados de septiembre, aunque las representaciones de *Events* tuvieron lugar en Francia, en Annemasse, al otro lado de la frontera de Ginebra. La gira de otoño empezó en Estados Unidos, con tres interpretaciones a finales de octubre en el Kennedy Center de Washington DC, seguidas de dos *Events* en el Virginia Museum of Fine Arts en Richmond, Virginia, y otro en la Universidad de Stony Brook, Nueva York. Pero la compañía volvió muy pronto a Europa, a finales de noviembre, para actuar una semana en el Théâtre de la Ville de París, en el marco del Festival d'Automne de París. Desde París, se dirigieron a Grenoble para una interpretación, y luego otra vez al norte para dos interpretaciones en Le Blanc Mesnil a final de mes, en la serie Opus 96/97. En ese período, las películas y vídeos de Cunningham se proyectaban en el Centre Georges Pompidou de París con motivo del festival Vidéodance 96.

1997

El año empezó con giras por el oeste y el medio-oeste: en enero y febrero, la compañía actuó en Costa Mesa y Glendale, California (en el bonito teatro art déco Alex Theater); luego en Nashville, Tennessee; Lawrence, Kansas; St. Louis, Missouri; y finalmente en Filadelfia, Pensilvania. El 19 de mayo de 1997 hubo una actuación en una gala benéfica en honor de los sesenta años de Cunningham como intérprete: Twyla Tharp, Trisha Brown, Mark Morris, Meredith Monk, Míjail Barishnikov (que interpretó el solo de Cunningham "Nude Descending a Staircase", de *Walka-*

round Time), y Bill Irwin, todos ellos le rindieron homenaje, con Garrison Keillor como maestro de ceremonias. Al final, la compañía de Cunningham interpretó *Sounddance*.

La película de Elliot Caplan CRWDSPCR, que documentaba la creación de la danza del mismo nombre, se completó y distribuyó en esa misma época.

La gira de verano empezó en junio con tres actuaciones en el Das Tat (Teater am Turm) en el Bockenheimer Depot (una antigua estación de ferrocarril reconvertida) de Francfort. Más tarde, en el mismo mes, la compañía volvió a Praga por primera vez desde la gira mundial de 1964, como parte del festival Tanec Praha'97 (también hubo una actuación en Brno). En esos *Events*, Cunningham interpretó su solo por última vez, y sin anunciarlo previamente. De vuelta a Estados Unidos, la compañía acudió al Jacob's Pillow Dance Festival en Lee, Massachusetts, durante una semana a principios de julio.

Al mismo tiempo, un Grupo de Repertorio de Cunningham empezó a actuar para el nuevo Lincoln Center Institute, ofreciendo un programa que consistía en *Septet*, una versión reducida de *Scramble* (más tarde excluida) y *Signals*. Durante el siguiente año escolar, el grupo actuaría en escuelas públicas del área metropolitana. En la gran retrospectiva de Robert Rauschenberg en el Guggenheim Museum (en sus dos centros, *uptown* y *downtown*), del 19 de septiembre al 4 de enero de 1998, se emitían regularmente películas y vídeos de sus colaboraciones con Cunningham, y se exhibía el decorado original para *Minutiae* (1954).

La compañía de Cunningham no había tenido temporada de repertorio en Nueva York desde el último compromiso con el City Center, en marzo de 1995. En octubre de 1997, la compañía apareció en el Next Wave Festival de la Brooklyn Academy of Music, y ofrecieron las primeras representaciones de *Rondo*, *Installations* y *Windows*, junto con un *BAMevent* retrospectivo y la nueva obra *Scenario*.

Scenario
Se trataba de la primera colaboración de Cunningham con una figura del mundo de la alta costura, Rei Kawakubo de Comme des Garçons, conocida por sus diseños innovadores e iconoclastas. Kawakubo basó su vestuario para *Scenario* en su colección previa, en la cual la ropa tenía protuberancias que distorsionaban algunas partes del cuerpo. Aunque los bailarines habían probado los vestidos en algunos ensayos, Cunningham no hizo la coreografía teniéndolos presentes, simplemente los consideró como otro elemento de la mezcla. El escenario, también de Kawakubo realizaba un "concepto de luz y de espacio" que requería un espacio lo más blanco posible, con iluminación de fluorescentes. La nota que incluyó en el programa decía así:

"¡El desafío y la fusión de los bailarines dentro de los confines de un espacio limitado! ¿Qué puede pasar?

¡El vacío y las restricciones de movimientos debidos a las formas y volúmenes de los trajes! ¿Se producirá algo completamente inesperado?

Los resultados son imprevisibles.

Sólo podemos esperar la intervención del azar y lo fortuito".

La música, *Wave Code A-Z*, era una partitura electrónica de Takegisha Kosugi, que escribió lo siguiente a propósito de su composición: "Las ondas electrónicas inaudibles de baja frecuencia hacen que los sonidos se ondulen. Diversos sonidos y realizaciones fonéticas, instruidos por el significado de unas 26 palabras sueltas (de la A a la·Z), son interpretados con las ondas electrónicas. Los sonidos ondulados pueden oírse debido al cambio gradual del espectro sónico".

Una vez más surgió la oportunidad de presentar *Ocean*, esta vez en el Belfast Festival de Queen's, en noviembre, en el hermoso marco del Waterfront Hall, un espacio ideal para la pieza. En el bar y en los salones del centro había también una instalación de sonido de John Fullemann del *Roaratorio* de John Cage (John Fullemann había colaborado originalmente con Cage en esta pieza).

En 1977 hubo una última representación, en Pittsburgh, Pensilvania, el 5 de diciembre. En noviembre, Aperture publicó *Merce Cunningham: Fifty Years*, crónica y comentario de David Vaughan; la edición francesa, *Merce Cunningham: un demi-siècle de danse*, con traducción de Denise Luccioni, fue publicada por Éditions Plume al mes siguiente.

1998

En noviembre de 1992, la compañía de Cunningham había ofrecido las primeras representaciones de *Enter* en la Opéra National de París/Palais Garnier. En enero de 1998, la compañía volvió al teatro para ofrecer dos programas, el primero incluía las primeras representaciones europeas de *Scenario* y la nueva producción de *Rune*, junto con uno de los *Events* breves. El segundo programa incluía *Installations*, otro *Event* breve y la nueva obra *Pond Way*.

Pond Way

"Las lagunas son una forma de vida: pantanos, nenúfares, un refugio de pájaros, miles de superposiciones de actividades distintas". Merce Cunningham

En otras palabras, *Pond Way* es otro de los "estudios naturalistas" de Cunningham, como *Beach Birds* o la anterior *RainForest*. Es una pieza lírica, contemplativa, incluso sensual.

Normalmente, Cunningham evita, según sus palabras, "decirle a un diseñador lo que tiene que hacer", pero había visto la entonces reciente exposición de Roy Lichtenstein *Landscapes in the Chinese Style* (inspirada a su vez en los paisajes de Edgar Degas), y le pidió al artista que diseñara un telón con el mismo estilo. Lichtenstein murió antes de poder realizar el encargo, pero su viuda, Dorothy Lichtenstein, permitió que Cunningham escogiera una de las pinturas (*Landscape with Boat*) de la exposición y que la ampliaran para la danza.

Una vez más, el vestuario era de Suzanne Gallo, con trajes de punto de seda blanquecino, que escondían y revelaban a la vez la forma del cuerpo de los bailarines.

La música era de Brian Eno, *New Ikebukuro (For 3 CD Players)* (los tres CD se ponen al azar).

Antes de volver a Estados Unidos, la compañía fue a Dieppe para una representación, el 20 de enero. A finales de mes estaban en Burlington (Vermont), para representar un solo *Event*. Pero un mes después volvían a Europa para una gira que empezó en Basilea y continuó por Francia con actuaciones en Roanne y Toulouse.

A principios de abril la compañía se hallaba en Berkeley (California), ofreciendo la primera representación de *Pond Way*. De vuelta a Nueva York se detuvieron en Tempe (Arizona), para un solo espectáculo. A finales de mayo ofrecieron dos *Events* en el Dartmouth College de Hannover, New Hampshire.

Ocean aún no se había visto en Francia, pero en junio hubo dos representaciones en el festival Montpellier Danse 98. Las apariciones en festivales de verano continuaron, en el American Dance Festival de Durham (Carolina del Norte), y en el Jacob's Pillow Dance Festival. Finalmente, la compañía ofreció una representación gratuita de un *Event* en el Lincoln Center Out-of-Doors Festival, que se celebraba en el Damrosch Park de Nueva York, y a continuación, hubo dos audiciones privadas de *Events* en el estudio de Merce Cunningham de Westbeth.

Una importante exposición, *Art Performs Life: Merce Cunningham/Meredith Monk/Bill T Jones*, con Philippe Vergne como comisario, se había inaugurado el 29 de junio en el Walker Art Center de Mineápolis (Minnesota). Hacia el final de la exposición, que clausuró el 20 de septiembre de 1998, la compañía de Cunningham ofreció otra representación gratuita de un *Event* al aire libre en el Sculpture Garden adyacente al Walker Art Center.

Quedaban dos importantes giras en el extranjero en 1998: a principios de octubre, la compañía viajó a Londres para actuar en el Barbican Centre. De vuelta a Nueva York, una semana más tarde, se fueron a Japón para una gira de tres semanas por Tokio (donde se representó *Ocean*), Kioto y Shimane.

En los intervalos entre esos compromisos, Cunningham continuó trabajando en una danza de una hora de duración, parte de la cual se representó en el Jacob's Pillow Festival integrada en un *Event* breve. El conocido interés de Cunningham por la tecnología contemporánea le había llevado a una nueva colaboración, con Paul Kaiser y Shelley Eshkar, en una película multimedial, una instalación y un proyecto por ordenador titulado *Hand-drawn Spaces*. En los estadios iniciales de este proyecto, en abril de 1997, Cunningham, trabajando con dos bailarines (Jeannie Steele y Jared Phillips) había coreografiado unas setenta frases que se transferían a la pantalla del ordenador mediante un programa llamado Biped, con esferas reflectantes adheridas a los cuerpos de los bailarines (en otras palabras, el movimiento va de los bailarines al ordenador, a diferencia de lo que ocurre con LifeForms, donde el movimiento va del ordenador a los bailarines). Cunningham, Kaiser y Eshkar trabajaron con Aaron Copp, el responsable de la iluminación de la compañía de Cunningham, para concebir el modo de utilizar la instalación como decorado para la nueva danza, cuya partitura le habían encargado al compositor británico Gavin Bryars. La primera representación se programó para abril de 1999, en Berkeley (California), la semana del ochenta aniversario de Cunningham.

Nueva York, noviembre 1998

Merce Cunningham: Five More Years

David Vaughan

1995

The year 1995 began inauspiciously for the Merce Cunningham Dance Company with a performance at Lafayette College in Easton, Pennsylvania, on a weekend in February when there was a blizzard in the northeastern United States. However, the performance did take place and the company managed to get back to New York safely. In March the Boston Ballet gave its first performances of *Breakers* in its home town, having first presented it at the Kennedy Center for the Performing Arts in Washington DC the year before; the piece continued to be in the repertory of the Cunningham company.

1995 was the last year in which the company gave what had become its annual New York season at the City Center Theater. The repertory included one new work, *Ground Level Overlay* and yet another revival of *Rune*, again with new costumes and this time a backcloth by Mark Lancaster.

Ground Level Overlay
Ground Level Overlay is an outstanding example of the synergistic interaction of the independent elements of a Cunningham dance: choreography, music, design.

Music
Stuart Dempster, the trombone player and composer, had played *Events* for Cunningham in Avignon in 1976. His score for *Ground Level Overlay*, which has its own title, *Underground Overlays*, was inspired by the earlier experience of working with Cunningham when, Dempster has written, "I played and recorded *In the Great Abbey of Clement VI.*" Dempster continues: "The material for this piece was recorded in a two million gallon former water tank at Fort Worden in Port Townsend about 70 miles northwest of Seattle (in Washington State), which has now achieved some notoriety ever since the CD *Deep Listening* was recorded there in 1988. John Cage was deeply moved by that recording. The old water tack is known locally as 'the cistern' or, more fondly, 'The Cistern Chapel.' It has an incredible reverberation time of 45 seconds; any sound made is reverberated warmly with nearly perfect evenness in tone quality and dynamic range over a 45 second decay time."

In the making of this work, ten trombone players descended 14 feet into the 186 foot diameter cistern and spread out around the circumference. Dempster, as composer, soloist, and director, performed in the center, spinning slowly and delivering various instructions to each of the performers in turn. The result is a warm, shimmering series of overlays from this underground water tank; hence the title of the work. The resulting tapes are then arranged to be played with a performance attitude separately or simultaneously while at the same time live musicians are blending with the tape(s), creating more layers.

Design
Merce Cunningham had seen the work of Leonardo Drew in a friend's apartment. He was so

impressed that he asked the artist to design the decor for a new dance. Drew had never worked in a theater before, but he agreed to do it, and created a hanging sculpture made up of found objects. Suzanne Gallo, the Cunningham company's costume coordinator, designed clothes that looked like contemporary street wear, in various fabrics all in black. The somber lighting was by Aaron Copp.

Choreography

Cunningham's only statement regarding *Ground Level Overlay* is as follows: "This dance was begun by processing phrases of movement into LifeForms, the dance computer (software) I utilize. It continues my interest in dancers dealing with movement complexities."

On the day of the first performance at the City Center, 8 March 1995, there was a rehearsal in front of the decor, with the dancers wearing their costumes, while Copp set the lighting. Dempster, in the orchestra pit, asked Cunningham if he would mind if the musicians played the music. (The dancers customarily rehearse in silence and often do not hear the music of a given piece until the time of the first performance). Cunningham agreed and immediately saw that, as he put it later, "we had something." The urban milieu suggested by the decor and costumes and the haunting sound of the trombones and other brass instruments, both live and recorded, combined with the choreography, especially in the duets, to create a potent atmosphere that can only be described as dramatic, though with no explicit narrative content.

Lancaster's new designs for *Rune* departed from the autumnal feel of previous versions. The women wore dresses of a clinging jersey fabric in muted colors, the men leotards and tights. There was a leafy pattern on the backcloth. There were two casts, and since the dance again received only three performances, the second cast got to perform only once. (However, *Rune* was performed again in Paris three years later).

During the City Center season, Cunningham began to include in the regular repertory programs a short *Event*, which he called *MinEvent*, of about forty minutes' duration (as opposed to the ninety minutes of a full-evening *Event*). Among other things, these *MinEvents* included a new sequence known as *The Slouch*.

Cunningham had long hoped to go to Russia with his company. Immediately after the City Center season David Eden, an independent producer, did arrange for Cunningham to go, not with the company but with Robert Swinston, his assistant, to give master classes in Moscow. While Swinston remained there to give more classes, Cunningham went to St. Petersburg to talk about his work and show videos.

In April the company left again for the Far East, this time for its second visit to Taipei, where it gave four repertory performances at the National Chiang Kai Shek Cultural Center. At the beginning of June it was in Los Angeles for one show at the Interactive Media Festival, performing Cunningham's first two works made with the use of LifeForms, *Beach Birds* and *Trackers*. In the meantime Cunningham had been working on another new dance to be performed at the festival Montpellier Danse 95:

Windows

Like all of Cunningham's dances since 1991, *Windows* was made in part with the use of Life-Forms. The titles of many of these works (*Enter*, *Trackers*, CRWDSPCR) derive from computer language, in this case the "windows" that divide up the space of the computer screen and can be moved around on that space. *Windows*, first given at the Opéra Berlioz/Le Corum on 23 June, was a company work for fourteen dancers.

Music

Windows was the third Cunningham work with a score by Emanuel Dimas de Melo Pimenta. *Microcosmos*, according to the composer, was one of the first pieces of music based on nanotechnology: "*Microcosmos* was created after microphotographic research on ferrous metals. The microphotographic information was then translated into three-dimensional CAD (Computer Aided Design) data. Later, using data graphics technology, a two-dimensional framework was created defining twenty-three voices. Sound events were determined by the conflicts between chemical events present in the ferrous metal composition and the two-dimensional framework. The framework was generated as a reference to time and frequency. Each sound event is defined, in the last instance, by the morphogenetical design on that ferrous metal-events that were drawn essentially from the presence of carbon particles in the atomic structure of that mineral sample. Timbres were produced from metal sound analysis, creating impossible sounds of nature in the laboratory. The entire structure of *Microcosmos* is a trap for our senses, a logical trap for our traditional order of reasoning. Every part of the piece was created inside Virtual Reality in real time. The main tools that were used to create *Microcosmos* are AutoCAD, 3DS, Cyberspace Developer Kit, Avalon, and Cubase."

Design

The backcloth for *Windows* was taken from an aquatint by John Cage, an etching on gray paper prepared with smoke, *Global Village 1-36 (Diptych)*, originally printed in an edition of fifteen. According to Laura Kuhn, executive director of the John Cage Trust: "It was part of a 'found' series completed by Cage in 1989, 'found' in the sense of being a 'by-product' of his earlier *Where There is, Where There - Urban Landscape* (1987-89), suggesting various modern urban locales through its haphazardly placed skyscrapers (black, vertical bars) set against and within a pervasive haze (smoked paper)."

As with *Ground Level Overlay*, the costumes, tights and leotards with a tie-dyed pattern, were by Suzanne Gallo.

During its Montpellier residency, the company also performed two outdoor *Events*, the first a *MinEvent* on the Montpellier Esplanade and the second in the Cour de l'Espace

Vigneron, Place du Jeu de Ballon in Aldébaron/Baillargues. Stuart Dempster joined the company musicians for this residency, and in Baillargues made use of the resonant space of a gallery adjacent to the courtyard where the dancers performed.

Touring continued early in the following month with two repertory performances at the Théâtre Municipal in Luxembourg, and at the end of July the company gave three performances of *Ocean* at the Teatro La Fenice in Venice, where Merce Cunningham was presented with the Golden Lion of the Biennale in recognition of his lifetime achievement. (Some rows of seats on the orchestra level were removed to extend the stage to provide the circular space needed for this dance). The Cunningham Company was the last to perform in the historic theater before it burned down several months later.

After Venice the company traveled to Paris to give a series of four *Events* in the courtyard of the Palais Royal as part of the Festival Paris-Quartier d'Eté. Here the company musicians, still including Dempster, were joined by the jazz clarinettist Steve Lacy. After this engagement Cunningham went to Vienna with Elliot Caplan, the company filmmaker, to screen their films and talk about them at the Im Pul Tanz Festival in Vienna.

European touring resumed in October, first with a series of performances in various towns in France: Sceaux, Cherbourg, Orléans, Noisiel, and finally Albi, in a jewel-like *théâtre à l'italienne*. The end of the month found the company in London, giving first a series of three *Events* at Riverside Studios, followed by three performances of a repertory program at Sadler's Wells, all in the space of a week. During the fall, Takehisa Kosugi was appointed musical director of the company, replacing the ailing David Tudor, who now assumed the title of musical advisor.

There was one more European date in December, when the company flew to Ljubljana in Slovenia for a single *Event* performance. The day after they returned they gave a *MinEvent* in the Merce Cunningham Studio at Westbeth in New York City, at a party for members of the Board of Directors and friends.

1996

The year began with a tour for three cities in Texas: San Antonio, Houston, and Austin. Returning to New York early in February, the company gave a week of *Events* at the Joyce Theater, again in front of the large painting by Robert Rauschenberg first used as decor for the *Events* there two years before.

Two important stagings of Cunningham works were presented in the late winter months: in February, just before the Joyce season, Dayton Contemporary Dance Company in Ohio performed *Channels/Inserts*, staged for them by Chris Komar, and in March, Mikhail Baryshnikov's White Oak Dance Project added Cunningham's *Septet* to its repertory, often with Baryshnikov himself dancing Cunningham's original role, staged by Chris Komar and Robert Swinston, with Cunningham himself and Carolyn Brown supervising late rehearsals. On 12

April, both Cunningham and Baryshnikov were in Seattle, where Baryshnikov presented Cunningham with a Lifetime Achievement Award from his alma mater at the first Cornish (College) Arts Achievement Award Dinner.

Cunningham had never expected *Ocean* to be performed after its creation in 1994 at the KunstenFESTIVALdesArts in Brussels and the Holland Festival in Amsterdam, but the piece seemed to have taken on a life of its own. The first American performances took place in April at the University of California at Berkeley, in the vast Harmon Arena, with a round space marked out on the floor and the audience on four sides.

From Berkeley the company traveled north to Seattle where, in three performances in Meany Hall at the University of Washington at the beginning of May, another new work was presented:

Installations

In 1994 Elliot Caplan created a video installation based on his film *Beach Birds For Camera*, first shown at the Whitney Museum of American Art at Philip Morris and in 1996 at the Fondation Cartier in Paris in the exhibition *Comme un oiseau*. This installation gave Cunningham the idea for the new dance, whose decor was another video installation by Caplan on which were projected film images of the dancers in groupings devised by Cunningham before the choreography of the dance was made. These images "prompted," in Cunningham's phrase, some of those in the dance itself. There were a number of static groupings, and a striking sequence in which a pair of dancers took up a position at the front of the stage and then in succession first one then another was replaced by another dancer after he or she had performed a short solo, until all fourteen who were in the piece had taken part. (This sequence, and other passages from the dance, later found their way into *Events*).

Elliot Caplan also arranged the curtains that formed the background to the video monitors disposed about the stage, either standing or hanging, collaborated with Kelly Atallah on the lighting, and with Suzanne Gallo on the costumes. Caplan wrote as follows: "As a designer as well as filmmaker, my work with dance is direct; I work to be clear. My intention is to maintain a situation for the audience where the viewer's eye can roam the stage alternating between the performance and recorded image. This kind of experience can be lively for the dancer and engaging for the viewer, it should be like looking at a painting, rather than watching television. There should be a lot to see. Overall, I seek to intensify the dance experience, not get in its way."

The music was by Trimpin, a German composer residing in Seattle, who wrote as follows concerning his composition: "*Thirteenstitches* is based on acoustical transitions, using the physical space surrounding the audience as an instrument. The tuning system for this piece is based on the natural overtone series, not frequently used in our Western-influenced approach to composition. All the sounds heard are 'real,' nothing is amplified or synthesized.

The somewhat traditional melodic and rhythmical patterns that emerge in *Thirteenstitches* are contradictory to the ever-experimental direction of the Cunningham choreography. The simultaneous lateral movement of the dance (visual) and the acoustical movements (aural) result in a mental synchronization that resolves the two dissimilar structures into one entity. Creating friction by having two distinctly different approaches working opposite each other is a risk I wanted to explore in *Thirteenstitches*."

In June there was a week's tour of five cities in Germany, most of them close enough to permit one-night stands. In the first, Ludwigsburg, as part of the Ludwigsburger Schloss-festspiele, the company gave the first performance of a new work, *Rondo* (an earlier, incomplete version had been performed in Austin under the title *Tune In, Spin Out*, and excerpts had been included in *Event* at Riverside Studios in London in 1995 and at the Joyce Theater in February 1996):

Rondo

Rondo is in two parts: Cunningham tosses coins to determine the order of the dances and the casting in the first part (all the dancers know all the parts), so that each performance is different.

This first part consists of eight dances: two solos (one for a woman, one for a man), a duet, a trio, a quartet, a quintet, a sextet, and a septet. Each dance is based on a different movement quality: the woman's solo is danced standing, with the knees bent; the man's solo is on the floor or on one or both knees; the duet is about walking, the basic step being *plié-straight-relevé*; the trio is about "hop, skip, and jump;" the quartet is also about walking, with straight and bent knees, which becomes running when the rhythm doubles; the quintet is about "other parts of the body" (e.g. head, hands); the sextet is also based on *plié-straight-relevé* but with the possibility of other movements on the "and" counts; the septet is similarly constructed, except that there is running as well as walking, and the interpolated movements are even more syncopated and based on everyday gestures rather than the arm movements typical of Cunningham's LifeForms choreography.

In each of these dances other members of the company are present, whether as observers or "doing something else," as Cunningham says "like people in a park." For example, in the trio several dancers enter at the side of the stage and imitate (or "mark" like dancers understudying) the movements of the three, moving in and out of the wings; at the end of the quintet the other dancers cross the stage playing leap-frog, in which the five join as a means of exiting; in the sextet four other dancers form a group at the back of the stage and then break it down.

The second part of *Rondo* is always the same and is, Cunningham has said, "like a change in the weather." This is reflected in Kelly Atallah's lighting, sombre in the first part, with a scrim at the front of the stage and a black backcloth. Cunningham wanted lighting changes that would suggest "another part of the forest," so in the second part the scrim and the black backcloth are raised to reveal a white backcloth, and the lighting becomes brighter. The second part is performed mostly in unison, though who starts it depends on who is available to enter having made the necessary costume change. The choreography here consists mainly of separate phrases in shifting rhythms. One couple performs a duet of their own alone on stage.

In the first part the dancers are dressed in the kind of things they wear in class or rehearsal; for the second Cunningham asked Suzanne Gallo for something more formal, so she dressed them in black and white.

The music is one of the last compositions by John Cage, *FOUR*[6] that is to say, the sixth in a series of pieces for four players. (The third was used as the music for *Beach Birds* in 1991). The piece is described as being "for any way of producing sounds (vocalization, singing, playing of an instrument or instruments, electronics, etc.)."

The German tour continued with performances in Düsseldorf, Cologne, Essen, and finally Leverkusen. Ten days after their return to the United States the company was in Raleigh, North Carolina, for performances at the American Dance Festival at Duke University. First, though, they gave another outdoor *Event* on the grounds of the Museum of Art in Raleigh. At Duke University *Rondo* was given its first American performance. Five days later, at the end of June, the company was back in Europe again for a series of *Events* in the Teatro ai Parchi di Nervi, during the 28th Festival Internazionale del Balletto — thought it is safe to say that the Cunningham performances were unlike any other seen during the festival.

Summer festival appearances continued with two performances in the Val de l'Arc in Aix-en-Provence in mid-July. On the second of these, the company learned that Cunningham's assistant, Chris Komar, had died after a long illness. The performance, concluding with *Sounddance*, which he had revived two years before with Meg Harper, was dedicated to his memory. This engagement ended with another outdoor *Event*, in the Théâtre de Verdure au Jas de Bouffan (a park famous from paintings by Cézanne). The weather was extremely hot, and Fast Forward, the resourceful percussionist, "played" a garden hose with which he sprayed the dancers.

1996 was the first year of the new Lincoln Center Festival in New York, and the company again performed *Ocean*, out of doors for the first time, on a specially constructed stage in Damrosch Park, from 30 July through 4 August. During the festival there were also two concerts of music composed for or used by Merce Cunningham: one of electronic music by David Tudor, Takehisa Kosugi, and David Behrman, and one of music for small orchestral ensembles played by the Eos Ensemble, conducted by Jonathan Sheffer. Alexei Haieff's music for *Princess Zondilda and Her Entourage* was played for the first time since the dance was performed some fifty years ago, together with John Cage's *Credo in Us* (his first collaboration with Cunningham) and *The Seasons*, Morton Feldman's *Ixion* (the music for *Summerspace*),

Lou Harrison's *The Open Road*, and Erik Satie's play *Le Piège de Méduse* with its incidental dances for the mechanical monkey. (All the music except the Satie was later recorded on CD).

As soon as the performances of *Ocean* were finished, the company returned to Europe, this time to Copenhagen for three repertory performances on the new stage of the Royal Theatre, in the festival Dancin' City '96.

On 13 August 1996 David Tudor died, four years almost to the day after the death of John Cage. He had been unable to perform in *Ocean* as he would have wished. On 17 September there was a celebration of his life at Judson Memorial Church in Washington Square, at which Molly Davies's video installation of *Ocean* and David's participation in it was shown.

Meanwhile, one more European festival remained, La Bâtie/Festival de Genève in mid-September — though the *Event* performances actually took place in France, in Annemasse, across the border from Geneva. Fall touring began in the United States, with three performances in late October at the Kennedy Center in Washington DC, followed by two Events at the Virginia Museum of Fine Arts in Richmond, Virginia, and another at the University at Stony Brook, New York. But the company soon returned to Europe, for a week in late November at the Théâtre de la Ville in Paris under the auspices of the Festival d'Automne à Paris. From Paris the company went once again to Grenoble for one performance, then back north again for two performances at Le Blanc Mesnil at the end of the month, in the series Opus 96/97. Throughout this period Cunningham films and videos were being screened at the Centre Georges Pompidou in Paris in the festival Vidéodance 96.

1997

The year began with tours of the west and midwest: in January and February the company performed in Costa Mesa and Glendale, California (the latter in the charming art deco Alex Theater); then in Nashville, Tennessee; Lawrence, Kansas; St. Louis, Missouri; and finally in Philadelphia, Pennsylvania. On 19 May 1997 there was a gala benefit performance in honor of Cunningham's sixty years as a performer: Twyla Tharp, Trisha Brown, Mark Morris, Meredith Monk, Mikhail Baryshnikov (who performed Cunningham's *Nude Descending a Staircase* solo from *Walkaround Time*, and Bill Irwin all paid homage to him, with Garrison Keillor as master of ceremonies. At the end the Cunningham company performed *Sound-dance*.

Elliot Caplan's film CRWDSPCR, documenting the creation of the dance of that name, was completed and released about this time.

Summer touring began in June with three performances at Das Tat (Theater am Turm) in Bockenheimer Depot (a converted railroad depot) in Frankfurt. Later in the month the company returned to Prague for the first time since the 1964 world tour, as part of the festival Tanec Praha '97. (There was also one performance in Brno). In these *Event* performances Cunningham performed his solo spot for what proved to be the last time, though no announcement was made of the fact. Back in the United States, the company went to the Jacob's Pillow Dance Festival in Lee, Massachusetts, for one week at the beginning of July.

At the same time, a Cunningham Repertory Group began to perform for the new Lincoln Center Institute, giving a program consisting of *Septet*, a reduced version of *Scramble* (later dropped), and *Signals*. During the following school year, the group was to perform in public schools in the metropolitan area. In the great Robert Rauschenberg retrospective exhibition at the Guggenheim Museum (both uptown and downtown branches) from 19 September to 4 January 1998, films and videos of his collaborations with Cunningham were screened regularly, and the original set for *Minutiae* (1954) was exhibited.

There had been no repertory season by the Cunningham Company in New York since the last City Center engagement in March 1995. In October 1997 the company appeared in the Brooklyn Academy of Music's Next Wave Festival, giving the first New York performances of *Rondo*, *Installations*, and *Windows*, together with a retrospective *BAMevent* and a new work:

Scenario

This was Cunningham's first collaboration with a figure from the world of *haute couture*, Rei Kawakubo of Comme des Garçons, known for her innovative, indeed iconoclastic designs. Kawakubo based those for *Scenario* on her previous collection in which the clothes had protuberances that distorted various parts of the body. Although the dancers wore the costumes in some rehearsals, Cunningham did not make the choreography with them in mind — he simply regarded them as another element in the mixture. The setting realized a "space and lighting concept" also by Kawakubo, who wanted as white a space as possible, with fluorescent lighting. Her program note was as follows: "The defiance and fusion of the dancers within the confines of a limited white space! What would happen?

The emptiness of and restrictions to the movements due to the shapes and volumes of the costumes! Would something totally unexpected be produced?

The results are unpredictable.

We can only await chance and fortuity."

The music, *Wave Code A–Z*, is an electronic score by Takehisa Kosugi, who wrote as follows concerning his composition: "The inaudible very low frequency electronic waves make sounds undulate. Various sounds and phonetic realizations instructed by the meanings of 26 single words (A to Z) are performed with the electronic waves. The undulated sounds may be heard for gradual change of sonic spectrum."

Once again there was another opportunity to present *Ocean*, this time at the Belfast Festival in Queen's in November, in the beautiful Waterfront Hall, an ideal space for the piece. In the bar and lounge areas of the hall there was also a sound installation of John Cage's *Roaratorio* by John Fullemann, Cage's original collaborator in the realization of the piece.

There was one final performance in 1997, in Pittsburgh, Pennsylvania, on 5 December. In

November Aperture published *Merce Cunningham: Fifty Years*, chronicle and commentary by David Vaughan; the French edition, *Merce Cunningham: un demi-siècle de danse*, in a translation by Denise Luccioni, was published by Editions Plume the following month.

1998

In November 1992 the Cunningham Company had given the first performances of *Enter* at the Opéra National de Paris/Palais Garnier. In January 1998 the company returned to the theater to give two programs, the first including the first European performances of *Scenario* and the new production of *Rune*, together with one of the short *Events*, and the second including *Installations*, another short *Event*, and a new work:

Pond Way
"Ponds are a way of life: bogs, water lilies, a haven for birds, myriad layers of different activities." Merce Cunningham

In other words, *Pond Way* is another of Cunningham's "nature studies," like *Beach Birds* or the earlier *RainForest*. It is a lyrical, contemplative, and even sensuous piece.

Normally, Cunningham does not, as he puts it, "tell a designer what to do," but he had seen Roy Lichtenstein's recent exhibition of *Landscapes in the Chinese Style* (also inspired by Edgar Degas's landscape monotypes), and he asked the artist to design a backcloth in the same style. Lichtenstein died before he could carry out this commission, but his widow, Dorothy Lichtenstein, allowed Cunningham to choose one of the paintings (*Landscape with Boat*) from the show to be blown up as a decor for the dance.

Once again the costumes are by Suzanne Gallo, whose clothes, in off-white silk jersey, both conceal and reveal the shape of the dancers' bodies.

The music is by Brian Eno, *New Ikebukuro (For 3 CD Players)* (the three CDs are played at random).

Before returning to the States, the company went to Dieppe for one performance, on 20 January. By the end of the month they were in Burlington, Vermont, for a single *Event* performance. But a month later they were in Europe again, for a tour that began in Basel, Switzerland, and continued into France for performances in Roanne and Toulouse.

The beginning of April found the company in Berkeley, California, giving the first American performance of *Pond Way*, on the way back to New York they stopped off in Tempe, Arizona, for a single show. At the end of May they gave two *Events* at Dartmouth College in Hanover, New Hampshire.

Ocean had not yet been seen in France, but in June there were two performances of it at the festival Montpellier Danse "98. Appearances at summer festivals continued with return visits to the American Dance Festival in Durham, North Carolina, and the Jacob's Pillow Dance Festival. Finally, the company gave a free *Event* in the Lincoln Center Out-of-Doors

p. 306-307
Jeannie Steele y/and Thomas Caley en/in Ocean, *1994*
Photo Claude Gafner

Festival in Damrosch Park, New York City (followed by two private Events in the Merce Cunningham Studio in Westbeth).

An important exhibition, *Art Performs Life: Merce Cunningham/Meredith Monk/Bill T Jones*, curated by Philippe Vergne, had opened at the Walker Art Center in Minneapolis, Minnesota, on 29 June. Toward the end of the exhibition, which closed on 20 September 1998, the Cunningham company gave another free outdoor *Event* in the Sculpture Garden adjacent to the Center.

Two more important overseas tours remained in 1998: first, at the beginning of October the company went to London to perform at the Barbican Centre. After only a week in New York, they left for Japan for three weeks during which they would visit Tokyo, Nigata (where *Ocean* was performed), Kyoto, and Shimane.

In between these engagements, Cunningham continued to work on an hour-long dance, part of which was shown at Jacob's Pillow as part of a short *Event*. Cunningham's well-known interest in contemporary technology had led him to a new collaboration, with Paul Kaiser and Shelley Eshkar, on a multimedia film, installation, and computer project called *Hand-drawn Spaces*. In the early stages of this project, in April 1997, Cunningham, working with two dancers (Jeannie Steele and Jared Phillips), had choreographed some seventy phrases which were transferred to the computer screen via a program called Biped, by means of reflective spheres attached to the dancers' bodies. (In other words, the movement goes from the dancers to the computer, as opposed to what happens with LifeForms, where the movement goes from the computer to the dancers). Cunningham, Kaiser, and Eshkar worked with Aaron Copp, the Cunningham company's lighting designer, to devise a means of using the installation as the decor for the new dance, for which the score had been commissioned from the British composer Gavin Bryars. Its first performance was scheduled for April 1999 in Berkeley, California, the week of Cunningham's eightieth birthday.

New York, November 1998

Obras expuestas
Exhibited Works

Barbara Morgan
Totem Ancestor, 1942
61 x 58,4 cm
Fotografía / Photograph
Cunningham Dance Foundation, New York

Charlotte Trowbridge
Totem Ancestor, 1942
Vestuario: mallas / Costume: unitard
Cunningham Dance Foundation, New York

Merce Cunningham
Root of an Unfocus, 1944
Vestuario: gabardina, camisa,
pantalones y mitones / Costume:
gabardine, shirt, pants and mittens
Cunningham Dance Foundation, New York

Arch Lauterer
Four Walls, 1944
14 x 20,54 cm
3 fotografías / 3 photographs
Cunningham Dance Foundation, New York

David Hare
Mysterious Adventure, 1945
Vestuario: casco, mitones, falda y mallas
Costume: headpiece, mitts, skirt and
unitard
Cunningham Dance Foundation, New York

Merce Cunningham
Invocation to Vahakn, 1947
Vestuario: túnica y calzoncillos
Costume: tunic and underpants
Cunningham Dance Foundation, New York

Isamu Noguchi
The Seasons, 1947
12,7 x 25,4 cm
3 fotografías de Rudolph Burckhardt
3 photographs by Rudolph Burckhardt
Cunningham Dance Foundation, New York

Richard Lippold
The Tail of the Monkey, 1948
50 x 39 cm
Objeto de alambre y tela / Object in
wire and fabric
Archives de la Fondation Erik Satie, Paris

Mary Outten (vestuario / costume) &
Merce Cunningham (sombrero / hat)
The Monkey Dances, 1948

Vestuario: mono de punto, cuello,
muñecas y pantorrillas con flecos,
y sombrero redondo / Costume: knit
jump suit, tasselled neck, wrist, calves
and pill-box hat
Cunningham Dance Foundation, New York

Merce Cunningham
Two Step, 1949
Vestuario: mono / Costume: jump suit
Cunningham Dance Foundation, New York

Sonja Sekula
Dromenon, 1949
Vestuario: mallas / Costume: unitard
Cunningham Dance Foundation, New York

Antoniette Larrabee & Constance Smith
*16 Dances for Soloist and Company
of Three,* 1951
Vestuario: chaqueta / Costume: coat
Cunningham Dance Foundation, New York

Robert Rauschenberg
Minutiae, 1954
13,5 x 17,5 cm
Collage sobre cartón / Collage on
cardboard
Merce Cunningham, New York

Robert Rauschenberg
Minutiae, 1954
214 x 206 x 77,3 cm
Escenografía (réplica): óleo, papel,
metal, plástico, madera, espejo colgado
de un cordel / Stage set (replica): oil,
paper, metal, plastic, wood, with mirror
on string
Cunningham Dance Foundation, New York

Merce Cunningham
Lavish Escapade, 1956
Vestuario: leotardos y camisa
Costume: tights and shirt
Cunningham Dance Foundation, New York

Remy Charlip
Galaxy, 1956
Vestuario: diversas piezas con
aplicaciones / Costumes: various items
with appliqués
Cunningham Dance Foundation, New York

Robert Rauschenberg
Nocturnes, 1956
Tocados / Headdresses
Cunningham Dance Foundation, New York

Robert Rauschenberg
Labyrinthian Dances, 1957
57,2 x 38 cm
Grafito y pastel sobre papel
Graphite and pastel on paper
Merce Cunningham, New York

Fotografía de / Photograph by John
Launois
*Saturday Evening Post cover (with
photograph of Merce Cunningham),* 1957
48,3 x 40,6 cm
Portada de revista / Magazine cover
Cunningham Dance Foundation, New York

Merce Cunningham
Antic Meet, 1958
35,6 x 50,8 cm
Diseño de vestuario: tinta y lápiz de
color sobre papel / Costume design:
ink and crayon on paper
Merce Cunningham, New York

Merce Cunningham
Antic Meet, 1958
Vestuario: jersey de lana con cuatro
mangas / Costume: wool sweater with
four arms
Cunningham Dance Foundation, New York

Robert Rauschenberg
Antic Meet, 1958
Vestuario: camisetas y vestido de
paracaídas / Costumes: undershirts and
parachute dress
Cunningham Dance Foundation, New York

Robert Rauschenberg
Summerspace, 1958
Telón: pintura fluorescente sobre tela
Backdrop: day-glo paint on canvas
Vestuario: mallas y leotardos
Costumes: leotards and tights
Cunningham Dance Foundation, New York

Merce Cunningham
Summerspace, 1958
6 páginas de notas coreográficas:

30 x 22 cm / 6 pages of choreographic
notations: 30 x 22 cm
Tinta sobre papel / Ink on paper
Collection Barbara Schwartz, New York

Robert Rauschenberg
Aeon, 1961
Vestuario: algodón, cuerda, tejido,
zapatilla deportiva, lata, sombrero de
fieltro y goma / Costume: cotton, rope,
fabric, tennis shoe, tin can, felt hat
and rubber
Cunningham Dance Foundation, New York

*Merce Cunningham Dance Company
Teatro La Fenice, Venice, 1964*
114,3 x 48,3 cm
Póster / Poster
Cunningham Dance Foundation, New York

Nuits de la Fondation Maeght, 1966
58,4 x 22,9 cm
Póster / Poster
Cunningham Dance Foundation, New York

Jasper Johns
*Walkaround Time (after Marcel
Duchamp),* 1968
1) 96,5 x 81,3 cm; 2) 116,8 x 91,4 cm;
3) 190,5 x 122 cm; 4) 229 x 203,2 cm;
5) 243,8 x 91,4; 6) 208,3 x 109,2 cm;
7) 411,5 x 91,4 cm
Siete almohadas hinchables pintadas,
varillas metálicas y chatarra / Seven
plastic inflatable pillows painted, metal
rods and hardware
Cunningham Dance Foundation, New York

Jasper Johns
Target (Poster), 1968
91,4 x 58,42 cm
Litografía sobre papel
Offset lithograph on paper
Cunningham Dance Foundation, New York

Frank Stella
Untitled Poster, 1968
67,3 x 122 cm
Póster / Poster
Cunningham Dance Foundation, New York

Andy Warhol
RainForest, 1968

91 x 132 cm
Almohadones de helio / Helium pillows
Courtesy The Andy Warhol Museum,
Pittsburgh

Robert Rauschenberg
Fotografía de / Photograph by
James Klosty
*Merce Cunningham Dance Company
Brooklyn Academy of Music, 1969*
99 x 70 cm
Póster / Poster
Cunningham Dance Foundation, New York

Merce Cunningham
Second Hand (posiciones de la mano para
Hand positions for Valda Setterfield),
1970
28 x 11,4 cm
Rotulador sobre papel / Felt-tip pen
on paper
David Vaughan, New York

Jasper Johns
Second Hand, 1970
Vestuario: mallas y leotardos
femeninos, camisas y leotardos
masculinos / Costumes: leotards and
tights for women; shirts and tights
for men
Cunningham Dance Foundation, New York

J. Cage, J. Johns, R. Morris, B. Nauman,
R. Rauschenberg, F. Stella, A. Warhol
A Portfolio of Seven Prints. . ., 1974
Diversos tamaños / Various sizes
Serigrafías / Screenprints
Cunningham Dance Foundation, New York

David Tudor
Toneburst (partitura de / score for
Soundance), 1975
21,6 x 29 cm
Grafito sobre papel / Graphite on paper
Cunningham Dance Foundation, New York

Merce Cunningham
Torse, 1976
18 hojas, de 21 x 15,2 cm cada una
18 sheets, each: 23 x 15,2 cm
Rotulador sobre papel / Felt-tip pen on paper
Merce Cunningham and Margarete
Roeder Gallery, New York

Mark Lancaster
Video Triangle, 1976
38 x 58,4 cm
Collage sobre papel / Collage on paper
Cunningham Dance Foundation, New York

Morris Graves
Waning Moon 2, 1977
53 x 61 cm
Litografía sobre papel / Offset
lithograph on paper
Cunningham Dance Foundation, New York

Mark Lancaster
Fractions, 1977
39,4 x 58,4 cm
Muestras de tejido para diseños de
vestuario: tela, alfileres, grapas, rotulador
Fabric swatches for costume designs:
fabric, safety pins, staples, marker
Cunningham Dance Foundation, New York

Robert Rauschenberg
Travelogue, 1977
1) 73,7 x 40,6 cm; 2) 86,4 x 40,6 cm
Vestuario: diversos tejidos, elástico, madera
Costumes: various fabrics, elastic, wood
Cunningham Dance Foundation, New York

Robert Rauschenberg
Tantric Geography (Diseño para / Design
for *Travelogue*), 1977
28 x 20,5 cm
Grafito sobre papel / Graphite on paper
Courtesy of the Artist

Jasper Johns
Exchange, 1978
Vestuario: mallas y leotardos
Costumes: leotards and tights
Cunningham Dance Foundation, New York

Nam June Paik
Merce by Merce by Paik, 1978
48,3 x 33 cm
Póster / Poster
Cunningham Dance Foundation, New York

Merce Cunningham
Notes for Roadrunners, 1979
6 hojas de 28 x 17,2 cm cada una
6 sheets, each: 28 x 17,2 cm
Tinta sobre papel / Ink on paper

Merce Cunningham and Margarete
Roeder Gallery, New York

Mark Lancaster
Roadrunners, 1979
28 x 39,4 cm
Diseño de vestuario: tinta y rotulador
sobre papel / Costume design: ink and
marker on paper
Mark Lancaster, Jamestown

Mark Lancaster
Edinburgh Events, 1979
27,9 x 39,4 cm
Grafito y lápiz de color sobre papel
Graphite and crayon on paper
Cunningham Dance Foundation, New York

Mark Lancaster
Duets, 1980
28 x 39,4 cm
Tinta y rotulador sobre papel
Ink and marker on paper
Mark Lancaster, Jamestown

John Cage
Event, 1980's
27,9 x 21,6 cm
Diseños de vestuario: fotocopias con
anotaciones sobre el color en tinta
Costume designs: photocopies with
notations in ink as to color
Cunningham Dance Foundation, New York

Jasper Johns
Dancers on a Plane, 1980-1981
75,9 x 60,4 cm
Óleo sobre tela / Oil on canvas
Merce Cunningham, New York

Jasper Johns
*Merce Cunningham Dance Company
at Walker Art Center,* 1981
81,3 x 121,92 cm
Póster / Poster
Cunningham Dance Foundation, New York

Mark Lancaster
10's With Shoes, 1981
21,6 x 28 cm
Lápiz de color sobre papel / Crayon on
paper
Mark Lancaster, Jamestown

Mark Lancaster
Fotografía de / Photograph by
Terry Stevenson
Merce and the Monitors, 1981
108 x 73,7 cm
Póster / Poster
Cunningham Dance Foundation, New York

Mark Lancaster
Quartet, 1982
26 x 20,3 cm
Diseño de vestuario: lápiz de color
sobre papel / Costume design: crayon
on paper
Mark Lancaster, Jamestown

Mark Lancaster
Trails, 1982
28 x 33,8 cm
Diseño de vestuario: tinta, rotulador,
tejido, muestras, grapas y cinta
adhesiva sobre papel / Costume design:
ink, marker, fabric, swatches, staples,
and gaffer tape on paper
Mark Lancaster, Jamestown

Merce Cunningham
Notes for Roaratorio, 1983
30,6 x 18,5 cm
Tinta sobre papel / Ink on paper
Merce Cunningham and Margarete
Roeder Gallery, New York

Mark Lancaster
Fielding Sixes, 1983
25,4 x 15,2 cm
Rotulador sobre papel / Marker on paper
Mark Lancaster, Jamestown

Mark Lancaster
Coast Zone, 1983
24,2 x 15,2 cm
Diseño de vestuario: lápiz de color
sobre papel / Costume design: crayon
on paper
Mark Lancaster, Jamestown

Merce Cunningham
Pictures (Transitions, Continuity), 1984
13 hojas, de 28 x 17,2 cm cada una
13 sheets, each: 28 x 17,2 cm
Rotulador y bolígrafo sobre papel

Felt-tip pen, ballpoint pen on paper
Merce Cunningham and Margarete
Roeder Gallery, New York

Dove Bradshaw
Points in Space, 1986
21,6 x 28 cm
Diseños de vestuario: grafito y óleo
sobre papel / Costume designs:
graphite and oil on paper
Courtesy of the Artist, New York

William Anastasi
Shards, 1987
114,3 x 89 cm
Lápiz de color, grafito y lápiz sobre
papel / Crayon, graphite and pencil
on paper
David N. Bradshaw, New York

Dove Bradshaw
Fabrications, 1987
61 x 122 cm
Escenografía: óleo y lápiz sobre
pergamino / Set designs: oil and pencil
on vellum
Dove Bradshaw, New York

Mark Lancaster
Five Stone Wind, 1988
20,5 x 29,2 cm
Diseño de vestuario: tinta, rotulador,
tela, grapas sobre papel / Costume
designs: ink, marker, fabric, staples
on paper
Mark Lancaster, Jamestown

Sergei Bugaev (a/k/a Afrika)
August Pace, 1989
49,5 x 259 cm
Vestuario y escenografía: gouache sobre
papel de pared sobre cartón
Costume and set designs: gouache on
wallpaper on cardboard
Cunningham Dance Foundation, New York

Kristin Jones & Andrew Ginzel
Field and Figures, 1989
152,4 x 152,4 x 10 cm
Maqueta de escenografía: nilón, papel
y pigmento / Set model: nylon, paper
and pigment

Kristin Jones & Andrew Ginzel,
New York

Kristin Jones & Andrew Ginzel
Field and Figures, 1989
Vestuario: mallas / Costumes: unitards
Cunningham Dance Foundation, New York

John Cage
Where R= Ryoanji R/2, 1990
25,4 x 48,3 cm
Lápiz sobre papel japonés hecho
a mano / Pencil on Japanese handmade
paper
John Cage Trust, New York

Marsha Skinner
Untitled (Beach Birds), 1990
64,8 x 70 cm
Pigmento negro sobre tela
Black pigment on canvas
Marsha Skinner, New York

Mark Lancaster
Neighbors, 1991
Diseño escenográfico y de vestuario:
lápiz de color sobre papel / Set and
costume designs: crayon on paper
2 diseños escenográficos,
de 20,3 x 27,3 cm cada uno / 2 set
designs, each: 20,3 x 27,3 cm
2 diseños de vestuario, de 29,2 x 20,3 cm
cada uno / 2 costume designs, each:
29,2 x 20,3 cm
Mark Lancaster, Jamestown

Mark Lancaster
Neighbors, 1991
Vestuario: vestido, mallas y leotardos
Costumes: dress, leotard and tights
Cunningham Dance Foundation, New York

Mark Lancaster
Harlequin Painting (Neighbors), 1991
78,7 x 68,6 cm
Óleo sobre tela / Oil on canvas
Cunningham Dance Foundation, New York

Gary Lichtenstein
Cage Cunningham, 1991
73,7 x 58,4 cm
Póster / Poster
Cunningham Dance Foundation, New York

Marsha Skinner
Beach Birds, 1991
28 x 21,6 cm
Diseño de vestuario: tinta sobre papel
Costume design: ink on paper
Cunningham Dance Foundation, New York

Marsha Skinner
Beach Birds, 1991
Vestuario: mallas, leotardos y guantes
Costume: leotard, tights and gloves
Cunningham Dance Foundation, New York

Marsha Skinner
Change of Address, 1992
9 x 27,3 cm
Maqueta para escenografía y vestuario:
técnica mixta / Model for scenary and
costumes: mixed media
Cunningham Dance Foundation, New York

Mark Lancaster
CRWDSPCR, 1993
Tintas de color sobre fotocopia Colored
inks on photocopy
Mark Lancaster, Jamestown

John Cage
Global Village 1-36 (Diptych), 1996
48,8 x 67,6 cm
Aguafuerte sobre papel gris tratado
al humo / Etching on gray paper
prepared with smoke
John Cage Trust, New York

Jasper Johns
Ocean, 1996
70,8 x 36,8 cm
Litografía / Lithograph
Merce Cunningham, New York

White Oak Dance Project, 1997
Fotografía de / Photograph
by Catherine Ashmore
71 x 35,6 cm
Póster / Poster
Cunningham Dance Foundation, New York

*Merce Cunningham Dance Company
Toulouse,* 1998
48,3 x 68,6 cm
Póster / Poster
Cunningham Dance Foundation, New York

*Merce Cunningham Dance Company
Japanese Tour,* 1998
73,7 x 52 cm
Póster / Poster
Cunningham Dance Foundation, New York

*Merce Cunningham Dance Company
Japanese Tour (Ocean in Niigata),* 1998
87,6 x 62,2 cm
Póster / Poster
Cunningham Dance Foundation, New York

Merce Cunningham, Paul Kaiser &
Shelley Eshkar
BIPED, 1998
Dimensiones variables / Size variable
Instalación audiovisual / Audiovisual
installation
Courtesy Merce Cunningham, Paul
Kaiser & Shelley Eshka, New York

Merce Cunningham
Untitled (5-3-97 # 15), sin fecha / undated
30,5 x 21,6 cm
Tinta negra sobre papel / Black ink on
paper
Merce Cunningham and Margarete
Roeder Gallery, New York

Merce Cunningham
Untitled (5-3-97 # 8), sin fecha / undated
30,5 x 23 cm
Tinta negra y lápiz de color sobre papel
Black ink, colored pencil on paper
Merce Cunningham and Margarete
Roeder Gallery, New York

Merce Cunningham
Untitled (12-8-96 # 10), sin fecha / undated
30,2 x 22,5 cm
Tinta negra y lápiz de color sobre papel
Black ink, colored pencil on paper
Merce Cunningham and Margarete
Roeder Gallery, New York

Para una cronología razonada de la obra de Merce
Cunningham desde 1938 a 1994, véase *Merce Cunningham
Fifty Years* (Nueva York: Aperture, 1995). Para el período
de 1995 hasta hoy, véase la presente publicación.

For an annotated chronology of the works of Merce
Cunningham from 1938 to 1994 see *Merce Cunningham Fifty
Years* (New York: Aperture, 1995). From 1995 to present
refer to this publication.

Merce Cunningham nació en
Centralia (Washington) en 1919;
vive y trabaja en Nueva York

Merce Cunningham was born in
Centralia (Washington) in 1919;
he lives and works in New York

Bibliografía selecta
Selected Bibliography

Sección A, orden cronológico; secciones B y C, orden alfabético

Section A in chronological order; sections B and C in alphabetical order

A. Libros, entrevistas y escritos de Merce Cunningham
A. Books, Interviews, and Writings by Merce Cunningham

- "The Function of a Technique for Dance." In Walter Sorrell, ed. *The Dance has Many Faces*. New York and Cleveland: World Publishing Company, 1951. Reprinted in *Contact Quarterly* (Spring-Summer 1982).

- "Space, Time and Dance." *Trans/formation*, vol. 1, no. 3 (1952). Reprinted in James B. Hall and Barry Ulanov, eds. *Modern Culture and the Arts*. New York: McGraw-Hill, 1967.

- "The Impermanent Art." *Art*, vol. 7, no. 3 (1955). Reprinted in Richard Kostelanetz, ed. *Esthetics Contemporary*, Buffalo: Prometheus Books, 1978, 1989.

- "Summerspace Story." *Dance Magazine* (June 1966), pp. 52-54.

- [Arlene Croce]. "An Interview with Merce Cunningham." *Ballet Review*, vol. 1, no. 4 (1966).

- [Frances Starr, ed.] *Changes: Notes on Choreography*. New York: Something Else Press, 1968.

- "Choreography and the Dance." In Stanley Rosen and Lawrence E. Abt, eds. *The Creative Experience*. New York: Grossman, 1970. Reprinted in Cobbett Steinberg, ed. *The Dance Anthology*. New York: New American Library, 1980.

- [Deborah Jowitt]. "Zen and the Art of Dance." *The Village Voice*, 17 January 1977, p. 48.

- [Peter Z. Grossman] "Talking with Merce Cunningham About Video."

Dance Scope, vol. 13, no. 2-3 (Winter-Spring 1979), pp. 56-58.

- "You Have to Love Dancing to Stick to It." In Jean Morrison Brown, ed. *The Vision of Modern Dance*. Princeton: Princeton Book, 1979.

- *Le danseur et la danse. Entretiens avec Jacqueline Lesschaeve*. Paris: Pierre Belfond, 1980 [English Edition: *The Dancer and the Dance. Merce Cunningham in conversation with Jacqueline Lesschaeve*. New York and London: Marion Boyars, 1985].

- [David Vaughan]. "Merce Cunningham Talks." *The Soho Weekly News*, no. 20 (13-19 February 1980), pp. 12-13.

- "Diary of a Cunningham Dance." *New York Times*, 15 March 1981.

- "A Collaborative Process Between Music and Dance." *TriQuarterly*, vol. 54 (Spring 1982). Reprinted in Peter Gena and Jonathan Brent, eds. *A John Cage Reader*. New York: C. F. Peters, 1982.

- "Foreword." In Mrinalini Sarabhai. *Creations*. New York and Ahmendabad: Mapin, 1986. Introduction by Buckminster Fuller.

- "Introduction." In Allen Robertson and Donald Hutera. *The Dance Handbook*. Boston: G. K. Hall, 1990.

- "Story Tale of a Dance and a Tour." *Dance Ink*, vol. 6, no. 1 (Spring 1995), pp. 14-21; no. 2 (Summer1995); no. 3 (Fall 1995).

B. Libros, ensayos y artículos sobre Merce Cunningham
B. Books, Essays, and Articles on Merce Cunningham

- Adam, Judy, ed. *Dancers on a Plane: Cage Cunningham Johns*. New York: Alfred A. Knopf; London: Thames & Hudson; in association with Anthony

d'Offay Gallery, 1990; Essays by Susan Sontag, Richard Francis, Mark Rosenthal, Anne Seymour, David Sylvester, David Vaughan.

- Acocella, Joan. "Behold the World!" *7Days*, 15 March 1989.

- Banes, Sally and Noël Carroll. "Cunningham and Duchamp." *Ballet Review*, vol. 11, no. 2 (Summer 1983), pp. 73-79.

- Becker, Nancy F. "Filming Cunningham Dance: A Conversation with Charles Atlas." *Dance Theatre Journal*, vol. 1, no. 1 (Spring 1983), pp. 22-24.

- Beiswanger, George. "No Dolt Can Do It." *Dance News* (May 1965), p. 6.

- Bland, Alexander. "The future bursts in." *The Observer Weekend Review*, 2 August 1964.

- Brown, Earle, and Remy Charlip, Marianne Simon, David Vaughan. "The Forming of an Aesthetic: Merce Cunningham and John Cage." *Ballet Review*, vol. 13, no. 3 (Fall 1985), pp. 23-40.

- Brown, Carolyn. "On Chance." *Ballet Review*, vol. 2, no. 2 (Summer 1968), pp. 7-25.

- Cage, John. "Cage Celebrates Cunningham." *The Soho Weekly News*, 21 September 1978, pp. 39-41.

- Celant, Germano. "Merce Cunningham & John Cage." *La scrittura scenica*. Teatroltre, no. 17 (1978), pp. 109-128.

- Charlip, Remy. "Composing by Chance." *Dance Magazine* (January 1954), pp. 17-19.

- Cohen, Selma Jeanne, ed. "Time to Walk in Space: Essays, Stories and Remarks." *Dance Perspective*, vol. 34 (Summer 1968). Essays by Clive Barnes, Carolyn Brown, John Cage,

Arlene Croce, Merce Cunningham, Edwin Denby, Jill Johnston, David Vaughan.

- Cohen, Selma Jeanne. "Avant-Garde Choreography." In Walter Sorell, ed. *The Dance Has Many Faces*. Pennington: A Cappella Books, 1992.

- Copeland, Roger. "Merce Cunningham and the politics of Perception." *The New Republic*, 17 November 1979. Reprinted in Roger Copeland and Marshall Cohen, eds. *What Is Dance? Readings in Theory and Criticism*. Oxford, New York, Toronto, and Melbourne: Oxford University Press, 1983, pp. 307-324.

- Croce, Arlene. "Notes on a Natural Man." *The New Yorker*, 7 February 1977.

- De Gubernatis, Raphael. *Cunningham*. Arles and Paris: Editions Bernard Coutaz, 1990.

- Demby, Edwin. "Merce Cunningham." *Ballet Review*, vol. 12, no. 3 (Fall 1984), p. 91.

- Feldman, Elyn. "*Banjo-Cunningham's* Lost 'American' Piece." In Lynette Y. Overby and James H. Humphrey, *Dance: Selected Current Research*. New York: AMS Press, 1989.

- Fleming, Bruce. "Thoroughly Modernist Merce." *Washington Dance View* (Fall 1989).

- Foster, Susan Leigh. *Reading Dancing. Bodies and Subjects in Contemporary American Dance*. Berkeley, Los Angeles, and London: University of California Press, 1986, pp. 32-57.

- Goldner, Nancy. "Cunningham Diary." *Bennington Review* (September 1978).

- Greskovic, Robert. "Merce Cunningham as Sculptor." *Ballet Review*, vol. 11, no. 4 (Winter 1984), pp. 88-95.

- Harris, Dale. "Merce Cunningham." In Anne Livet, ed. *Contemporary Dance*. New York: Abbeville Press, 1978, pp. 76-84.

- Jordan, Stephanie. "Freedom from Music: Cunningham, Cage and Collaborators." *Contact*, vol. 20 (Fall 1979).

- Jowitt, Deborah. "Illusion of Choice-Acceptance of Chance." In *Time and the Dancing Image*. New York: William Morrow, 1988, pp. 277-302.

- Jowitt, Deborah. "He Who Wields the Mouse." *The Village Voice*, 17 March 1992, pp. 89-90.

- Klosty, James, ed. *Merce Cunningham*. New York: Proscenium Publishers, 1987. Essays by Carolyn Brown, Earle Brown, John Cage, Edwin Denby, Douglas Dunn, Viola Farber, Jasper Johns, Lincoln Kirstein, Lewis L. Lloyd, Gordon Mumma, Richard Nelson, Pauline Oliveros, Yvonne Rainer, Robert Rauschenberg, Paul Taylor, Christian Wolff.

- Kostelanetz, Richard. "Cunningham/Cage." In *On Innovative Music(ian)s*. New York: Limelight, 1989.

- Kostelanetz, Richard. "Merce Cunningham" In *On Innovative Art(ist)s*.Jefferson: McFarland, 1992.

- Kostelanetz, Richard, ed. *Merce Cunningham. Dancing in Space and Time*. Pennington: A Cappella Book, 1992.

- Lartigue, Pierre, ed. *Merce Cunningham/John Cage. L'Avant Scène/Ballet/Danse* (September-November 1982).

- Lorber, Richard. "From Cimabue to Cunningham." *Millennium Film Journal* (Fall-Winter 1981-82).

- Macaulay, Alastair. "On the Clouds: The Merce Cunningham Season." *The Dancing Times* (July 1985), pp. 856-858.

- Macaulay, Alastair. "Found in Space." *The Dancing Times* (September 1987).

- Macaulay, Alastair. "The Merce Experience." *The New Yorker*, 4 April 1988, pp. 92-96.

- Macaulay, Alastair. "Anno Domini: The Merce Cunningham Season." *The Dancing Times* (January 1990), pp. 348-351.

- Macaulay, Alastair. "Happy Hooligan." *The New Yorker*, 27 April 1992, pp. 90-93.

- Macaulay, Alastair. "Merce Cunningham Dance Company." *The Dancing Times* (December 1995), pp. 263-267.

- Mackrell, Judith. "Cunningham at Sadler's Wells (With a Footnote on the Plight of the Uncritical Reviewer)." *Dance Theatre Journal*, vol. 3, no. 3 (Fall 1985), pp. 32-33.

- Mazo, Joseph H. "Merce Cunningham. Multiple Choice." In *Prime Movers: The Makers of Modern Dance in America*. New York: William Morrow, 1977.

- Mifflin, Margot, ed. "The Well-Tempered Dance." *Elle*, vol. 5, no. 7 (March 1990), pp. 218-220.

- Mumma, Gordon. "Electronic Music for the Merce Cunningham Dance Company." *Choreography and Dance* (Amsterdam), vol. 4, no. 3 (1997), pp. 51-58.

- Percival, John. "A Chance for Dance. John Cage and Merce Cunningham." In *Experimental Dance*. London: Studio Vista, 1971, pp. 39-48.

- Poster, William S. "Something New, Simple and Fundamental." *Ballet Review*, vol. 1, no. 4 (1966), pp. 6-10.

- Potter, Michelle. "'A License to Do Anything': Robert Rauschenberg and

The Merce Cunningham Dance Company." *Dance Chronicle*, vol. 16, no. 1 (1993), pp. 1-43.

- Siegel, Marcia B. *"Summerspace* and *Winterbranch,* " *"Septet."* In *The Shape of Change: Images of American Dance*. Boston: Houghton Mifflin, 1979.

- Snell, Michael. "Cunningham and the Critics." *Ballet Review*, vol. 3, no. 6 (1971), pp. 16-39.

- Tomkins, Calvin. "An Appetite for Motion." *The New Yorker*, 4 May 1968. Reprinted in *The Bride and the Bachelors: Five Masters of the Avant-Garde: Duchamp, Tinguely, Cage, Rauschenberg, Cunningham*. New York: Viking Compass Books, 1968.

- Vaughan, David. "Ashton versus Cunningham?" *The Dancing Times* (July-August 1979).

- Vaughan, David. "From Diaghilev to Cunningham: Contemporary Artists Work with Dance." In *Das Ballett und die Künste*. Köln: Ballett-Bühnen-Verlag, 1981.

- Vaughan, David. "Locale: The Collaboration of Merce Cunningham and Charles Atlas." *Millennium Film Journal*, vol. 12 (Fall-Winter 1981-82), pp. 18-22.

- Vaughan, David. "'Then I Thought About Marcel': Merce Cunningham's *Walkaround Time.*" In *Art and Dance: Images of the Modern Dialogue, 1890-1980*, exhibition catalogue. Boston: Institute of Contemporary Art, 1982.

- Vaughan, David. "Channels/Inserts: Cunningham and Atlas (Continued). *Millennium Film Journal*, vol. 12 (Fall-Winter 1982-83), pp. 126-130.

- Vaughan, David. "Merce Cunningham: Origins and Influences." *Dance Theatre Journal*, vol. 1, no. 1 (Spring 1983).

- Brown, Carolyn, and Douglas Dunn,

Viola Farber, Steve Paxton, Marianne Preger-Simon, Valda Setterfield, Gus Solomons, David Vaughan. "Cunningham and His Dancers." *Ballet Review*, vol. 15, no. 3 (Fall 1987), pp. 19-40.

- Vaughan, David. "Cunningham, Cage and Joyce: 'this long awaited messiah of roaratorios.'" *Choreography and Dance*, vol. 1, part 4 (1992), pp. 79-89.

- Vaughan, David, ed. *Merce Cunningham: Creative Elements. Choreography and Dance*, vol. 4, no. 3 (1997). Essays by Joan Acocella, Eliot Caplan, William Fetterman, John Holzaepfel, Gordon Mumma, Nelson Rivera, Thecla Schiphorst, Marilyn Vaughan Drown.

- Volta, Ornella. "Merce et Satie." *Ballet Danse*, Festival d'Automne, 1982, pp. 50-59. Reprinted in *Satie et la danse. Avec une témoignage de David Vaughan*. Paris: Editions Plume, 1992.

- Waring, James. "Maker of Dances in a Style Eloquently His Own." *The Village Voice*, 2 January 1957, p. 6.

C. Obras generales, ensayos y artículos
C. General books, essays, and articles

- Abeel, Erica. "The New New Dance." *Dance Scope*, vol. 2, no. 2 (Fall 1965), pp. 21-26.

- Anderson, Jack. *Dance*. Europa Verlag, 1974

- Banes, Sally. *Terpsichore in Sneakers. Post-Modern Dance*. Boston: Houghton Mifflin, 1980.

- Banes, Sally. *Democracy's Body. Judson Dance Theater 1962-1964*. Ann Arbor: UMI Research Press, 1983.

- Bentivoglio, Leonetta. *La danza moderna*. Milano: Longanesi, 1977.

- Brown, Carolyn. "McLuhan and the Dance." *Ballet Review*, vol. 1, no. 4 (1966).

- Cage, John. *Silence: Lectures and Writings*. Middletown: Wesleyan University Press, 1961.

- Cage, John. *A Year from Monday: New Lectures and Writings*. Middletown: Wesleyan University Press, 1967.

- Cage, John. *M: Writings '67-'72*. Middletown: Wesleyan University Press, 1972.

- Cage, John. *Empty Words: Writings '73-'78*. Middletown: Wesleyan University Press, 1980.

- Cage, John. *For the Birds: In Conversation with Daniel Charles*. Boston and London: Marion Boyars, 1981 .

- Cage, John. *Themes and Variations*. Tarrytown: Station Hill Press, 1982.

- Cage, John. *X: Writings '79-'82*. Middletown, Wesleyan University Press, 1983.

- Cage, John. *Roaratorio*. Klaus Schöning, ed. Königstein: Athnäum, 1985.

- Cage, John. *I-VI: Charles Eliot Norton Lectures*. Cambridge: Harvard University Press, 1990.

- Cage, John. *Composition in Retrospect*. Cambridge: Exact Change, 1993.

- Cage, John. *John Cage Writer: Previously Uncollected Pieces*, selected and introduced by Richard Kostelanetz. New York: Limelight Editions, 1993.

- Cage, John, and Joan Retallack. *Musicage: Cage Muses on Words Art Music*. Middletown: Wesleyan University Press, 1996.

- Croce, Arlene. "Crises." *The New Yorker*, 3 April 1989.

- Duberman, Martin. *Black Mountain: An Exploration in Community*. New York: E. P. Dutton, 1972.

p. 318-319
Scenario, 1997
Photo Timothy Greenfield-Sanders
Courtesy Comme des Garçons, New York

- Fetterman, William. *John Cage's Theatre Pieces*. Amsterdam: Harwood Academic Publishers/G+B Arts International, 1996.

- Finkel, Anita. "Kristy's Red Hair." *The New Dance Review* (July-August 1989).

- Harris, Mary Emma. *The Arts at Black Mountain*. Cambridge: MIT Press, 1987.

- Johnston, Jill. "Modern Dance." In Richard Kostelanetz, ed. *The New American Arts*. New York: Horizon, 1965.

- Johnston, Jill. "To Whom It May Concern." In *Marmalade Me*. New York: E. P. Dutton, 1971.

- Johnston, Jill. "Jigs, Japes, and Joyce." *Art in America* (January 1987).

- Jowitt, Deborah. *Dance Beat: Selected Views and Reviews, 1967-1976*. New York: Marcel Dekker, 1977.

- Jowitt, Deborah. *The Dance in Mind*. Boston: David R. Godine, 1985.

- Kirby, Michael. *Happenings*. New York: E. P. Dutton, 1965.

- Kostelanetz, Richard. *The Theatre of Mixed Means*. New York: Dial, 1968.

- Kostelanetz, Richard. "Modern Dance." In *Metamorphosis in the Arts*. Brooklyn: Assembling, 1981.

- Kostelanetz, Richard, ed. *John Cage. Documentary Monographs in Modern Art: An Anthology*. New York: Da Capo, 1991.

- Kostelanetz, Richard. "Dance." In *Conversing with Cage*. New York: Limelight Editions, 1988.

- Kostelanetz, Richard, ed. *Writings about John Cage*. Ann Arbor: University of Michigan Press, 1993.

- Kraft, Susan. "Remembering Chris Komar." *Contact Quarterly*, vol. 22, no. 1 (Winter-Spring 1997), pp. 38-41.

- Kriegsman, Sali Ann. *Modern Dance in America: The Bennington Years*. Boston: G. K. Hall, 1981.

- Lorber, Richard. "Experiments in Videodance." *Dance Scope*, vol. 12, no. 1 (Fall-Winter 1977-78), pp. 7-16.

- McDonagh, Donald. *Martha Graham*. New York: Praeger Publisher, 1973.

- McDonagh, Donald. *The Rise and Fall and Rise of Modern Dance*. Pennington: A Cappella Books, 1990.

- McDonagh, Donald. *The Complete Guide to Modern Dance*. New York: Doubleday, 1976.

- Percival, John. *Modern Ballet*. London: Studio Vista; New York: E. P. Dutton, 1970.

- Rainer, Yvonne. *Works 1961-73*. Halifax: The Press of the Nova Scotia College of Art and Design; New York: New York University Press, 1974.

- Reynolds, Nancy. "Chance is a Nickname for Providence." *Dance Magazine* (July 1990).

- Roth, Moira. "The Aesthetic of Indifference." *Artforum* (November 1977).

- Sayers, Lesley-Anne. "Telling the Dancer from the Dance." *Dance Now*, vol. 1, no. 4 (Winter 1992-93), pp. 16-19, 21.

- Siegel, Marcia B. *At the Vanishing Point*. New York: Saturday Review Press, 1972.

- Siegel, Marcia B. *Watching the Dance Go By*. Boston: Houghton Mifflin, 1977.

- Siegel, Marcia B. "Repertory in Spite of Itself." *Hudson Review* (Summer 1985).

- Siegel, Marcia B. *The Tail of the Dragon: New Dance, 1976-1982*. Durham and London: Duke University Press, 1991.

- Taylor, Paul. *Private Domain. An Autobiography*. San Francisco: North Point Press, 1988.

- Terry, Walter. *The Dance in America*. New York: Harper Colophon Books, Harper & Row, 1973.

- Tomkins, Calvin. *Off the Wall: Robert Rauschenberg and the Art World of our Time*. New York: Doubleday, 1980.

- Tomkins, Calvin. *Duchamp*. New York: Henry Holt, 1996.

Printed by Leva spa, Sesto San Giovanni
in January 1999 for Edizioni Charta